THEOLOGISCHE BÜCHEREI

Neudrucke und Berichte aus dem 20. Jahrhundert

Begründet von Ernst Wolf. Herausgegeben von Gerhard Sauter

Band 96

Studienbücher

In der Theologischen Bücherei sind u. a. erschienen:

Band 17/1+2: J. Moltmann, Anfänge der dialektischen Theologie
Band 61: Fr. Wintzer, Seelsorge
Band 90: G. A. Lindbeck, Christliche Lehre als Grammatik des Glaubens
Band 92: G. Sauter, »Versöhnung« als Thema der Theologie
Band 93: D. Michel, Studien zur Überlieferungsgeschichte alttestamentlicher Texte
Band 94: Willy Schottroff, Gerechtigkeit lernen
Band 95: Ernstpeter Maurer, Der lebendige Gott

Theo Sundermeier

Was ist Religion?

Religionswissenschaft im theologischen Kontext

Ein Studienbuch

Chr. Kaiser
Gütersloher
Verlagshaus

Die Deutsche Bibliothek – CIP-Einheitsaufnahme

Sundermeier, Theo:
Was ist Religion? : Religionswissenschaft im theologischen Kontext ;
ein Studienbuch / Theo Sundermeier. –
Gütersloh : Kaiser, Gütersloher Verl.-Haus, 1999
(Theologische Bücherei ; Bd. 96 : Studienbücher)
ISBN 3-579-02636-4

Umwelthinweis:
Dieses Buch wurde auf chlorfrei gebleichtem und alterungsbeständigem Papier gedruckt.
Die vor Verschmutzung schützende Einschrumpffolie ist aus umweltschonender und recyclingfähiger PE-Folie.

ISBN 3-579-02636-4

Umschlaggestaltung: Ingeborg Geith, München
Satz: SatzWeise, Trier
Druck und Bindung: WB-Druck, Rieden am Forggensee
Printed in Germany

Den Kollegen und Freunden des Arbeitskreises
niederländischer und deutscher Religions- und Missionswissenschaftler

Inhalt

Vorwort 9

Zur Einleitung: Religion und Erfahrung 11

Exkurs: Zum Problem einer Definition von »Religion« 25

I. Phänomenologische Perspektiven

1. Zur phänomenologischen Erfassung der Religion 30
2. Primäre und sekundäre Religionserfahrung 34
3. Ist das Christentum eine Erlösungsreligion? 43

Der Buddhismus als Erlösungsreligion (45) Die Stammesreligionen als Versöhnungsreligionen (48) Ein Vergleich (51) Israels Versöhnungsreligion (52) Und das Neue Testament? (55) Kirchengeschichtliche Perspektiven (59) Religionssoziologische Einsichten (62)

II. Konstitutive Elemente von Religion

1. Raum und Zeit 68
1.1 Der Heilige Ort 68
1.2 Die heilige Zeit: Das Fest 75
2. Ritus und Symbol 83
2.1 Die Bedeutung der Riten 83
2.2 Das Opfer als Symbol 89
3. Transzendenzerfahrung 98
3.1 Gott, der Eine und die Vielen 98

Außen und innen (98) Der Ort der Transzendenzerfahrung (101) Die Polyphonie der Welt und Gottes (104) Gott, der eine Horizont (105) Der ausschließliche Gott (110)

3.2 Gott im Buddhismus? 115

Gott und das Nichtbedingte (118) Ist die buddhistische Welt »leer«? (123) Der »ewige« Buddha (127) Dialogische Einsichten (130)

3.3 Gott und das Böse 132

Das Böse in den Stammesreligionen (133) Das Böse bei Zarathustra (136) Das Böse im Islam (139) Das Böse in den Erlösungsreligionen (142)

3.4 Der politische Monotheismus des Islam 146

Der Einheitsgedanke (146) Das Staatsprinzip (150) Fundamentalistische Interpretationen (153) Vereinigung oder Einheit. Ein Vergleich (157)

III. Zur Begegnung der Religionen

1. Synkretismus und Inkulturation 162

Zur Diskussionslage (162) Der symbiotische Synkretismus (165) Der synthetische Synkretismus (172) Der theologische Aspekt (175)

2. Toleranz und Intoleranz, unzertrennbare Schwestern 180

Religionsgeschichtliche Gründe für den Zusammenhang von Toleranz und Intoleranz (181) Gibt es tolerante Religionen? (185) Toleranz und Intoleranz heute (191)

3. Faszination und Abwehr: Aspekte interreligiöser Hermeneutik 195

Grundmodelle des Kultur- und Religionskontaktes (195) Missionarisch-existentielle Begegnung (199) Exkurs: Die Sicht der anderen Religionen (205) Hermeneutische Stufen (207)

IV. Zur Wissenschaft von der Religion

1. Zum Verhältnis von Religionswissenschaft und Theologie 214

Aus systematisch-theologischer Sicht (214) Aus religionswissenschaftlicher Sicht (225) Exkurs: Das besondere Verhältnis zur Missionswissenschaft (232) Aus der Sicht einer Religionswissenschaft im theologischen Kontext (238)

2. Zur Bedeutung des Faches Religions- und Missionswissenschaft für das Studium der Evangelischen Theologie und die kirchliche Praxis . . 243

Literaturverzeichnis 249
Stichwortregister 268
Personenregister 270

Vorwort

»Warum sollte, nein, muß der Theologiestudent auch Religionsgeschichte studieren?« lautete der Titel eines Aufsatzes, den ich 1985 in der Festschrift für den Präses der Westfälischen Kirche, H. Reiß, veröffentlichte. Es war ein Ruf ins Leere.[1] Auch wenn die von der Arnoldshainer Konferenz und der VELKD herausgegebene Studie »Religionen, Religiosität und christlicher Glaube« diese Forderung im Jahre 1991[2] verstärkt wiederholt hat, sind wir heute trotz einzelner positiver Signale noch weit davon entfernt, daß sich das Fach Religions- und Missionswissenschaft in den Studien- und Prüfungsordnungen der Fakultäten und Kirchen durchgesetzt hätte. Doch die Religionen werden mehr und mehr das Unvermeidliche unseres gesellschaftlichen und kirchlichen Kontextes. Die Auseinandersetzung mit ihnen darf nicht länger hinausgeschoben werden. Es besteht erheblicher Nachholbedarf in den verschiedenen Disziplinen des Theologiestudiums, besonders der Systematik.[3] Es ist deshalb nur folgerichtig, daß der Herausgeber der *Theologischen Bücherei*, G. Sauter, den Vorschlag machte, dem Thema »Religion« erneut einen Band zu widmen, nachdem C. Colpes Buch zur Sache im Jahre 1980 erschienen war.[4] Entsprechend dem neuen Konzept des Verlages sollte der Band jedoch nicht einfach eine Aufsatzsammlung bisher erschienener Texte werden, sondern monographischen Charakter tragen. So ist ein neues Buch entstanden, in dem nur wenige früher publizierte Texte Aufnahme gefunden haben. Sie wurden zudem weitgehenden Veränderungen unterzogen und dem Gesamtkonzept des Buches untergeordnet. Die einzelnen Kapitel sind jedoch so gestaltet, daß sie thematisch in sich abgeschlossen sind und für sich gelesen werden können. Einige Überschneidungen werden dafür in Kauf genommen.

In der Beantwortung der Frage, was Religion ist, müssen die Stammesreligionen, die »primären Religionen«, wie ich sie nenne, eine zentrale Stelle einnehmen.

1. In: Kirchlicher Dienst und theologische Ausbildung. (FS H. Reiß), Bielefeld 1985, 35-42.
2. *Religionen, Religiosität und christlicher Glaube. Eine Studie*, 3. Aufl., Gütersloh 1993, 131 f. Seitens der »deutschen evangelischen Missionsdozenten« wurde diese Forderung an die theologischen Fakultäten schon im Jahr 1924 erhoben! Vgl. H.-W. Gensichen, Invitatio ad fraternitatem. 75 Jahre Deutsche Gesellschaft für Missionswissenschaft (1918-1993), Münster 1993, 118 f.
3. Vgl. dazu H. Wrogemann, *Mission und Religion in der Systematischen Theologie der Gegenwart*, Göttingen 1997.
4. C. Colpe, *Theologie, Ideologie, Religionswissenschaft. Demonstrationen ihrer Unterscheidung*, München 1980. Davor war erschienen Ch. Elsas (Hg.), *Religion. Ein Jahrhundert theologischer, philosophischer, soziologischer und psychologischer Interpretationsansätze*, München 1975.

Sie wurden in der religionswissenschaftlichen Forschung sträflich vernachlässigt und den Ethnologen überlassen. Ihre Zuordnung zu den Weltreligionen verdient höchste Aufmerksamkeit, denn sie feiern in den neuen religiösen Bewegungen und in der Esoterik Urständ. Nur wenn wir ihre Bedeutung angemessen würdigen, kann ein neues Verständnis der Religionsgeschichte gefunden werden, ohne daß die Erkenntnisse der Religionsphänomenologie vernachlässigt werden müssen. Darüber hinaus ist es dringend an der Zeit, die religionswissenschaftlichen Fragestellungen soweit voranzutreiben, daß die Theologie in den Blick kommt, denn wir brauchen die Zusammenarbeit von Theologie und Religionswissenschaft angesichts der großen interkulturellen und interreligiösen Herausforderungen unserer Zeit. Dem will dieses Buch dienen. Es würde der Zunft der Religionswissenschaftler nicht förderlich sein, wenn sich in ihren Reihen die Tendenzen verstärkten, die Abgrenzungen gegenüber der Theologie zu verschärfen, wie es denn umgekehrt der Theologie nur zu ihrem Besten sein kann, das Gespräch mit den Religionen und ihrer Wissenschaft zu intensivieren. Nicht Abgrenzung, sondern Brücken zu bauen und den Grenzverkehr zu verstetigen, heißt die Aufgabe der nächsten Jahre. Daß solche Zusammenarbeit möglich und äußerst fruchtbar ist, habe ich in den letzten Jahren in der Zusammenarbeit zwischen den Kollegen[5] verschiedener Disziplinen aus der Fakultät für Orientalistik und Altertumswissenschaft und der Theologie im Heidelberger Graduiertenkolleg »Religion und Normativität« selbst erfahren und davon profitiert.

Das Buch widme ich den Freunden und Kollegen des Arbeitskreises niederländischer und deutscher Religions- und Missionswissenschaftler. Wir treffen uns seit gut zehn Jahren jährlich abwechselnd in einer der Universitätsstädte der Niederlande oder in Deutschland, dort meistens in Heidelberg. Die Widmung ist ein kleiner Dank für die Anregungen, die ich aus diesen Tagungen empfangen habe.

Zu danken habe ich auch meinen Assistenten PD Dr. A. Feldtkeller und PD Dr. V. Küster für anregende Diskussionen zur Sache und Iris Keßner, die das Manuskript gründlich durchgesehen und die Register erstellt hat. Bei der Fertigstellung des Manuskripts für die Drucklegung haben viele Hände mitgewirkt. Herr P. Kern und Frau E. Weinel haben mehr als nur sekretarielle Hilfe geleistet. Studentische Hilfe kam von B. Bock, Chr. N. Schröder und B. Simon. Auch ihnen ein *gratias ago!*

Heidelberg, im Herbst 1998 — *Theo Sundermeier*

5. Es sei ausdrücklich vermerkt, daß ich in diesem Buch aus Gründen der Lesbarkeit und Sprachästhetik durchgehend die inklusive Sprachform verwende.

Zur Einleitung: Religion und Erfahrung

Die Frage, was Religion sei, verrät abendländische Herkunft. Sie ist nur möglich, wo eine Differenz besteht zwischen der Gesamtheit einer Kultur und ihrer Religion. In Kulturen, wo die Religion als integraler Teil des ganzen Lebens der Gemeinschaft und des einzelnen in ihr verstanden wird, wie in den östlichen Kulturen, oder Basis aller Lebensgestaltungen ist, wie in den Stammesgesellschaften, wird diese Frage nicht gestellt. Ein spezieller, nur auf sie anwendbarer Begriff fehlt weitgehend. Es ist signifikant, daß das Problem der Definition von Religion im römischen Staat akut wurde. Hier wurde das gesamte Leben durch ein umfassendes Rechtssystem umgriffen und geregelt. Deshalb mußte auch die Religion als Teil des öffentlichen Lebens definiert und rechtlich handhabbar werden. Die sprachliche Ableitung des Begriffes führt nicht weiter, zumal er im Lateinischen eine große Bedeutungsvariation aufweist. (Muß »religio« von »relegere« = wieder zusammennehmen, von »religere« = rücksichtsvoll beachten, oder von »religare« = anbinden, festbinden, abgeleitet werden?) Das Problem erweitert sich noch dadurch, daß damit ein Phänomen beschrieben werden soll, das einerseits weltweite Gültigkeit und Verbreitung besitzt, andererseits solch unterschiedliche Wirklichkeiten wie den Hinduismus (den als *eine* Religion zu bezeichnen schon in sich problematisch ist), den Islam, den Shintoismus und Lamaismus auf den Begriff bringen soll. Maximal- und Minimaldefinitionen (z. B. »Religion ist Umgang mit dem Heiligen«), die inklusiv oder exklusiv verstanden werden, halten sich die Waage und können dann einerseits den Marxismus einschließen oder sind andererseits nicht auf den Buddhismus anwendbar, weil der den Gottesbegriff auszuschließen scheint. Hinzu kommen die Zielsetzungen und Interessen der verschiedenen Zweige der Religionswissenschaft. Es macht einen großen Unterschied aus, ob Religion aus soziologischer Sicht und funktional definiert wird, oder von Psychologen, die sich meist auf Religiosität beschränken, von Religionsphilosophen, die in der Religion ein Orientierungssystem sehen, oder von Religionsphänomenologen, die eine substantielle oder Realdefinition vorziehen und sich weitgehend der Wertung enthalten. Wir schlagen hier einen anderen Weg ein und fragen, wie Religion bei uns heute erfahren wird und eine neue Bedeutung gewonnen hat, um uns dann den wichtigsten Elementen zuzuwenden, die konstitutiv sind für das, was unter dem Begriff Religion zusammengefaßt wird.

Es ist ein bemerkenswertes Phänomen, welche allgemeine Bedeutung die Religion wieder gewonnen hat, denn noch unlängst wurde ihr Ende von Soziologen im Gefolge A. Comtes vorausgesagt, von den Marxisten systematisch vorangetrieben und von Dietrich Bonhoeffer mit gebührender Reverenz zu Karl Barth hin prognostiziert. Es besteht kein Grund zur Häme oder einer wie auch immer gearteten oder kaschierten Schadenfreude auf seiten der Theologie und Kirche, diese Voraussagen als Fehlprognose anzuprangern. Bonhoeffer hat ja nicht einfach gemeint, daß Religion aufhöre, sondern daß sie nicht mehr der Mutterboden für Frömmigkeit und Lebensgestaltung sein werde und nicht mehr als sinnstiftend erlebt werde, sondern daß der säkulare Mensch sehr wohl ohne Religion auskommen, leben und in Gelassenheit sterben könne, wie er es unter seinen Mitgefangenen erlebt hatte.

Darin hatte er durchaus recht. Diese Entfremdung von der Religion hält weiter an, wie wir heute besonders in den ostdeutschen Bundesländern sehen können. Gerade im protestantischen Osten hat die Erosion der Religion weit größere Ausmaße angenommen, als wir das erahnen konnten, anders offenbar als in den östlichen Staaten, in denen Orthodoxie und Katholizismus zwar unterdrückt wurden, der Marxismus aber keine echte Alternative zum religiös-rituellen Verhalten der Religion bot. Der Protestantismus ließ sich als stark verkopfte Religiosität offenbar durch eine alternative Ideologie leichter ersetzen. Mit dem Zusammenbruch des Kommunismus, so scheint es, können die Religionen, die Neureligionen und die sog. »Sekten« in das vorhandene Vakuum vorstoßen. Dennoch wäre es völlig verkehrt, daraus für die Religion apologetisches Kapital zu schlagen.

Im Westen entstehen neue religiöse Bewegungen und finden hier ihre Anhängerschaft. Der Wohlstand läßt die Religion nicht aussterben, wie Marx prophezeite, sondern läßt vielmehr die Sinnfrage an anderer Stelle neu aufbrechen. Das gilt auch dann, wenn wir feststellen, daß sich die Säkularisierungsprozesse in immer tiefere Schichten des Bewußtseins auswirken. Nicht nur die Kirchen verlieren an Bedeutung als sichtbare, institutionalisierte Religion, sondern auch die Alltagskultur wird davon ergriffen. An den Trauer- und Hochzeitsanzeigen, am Verhalten in Krankheitsfällen kann man ablesen, wie die offizielle Religion sich aus diesen Bereichen verabschiedet. Es ist nicht zu übersehen, wie die christliche Religion in unserer Kultur an Bedeutung verliert und daß sie nicht mehr lange als ihr Fundament angesehen werden kann. Die Kenntnis der christlichen Ikonographie ist bei Kunststudenten gleich null. Kollegen im Fach Kunstgeschichte müssen an den Universitäten Grundkurse im Bibelwissen anbieten. Scheu vor Heiligem, wie es uns in Kirchen und Tempeln entgegentritt, wird von Sightseeing-Touristen kaum mehr erspürt. Der Ursprung kirchlicher Feiertage ist nicht mehr bekannt. Diese sinken ab zu dem, was man in soldatischer Sprache »Urlaub« nennt, sie sind Tage, sich absentieren zu können. Der Protest, den 2. Pfingsttag als Feiertag aufzuheben, kam nicht von den Kirchen, sondern von der Hotellerie, den Restaurantbesitzern. Dieser war wirksam, jener der Kirchen im Blick auf den Buß- und Bettag nicht. Die Kirchen als Institutionen von Religion, als ihre sichtbaren »Verwaltungsorganisationen« haben an Bedeutung verloren. Religion als Institution wird mehr und mehr unsichtbar. Das alles hat mit einem Abschied von der Religion nichts zu tun. Das Aufblühen der neuen religiösen Bewegungen, die fundamentalistischen auf der einen Seite und die esoterischen auf der anderen, sprechen eine andere Sprache. Religion sucht sich neue und andere Ausdrucksformen. Sie ist weniger Institution, weniger eine Angelegenheit, die sich sichtbar darstellt und institutionell gesicherte Kontinuität vermittelt, die Einfluß hat und die öffentliche Urteilskraft stärkt, sondern sie hat sich in die Privatsphäre zurückgezogen, die nicht im Kopf, nicht im Denken zu Hause ist und dort Sinn vermittelt, sondern im Erleben. Erfahrung wird wieder zentral in den Bereich von Religion hereingeholt, nachdem sie so lange durch die Theologie (z. B. Karl Barth) und durch die Soziologie (indem sie als Funktion der sich selbst vergewissernden Gesellschaft angesehen wurde) aus dem Zentrum der Religion herauskatapultiert wurde.

Damit kehrt in das Verständnis von Religion wieder ein Element ein, das Schleiermacher als ihr Konstitutivum angesehen hatte.[1] Er, der zu den »Gebildeten unter ihren Verächtern« reden wollte, um ihre Sache wieder – wortwörtlich – »salonfähig« zu machen, d. h. wieder heimzuholen in den privaten Bereich der Familie, den kleinen Zirkel (eben die »Salons«) und in die Kultur. Für ihn war Religion nicht denkbar ohne Erfahrung. Ja, Religion *ist* Erfahrung schlechthin. Er versteht Religion nicht als ein Wissen, als ein dogmatisches Lehrgebäude, nicht als ein Handeln, nicht zuerst als Ethik und Moral, wie es im Gefolge Kants gern verstanden wurde, und nicht als ein auf Metaphysik ausgerichtetes philosophisches Gedankengebäude. »Religion« ist vielmehr ein »andächtiges Anschauen und Fühlen des Universums«, des »Unendlichen im Endlichen«, des Ewigen im Zeitlichen.[2] Es geht ihm jedoch nicht um ein emotionales Erleben, nicht um ein ekstatisches Entzücken, nicht um das besondere, das Alltägliche hinter sich lassende große Erleben, das das Anderssein radikal erahnen läßt, sondern um die ganzheitliche Erfahrung dessen, daß der Mensch sich nicht selbst begründen kann, daß er nicht Herr in seinem Hause ist, sondern eine Herkunft hat und daß dies in jedem kleinen Innewerden des Endlichen erkannt werden kann. Im Hier und Jetzt soll es zur Erfahrung des Grundes und Sinnes alles Seienden kommen. In den zeitlichen Dingen wird das Göttliche spürbar, im Vergänglichen der Grund und die Ursache unseres Lebens erkannt, wird Ewigkeit erfahren.[3] Das religiöse Gefühl aber ist und bleibt die Geburt der lebendigen Religion.

1. Aber auch Religionswissenschaftler wie J. Wach. Vgl. J. Wach, *Vergleichende Religionsforschung*, Stuttgart 1962.
2. F. Schleiermacher, *Über die Religion. Reden an die Gebildeten unter ihren Verächtern*, Berlin 1799. Im folgenden zitiert nach der von R. Otto herausgegebenen Neuauflage, 3. Aufl., Göttingen 1913.
3. »Anschauung ohne Gefühl ist nichts und kann weder den rechten Ursprung noch die rechte Kraft haben; Gefühl ohne Anschauung ist auch nichts: beide sind nur dann und deswegen etwas, wenn und weil sie ursprünglich eins und ungetrennt sind. Jener erste geheimnisvolle Augenblick, der bei jeder sinnlichen Wahrnehmung vorkommt, ehe noch Gefühl und Anschauung sich trennen, wo der Sinn und sein Gegenstand gleichsam ineinandergeflossen und eins geworden sind, ehe noch beide an ihren ursprünglichen Platz zurückkehren – ich weiß, wie unbeschreiblich er ist und wie schnell er vorübergeht, ich wollte aber, Ihr könntet ihn festhalten und auf einer höheren und göttlichen Tätigkeit des

Gegen diesen Begriff von Religion hat sich im radikalen Rundumschlag Karl Barth und die dialektische Theologie nach dem 1. Weltkrieg gewandt. Der Kulturprotestantismus und seine das Bürgertum tragende Religion hatten nicht gehalten, was man sich von ihnen versprochen hatte. Religion ist nach Barth nur der selbst gewählte Weg des Menschen zu Gott – und zwar der eigenmächtige, verfehlte, falsche. Religion ist Unglaube. Keine religiöse Erfahrung, und sei sie noch so tief, erhaben, umfassend, bewegend, umstürzend, ist verläßlich, echt, wahr. Wahr ist allein der Weg, den Gott selbst gegangen ist, Christus. Er aber ist nur durch das Wort selbst zugänglich, das schriftliche Zeugnis der Urkirche und das mündliche Wort der Verkündigung.

Barth zieht gegen jeden Subjektivismus religiösen Erlebens zu Felde, weil der Mensch nicht Subjekt im Gegenüber zu Gott sein kann. Subjekt ist immer nur Christus, und der Mensch wird nur durch ihn zum Subjekt, indem er an seinem Subjektsein teilhat. Religion, dazu gehört auch das Christentum, kann nur insoweit echt und wahr sein, wie sie durch eben dieses Subjekt, Christus, auserwählt, begnadet und als das ihm genehme Mittel geheiligt wird.

Glaube ist hier das Stichwort, nicht Erlebnis, nicht erfahrungsbegründete Überzeugung, sondern allein der Gehorsam, der auf das Wort vertraut, ist relevant.

Zwischen diesen beiden Polen der theologischen Beurteilung der Religion hat es noch eine dritte Position gegeben, die anfangs durchaus Eigenständigkeit und Profil besaß, dann aber in freikirchliche Zirkel abgedrängt wurde und universitätstheologisch ihre Bedeutung verlor: die Erfahrungstheologie Erlanger Provenienz, die dem pietistischen Erbe nahestand, der Erweckungsbewegung, dem Bekehrungsgedanken und der daraus resultierenden frommen Gewißheit. Sie lehnte die kritische Bibelexegese nicht gänzlich ab und lehrte einen direkten Zugang zur Gestalt des Jesus von Nazareth. Das aber heißt, jeden Menschen kraft der von Jesus ausgehenden, eindrücklichen und überzeugenden Wahrheit, kraft seiner Persönlichkeit und kraft seines Glaubens für den heutigen Menschen zu gewinnen. Wie

Gemüts ihn wiedererkennen. Könnte und dürfte ich ihn doch aussprechen, andeuten wenigstens, ohne ihn zu entheiligen! Flüchtig ist er und durchsichtig wie der erste Duft, womit der Tau die erwachten Blumen anhaucht, schamhaft und zart wie ein jungfräulicher Kuß, heilig und fruchtbar wie eine bräutliche Umarmung; ja, nicht *wie* dies, sondern er *ist* alles dieses *selbst*. Schnell und zauberisch entwickelt sich eine Erscheinung, eine Begebenheit zu einem Bilde des Universums.« F. Schleiermacher, ebd., 38f.

»Betrachtet noch einmal den erhabenen Augenblick, in welchem der Mensch überhaupt zuerst in das Gebiet der Religion eintritt. Die erste bestimmte religiöse Ansicht, die in sein Gemüt mit einer solchen Kraft eindringt, daß durch einen einzigen Reiz sein Organ fürs Universum zum Leben gebracht und von nun an auf immer in Tätigkeit gesetzt wird, bestimmt freilich seine Religion; sie ist und bleibt seine Fundamental-Anschauung, in Beziehung auf welche er alles ansehen wird, und es ist im voraus bestimmt, in welcher Gestalt ihm jedes Element der Religion, sobald er es wahrnimmt, erscheinen muß. Das ist die objektive Seite dieses Moments; sie hat aber auch die subjektive ...«. F. Schleiermacher, ebd., 134.

aber wird man sein Nachfolger? Indem man sich von ihm beeindrucken läßt, indem er zum Erlebnis wird, das die eigene Person lebensbestimmend in Beschlag nimmt.

Zweierlei kennzeichnet den Erfahrungsbegriff Schleiermachers und der Erlanger: Es gibt eine objektive Ursache der religiösen Erfahrung. Sie kommt von etwas her. Ihr Ursprung liegt außerhalb des Menschen. Im subjektiven Bereich jedoch, im Menschen und der Wahrnehmung und Verarbeitung des Widerfahrenen ist Vielfalt notwendig, ist die Variabilität so zahlreich, wie es Menschen gibt. Die Erfahrung sucht nach konkretem Ausdruck. Sie will nicht im Vagen bleiben. Konkreter Ausdruck heißt zunächst: Verbalisierung. Das Erfahrene drängt ins Wort. Es will im Wort Klarheit bekommen. Es will mitgeteilt werden. Es drängt in die Kommunikation. Die Gewißheit der Erfahrung sucht den klaren Ausdruck, obwohl die tiefste Erfahrung unaussprechlich ist, es sei denn, sie will sich im Schweigen verwirklichen, wie dies in der Mystik der Fall ist. Schleiermacher aber ist kein Mystiker. Er weiß, daß religiöse Erfahrung durch das Wort auch die Gemeinschaft sucht und die religiöse Institution nötig hat, die Objektivität und Kontinuität garantiert, also die Kirche. Das religiöse Gefühl, die Erfahrung des Heiligen aber bleibt die Geburt von Religion.

Rudolf Otto wird später diesen Ansatz Schleiermachers in seinem Buch »Das Heilige«, das wie wenige religionsgeschichtlichen Texte weltweite Aufmerksamkeit gefunden hat und bis heute diskutiert wird, aufnehmen, das »objektive Gegenüber« zu präzisieren suchen und Religion als »Erfahrung des Heiligen« definieren.[4]

Was meint er damit? Man stutzt ja, daß hier eine Unbekannte durch zwei Unbekannte »definiert« wird, wobei der Begriff »Erfahrung« als Begriff der Alltagssprache noch als verständlich vorausgesetzt werden kann. Im Gefolge Schleiermachers könnten wir es dabei auch belassen. Aber was heißt »das Heilige«? Schleiermacher war davon überzeugt, daß es Gott ist, von dem die Religion herkommt. Aber er sagte Gott so aus, daß er immer zuerst vom Menschen sprach und den Weg beschrieb, den der Mensch geht, um Gott zu erfahren und zu denken. Otto dagegen gebraucht einen hoch abstrakten Begriff und ordnet den Gottesbegriff dem des Heiligen unter. Er füllt den Begriff »das Heilige« nicht materialiter, sondern umschreibt ihn mit Begriffen, die auf die Rezeption beim Menschen zielen. Er sagt nicht, was das Heilige ist, sondern wie es beim Menschen ankommt, nämlich als ein »Fascinosum« und als ein »Tremendum«! Religion fängt mit sich

4. R. Otto, *Das Heilige. Über das Irrationale in der Idee des Göttlichen und sein Verhältnis zum Rationalen*, 17.-22. Aufl., Gotha 1929, zuerst erschienen 1917. Zur nicht enden wollenden Diskussion über »das Heilige« vgl. D. Kamper/Ch. Wulf (Hg.), *Das Heilige. Seine Spur in der Moderne*, Frankfurt a.M. 1987; D. H. A. Edinopulos/E. A. Yonan, *The Sacred and its Scholars. Comparative Methodologies for the Study of Primary Religious Data*, Leyden/New York/Köln 1996.

selber an.[5] Den Menschen überkommt etwas, etwas Unheimliches, etwas, das ihn erschreckt und ihm Angst einjagt, ein Schauder, der doch zugleich so etwas wie den kaum zu übersetzenden englischen Ausdruck »awe« in dem Menschen hervorruft, »EHR-FURCHT«. Dieses Tremendum kann »roh« sein, ungeformt, kreatürlich, scheußlich. Aber es will geformt werden. Ähnliches erfahren wir in der Begegnung mit dem Schönen in der Kunst. Am objektivsten wird es aber erfahren in der Begegnung mit der Gottheit, im Gottesschrecken. Darüber hat nicht nur das Alte Testament viel zu sagen, sondern auch der frühe Luther in seiner Angst vor dem zürnenden Gott.

Zugleich hat diese Erfahrung etwas Faszinierendes, es lockt und bindet den Menschen. Er kann sich ihm nicht entziehen. Eine Art »Kontrastharmonie« zum mysterium tremendum glaubt Otto zu erkennen: Schauderhaft und wundervoll, beides zugleich und in einem ist das Heilige. Ihm zu begegnen, ihm sich auszusetzen, es zu empfangen und von ihm sich gefangen nehmen zu lassen, das ist Religion.

Die Breitenwirkung Ottos liegt in dem hohen Abstraktionsgrad des von ihm verwendeten Begriffes begründet. Jeder kann ihn übernehmen, ein Buddhist, ein Hindu, der Christ und selbst noch ein Atheist, den gelegentlich so etwas wie ein Schauder überfällt. Auch der Mystiker kann sich in ihm wiederfinden und ihn als Ausdruck für das nehmen, dem man nur im Schweigen begegnen kann. Das Heilige ist apriorisch, vorgängig, und zwar so, daß jeder die Begegnung mit ihm verstehen, rezipieren und durch den Vergleich konkretisieren kann. Die posteriorische Benennung ist demgegenüber sekundär. Sie macht die Differenz der Religionen aus, doch dieses Problem liegt jenseits des Interesses von Otto.

Schleiermacher wurde im vorigen Jahrhundert von der Orthodoxie und den Führern der konfessionellen Erweckungsbewegungen scharf angegriffen, ja der Häresie verdächtigt. Schrift und Bekenntnis als vorgegebene, objektive Größen und als Maßstab des Glaubens schienen aufgelöst zu werden.

In unserem Jahrhundert wurde Rudolf Otto von der Neoorthodoxie, obwohl sie ihm viel verdankte, ebenso scharf angegriffen wie von der dialektischen Theologie. Einerseits denkt z. B. Barth mit Otto Gott als den ganz Anderen, der nicht in unseren Kategorien definiert werden kann, andererseits wehrt er sich gegen den Subjektivismus, der dieser bürgerlichen Frömmigkeit anhaftet. Es ist nicht nötig, hier noch einmal auf Barth einzugehen. Es genügt, seinen schärfsten Protest gegen jede Erfahrung zu belegen.

»Nicht unser allfälliges Erfahren und Erleben Gottes, nicht unsere allfällige Frömmigkeit ist diese Lebensbewegung, nicht ein Erleben neben anderen Erlebnissen, sondern – ich rede nun absichtlich so abstrakt und theoretisch als möglich, damit alle emotionalen Mißverständnisse heute einmal ausgeschaltet seien – die senkrechte Linie, die durch alle unsere Frömmigkeit hindurch- und großenteils auch daran vorbeigeht, der Durch-

5. R. Otto, a. a. O., 171.

bruch und die Erscheinung der Gotteswelt heraus aus dem verschlossenen Heiligtum rein in das profane Leben: Die leibliche Auferstehung Christi von den Toten. Daß wir an ihrer Bedeutung Anteil haben, das ist unser Bewegtsein«.[6]

Barth hatte mit dieser Auffassung in der Hitlerzeit recht. Doch seine Wirkungen gingen weiter und haben, von wenigen Ausnahmen abgesehen, zu der genannten Diastase von Theologie und Religionswissenschaft geführt, was zur Folge hatte, daß die Theologie und die Studenten der Theologie es nicht für nötig hielten, sich mit den anderen Religionen zu befassen. »Religion« wurde zum tabuisierten Wort. Daß das Christentum eine Religion neben anderen war und sich in der Familie der anderen wiederfindet und seine Wurzeln tief in andere Religionen hineinreichen, diese Erkenntnis wurde durch das starre Nein Barths verdunkelt. Obwohl der späte Barth über die Christologie Wege zur Begegnung mit den anderen Religionen hat weisen wollen und gewiesen hat, blieb vor allem sein frühes Verdikt wirksam.[7]

Und heute? Die späten 60er Jahre haben uns einen ganz neuen Aufbruch beschert: Unbeeindruckt von aller theologischen Differenzierung werden seelische und leibliche Erfahrungen eruptiv in die Religion zurückgeholt.[8] In der neuen Religiosität wird die Subjektivität als entscheidender Gradmesser der Echtheit der Religion propagiert. Zwei Texte sollen diesen Neuaufbruch und Neuanfang verdeutlichen. Der erste bezieht sich auf ein Interview mit D. Sölle, die von einem holländischen Kamerateam auf die Erfahrung des Sterbens hin angesprochen wurde. Die Antwort verweist auf eine existentielle Erfahrung des Sterbens, das »Sterben« nach ihrer Ehescheidung.

»Es fiel mir nicht leicht, über meine Erfahrung ›zu sterben‹ zu sprechen. Dieser Tod war für mich die vollständige Zerstörung eines ersten Lebensentwurfs. Alles was ich gebaut hatte, was ich gehofft, geglaubt und gewollt hatte, war vernichtet. Es ist wahrscheinlich eine ähnliche Erfahrung wie beim Tod eines sehr geliebten Menschen … Ich habe über drei Jahre gebraucht, nicht damit ›fertig zu werden‹, sondern nur um die mich ständig begleitenden Wunschphantasien des Selbstmords zu überwinden. Sterben wollen war die einzige Hoffnung, der einzige Gedanke. In dieser Situation ging ich einmal auf eine Reise durch Belgien in eine dieser spätgotischen Kirchen. Der Ausdruck ›beten‹ kommt mir jetzt falsch vor; ich war ein einziger Schrei. Ich schrie um Hilfe, und darunter konnte ich mir zweierlei vorstellen: daß mein Mann zu mir zurückkehrte oder daß ich stürbe und diese Dauerhinrichtung endlich aufhörte. In dieser Kirche fiel mir, in mein Schreien versunken, ein Wort aus der Bibel ein: ›Laß dir an meiner Gnade genügen‹.

Ich haßte dieses Wort schon lange. Es war für mich der Ausdruck einer durch nichts

6. K. Barth, *Der Christ in der Gesellschaft*, Würzburg 1920, 18.
7. Vgl. zu K. Barth auch H. Wrogemann, *Mission und Religion in der Systematischen Theologie der Gegenwart*, a. a. O., 78f.
8. Für die Dogmatik hat das G. Ebeling geleistet. Vgl. seine Aufsätze »Die Klage über das Erfahrungsdefizit in der Theologie als Frage nach ihrer Sache«, in: *Wort und Glaube III*, Tübingen 1975, 3-28; »Schrift und Erfahrung als Quelle theologischer Aussagen«, *ZThK* 1978, 99-116.

gemilderten Brutalität. Ich muß damals in der Mitte des Tunnels angekommen gewesen sein. Ich wußte wirklich nicht, was das theologische Wort ›Gnade‹ bedeuten könnte, wenn alle Realität meines Lebens nichts damit zu tun hätte. Aber ›Gott‹ hatte mir gerade diesen Satz ›gesagt‹. Ich kam aus der Kirche und betete von nun an nicht mehr darum, daß mein Mann zu mir zurückkäme …

Ich war am Ende, und Gott hatte den ersten Entwurf zerrissen. Er hatte mich nicht getröstet, wie ein Psychologe, der mir erklärte, daß dies vorauszusehen gewesen sei, er bot mir nicht die gesellschaftlich üblichen Beschwichtigungen an. Er warf mich mit dem Gesicht auf den Boden. Es war nicht einmal der Tod, den ich mir wünschte, geschweige denn das Leben. Es war ein anderer Tod.

Später habe ich gemerkt, daß alle, die glauben, ein wenig hinken wie Jakob, nachdem er mit dem Engel gekämpft hat. Sie sind schon einmal gestorben. Man kann es niemandem wünschen, aber auch nicht versuchen, es ihm durch Belehrung zu ersparen. Die Erfahrung des Glaubens ist ebensowenig ersetzbar wie die Erfahrung der physischen Liebe.«

D. Sölle resümiert:

»Die Sprache der Religion ist gesammelte Erfahrung, die lebendig nur dort wird, wo sie aus Erfahrung auf Erfahrung hin spricht«.[9]

Der zweite Text stammt von Reimar Lenz und spiegelt die Stimmung der späten 68er Jahre.

»Man nennt uns Mystiker, Schwärmer, Spiritualisten, Irrationalisten, Eskapisten – und das kommt so:

Wir haben den Kniefall am Altar der *Ratio* unterlassen und statt dessen, ketzerischerweise, nach den Voraussetzungen, Formen und Grenzen der Vernunft gefragt; wir glauben nicht an den Mythos von der alles erlösenden Kraft der Ratio. …

Immer haben wir darauf bestanden, selber zu suchen. *No more second hand gods*, proklamierte Buckminster Fuller. Nur das selbst Erlebte und Geprüfte sollte als Baustein für unsere geistige Zukunft gelten.

Das eigene Bewußtsein haben wir zum Anknüpfungspunkt und Gegenstand unserer Hoffnung gemacht – das strömende, veränderliche, unverläßliche, unüberschaubare, unauslotbare, umgreifende eigene Bewußtsein, das sich aufschwang und für Stunden erwachte zu neuen Helligkeitsgraden und Integrationsstufen, zu Schreck- und Glückssekunden erhöhter Selbst(un)gewißheit.

Eine List der Vernunft hat sich der Verachtetsten bedient, das Denken in Gang zu bringen. …

Wir haben in Kommunen gelebt, mit Menschen anderer Klasse, anderer Rasse, anderen Glaubens. Mit dem Diskutieren haben wir aufgehört und statt dessen begonnen, mit den Menschen zu reden – über ihre Situation.

Wir sind das zweifelhafte Symptom und Produkt einer fundamentalen Krise – und tragen Elemente der Heilung in uns. …

Wir setzten anfangs gegen Arbeit *drop-out*, gegen das Leistungs- ein Lustprinzip, ge-

9. D. Sölle, »Erfahrung nannte man früher Seele«, in: *Die Hinreise. Zur religiösen Erfahrung. Texte und Überlegungen*, 2. Aufl., Stuttgart 1976, 39 ff., 42 ff.

gen Ordnung Spontaneität, gegen Wissenschaftsideologie Skeptizismus, gegen Manipulation Verweigerung – und das war nicht genug.

Die Daseinsformen der spirituellen Kommunen könnten Vorwegnahmen des Lebens von morgen und übermorgen sein, tastende Antworten auf eine Zivilisationskrise, die mit Massenmanipulation, Wettrüsten, Umweltverschmutzung, Übervölkerung und Rohstoffverschleiß Jahr für Jahr bedrohlicher wird. …

Wir können die Unendlichkeiten, die uns begegnet sind, nicht mehr reduzieren auf irgendeine monokulturelle Scholastik. Wir meditieren im Gedenken an Buddha, Shankara, Jesus, Rumi, Halladsch, Ramakrischna. Wir lesen Aurobindo, Theilhard, Anandamurti, Gebser, Huxley und Watts als Autoren der Lehre von integrativem Bewußtsein. Wir öffnen erstaunt die psychologischen Schatztruhen des I Ging und des Tibetanischen Totenbuchs. …

Nennen wir die erhoffte Haltung aus Stolz und Demut, Klarsicht und Staunen, Veränderungswille und Illusionslosigkeit, Kreativität und Verständnis neue Religiosität oder auch anders; hoffen wir, daß wir nicht allein stehen, wenn wir uns weiter zu dieser Hoffnung entschließen.

Gott nennen wir die Stimme in uns, die uns auffordert, über uns hinauszugehen. Gottesbeweise sind müßig; Gott läßt sich nicht anders beweisen als durch das Wachstum unseres Gottesbewußtseins. Gott gibt es nicht, aber wir wollen hin zu ihm«.[10]

Erfahrung ist in diesen Texten nicht einfach Erprobung. So versteht sie noch Luther. »Im deutschen Sprichwort sagt man von einem jungen Arzt, daß er einen neuen Friedhof haben müsse; von einem jungen Juristen, daß er alles in Streitigkeiten verwickelt; von einem jungen Theologen, daß er die Hölle mit Seelen fülle. Denn sie wollen alles ohne Erfahrung, die allein klug macht, nach ihren Gesetzen und Regeln fertigbringen; darum laufen sie an und irren sehr, den Menschen zum Schaden und der Sache«.[11] Erfahrung heißt hier im ursprünglichen Sinn, ein Land durchwandern oder durchfahren, um es kennenzulernen. Erfahrung ist wertende Zusammenfassung von Erprobtem und seine Umsetzung in die Praxis. Bei D. Sölle zielt Erfahrung auf den Einbruch eines Außerordentlichen, das den Menschen verändert, weil es den bisherigen Erfahrungshorizont durchbricht. Doch die Negation des Bisherigen schließt eine Bestätigung des Vorgegebenen ein. Ein Gebäude stürzt ein, das über Jahre gebaut wurde. Sie wollte in ihm wohnen, möchte es auch jetzt noch. Gewiß, Ehe ist Alltagsroutine, bis zum Rande gefüllt mit Banalitäten. Doch in dem Moment, wo sie zerbricht, wird mehr als nur ein kleiner Ausschnitt aus dem Lebensteppich zerrissen. In den täglichen Routineabläufen wird Leben erfahren, volles Leben. Es ist diese alltägliche Wirklichkeit, nicht die außerordentliche, in der sich unser Leben verwirklicht, oft nur beiläufig, wie ein ruhiger Fluß, manchmal versiegend wie ein Bach im Sommer, manchmal reißend wie nach der Schneeschmelze. Aber daß das so ist und daß sich darin Sinn verwirklicht, erfaßt man erst in seiner Tiefe, wenn der Damm bricht und das Flußbett zerstört

10. R. Lenz, »Das vergessene Ganze«, *EK* 1974, 431 f.
11. So Martin Luther in der Genesisvorlesung. *WA* 42, 505, Z. 15 ff.

wird. Auch wenn das Scheitern der Ehe sich möglicherweise schon lange angebahnt hat, es bricht wie ein Sturm über die Betroffenen herein. Das, was Leben und Erfahrung ausmacht, *actio* und *passio*, sie sind hier eines geworden.

Erfahrung im Sinne von Erprobung ist wiederholbar. Erfahrung als *passio* ist nicht austauschbar. Keiner kann sich des anderen Erfahrung zu eigen machen. Dennoch ist auch die Erfahrung als passio in ein soziales Umfeld eingebunden. Es sind andere daran beteiligt. In diesem Fall der Mann, die Kinder, die Familie, Freunde, Nachbarn. Auch wenn sie im Text nicht genannt werden, sie sind präsent, implizit und indirekt. Sie beeinflussen die Reaktionsweise, weben an dem Muster, nach dem das Ereignis verarbeitet wird. Die Weise, wie das Erleiden angenommen wird, das Aufbegehren, die Akzeptanz, der Modus der Aneignung, sie sind nur im Gesamtkontext des individuellen Lebens verstehbar und durch die eigene Sozialisation, die die religiöse einschließt, geprägt.

Erfahrung heißt also beides, passio und actio, Widerfahrnis und Aneignung, und eben darin ist sie religiös relevant.

Der Text von R. Lenz spiegelt eine andere Erfahrung wider. Es ist keine Alltagserfahrung, obwohl sie mit dem Alltag viel zu tun hat, sondern meint etwas Außergewöhnliches, das die Routine durchbricht. Diese Art der Erfahrung überfällt nicht plötzlich den Menschen, sondern wird von ihm herbeigeführt. Die Mittel dazu sind höchst unterschiedlicher Art: Drogen, Meditationstechniken. Man sucht die Alterität, das Andere. Die Ekstase wird herbeigeführt. Das gilt wortwörtlich: Man begibt sich außerhalb seiner selbst – und bleibt doch, wie der Schluß des Textes zeigt, ganz bei sich selbst. Die Ekstase dient ausschließlich dem Zweck, sich selbst zu erfahren. Allein der letzte Moment des Geschehens, das, was wirklich im »Außerhalb« geschieht, ist nicht vom actor abhängig, sondern ein Widerfahrnis, dem er sich ausgeliefert sieht. Auch hier also, wenn auch mit anderer Akzentsetzung, fügen sich in der Erfahrung actio und passio zusammen.

Doch was haben die genannten Erfahrungen mit Religion zu tun? Wie kommt sie ins Spiel? In seiner Phänomenologie der Religion gibt G. van der Leeuw die Antwort: Religion eignet »der Bezug auf das Ganze«.[12] Das heißt, ein Ereignis, ein Erlebnis, eine Widerfahrnis bekommt religiösen Charakter, wenn darin das Ganze der Existenz betroffen und ein »letzer Sinn« erfahren wird. Dieser letzte Sinn »läßt sich nicht aus dem Augenblick verstehen, sondern immer nur von der Ewigkeit her«. Die »letzten Dinge« werden ansichtig.[13] Erst durch die eschatologische Perspektive werden Lebenserfahrungen als religiöse qualifiziert. Die Religion kommt dadurch in den Blick, daß die Sehnsucht nach Ganzsein, nach dem Heil sich meldet. Im Moment der Gefährdung, im Moment der Zerstörung erfährt der Mensch sich und seine Mitmenschen in neuer Weise und er erlebt sich und die anderen als Splitter eines ursprünglich heilen, kostbaren Glases.

12. G. van der Leeuw, *Phänomenologie der Religion*, 2. Aufl., Tübingen 1956, 526.
13. Ebd.

In dem Text von D. Sölle ist diese Dimension evident. Gilt das auch für den anderen von R. Lenz? Die Sehnsucht nach dem Ganzsein wird zunächst als Ausbruch aus dem als Fessel und Beschränkung erfahrenen Leben gesucht. Durch mystische Erlebnisse und durch Drogen soll das als Routine erlebte Leben durchbrochen werden. Das Banale soll zum Besonderen hin überschritten, das Alltägliche übersteigert werden, das Profane sich zum »Überalltäglichen«, zur Transzendenz hin öffnen. Transzendenz wird wörtlich genommen als ein »Überschreiten«, als ein *trans-cendere.* In der Ekstase wird etwas erfahren, das den Menschen dem Hier und Jetzt entzieht, das Andere des Alltags. In der Begrifflichkeit von Rudolf Otto: Das Numinose will man erleben, das Heilige soll in die Profanität eintreten.

Die Erfahrung von D. Sölle verläuft in umgekehrter Richtung: Die Zerstörung zieht sie tief in das abgründige Leben hinein und verändert den Tag. Das Vorfindliche wird zwar transzendiert, aber so, daß es nicht weltlos, sondern erneut welthaft wird. Die Erfahrung stellt den Menschen in Frage, aber als religiöse Erfahrung wird sie ihn letztendlich stabilisieren, weil sie Sinn stiftet und dem Leben eine neue Perspektive gibt.

Jede Deutung bleibt hinter dem zu Deutenden zurück. Jede Erfahrung, die auf das Ganze zielt, findet nur unzureichend den sprachlichen Ausdruck. Um die weite Dimension des Erfahrenen auszuloten, bedarf es einer Spracherweiterung, die die Alltagssprache transzendiert. Religiöse Erfahrungen bedürfen der gefüllten Sprache. Sie sind auf symbolisch überhöhte Begriffe angewiesen und fügen sich in sie hinein. D. Sölle greift intuitiv auf die ihr fremd und suspekt gewordenen liturgischen Zentralbegriffe »Gnade« und »Gott« zurück. Oft helfen auch fremde Worte, die Fremdheit des Erfahrenen zu benennen. Es ist nicht zufällig, daß die religiöse Sprache fremdsprachliche Begriffe aufnimmt und in der Liturgie beibehält: Amen, Abba, Maranatha, Schalom. Neubekehrte internalisieren schnell die rituelle Sprache der neuen Religion. Die religiös geprägte Sprache besitzt kommunikative Kraft, wenn auch zunächst nur im inneren Kreis der Dazugehörigen. Alle haben ähnliche Erfahrungen gemacht. Indem man sich der gehobenen liturgischen Sprache bedient, kann man gewiß sein, daß zumindest etwas von dem verstanden wird, was zum Ausdruck kommen soll.[14]

Für das Verständnis der beiden Texte und unser Thema dürfen zwei Aspekte nicht übersehen werden.

1. Der Ort der Erfahrung. Es ist nicht zufällig, daß in der Krise eine Grenzüberschreitung, ein Raumwechsel stattfindet. Fast magnetisch wird D. Sölle von dem ganz anderen Raum, dem »heiligen« Ort angezogen. Gegen ihren Willen kehrt

14. Die Behauptung von Ronald D. Laing, Erfahrung lasse sich nicht übertragen und kommunizieren, muß im religiösen Bereich zurückgewiesen werden. R. D. Laing, *Phänomenologie der Erfahrung*, Frankfurt a. M. 1967.

sie in eine Kirche ein. Dort hört sie die unhörbare Stimme, die die Kehrtwendung der Krise einleitet. Sie ist beides zugleich, vox externa und vox interna.

Die in der Kirche gemachte Erfahrung wird sich von nun an mit diesem Raum verbinden. Sie hat ihren Haftpunkt gefunden. Rückkehr zu diesem Raum ist möglich. Der Ort wird zukünftig Erinnerungen wachrufen. Die Erfahrung ist zwar als solche nicht wiederholbar, aber doch rückrufbar. Die Kirche wird zum Raum des religiösen Gedächtnisses, der Erinnerung, einer ganzheitlichen Erfahrung.

2. Der einmalige Vorgang zielt auf Wiederholung. Der Weg in die Kirche war nicht so etwas wie der zufällige Besuch eines Museums. In einer Krise greift man auf tief Vertrautes der Vergangenheit zurück. Der Ritus – und jeder Kirchgang ist ein rituelles Geschehen – vermittelt Verläßlichkeit, verkörpert Gewißheit. Die Mutter einer Mitkonfirmandin steht mir aus meiner Konfirmandenzeit noch immer vor Augen, die sich jeden Sonntag auf den gleichen Stuhl in einer der vorderen Reihen meiner Heimatkirche setzte. Erst später erfuhr ich, daß sie eben auf diesem Platz Jahre zuvor ein besonderes Erlebnis hatte, das ihren im Krieg gefallenen Mann betraf. Bis zu ihrem Tode saß die Frau Sonntag für Sonntag auf eben diesem Platz. Erfahrung sucht die Wiederholung. Wiederholung festigt die Erfahrung. Wiederholung gerinnt zum Ritus. Der Ritus ist Gestalt gewordene Religion.

Die beiden angeführten Texte markieren den Umbruch vom politischen Engagement zur »Hinreise« in die Innerlichkeit der 70er Jahre. Darin besteht ihr zeitgeschichtlicher Stellenwert. Beide markieren den Weg zur individuellen Erfahrung.[15] Die Individualisierung der Religion charakterisiert die neue Religiosität unserer Zeit und kennzeichnet in vieler Hinsicht die Religion des christlichen Abendlandes, besonders in den vom Protestantismus geprägten Ländern. Die Gründe dafür sind vielfältig und durch unsere Geistesgeschichte vorbereitet. Das muß hier nicht weiter ausgeführt werden. Solch eine Form von »Privatisierung« und Individualisierung der Religion ist jedoch kein Kennzeichen der Religionen überhaupt. Religionen sind öffentlich und haben Öffentlichkeitscharakter. Sie drängen zur Sichtbarkeit. Da Religion auf das Ganze zielt, kann sie die Differenz von »privat« und »öffentlich« nicht akzeptieren. Sie ist ihrem Wesen fremd. In der Religion sind Erfahrung und Verhalten nicht zu trennen. Verhalten ist nicht eine Sache des Herzens, sondern der Öffentlichkeit. Religiöse Phänomene wie Scham und Schuld, Fasten und Reinigung, Opfer und Versöhnung, die in den meisten Religionen von zentraler Bedeutung sind, bleiben ohne diesen Zusammenhang unverständlich.

15. Vgl. zum Ganzen O. Betz, »Konturen einer Theologie der Erfahrung und ihre Konsequenzen für die religiöse Erziehung«, in: O. Betz (Hg.), *Zugänge zur religiösen Erfahrung*, Düsseldorf 1980, 63-79; D. Mieth, *Gotteserfahrung und Weltverantwortung. Über die christliche Spiritualität des Handelns*, Darmstadt 1984; E. Herms, Art. »Erfahrung«, *EKL* Bd. 1, 1067-1077.

Erlebnis und Erfahrung dürfen nicht verwechselt werden. Ein Erlebnis kann individuell bleiben, es drängt nicht nach außen. Erfahrung dagegen, die aufs engste mit der Tradition und der Sozialisation verbunden ist, ist ein soziales Phänomen. Sie konstituiert sich als *konnektive Erfahrung*. Sie ist eingebunden in den Ausdruck, die Form und Gestalt der Erfahrungen der Gemeinschaft. Darum kann es die Religion nicht als Phänomen des einzelnen geben. Als Erfahrung des Heiligen ist sie immer konnektiv, korporativ, sozial. Sie sucht den anderen und bindet sich an ihn in Gestalt, Ausdruck und Ethik.

Mit unseren Überlegungen zur Bedeutung der Erfahrung für die Religion haben wir, wenn auch in unterschiedlicher Gewichtung, unter der Hand wesentliche Elemente berührt, die Religion konstituieren: Die Bedeutung des Raumes und des Ritus, die Auswirkungen der Religion auf das Leben der Menschen, auf ihr Verhalten, ihre Ethik und Moral. Grundlegend für das alles aber ist die Transzendenzerfahrung. Sie ist die Mitte, die allem Sinn gibt und es prägt. Sie ist gleichsam das genetische Material, das Form und Inhalt der Religion festlegt. Sie macht nicht das »Wesen« der Religion aus. Das gibt es nicht. Auf der Suche danach sind die älteren Phänomenologen bis hin zu F. Heiler gescheitert. Religion gibt es nur in den Religionen. Das hat R. Otto unter Berufung auf Schleiermacher immer wieder zu Recht betont. Die Mitte einer Religion bestimmt ihre spezifischen Erscheinungsformen und ihre Gestalt. Dennoch gibt es grundlegende Elemente, die sich in allen Religionen wiederfinden. Das ist in der *conditio humana* begründet und macht die phänomenologische Erfassung möglich und erlaubt die Komparatistik. Ohne Vollständigkeit erreichen zu wollen, werden wir die wichtigsten besprechen.

Ehe wir uns ihnen zuwenden, sei noch einmal an einem höchst säkularen, dichten Text verdeutlicht, welche Bedeutung die Erfahrung für den Menschen unserer Zeit hat und wie sich die alltägliche, profane Welt so öffnet, daß etwas von dem Anderen, einem Jenseits darin aufscheint.

In seinem Gedicht »Die neuen Erfahrungen« sinnt Peter Handke[16] jenen Augenblicken nach, da er sich zum erstenmal der Erfahrungen von Neuem bewußt wird und wie er ihnen ausgesetzt war. Irgendwann war einmal alles neu und fremd und wurde durch die Wahrnehmung existenzbestimmend. Es sind durchaus konventionelle, ja banale Erfahrungen, die in ihrer Neuheit und ihrem Gewicht zunächst kaum wahrgenommen werden, und doch sind sie die Bausteine, die das Raum- und Zeitgefühl und die Tiefendimensionen des Lebens später ausmachen und bestimmen, sei es bewußt oder unbewußt.

»…
1952
im Sommer
als ich
(vom Leichenschmaus im Andenken an die gerade beerdigte Großmutter nach Hause

16. P. Handke, *Die Innenwelt der Außenwelt der Innenwelt*, 9. Aufl., Frankfurt a.M. 1979.

geschickt, um einem Trauergast die vergessenen Zigaretten zu holen)
den leeren
stillen
Raum
betrat
in dem die Tote
drei Tage lang
aufgebahrt war
und
in dem stillen
leeren
Raum
nichts erblickte
als eine kleine schmutzige Lache
aus einer Vase
auf dem Fußboden
hatte ich
zum ersten Mal
im Leben
Angst
vor dem Tod
und nur weil *man* sagte
daß es einem in der Todesangst
kalt über den Rücken rinnt
konnte ich mich
indem ich mir
zum Schutz
die Worte, die *man* sagte, vorhielt
der Todesangst
noch einmal
erwehren.

Später
sah ich
(nachdem ich immer von gefährlichen Irren gehört hatte)
zum erstenmal
einen ungefährlichen Irren:
verschüttete ich zum erstenmal
COCA-COLA
in den Schnee
an der Großglockner-Hochalpenstraße:
…
Jetzt frage ich mich:
Wann werde ich zum ersten Mal von *jemandem* hören, *der* einen Regenschirm mit in den Tod nehmen konnte?
…

und sah
ZUM ERSTENMAL
den Kaffee
aus der Tasse
jäh überschwappen
auf das weiße Tischtuch
im TRANSEUROPAEXPRESS«.

Dieses Gedicht berichtet von der Erfahrung fast banaler Ereignisse: Als Junge erlebt Handke zum erstenmal die Angst vor dem Tod und weiß sie mit höchst konventionellen Mitteln zu überwinden, indem er sich wie ein Kind, das sich im Wald durch ein Lied Mut einflößt, beruhigt. Dann unterbricht der Dichter plötzlich den Duktus des Vordergründigen und fragt nach einem, der aus dem Tod zurückkehrt und ihm Auskunft darüber geben kann, wie es dort im Jenseits wohl sein wird. Die Frage klingt ironisch, ist aber mit dem Gewicht der ganzen Realität behaftet: Wird es denn im Jenseits auch regnen? Natürlich weiß er, daß der Vorhang, den er mit der Frage ins Jenseits öffnen möchte, nie aufgemacht werden wird. Wenn er das tatsächlich zum »ersten Mal« erleben sollte, wird es das letzte Mal sein, der irreversible Schritt in den Tod. Die neuen Erfahrungen verdichten sich zu Grenzerfahrungen. Aber werden sie in unserer schnellebigen, multikulturellen Zeit, deren Kennzeichen der Transeuropaexpress ist, Muße haben zu reifen? Werden sie die Transzendenz hereinlassen? Unter der Banalität leuchtet plötzlich etwas davon auf: Coca-Cola im Schnee und Kaffee auf blütenweißer Tischdecke. Das sind Bilder, die nicht nur an das Märchen erinnern, in dem die Königin sich beim Spinnen in die Hand sticht, sondern auch an das Blut des Gekreuzigten, das auf die schuldig gewordene Erde fällt. Die Bilder des Gedichtes sind surrealistisch wie das »leere« Abendmahlsbild von Ben Willikens oder das von Salvador Dali. Aber in diesem Surrealismus steckt ein Realismus, der die Welt wieder durchlässig macht für etwas, das sie nicht ausdrücken und sich nicht selbst sagen kann. Es muß von außen kommen.

Exkurs: Zum Problem einer Definition von »Religion«

Wir haben bisher keine Definition von »Religion« gegeben. Damit sind wir noch ganz im Rahmen der Anweisungen von M. Weber, der davon ausgeht, daß eine Definition, auch die der Religion, erst am Ende, nicht am Anfang einer Erörterung vorgenommen werden kann.[17] In mancher Hinsicht wäre hier der gegebene Platz, das Versäumte nachzuholen. Dennoch zögere ich, diesem Wunsch nach klarerer Definition nachzugeben. Das hat seinen Grund nicht nur darin, daß es Hunderte von Definitionen von Religion gibt und es wenig Sinn macht, noch eine weitere

17. M. Weber, *Wirtschaft und Gesellschaft* (Studienausgabe), 5. Aufl., Tübingen 1976, 245.

hinzuzufügen, vielmehr gebietet die Problematik einer Religionsdefinition selbst Zurückhaltung. Religionsdefinitionen sind selbstreferentiell. Das ist in der Forschung bisher nicht genügend beachtet worden.[18] Sie sagen nicht nur etwas über die Sache der Religion, das *definiendum,* aus, sondern in gleicher Weise über den Autor und seinen Kontext. Daher die Vielfalt der Definitionen. Die Definition verrät den Standpunkt des Forschers, darum wird der Psychologe, der Grund und Gestalt von Religion allein als psychische Wirklichkeit ansieht, sie in den Kategorien seiner Wissenschaft definieren. Eine Offenheit zu einer anderen Perspektive wird er kaum zulassen. Das gleiche gilt für den Soziologen, wie man an Marx und Durkheim sehen kann. Der Kulturwissenschaftler wird Religion als Subsystem einer Kultur verstehen, dagegen wird der Neurobiologe Religion daraufhin definieren, welchen Beitrag sie zur Überlebensstrategie von Genen leistet.[19] Nun könnte man angesichts dieser Schwierigkeiten, die sich noch dadurch potenzieren, daß man zwischen formalen und inhaltlichen Definitionen zu unterscheiden hat und sich für Maximal- oder Minimaldefinitionen entscheiden muß, dadurch entgehen, daß man ganz auf eine Definition verzichtet, wie neuerdings H. G. Kippenberg vorschlägt.[20] Dem würde ich zuneigen und den Begriff Religion in einem eher umgangssprachlichen Sinn verwenden, um nicht zu früh einem im Definitionsvorgang selbst begründeten Reduktionismus zu verfallen, wenn nicht dagegen das berechtigte Bedürfnis zumal von Studierenden stünde, in die Sache der Religion so hineingeführt zu werden, daß Erfahrung und Wissenschaft nicht auseinanderfallen. Zur Wissenschaft, auch zur Religionswissenschaft gehört nun einmal die definitorische Klärung. Anders als die genannten Wissenschaftszweige, deren Definitionen sich nicht gegenseitig ausschließen, sondern Annäherungsversuche aus der Multiperspektivität heraus sind, die der Komplexität der Religion durchaus angemessen sind, nehme ich Religion als das, was sie ist, und nicht als etwas anderes.

18. Zu neuere Diskussion vgl. E. Goodenough, *A Historian of Religion Tries to Define Religion*, Zygon 1967, 7-22; H. von Stietencron, »Der Begriff der Religion in der Religionswissenschaft«, in: W. Kerber (Hg.), *Der Begriff der Religion*, München 1993, 111-137; J. G. Platvoet, »Defining the Definer: Non-Verifiability/Non-Falsifiability as a Definiens in an Operational Definition of Religion«, in: U. Bianchi (Hg.), *The Notion of Religion in Comparative Research*, Rom 1994, 701-711; D. Pollack, »Was ist Religion? Probleme der Definition.« *ZfR* 1995, 163-190.
19. Vgl. dazu W. Burkert, *Creation of the Sacred. Tracks of Biology in Early Religion*, Cambridge, Mass. 1996; ders., »Fitness oder Opium? Die Fragestellung der Soziobiologie im Bereich alter Religionen.« In: F. Stolz (Hg.) *Homo naturaliter religiosus*, Bern, Frankfurt a.M./New York 1997, 13-38; A. Michaels, *Religionen und der neurobiologische Primat der Angst*, ebd., 65-90.
20. H. G. Kippenberg, »Diskursive Religionswissenschaft. Gedanken zu einer Religionswissenschaft, die weder auf einer allgemein gültigen Definition von Religion noch auf einer Überlegenheit von Wissenschaft basiert«, in: B. Gladigow/H. G. Kippenberg (Hg.), *Neue Ansätze in der Religionswissenschaft*, München 1983, 9-28.

Diese Tautologie[21] ist nicht sinnlos, denn sie versucht, Religion aus der Perspektive derer zu sehen , die in ihr leben und von ihr bestimmt werden. Die Perspektive der Anhänger einer jeweiligen Religion einzunehmen, gehört zu den methodischen Anforderungen, die an jede religionswissenschaftliche Forschung zu stellen sind. Das schließt nicht die Außenperspektive des Außenstehenden aus, vielmehr müssen beide sich gegenseitig korrigieren und in Balance halten. Der wichtigste hermeneutische Zugang ist aber die Binnenperspektive. In dieser Hinsicht sollte jeder empirisch arbeitende Religionswissenschaftler von den Ethnologen lernen, für die dies seit Malinowski zur methodischen Selbstverständlichkeit geworden ist. Die Außenperspektive dient vor allem dazu, den kritischen Vergleich und den Transfer zur eigenen Kultur und Religion zu ermöglichen. Im Übersetzungsvorgang muß man auf die Sprache und Terminologie des eigenen Kontextes zurückgreifen, um sich verständlich zu machen. Die darin implizierte Entfremdung dient der Verobjektivierung. Die Verwendung des Begriffes »Religion«, der den meisten Religionen fremd ist, fällt selbst schon unter diese Kategorie, unterstellt sie doch eine Gemeinsamkeit der Religionen, die als solche nicht gegeben ist, sondern erst durch den Vergleich erschlossen wird. Daß mit diesem Begriff und durch seine Definition nicht das »Wesen« von Religion benannt wird, wie die ältere Phänomenologie meinte, muß nicht noch einmal hervorgehoben werden. Dennoch gibt es Grundelemente, die jede Religion konstituieren. Sie sind im Einführungskapitel schon zur Sprache gekommen. Deshalb kann eine Definition von Religion wie folgt lauten: *Religion ist die gemeinschaftliche Antwort des Menschen auf Transzendenzerfahrung, die sich in Ritus und Ethik Gestalt gibt.*

In dieser Definition wird viererlei festgehalten:

1. Religion ist ein Phänomen sui generis. Die Binnenperspektive hat ein eigenes Recht, schließt aber die Außenperspektive anderer Wissenschaftszweige nicht aus.

2. Eine gewisse Vagheit, wie sie dem Begriff »Transzendenzerfahrung« eignet, gehört zu jeder Religionsdefinition, die übergreifend gültig und auch auf den Buddhismus anwendbar sein soll. Solche »Undeutlichkeit« ist nicht zu vermeiden, auch wenn sie schon von den Griechen moniert wurde.[22]

3. Religion ist nicht Sache des einzelnen, sondern immer einer Gemeinschaft. Es ist der Ritus, der Gemeinschaft sucht, Wiederholbarkeit ermöglicht und Kontinuität bewirkt. Riten sind die Architektur einer Religion, ihre sichtbare Darstellung, Brennpunkt aller symbolischen Vermittlung.

4. Es gibt keine Religion ohne Ethik. Religion hat nicht ihren Ursprung im Menschen, aber sie ist seine Sache und sie dient seinem Leben. Darum ist Ethik nicht sekundäres Beiwerk der Religion, sondern essentiell Teil von ihr.

21. Vgl. dazu A. Rust, »Der natürliche Kontext der religiösen Sprache«, in: F. Stolz (Hg.), *Homo naturaliter religiosus*, a. a. O., 219-241.
22. Vgl. dazu W. Burkert, *Fitness oder Opium?*, a. a. O., 16f.

I.

Phänomenologische Perspektiven

1. Zur phänomenologischen Erfassung der Religion

Religion gibt es nur in den Religionen. Dieser oft im Anschluß an Schleiermacher und R. Otto zitierte Grundsatz macht es für die religionswissenschaftliche Forschung notwendig, die Frage nach dem Recht einer phänomenologischen Erfassung der Religion zu stellen. Ist jede Religion nicht ein in sich geschlossenes Ganzes, so daß jeder Vergleich suspekt wird? Sind nicht selbst bei oberflächlicher Ähnlichkeit die Tiefenstrukturen eines Phänomens so von einander verschieden, daß sich ein Vergleich verbietet? Es ist keine Frage, daß durch die Klassifizierung der religiösen Phänomene eine Einebnung stattfindet und die diachrone Betrachtung einer Religion an Gewicht verliert. Dieser Einwand, die geschichtliche Perspektive sei in den Entwürfen einer Religionsphänomenologie ausgeblendet, hat dazu geführt, daß die Methodik phänomenologischer Komparatistik in Verruf geriet.[1] Zu Recht wurde angemahnt, daß bestimmte Typologien abendländisches Denken verraten und von Vorurteilen geprägt sind. Das entbindet uns aber nicht davon, nach gemeinsamen Grundmustern und -strukturen zu fragen. Das Ziel solcher Komparatistik kann nicht mehr das der älteren Phänomenologie sein, das »Wesen« der Religion zu erfassen, sondern sie hat eine heuristische und hermeneutische Funktion. Durch den Vergleich hilft sie, die Augen für Gemeinsames und Differentes zu schärfen. Es ist die phänomenologische Erfassung der Religionen, die die Religionswissenschaft davor bewahrt, Religion auf ihre gesellschaftliche Funktion zu reduzieren und ihren Sinn in der Funktion als Kulturträger aufgehen zu lassen. Sie hält den Blick für die Mehrdimensionalität von Religion wach. Sie kann und muß aufzeigen, daß Religion kein geschlossenes System und ihr ein Sinnpotential inhärent ist, das nicht ein für allemal gedeutet und festgelegt werden kann, sondern in immer neuen Erschließungen Deutungsmuster an die Hand gibt, die Religion in ihrem Selbstverständnis zu verstehen und ihr Sinnpotential aussagen, das Leben hier und in seinem Transzendenzbezug zu bewältigen.

Zwei Probleme müssen heute neu bedacht werden. Hat es so etwas wie eine »Entwicklung« von Religion gegeben, und gibt es bestimmte Religionstypen im Sinne der Idealtypik von M. Weber? Deuten solche »zufälligen« Übereinstimmungen und Parallelitäten so etwas wie »Verwandtschaft« an, die in der Begegnung der Religionen heute Affinitäten oder bevorzugte Koalitionen initiieren

1. Vgl. dazu C. Colpe, »Zur Neubegründung einer Phänomenologie der Religionen und der Religion,« in: H. Zinser (Hg.), *Religionswissenschaft. Eine Einführung*, Berlin 1988, 131-154; J. Waardenburg, »Grundsätzliches zur Religionsphänomenologie«, *NZSTh* 1972, 315-335.
2. Man denke an das z.Zt. vielfach diskutierte Problem einer »abrahamitischen Ökumene«.

könnten?[2] Die Perspektiven dieser Fragen reichen an theologische Probleme heran, ohne sie beantworten zu wollen. Die Theologie kann aber der Erkenntnisse der phänomenologischen Erfassung von Religion nicht entbehren, wenn ihre Wahrnehmung und theologische Beurteilung der Religionen nicht verkürzt, verzerrt und damit irrelevant sein soll.

Wir wenden uns der ersten Frage zu. Gibt es so etwas wie eine »geschichtliche Entwicklung« der Religionen? Das vorige Jahrhundert war davon überzeugt. Auch wir sind bis in die Alltagssprache hinein von dieser Vorstellung nicht frei. Die Unterscheidung von »primitiven« Religionen und der offenbar nicht zu überwindende Gebrauch des Begriffes »Hochreligion« sowie die darin begründete Redeweise von einem »Hochgott« machen das deutlich, wobei letzterer Begriff nicht einfach den Kontrast zum Gott der Unterwelt oder zu den Erdgöttern meint, sondern den Glauben an einen Gott, der sich über »primitive« Gottesvorstellungen hinaus entwickelt hat. Es ist hier nicht der Ort, den Gründen für dieses tief verwurzelte Mißverständnis im einzelnen nachzugehen. Das Diktum Hegels ist fraglos wirksam gewesen, daß die »Naturreligionen des Namens der Religion nicht … würdig« seien, da man »die Vorstellung, Gedanken«, »die selbst der oberflächlichsten Weise unserer Bildung angehören« vergessen muß, wenn man sie erforschen und verstehen will.[3] Stammesreligionen werden entsprechend unter dem negative Konnotationen auslösenden Sammelbegriff »Magie« subsumiert und von den positiven Religionen unterschieden. Mir selbst ist diese Anschauung nicht nur im Abendland begegnet, sondern auch bei gebildeten Vertretern anderer Religionen. Besonders eindrücklich geschah es in einem Gespräch mit dem höchsten Laienaufseher des Tempels des Zahns in Kandy/Sri Lanka. Als ich ihn auf die verschiedenen Züge buddhistischer Religiosität aufmerksam machte, die mich an afrikanische Riten erinnerten, tat er das mit einer Handbewegung ab: Das sei Animismus und habe mit dem Buddhismus nichts zu tun! Damit war das Gespräch über diesen Aspekt buddhistischer Laienfrömmigkeit beendet.[4]

Hinter diesen Vulgärbeurteilungen der Stammesreligionen steht das bisher ungelöste Problem, wie diese überhaupt zu bewerten sind und ob es so etwas wie eine Entwicklung vom primitiven, möglicherweise ursprünglichen Religionsgut zur Hochform abendländischer Religion gegeben hat. Gab es eine »Veredelung« der ursprünglichen numinosen Erfahrung, so daß aus »dämonischer Scheu« »heiliges Erschauern« wurde, wie R. Otto meinte? Anworten hat es viele gegeben. Lessing, Hegel, Troeltsch, sie alle haben sich diesem religionsgeschichtlich und theologisch

Vgl. dazu K.-J. Kuschel, *Streit um Abraham. Was Juden, Christen und Muslime trennt – und was sie eint*, München 1994; B. Klappert, *Abraham eint und unterscheidet. Begründungen und Perspektiven eines nötigen Trialogs zwischen Juden, Christen und Muslimen.* (Rhein-Reden 1/1996), Köln 1996.

3. Zit. nach A. Drews (Hg.), *Hegels Religionsphilosophie*, Jena/Leipzig 1905, 171. Vgl. dazu auch R. Leuze, *Die außerchristlichen Religionen bei Hegel*, Stuttgart 1975.

4. Vgl. dazu auch unten Kap. III.1.

brisanten Thema, das tief in den ersten Glaubensartikel hineinreicht, zugewandt, das neuerdings unter neurobiologischer Perspektive Urständ feiert.[5] Wie immer die verschiedenen Entwicklungsmodelle aus religionsphilosophischer Sicht zu beurteilen sind, aus religionswissenschaftlicher und sozialanthropologischer Sicht sind sie höchst unzureichend, da sie den Stammesreligionen nicht gerecht werden. Von einer rundum befriedigenden Antwort sind wir weit entfernt. Doch für einen, der jahrelang unter Angehörigen dieser Religionen gelebt, geforscht und gearbeitet hat, ist dieses Problem gerade auch um der Begegnung und der dialogisch-missionarischen Perspektive willen von eminenter Bedeutung. Zu Recht haben Christen aus Afrika auf der Weltmissionskonferenz von Chiang Mai/Thailand (1977) gegen diese Vorurteile und die dahinter stehende Beurteilung ihrer Vergangenheit Stellung bezogen und darauf hingewiesen, daß Menschen »sehr oft in Zeiten persönlicher Krisen ... auf Erklärungen und Handlungsweisen der primalen Religionen zurückgreifen« und diese »einen tiefen Einfluß auf die Menschen *aller* Religionen haben«.[6] So richtig diese Beobachtungen sein mögen, sie bleiben leere Behauptungen, wenn sie nicht eine religionswissenschaftliche Fundierung finden, die zugleich eine Antwort darauf gibt, wie denn das Verhältnis eben dieser religiösen Erfahrung zu jenen Erfahrungen zu verstehen ist, die in den Weltreligionen tradiert werden. Sind sie vergleichbar, gibt es Querverbindungen und welchen Stellenwert haben sie im Kontext der Begegnung von Religionen?

Nicht nur die Bearbeitung dieses Problemfeldes muß neu angegangen werden, sondern auch das der synchronen Typologie der Religionen. Das ist nur durch einen Vergleich möglich, der jedoch nicht der Wertung dient, sondern der Wahrnehmung von Differenzen, so daß diese ebenso wie Übereinstimmungen und Ähnlichkeiten angemessen gewürdigt werden können. Der Religionsvergleich ist keine Erfindung der Neuzeit, sondern war in der Antike gang und gäbe. Die ersten uns bekannten Komparatisten waren Händler und Politiker. Sie konnten nur einen Vertrag abschließen, wenn er im Namen eines Gottes Rechtsgültigkeit und Sanktionskraft besaß. Doch das mußte unter vergleichbaren Vorzeichen geschehen. Man konnte nicht gut einen Friedensvertrag auf der einen Seite im Namen eines Kriegsgottes und auf der anderen im Namen der Liebesgöttin abschließen. Man suchte vergleichbare Größen. Deshalb wurden Götterlisten erstellt. Sich ursprünglich fremde Götter wurden vergleichbar gemacht, Ähnlichkeiten entdeckt,

5. Vgl. F. Gölz, *Der primitive Mensch und seine Religion*, Stuttgart 1963; W. Dupré, *Religion in Primitive Cultures. A Study in Ethnophilosophy*, The Hague/Amsterdam 1975; C.-H. Ratschow, *Die Religionen*, Gütersloh 1979; ders., *Magie und Religion*, 2. Aufl., Gütersloh 1955; F. Stolz (Hg.), *Homo naturaliter religiosus*, a. a. O., 1997.
6. S. J. Samartha (Hg.), *Faith in the midst of faiths. Reflections in Dialogue in Community*, Genf 1977, 165. Hervorhebung von mir.
7. Vgl. dazu J. Assmann, »Translating Gods: Religion as a Factor of Cultural (Un)Translatability«, in: S. Bundick/W. Iser (Hg.), *The Translatability of Cultures. Figurations of the Space Between*, Stanford/Cal. 1996, 25-36.

eine Klassifizierung vorgenommen.[7] Daß durch solche Klassifizierungen eine Nivellierung der Unterschiede stattfand, darf nicht übersehen werden. Sie haben aber ihr Recht darin, wie wir noch sehen werden, daß hinter prima vista differierenden Aussagen gleiche Welterfahrungen stehen und erschlossen werden können. Das Recht zur Klassifizierung wird durch die Einebnung nicht überholt. Der Strukturalismus wäre ohne sie nicht denkbar.

Die bekannteste und verbreitetste Typologie geht auf N. Söderblom zurück und ist von F. Heiler erweitert und vertieft worden.[8] Nach ihr muß zwischen mystischer und prophetischer Religion unterschieden werden. Die Kerndifferenz lautet: In der mystischen Religion geht es um die Vereinigung mit der Gottheit, aus deren Einheit, dem Urgrund allen Seins, alles Seiende hervorgegangen ist. Wie auch immer die Weise der Vereinigung mit der Gottheit verstanden und welche Wege angeboten werden (der Weg des Gesetzes, der der Meditation oder der Liebe), die Grundatmosphäre und -ausrichtung aller mystischer Religionen ist gleich und unterscheidet sich grundlegend von der der prophetischen Religionen. Die sind Offenbarungsreligionen. Gott hat gesprochen. Er spricht kritisch und sendet Menschen in die Welt, um sie zu warnen, zu richten und zu retten. Die Distanz zu Gott ist in diesem Religionstyp unüberbrückbar. Gott und Welt können nicht miteinander verwechselt oder vermischt werden. Gott steht der Welt als ihr Schöpfer, als Herrscher und Richter gegenüber.

In dieser Typologie ist Wichtiges und Unaufgebbares erkannt und festgehalten. Das eigentliche Problem aber besteht darin, daß die Stammesreligionen außen vor bleiben und die meisten antiken Religionen hier nicht eingeordnet werden können. Sie müssen aber in einer Typologie ihren Platz haben, wenn sie uns helfen soll, die Vielfalt der Religionen zu ordnen, zu strukturieren und Maßstäbe zum Verstehen von Religionsbegegnungen und -mischungen zu finden.[9]

Beide Aspekte der phänomenologischen Erfassung der Religionen, die diachrone und die synchrone, haben ihr Recht. Sie dürfen nicht gegeneinander ausgespielt werden, denn sie ermöglichen durch die unterschiedlichen Perspektiven auch eine unterschiedliche Wahrnehmung. Sie ergänzen einander. Wir wenden uns ihnen im folgenden gesondert zu.

8. F. Heiler, *Erscheinungsformen und Wesen der Religion*, Stuttgart 1961.
9. G. van der Leeuw, *Phänomenologie der Religion*, a. a. O., hat eine ganz andere Typologie entworfen. Er unterscheidet die Religionen der Entfernung und Flucht von denen des Kampfes, die der Ruhe von denen der Unruhe. Diese Einteilung ist jedoch so künstlich, daß sie zu Recht ohne Resonanz geblieben ist.

2. Primäre und sekundäre Religionserfahrung

Uns ist keine Stammesgesellschaft bekannt, die nicht wesentlich von religiösen Vorstellungen durchdrungen ist. Die Frage, ob die Gesellschaft als solche generativ zum Entstehen der Religion beigetragen hat oder ob die Religion ihrerseits eine bestimmte Gesellschaftsform hervorbringt, ist nicht mehr objektiv zu beantworten. Das jeweilige Vorverständnis des Forschers wird dabei zu einem anderen Ergebnis hinführen. Für uns genügt es im Augenblick festzuhalten, daß Gesellschaft und Religion in den zur Diskussion stehenden Gemeinschaften immer nur in engster Symbiose anzutreffen sind. Religion ist in gleicher Weise ein Konstituens der jeweiligen Kleingesellschaft, so wie diese umgekehrt Bildgehalt und Vorstellungswelt der Religion prägt. Menschsein ohne Gemeinschaft ist hier ebensowenig denkbar wie Menschsein ohne Religion. In der Gemeinschaft erlebt und gestaltet der Mensch die Religion, in ihr wird er auf die Gesellschaft ausgerichtet und auf sie hin verpflichtet. Die Stammesreligion trägt die Gesellschaftsform, die Gesellschaft gibt den Rahmen ab, in dem die Religion gelebt wird. Sie ist ein Stück Bewältigung der Welt, die durch die Kleingesellschaft konstituiert wird. Daß die Religion darin nicht aufgeht, ist für den Religionswissenschaftler ein aufweisbarer Tatbestand, ein Soziologe wird darin von Haus aus vorsichtiger urteilen. Wie auch immer die Antwort ausfallen mag, wichtig ist festzuhalten, daß sich Weltbewältigung und Religionserfahrung gegenseitig bedingen, daß also – theologisch gesprochen – Gotteserfahrung und Welterfahrung prinzipiell zusammengehören und in engster Interdependenz stehen: Sage mir, wie Dein Gott ist, und ich sage Dir, wie Deine Gesellschaft aussieht.[1]

Eine Kleingesellschaft (»small-scale society«), auf die wir uns im folgenden konzentrieren, wird durch die folgenden Charakteristika geprägt: Es handelt sich um eine Gruppe von Menschen, die in einem geographisch begrenzten Raum leben und die gleiche Sprache sprechen. Die Mitglieder stehen in einem bestimmten Verwandtschaftsverhältnis zueinander, das biologischer oder sozialer Herkunft ist. Der einen Sprache entspricht eine Kultur, eine Geschichte und eine Religion. Die Wirtschaft ist wenig differenziert. Die Herrschaftsform ist patriarchalisch im Sinne M. Webers, d.h. sie baut auf persönlicher Verbindung auf. Ein mehr oder weniger hoher Grad von Bekanntschaft besteht zwischen Herrschenden und Beherrschten. Das gilt auch für die Gruppen, die segmentär sind, also keine ausgeprägte institutionalisierte Herrschaftsform haben, sondern als »tribes without rulers« in loser

1. Dieser Satz ist nicht umkehrbar, wie E. Durkheim glaubt, sonst müßte jede soziologisch gleich strukturierte Gesellschaft auch das gleiche Gottesbild haben. Das ist nicht der Fall. E. Durkheim, *The Elementary Forms of the Religious Life*, 6. ed., London 1968.

Verbindung zueinander stehen.[2] Die Wirklichkeitsbewältigung dieser Kleingruppe, die A. Portmann gelegentlich das »primäre Welterleben« nennt[3], geschieht mit Hilfe der Analogie, die in allen Lebensbereichen den Bezug zwischen Mensch und Welt herstellt und in gleicher Weise von ontologischer wie erkenntnistheoretischer Bedeutung ist und die sowohl expressiv wie instrumental verhandelt werden kann. Sie ist »der elementaren Erfahrung der Sinne verpflichtet«.[4]

Die Religionen der Kleingruppen bzw. Stammeskulturen nenne ich *primäre Religionen*, ihrer Wirklichkeitsbewältigung entspricht die *primäre Religionserfahrung*. Damit soll angedeutet werden, daß es sich um eine grundlegende *Erfahrung* handelt, die von außen auf den Menschen zukommt, die sich ihm aufdrängt. Er schafft sie nicht selbst. Weil sie grundlegend ist, gestaltet sie wesentlich die jeweilige Gesellschaft und prägt Ethik und Kultur. Das schließt nicht aus, daß, um mit Eliade zu sprechen, die Manifestation des Heiligen, die grundlegende Erfahrung des Religiösen also, niemals in reiner Gestalt vorkommt, sondern immer schon von der Welterfahrung geprägt ist und die entsprechende Weltdeutung und Weltauslegung voraussetzt und impliziert. Grundlegend ist diese Erfahrung insofern, als sie einen umfassenden Anspruch enthält und das ganze Leben durchdringt. In der Kleingesellschaft ist das Religiöse in der Tat das »Unausweichliche« (J. Baur).[5]

Diese Religionserfahrung, die man mit Hegel durchaus als »unmittelbare Religion« bezeichnen könnte, ist jedoch, anders als Hegel meinte, im Vollsinne Religion. Sie stellt sich im Kultus dar, sie bestimmt die Ethik der Gruppe und des einzelnen und hat ihr Gegenüber im Heiligen, wie immer es auch benannt und verstanden wird. Sie gewährt Erkenntnis und wird im Ritus und im Wort vermittelt, d.h. sie benennt und kann tradiert werden. – Wie in der primären Welterfahrung, so ist auch in der primären Religionserfahrung die Analogie Hauptgestaltungs- und Erkenntnisprinzip. Im Symbol gibt sie sich ihren Ausdruck, im Ritus die Gestalt. Sie orientiert sich am Lebens- und Jahreszyklus. Da sie die Erstrekkung des Raumes und der Zeit erfahrbar und begehbar macht, überhöht sie in der Feier die soziale Weltgestalt. In der Ehrfurcht vor Gott, der als der Eine in vielen Fraktionen begriffen wird, in der Ehrfurcht vor der Umwelt und vor der Kontinuität der Geschlechter, ist sie ein vielstimmiges Preislied auf das Leben. Das will sie

2. Zum Ganzen vgl. M. Wilson, *Religion and the Transformation of Society. A Study in Social Change in Africa*, Cambridge 1971.
3. A. Portmann, »Vom Urmenschenmythos zur Theorie der Menschwerdung«, in: *ErJb* 1969, 413 ff., ebd., 435.
4. Ebd.; zur Bedeutung der Analogie, s. T. Sundermeier, »Unio Analogica. Zum Verständnis afrikanischer dynamistischer Denkformen«, *EMZ* 1973, 150-66, 181-192.
5. J. Baur, »Die Unausweichlichkeit des Religiösen und die Unableitbarkeit des Evangeliums«, in: H. Breit/K.-D. Nörenberg (Hg.), *Religionskritik als theologische Herausforderung*, München 1972, 88. Zum Erfahrungsbegriff vgl. auch M. Honecker, »Erfahrung und Entscheidung. Zur Begründung einer theologischen Ethik«, *ZThK* 1978, 485 ff.

stärken, stabilisieren, mehren, bewahren, sowie die Negation und Minderung des Lebens verhüten und abwehren.

Elemente dieser Religionserfahrung sind in allen Religionen wiederzufinden. Doch wie sind sie zu beurteilen? Ganz sicher nicht als Überreste, »survivals«, wie der folgenschwere Begriff E. B. Tylors lautet[6], die mit dem Fortschritt kultureller und wissenschaftlicher Entwicklung überholt werden. Vielmehr sind es Grunderfahrungen, die sich darum als lebenswichtige Bausteine jeder Religion durchhalten, weil sie konstitutiv zur Religion gehören. Die Religionsgeschichte verläuft nicht von einer primitiven zu einer höheren Stufe, vielmehr verändert sich die Religionserfahrung mit der Welterfahrung so, daß sich das Neue immer wieder in die primäre Erfahrung integriert und an ihr ausrichtet.

Ich nenne das Neue die *sekundäre Religionserfahrung*, ihre Gestalt die *sekundäre Religion*. In dem Maße, wie die Kleingesellschaft in Frage gestellt oder zerstört wird – auslösende Faktoren können Naturkatastrophen, Epidemien, friedlicher oder gewaltsamer Kulturkontakt sein – und sich zur Großgesellschaft verändert, muß eine neue Weltbewältigung geleistet werden. Die traditionelle greift nicht mehr. Im religiösen Bereich wird diese Veränderung durch die Seher, Propheten und Reformer erspürt, vorausgesagt, initiiert und bewältigt. Die größere Gesellschaft entläßt den Menschen in einen größeren Raum der Entscheidungen und Wahlmöglichkeiten. Der einzelne gewinnt an Freiraum, die umfassenden Religionserfahrung deckt nicht mehr alle Lebensräume ab, der Raum der Profanität vergrößert sich.

Die *sekundäre Religion* ist durch Individualisierung gekennzeichnet. Die vorgegebene Religion ist nicht mehr einfach angestammt, man entscheidet sich für oder gegen sie. Die mythische, analogische Denkweise wird durch begriffliche Rationalität erweitert, das Symbol rational interpretiert. Das sinnlich und intuitiv Erfahrene wird durch die theoretisch erarbeitete Vorstellung neu geprägt, Religion wird im religiösen System tradierbar. Die sekundäre Religionserfahrung appelliert an das Verstehen, der rituelle Vollzug allein genügt nicht mehr, es geht auch um den inneren Nachvollzug. Glaube, Nachfolge wird gefordert, Wahrheit wird von Lüge unterschieden. Das individuelle Verhalten ist ebenso wichtig, wenn nicht wichtiger als das kollektive.

Die Gültigkeit der sekundären Religion ist nicht auf den Raum der Kleingruppe beschränkt. Eines ihrer wichtigsten Kennzeichen ist der Anspruch auf Universalität. Die sekundäre Religion ist missionarisch, die primäre prinzipiell nicht. Sie ist »vera religio«, die sich von der falschen Religion absetzt, während die primäre Religion nur an das gemeinschaftsgemäße gute Handeln appelliert, also nur richtiges vom falschen Handeln unterscheidet, nicht richtigen vom falschen Glauben. Die Wahrheitsfrage wird in der primären Religion nicht gestellt. In der sekun-

6. S. bei F. Gölz, *Der primitive Mensch und seine Religion,* Gütersloh 1963, 15f.

dären Religionserfahrung wird die mythische Anaklisis, d.h. die mythisch begriffene Vergangenheit, durch die geschichtliche Dimension erweitert.

Die sekundäre Religionserfahrung löst die primäre nicht einfach ein für allemal ab, sondern setzt sie voraus. Sie grundiert das Vorverständnis, bildet den Deutungsrahmen, aus dem das Neue begriffen wird. Primäre und sekundäre Religionserfahrung sind zu unterscheiden, sind aber gleichwertig. Für das Verständnis der Religionsgeschichte ist die Unterscheidung von primärer und sekundärer Religion grundlegend, denn die Religionsgeschichte entwickelt sich nicht von der sog. primitiven Religion über die Hochreligionen auf einen religionsgeschichtlich festzumachenden Höhepunkt zu, wie noch F. W. Hegel, E. Troeltsch und auf seine Weise W. Pannenberg dachten. Sie verläuft auch nicht im gleichmäßigen Schritt von der primären zur sekundären Religion, vielmehr ist ein komplexes, dynamisch und vielfältig sich gestaltendes Schema erkennbar: Die primäre Religionserfahrung ist der Grund, der von der sekundären überlagert wird. Diese löst die primäre nicht einfach ab, auch wenn das nach ihrem missionarischen Selbstverständnis intendiert sein mag, sondern integriert sie. Wenn ihr diese Integration nicht gelingt, bleibt sie ein Fremdkörper in der vorgegebenen Kultur und Gesellschaft, die weiterhin in ihrem Denken, ihrer Ästhetik und Moralität von der primären Religion bestimmt werden. Durch eine gelingende »Inkulturation«, wie man in missionswissenschaftlicher Terminologie sagen würde, wird die primäre Religion nicht einfach zerstört, aber auch die sekundäre Religion bleibt nicht unverändert. Ein Neues entsteht. Dieses Neue, Dritte, ist weder mit einer der beiden Religionserfahrungen identisch, noch kann man eine einfache Synthese konstatieren. Die durch Stifterfiguren, Charismatiker, Propheten oder Reformer vermittelte neue Religionserfahrung setzt jeweils den Maßstab, nach welchem die primäre Religion absorbiert, abgestoßen oder integriert wird. Je nachdem, von welcher Art das Zentrum der neuen Religion ist, kann der Prozeß der Integration enger oder weiter, radikal abgrenzend oder toleranter vonstatten gehen. Das Problem des *Synkretismus*, auf das wir noch später eingehen müssen (s.u. Kap. III.1), hat hier seinen Ursprung. Der aus dem Alten Testament bekannte Kampf der prophetischen Religion mit den vorgegebenen kanaanitischen ist dafür die bekannteste Illustration. Der Prozeß als solcher ist nicht vermeidbar, denn die sekundären Religionen, die prophetischen Religionen zumal, haben die Tendenz zu absoluter Geltung, wollen also die primäre Religionserfahrung mit ihrem ganzheitlichen Anspruch auf neuer Ebene restituieren. Der Anspruch gelingt um so besser, je angemessener und überzeugender die jeweiligen lokalen Traditionen der primären Religion in das Neue integriert werden (wie z.B. die germanische Sonnenwendfeier und das Julfest in das Weihnachtsfest). Jede so entstehende, das begrenzte Territorium der traditionellen Religion übergreifende Religion, jede »Volksreligion« ist also per definitionem »synkretistisch«.[7]

7. M. M. Thomas' Plädoyer für einen neutralen religionsphänomenologischen Gebrauch des

Zur Verdeutlichung des hier beschriebenen Sachverhaltes gebe ich zwei Beispiele. Die Offenbarung, die Mohammed am Berge Hira empfing, setzte ihn in einen absoluten Gegensatz zur lokalen Religion seiner Heimatstadt, die in einem schwarzen Stein ihren kultischen Mittelpunkt hatte und verschiedenen Gottheiten Verehrung zollte. Mohammeds eigene Familie war mit der Bewahrung des Heiligtums betraut. Als Junge hatte Mohammed hier seine ersten religiösen Eindrücke empfangen. Jetzt trat er als der große Warner auf, als der Prophet, der den einen Gott und sein kommendes Gericht verkündigt. Nach seiner Übersiedelung nach Jathrib im Jahre 622 orientierte er seine Verkündigung zunächst noch an den monotheistischen Traditionen des Judentums und des Christentums, bis er dann im Jahre 624 die Kibla genannte Gebetsrichtung von Jerusalem nach Mekka umorientierte. Mekkanische Traditionen gewannen in seinem Denken eine immer größere Bedeutung. Als er später in Mekka einzog und den großen Umlauf vollzog, übernahm er nicht nur die vorgegebene Tradition des Umzuges um die Ka'aba, sondern auch den siebenfachen Lauf zwischen den Hügeln Safa und Merwa, sowie das Steinewerfen in Mina, einige Kilometer außerhalb von Mekka. Doch was ist aus den alten Riten im neuen Kontext geworden? Der heilige Stein ist letztes Erinnerungszeichen an die heilige Moschee, die einst Abraham an dieser Stelle zusammen mit Ismael im Auftrage Gottes wieder aufgebaut hatte. Der Umlauf, so heißt es jetzt, geht auf Abrahams Gebot zurück. Der Lauf zwischen den beiden Hügeln, auf denen Göttinnenstatuen standen, wird nun in Erinnerung an Hagar und Ismael vollzogen, denn zwischen diesen beiden Hügeln sei Hagar in ihrer Verzweiflung siebenmal hin- und hergelaufen, bis der Knabe mit seinem Fuß eine Quelle freigegraben hatte, die Quelle Zem Zem, die bis heute sprudelt und jedem Pilger heiliges Wasser darbietet. Das Steinewerfen in Mina gilt heute dem Satan und ist ein Abrenuntiationsritus, der auf Ismael zurückgeht. Hier hatte ihn der Satan verführen wollen, sich nicht von seinem Vater opfern zu lassen. Ismael widerstand der Versuchung und verjagte den Satan mit Steinen. Und so entsagt heute jeder Pilger dem Teufel und allen seinen Werken an dieser Stelle.

Die Übernahme der alten Riten war so direkt und kam so überraschend, daß selbst den alten Freunden Mohammeds Zweifel kamen, ob hier die neue Religion nicht Verrat an ihren Prinzipien übe, vor allem was den Lauf zwischen den beiden Hügeln betraf. Doch eine besondere Offenbarung (Sure 2,159) belehrte sie eines Besseren. Der Ritus blieb, die Interpretation der Symbolik aber änderte sich radikal. Aus einem Lokalheiligtum, das der Fruchtbarkeit und dem Glück clangebundener Händler diente, wurde ein religiöses Zentrum, das die Dimension der Weltgeschichte eröffnete, die fernste Vergangenheit mit der Zukunft und der Gegenwart verband, die bewohnte und noch zu erobernde Ökumene religiös neu zentrierte, die Gläubigen in die Verpflichtung eines ethisch rigorosen Monotheismus nahm und im universalen Anspruch alle Stämme und Völker zu einer bruderschaftlichen Gemeinschaft zusammenbinden sollte.

Das zweite Beispiel stammt aus der Gegenwart. – Die »Kirche Jesu Christi auf Erden durch Simon Kimbangu«, die Kimbanguistenkirche, ist eine der größten unabhängigen Kirchen Afrikas, die sich über die Grenzen des Kongos in die benachbarten Staaten ausgebreitet hat. Sie geht auf Simon Kimbangu zurück, der 1889 in N'Kamba am unteren Kongo geboren wurde. Er war getaufter Christ. Durch Auditionen berufen, begann

Wortes »Synkretismus« im interreligiösen Dialog kann ich nur zustimmen. Vgl. ders., *Man and the Universe of Faiths*, Madras 1975. Zum Problem s.u. Kap. III.1.

er im Frühjahr 1921 in seiner Heimatstadt als Prophet aufzutreten. Er predigte und heilte, die Massen strömten ihm zu. Die Oberen der römisch-katholischen Kirche und die Kolonialbehörden wurden auf ihn aufmerksam. Sie vermuteten eine revolutionäre Volksbewegung und versuchten, seiner habhaft zu werden. Nachdem sich Kimbangu anfänglich mit seinem engsten Jüngerkreis ihrem Zugriff entziehen konnte, ließ er sich im September 1921 in direkter Imitatio des Leidensweges Jesu gefangennehmen und erwartete den Tod. Das Todesurteil wurde auch ausgesprochen, doch später in lebenslängliche Haft umgewandelt. Kimbangu starb 1951 im Gefängnis. Nur wenige Monate dauerte sein öffentliches Auftreten, dennoch breitete sich seine Lehre rasant aus und konnte auch durch schlimmste Verfolgungen nicht unterdrückt werden. Erst 1959 erhielten die Anhänger öffentliche Toleranz zugesagt, so daß sie eine Kirche gründen konnten. Millionen Kongolesen schlossen sich ihr an. Was ist das Besondere dieser und ähnlicher separatistischer Prophetenkirchen? Die Menschen trennen sich von der traditionellen Religion, die den neuen Zeitumständen nicht mehr gerecht wird. Sie schließen sich der neuen, die Stammesgrenzen übergreifenden Gemeinschaft an, die ihre Lehre selektiv den heiligen Schriften der Christen entnommen hat. Elemente der neuen Religion werden adaptiert, doch so, daß die Hauptaspekte der traditionalen Religion bewahrt bleiben: die Zentrierung auf heiliges Leben, der Ritus, der heilige Ort. Dieser heilige Ort wird N'Kamba, wohin die Leiche Kimbangus nach seinem Tode überführt wird. Hier finden jährlich »Passionsspiele« statt. Hier wird gelehrt, getauft und für Kranke gebetet. In ungeschichtlicher Historisierung wird die Verbindung zum Land der Bibel hergestellt. N'Kamba ist das neue Jerusalem, die »geliebte Stadt«, das Abbild des himmlischen Jerusalem, Konkretisierung verkündigter Verheißungen, begehbarer Raum des nahen Heils. Es ist der heilige Ort, da man Gottes ansichtig wird. Hier wurden die Elemente geweiht, als man im Jahre 1971 zum ersten Mal in der Geschichte dieser Kirche das Abendmahl feierte. Sie bestehen aus den Grundnahrungsmitteln der Bakongo. Das Brot wird aus einer Mischung von Kartoffeln, Mais und Bananen gebacken, der Wein aus Honig und Wasser bereitet. Kimbangus Sohn weihte die Elemente, er brachte sie in das Mausoleum seines Vaters und verteilte sie zuerst unter den Familienmitgliedern Kimbangus und den ältesten noch lebenden Jüngern.[8]

Auf weitere Einzelheiten wollen wir verzichten. Die beiden Beispiele erläutern unsere Grundthese zur Genüge. Im Zusammenhang mit einem gesellschaftlichen Umbruch – im ersten Beispiel wird die Beduinengesellschaft durch das Oströmische und das Persische Reich und die eindringenden Religionen in Frage gestellt, im anderen die Stammesgesellschaft durch die koloniale Macht und ihre Religion – findet eine religiöse Neuorientierung statt. Dieser Prozeß wird durch eine charismatische Figur initiiert und verläuft in drei Phasen, die jedoch kein säuberlich voneinander zu unterscheidendes Nacheinander bilden, sondern ein dynamisches Ganzes. Der Prozeß impliziert die Trennung von der traditionalen Religion, eine Neusetzung durch den Anspruch einer größeren, universalen, den

8. Vgl. M.-L. Martin, *Kirche ohne Weiße. Simon Kimbangu und seine Millionenkirche im Kongo*, Basel 1971; W. Ustorf, *Afrikanische Initiative. Das aktive Leiden des Simon Kimbangu*, Frankfurt a.M./New York 1975.

einzelnen herausfordernden Religion, die von einer Phase gefolgt wird, in der das Neue sich mit der angestammten Religion verbindet. Nachdem die traditionale Gemeinschaft aufgelöst ist, wird sie durch die neue Religion neu konstituiert. Wenn diese neue Gemeinschaft jedoch zu groß wird, das ließe sich weiter aufzeigen, tendiert sie dazu, sich wieder in kleinere, überschaubare Gruppen zu spalten, in der die jeweiligen kleingesellschaftlichen oder auch nationalen Traditionen eine signifikante Rolle spielen. Die primäre Religionserfahrung, die sich durchsetzen will, sucht die überschaubare Gruppe, denn nur in ihr kann Religion ganzheitlich und umfassend gelebt werden. Es kann die These aufgestellt werden, daß Religion prinzipiell die Kleingruppe sucht, denn nur sie bietet das Zuhause, auf das sie angelegt ist. Es ist jedoch ein Zuhause, das potentiell stets durch neue Glaubenserfahrung beunruhigt, gestört und in einen weiteren Prozeß der Transformation durch Reformation, Separation oder Neugründung hineingenommen wird. Hier ist das eigentliche Movens der Religionsgeschichte zu erkennen.

Wenn wir abschließend die Funktion der primären Religionserfahrung zusammenfassen wollen, so müssen aus sozialanthropologischer Sicht vereinfachend die folgenden Punkte genannt werden: Die Religion dient dem vitalen Wohl der Gemeinschaft. Da sie den Menschen ganzheitlich umgreift, hilft sie ihm auf der kognitiven, der emotionalen und der moralischen Ebene.

Kognitiv: Sie hilft dem Menschen zur Weltbewältigung, indem sie ihn lehrt, die Umwelt, in der er sich als Ausgelieferter erfährt, in ihrem Sein und in ihrer Herkunft zu begreifen, zu strukturieren und sie so anzugehen, daß das Ausgesetztsein in Behaustsein, der Streit in Versöhnung, die Gefahr in Lebensmöglichkeiten verändert werden. Ihr Mittel kann dabei die Reduktion von Komplexität sein (N. Luhmann), doch vielmehr dient sie, vor allem im Übergang zur sekundären Religion, der Komplexitätssteigerung.

Emotional: Indem die primäre Religion das Leben durch Riten und Feiern strukturiert, stabilisiert sie den Menschen und bindet ihn an die Gemeinschaft. Sie hilft ihm, die Kontingenz des Lebens und der Welt zu mindern und bietet Hilfen zu emotionaler Identitätsfindung an.[9]

Moralisch: Die Religion lehrt das rechte Verhalten, denn die Kleingruppe kann nur dann überleben, wenn sie auf von allen anerkannten Grundverhaltensweisen basiert und sich an gemeinsamen Grundwerten orientiert. Mit anderen Worten, die primäre Religionserfahrung erfüllt eine priesterliche Funktion.

9. Wenn ich hier zweimal Schlüsselbegriffe von N. Luhmann aufgreife, will ich nur darauf hinweisen, daß Luhmanns Analyse weithin zutreffend ist, wenn man sie in den Rahmen der primären Religionserfahrung stellt. Luhmanns Fehler besteht darin, wenn ich es richtig sehe, daß er seine Analyse für alle Religionen gültig hinstellt. Damit werden seine Thesen aber falsch. N. Luhmann, »Institutionalisierte Religion gemäß funktionaler Soziologie«, *Conc(D)* 1974, 20ff.; ders., *Funktion der Religion*, Frankfurt a.M. 1977. Zu Luhmann vgl. H.-U. Dallmann, *Die funktionale Systemtheorie Niklas Luhmanns und ihre theologische Rezeption*, Diss. theol., Heidelberg 1988.

Wir kommen zum letzten Abschnitt. Wenn es denn richtig ist, daß jede Weltreligion auf der Synthese zweier Glaubenserfahrungen aufbaut und durch den lebendigen, nicht abgeschlossenen Prozeß der Integration beider bestimmt wird, dann hat das für den Dialog der Religionen weitreichende Konsequenzen. Der Dialog mit den Stammesreligionen ist dann nämlich so etwas wie ein Gespräch mit der eigenen Vergangenheit. Das ist kein romantischer »regressus ad initium«, sondern ein elementares Fragen nach dem, was allen Religionen strukturell gemeinsam ist und dem Bewahren des Menschseins dient. Der Weg zu den Stammesreligionen dient der Suche nach dem, was gut und richtig und bewahrenswert in allen Religionen ist, ohne daß man dabei einer unerlaubten Religionsreduktion verfällt oder einer ungeschichtlichen Religionsphänomenologie das Wort redet. Das Gespräch mit den Stammesreligionen kann uns die Augen für vergessene Strukturen unserer eigenen Religion öffnen und uns einen neuen Zugang zu anderen Religionen verschaffen, gerade auch zu denen, die bisher als »Animisten« uns fremd blieben und verachtet waren. Es lehrt uns in viel intensiverer Weise als bisher, der Neugestaltung von Kirche in Afrika, Asien und Lateinamerika unsere Aufmerksamkeit zu widmen. Denn hier werden Grunderfahrungen vermittelt, für die wir blind geworden sind und die dennoch unser Leben tief beeinflussen.

Was ist damit gemeint? Ich will die Antwort in Form eines Erfahrungsberichtes geben. Am Lutherischen College in Umpumulo/Natal in Südafrika unterrichtete ich u. a. Praktische Theologie. Eines der Kernprobleme afrikanischer Kirchen ist die Kirchenzucht, die sich besonders an der Teilnahme der Kirchenmitglieder an traditionellen Gemeinschaftsriten konkretisiert, denen man sich aufgrund sozialer Bindungen kaum entziehen kann. Die Trauerriten sind dabei zentral, weil hier angeblich die »heidnische Tradition« besonders zählebig ist und der Ahnenglaube das erste Gebot zu verletzen scheint. Im Rahmen eines Clinical Pastoral Training-Kurses besprachen wir die Phasen der Trauer, wobei ich eine überraschende Wachheit und ungewöhnliche Aufnahmebereitschaft seitens der Studenten wahrnehmen konnte. Man war besonders aufgeschlossen, die sich aus den neuen Einsichten ergebenden Konsequenzen nachzuvollziehen. Erst später wurde mir deutlich, worin das begründet war. Ein detaillierter Vergleich der Trauerriten verschiedener Stämme zeigte nämlich, daß ihr ritueller Ablauf den Trauerphasen entspricht, die von der Psychologie eruiert wurden und denen jeder Trauernde unterliegt.[10]

10. Zu Einzelheiten vgl. T. Sundermeier, »Todesriten als Lebenshilfe. Der Trauerprozeß in Afrika«, *WzM* 1977, 129ff.; ders., *Aus einer Quelle schöpfen wir. Von Afrikanern lernen*, Gütersloh 1992, 15-30. Daß sich die Unterscheidung von primärer und sekundärer Religionserfahrung auch in der Interpretation germanisch-christlicher Texte als hilfreich erweist, zeigt überzeugend W.-D. Hartwich, »Christlicher Monotheismus und Germanische Theologie. Schöpfungsmythen in der mittelalterlichen Literatur und ihre politisch-kosmologische Funktion«, *ZRGG* 1996, 39-67.

Ich habe später in Deutschland aufmerksam unsere Trauerriten beobachtet und nicht nur Parallelen zu afrikanischen Riten festgestellt, sondern zu meiner eigenen Überraschung eröffneten mir die afrikanischen Erfahrungen auch den Zugang zu Riten des in der Theorie absolut antirituellen, in der Lebenspraxis aber vom Ritus tief geprägten Theravada-Buddhismus. Zahlreiche Gespräche mit Missionaren, Fachkollegen und Buddhisten über diese Sachzusammenhänge zeigten mir, daß sich hier ein weites Gebiet der religionsgeschichtlichen Forschung, aber auch des interreligiösen Gespräches eröffnet: In den Stammesreligionen und ihren Riten kommen elementare Gegebenheiten des Menschseins zum Ausdruck, in denen seelische wie soziale Komponenten unseres Menschseins betroffen sind. Indem die Riten den Menschen durch das Leben hindurch begleiten und sich an den Haftpunkten des Lebenskreises ansiedeln, den Lebens-, aber auch den Jahreslauf rhythmisieren, erlebbar und begehbar machen, vermitteln sie dem Menschen eine Basiserfahrung von Vertrauen und Verläßlichkeit. Sie helfen lebensbedingte Spannungen zu bestehen und erziehen den Menschen zum Sozialverhalten, indem sie Einzelerfahrungen zu Gemeinschaftserfahrungen erweitern. Wenn es denn eine elementare Aufgabe der Religion ist, nicht nur im Menschen die Sehnsucht nach Heimat wachzuhalten, sondern eine ganzheitliche Erfahrung von Zuhausesein zu vermitteln, dann kann das Gespräch mit den Stammesreligionen uns die Augen dafür öffnen, daß wir und wie wir auch in den christlichen Gemeinden das verlorene Gefühl der Vertrautheit wiedergewinnen müssen.[11]

11. Zur Bedeutung der »Vertrautheit« s. W. Heim, »Religiöses Familienbrauchtum. Ein volkskirchlicher Beitrag zur Theologie der Vertrautheit«, *Conc(D)* 1979, 55ff.
Wie stark die Separationskirchen gerade diese Rolle übernehmen, haben verschiedene Studien gezeigt. Vgl. u.a. F. W. Welbourn/B. A. Ogot, *A Place to feel at Home. A Study in Two Independent Churches*, London 1966; T. Sundermeier, *Wir aber suchten Gemeinschaft. Kirchwerdung und Kirchentrennung in Südwestafrika.* Witten/Erlangen 1973, 85-203.

3. Ist das Christentum eine Erlösungsreligion?[1]

Nicht erst seit E. Troeltsch und M. Weber, aber kräftig unterstützt durch ihre Autorität, wurden Judentum und Christentum aus religionsgeschichtlicher und soziologischer Sicht als Erlösungsreligionen angesehen. Diese Sicht hält sich bis heute durch.[2] Zweifel, ob man alle vorderasiatischen Religionen unter diesem einen Oberbegriff zusammenfassen kann, wurden von G. Lanczkowski gelegentlich geäußert[3], ohne daß er das weiter verfolgt hat. Allein C. Colpe stellt den Begriff aus religionsphänomenologischer Sicht in Frage und sucht nach einer Alternative (z.B. »Heilsreligion«), die er jedoch zu Recht verwirft.[4] Er plädiert schließlich dafür, den Begriff ganz fallen zu lassen. Damit schüttet er aber das Kind mit dem Bade aus. Der Begriff »Erlösungsreligion« trifft sehr präzise, inhaltlich und phänomenologisch, einen bestimmten Typ von Religion. Es geht jedoch nicht an, mit Troeltsch und den späteren ihn so auszuweiten, wie es geschah, und in diesem Typus von Religion gar den Höhepunkt der religionsgeschichtlichen Entwicklung zu sehen. Es ist dabei nicht zufällig, daß die Stammesreligionen gar nicht erst in den Blick kommen und auch bei M. Weber nur als (magische) Vorstufen der Erlösungsreligionen angesehen werden. Damit wird man aber dem tatsächlichen Reichtum der Gestaltungen von Religion nicht gerecht. Die Stammesreligionen nehmen nicht nur einen sehr wichtigen Platz in der Erfassung der Religionsgeschichte als Ganzer ein, wie wir im vorigen Kapitel gesehen haben, sie helfen uns auch, aus dem Dilemma herauszukommen, undifferenziert fast alle Religionen unter einem Oberbegriff zusammenfassen zu müssen. Sie zeigen uns, daß es einen grundlegend anderen Typus von Religion gibt als den, der mit dem Begriff »Erlösungsreligion« erfaßt wird. Aufgrund von später darzustellenden Merkmalen nenne ich ihn *»Versöhnungsreligion«*. Wenn wir diese beiden Grundformen von Religion als Modelle gegenüberstellen, schärfen sich die Konturen beider. Der Begriff der »Erlösung« wird prägnanter und verliert seine Schwammigkeit, die er nicht nur in der religionsgeschichtlichen Forschung angenommen hat, sondern auch in der systematischen Theologie. »Erlösung« und »Heil« wurden hier fast zu aus-

1. Das folgende Kapitel wurde zuerst veröffentlicht in: *EvTh* 1993, 124-146.
2. Vgl. H. G. Kippenberg, *Die vorderasiatischen Erlösungsreligionen in ihrem Zusammenhang mit der antiken Stadtherrschaft. Heidelberger Max-Weber-Vorlesungen 1988*, Frankfurt a.M. 1991; E. Troeltsch, Art. »Erlösung«, *RGG*, 2. Aufl., II, 481ff. Zur Begriffsgeschichte s. H. G. Kippenberg, *Die Entdeckung der Religionsgeschichte. Religionswissenschaft und Moderne*, München 1997, 172ff.
3. G. Lanczkowski, Art. »Heil und Erlösung I«, *TRE* 14, 605f.
4. In: *Handbuch religionswissenschaftlicher Grundbegriffe*, Bd. II, Stuttgart 1990, 323ff.

tauschbaren Begriffen[5], ebenso »Erlösung« und »Befreiung«[6], ja selbst »Versöhnung« und »Erlösung«.[7] Wenn jedoch die tiefgreifenden Differenzen zwischen einer Erlösungs- und einer Versöhnungsreligion erkannt sind, ist die Beantwortung der Frage, ob das Christentum eine Erlösungs- oder eine Versöhnungsreligion ist, nicht mehr gleichgültig und die Subsumierung des Heilswerkes Christi unter den Oberbegriff »Versöhnung« oder den der »Erlösung« von erheblicher Bedeutung.

Im folgenden möchte ich nun so vorgehen, daß ich zunächst kurz die beiden Typen der Versöhnungs- und Erlösungsreligion anhand von jeweils einer Religion darstelle, wobei es genügt, auf wenige wesentliche Punkte aufmerksam zu machen, um mich danach der Frage zuzuwenden, wo das Judentum und das Christentum einzuordnen sind. Die Konsequenzen, die sich aus dieser Einordnung ergeben, sollen mit Hilfe der religionssoziologischen Fragestellung verdeutlicht und bis in die Gegenwart ausgezogen werden.[8]

5. Cf. G. Lanczkowski, Art. »Heil und Erlösung I«, *TRE* 14, 605f.
6. F. Bammel/H.-J. Kraus/P. Vielhauer/C. Andresen, Art. »Erlösung I-IV«, *RGG*, 3. Aufl., II, 583ff. und F. Bammel, Art. »Erlösungsreligionen«, *RGG*, 3. Aufl., II, 599f.
7. Vgl. G. Ebeling, *Dogmatik des christlichen Glaubens*, Bd. II, Tübingen 1979, 15f.
8. Der Einwand, ob man die Vielfalt der Religionen überhaupt phänomenologisch und typologisch erfassen soll, wurde vielfach erhoben und ist berechtigt. Zumindest anmerkungsweise soll darauf eingegangen werden, auch, um eine Abgrenzung zu klären. N. Söderblom hat m.W. als erster die große Unterscheidung zwischen »mystischen« und »prophetischen« Religionen getroffen (vgl. den Hinweis von F. Heiler in: N. Söderblom, *Der lebendige Gott im Zeugnis der Religionsgeschichte*, 2. Aufl., München 1966, 31; vgl. weiter F. Heiler, *Das Gebet. Eine religionsgeschichtliche und religionspsychologische Untersuchung*, 4. Aufl., München 1921), eine Unterscheidung, die bis heute gültig ist und auf wichtige Differenzen zwischen zwei Typen von Religionen aufmerksam macht. Sie ist aber nicht umfassend genug, denn weder die ägyptische Religion noch die Stammesreligionen können hier untergebracht werden. Sie kann auch nicht deutlich machen, wohin z.B. die römische Religion gehört und wie die griechische der vorhellenistischen Zeit einzuordnen ist.
   H. Küng greift neuerdings auf dieses Modell zurück (*Projekt Weltethos*, München 1990, 159ff.), fügt aber eine dritte Kategorie hinzu, die »weisheitliche«. Küng hat richtig gespürt, daß die Söderblom'sche Einteilung nicht zureichend ist, mit seiner Dreiteilung aber verliert sie ihre klaren Konturen und phänomenologische Überzeugungskraft. Religionsgeschichtlich gesehen ist Küngs Unterscheidung falsch, denn die weisheitliche Tradition ist ein Grundelement aller Religionen und sowohl in den primären wie sekundären Religionen zu Hause. Es ist wiederum nicht zufällig, daß die Stammesreligionen auch bei Küng kein eigenständiges Thema sind und in seinem Forschungsprojekt nur unter dem Schirm des Christentums zur Sprache kommen sollen.

Der Buddhismus als Erlösungsreligion

Den reinsten Typ einer Erlösungsreligion stellt der Buddhismus dar. Das gilt für alle drei »Fahrzeuge«, auch wenn in den volksbuddhistischen Variationen Elemente der vorgegebenen Stammesreligionen Veränderungen bewirkt haben.

»Gleichwie der große Ozean nur *einen* Geschmack hat, den Geschmack des Salzes, gerade so hat diese Lehre und Ordnung nur *einen* Geschmack, den Geschmack der Erlösung«.[9] Buddha ist nicht als Erlöser in die Welt gekommen, doch hat er der Welt eine Lehre gebracht, die dem Menschen die Erlösung ermöglicht. Daß der Mensch diese nötig hat, ist nicht nur eine biographisch bedingte Einsicht des jungen Prinzen aus dem Geschlecht der Shakyamuni (geboren um 480 v. Chr.), der das Vaterhaus verließ, um in der Hauslosigkeit Erleuchtung und Erlösung zu erlangen, sondern dies ist Teil seiner Erleuchtungswahrheit selbst. Von der ihn umgebenden Brahmanenreligion hatte er gelernt, daß die Welt Schein ist. Daß aber der Mensch krank, schlechthin krank ist, ist seine Erkenntnis. Leben heißt krank sein, leiden. Das Leid, das der Mensch ertragen muß, ist umfassend. Leiden ist Deutungskategorie des Lebens schlechthin. Leiden (dukkha, Pali) meint nicht nur Leiderfahrung, die von Freude abgelöst werden kann, sondern Glück und Freude werden unter Leiden subsumiert, denn auch Freude kann nicht von der entscheidenden »Qualität« des Leides ausgenommen werden, der Vergänglichkeit (anicca, Pali). Der Mensch leidet nicht nur an den Umständen des Lebens, sondern am Dasein und Sosein. Leben kann nicht festgehalten werden. Es gibt weder Sein, noch Bestand, noch gegründetes Dasein. Es gibt nur die rasend schnelle Abfolge von sich bewegenden Daseinsfaktoren, die uns den Schein von Wirklichkeit vorgaukeln, wie die schnelle Folge von Bildern im Film den Schein von Sein vermittelt. Tatsächlich ist das aber nur Einbildung, Benennung.

So ist auch der Mensch nur nama-rupa, Benennung scheinbaren Seins. Die Identität des Menschen gibt es nicht, weder als Geschöpf noch als Sinnganzes. Als zusammengesetztes Wesen unterscheidet sich der Mensch nicht wesentlich von der ihn umgebenden Welt und den anderen Lebewesen. Mit ihnen teilt er das gleiche Schicksal, das von jeweiligen Taten in früheren Leben bestimmt wird.

Auch der Welt kommt kein Bestand zu. Sie ist Konstrukt des denkenden Menschen: »In eben diesem sechs Fuß hohen, mit Wahrnehmung behafteten Körper, da ist die Welt enthalten, der Welt Entstehung, der Welt Ende und der zum Ende führende Pfad« (Anguttara-Nikaya IV, 45). Buddha kennt diesen Pfad. Die Krankheit des Menschen ist keine zum Tode führende Krankheit, sie kann geheilt werden, denn die Ursache der Krankheit liegt im Menschen selbst. Es ist das Streben nach Glück, Leben, Dauer, das Haben- und Besitzenwollen, kurz Lebensgier, die Begierde. Sie liegt allem Streben, allem Werden und Vergehen zugrunde. Aber

9. *Vinayapitaka Culavagga* IX, 1,4. Zit. nach : A. Bertholet (Hg.), *Religionsgeschichtliches Lesebuch*, Tübingen 1929, H. 11, »Der ältere Buddhismus nach Texten des Tipitaka«, 106.

sie ist überwindbar, und zwar durch Wissen und Einsicht. Buddhas Lehre vom achtfachen Pfad – gute Tat, Meditation und Erkenntnis – ist der einzige Weg, sich aus der Verstrickung des Ichs zu befreien, aus der Begierde und dem Rad der Wiedergeburten auszusteigen. Die guten Taten helfen dabei, das Karma zu verbessern, und ermöglichen eine bessere Wiedergeburt, ja eine himmlische Existenz im Jenseits. Doch Erlösung, Eingang ins Nirvana kann nur durch Erkenntnis und Einsicht gewonnen werden. Sie allein bringen die Flamme der Begierde zum Erlöschen.

Was Erlösung ist, was Eingang ins Nirvana meint, läßt sich eher negativ als positiv aussagen. Es wird zwar gelegentlich davon gesprochen, Nirvana sei höchstes Glück und höchste Wonne – aber das höchste Glück besteht darin, daß niemand da ist, der es genießt. Mit anderen Worten, Nirvana muß als ein Verlöschen beschrieben werden. So wie ein Feuer ausgeht und nichts übrig bleibt, so geht man ins Nirvana ein: »Aufgelöst ist der Körper, die Vorstellung ist vernichtet, alle Empfindungen sind vom Feuer verzehrt …, das Bewußtsein ist zur Rüste gegangen« (Udana VIII, 9f.).[10] Nirvana ist das Gegenteil, das schlechthinnige Anderssein von unserer durch Vergänglichkeit gekennzeichneten Welt. Es ist unbedingt, nichtverursacht, nichtgeworden, nichtgeboren, nichtgemacht (Udana VIII, 11f.)[11], die letzte, wahre Wirklichkeit im Gegenüber zur Scheinwirklichkeit der Welt, des Kosmos, des Menschen.

Man kann in das Nirvana nur allein eingehen. Erlösung ist Sache des einzelnen. Damit qualifiziert sich der Buddhismus als Erlösungsreligion für eine kleine elitäre Gruppe, die über den Weg der Askese, den Weg der Entsagung im mönchischen Leben Erlösung ermöglicht. Das konnte auf die Dauer nicht befriedigen. Auf seinem Weg durch die Völkerwelt mußte sich der Buddhismus neuen Situationen stellen. Er mußte Elemente der Volksreligionen in Thailand, Burma und anderswo, mußte den vorgegebenen Ahnenglauben rituell integrieren, so daß nicht nur der Gedanke der Übertragung guter Werke an Verwandte und Verstorbene den Karmagedanken wesentlich beeinflußte und veränderte, sondern – möglicherweise unter dem Einfluß des intensiven Austausches mit dem Christentum der Seidenstraße[12] – auch der Gedanke eines ewigen Helfers, wenn nicht Erlösers, in den Buddhismus Eingang fand. Doch sollten wir – geschult durch protestantische Lehre – den Unterschied zwischen Erlösung »aus eigener Kraft« oder »durch die Kraft des anderen« (Amida-Buddhismus) nicht überziehen, denn in der japanischen Frömmigkeit ist das eher ein Unterschied der Übung: hier der Weg der Massen durch Glauben und Anrufung, dort der Weg der Elite durch

10. Ebd., 116.
11. Ebd., 108f.
12. Vgl. H.-J. Klimkeit, »Die Kenntnis apokrypher Evangelien in Zentral- und Ostasien«, in: A. v. Tongerloo/S. Giversen (Hg.), *Manichaica Selecta*. (FS Julien Ries/Manichaean Studies I), Lovani 1991, 149-174.

strenge asketische Meditation. Die Grundanschauung bleibt im Mahayana- und Hinayana-Buddhismus gleich: Der Kosmos ist Eitelkeit. Der Mensch braucht Erlösung (vimokha, Pali) von den Begierden. Letzte Wirklichkeit ist das Nirvana, das Nichts (japanisch. Mu), die Leere (sunnata, Pali). Der Buddha-Weg ist der Weg der Erlösung für den einzelnen. Verantwortung für die Welt kann nur heißen, sie über ihre Wirklichkeit, d. h. ihre Vergänglichkeit aufzuklären, so daß alle, auch die geringsten Wesen schließlich zu dieser einzigen, sie schon jetzt bestimmenden Wirklichkeit erwachen (so drückt es der Zen-Buddhismus aus) und ins Nirvana eingehen (so der Hinayana-Buddhismus). Für Versöhnung ist in diesem System kein Platz, denn sie würde den Menschen erneut an Menschen binden. Es geht um Loslösung von allen Bindungen, den privat-familiären in gleicher Weise wie den sozialen. Buddhas Leben ist dafür das eindrücklichste Beispiel. Das schließt nicht aus, daß sich der im Laienstand verbleibende Buddhist nicht der Verantwortung vor der Welt stellt und stellen muß. Doch das geschieht nicht um der anderen Menschen, auch nicht um der Verbesserung ihrer Lebensbedingungen willen, sondern aus Sorge um das eigene Heil, zur Verbesserung des eigenen Karmas. Eine Stufenfolge von guten Werken wird aufgestellt. Soziales Handeln rangiert tief unten. Ganz oben stehen die Gaben für den Tempel und den Orden.

Zur Verdeutlichung der Grundhaltung sei ein Beispiel aus dem Pali-Kanon angeführt. In Udana I,8 wird geschildert, wie eine Frau sich ihrem als asketischer Einsiedler lebenden Mann nähert und ihm ihr gemeinsames Kind bringt und ihn bittet, für seinen Sohn zu sorgen. Da er auch auf mehrfache Bitten hin schweigt, legt sie ihm schließlich das Kind zu seinen Füßen nieder und geht. Doch auch jetzt regt er sich nicht. Schließlich kehrt die Frau zurück, da sie das Weinen das Kindes nicht mehr ertragen kann und nimmt das Kind mit nach Hause. Buddha lobt den Asketen: »Er freut sich nicht, daß sie (seine Frau) kommt, er betrübt sich nicht, daß sie geht: den Sieger im Kampf, der von den Weltfesseln … frei ist – den nenne ich einen Brahmanen«.[13] Dieses Verhalten würde in einer Versöhnungsreligion als asozial angesehen und mit Sanktionen belegt werden, wie wir noch sehen werden.

Zusammen mit dem Gedanken der Versöhnung wird auch der der Vergebung hinfällig. Wer kann vergeben und damit ein Geschehen ungültig machen? Das Karma-Gesetz ist unerbittlich. Gleichsam genetisch wird jede böse Tat in den »Genpool« des eigenen Karmas eingeschrieben. Nur durch eine gute Tat kann die böse ausgelöscht werden, bzw. durch tiefe Leiderfahrungen ausreifen. Jeder Mensch steht für sich allein. Nur die Lehre hilft ihm, den Weg aus dem Dunkel zu finden. Aber den muß er allein gehen, selbst wenn er in einer Klostergemeinschaft lebt. Buddhistische Ethik ist eine akosmistische Individualethik, eine Sozialethik wurde nur in Ansätzen unter dem Einfluß der Moderne entwickelt.[14]

13. Zit. nach A. Bertholet (Hg.), *Religionsgeschichtliches Lesebuch*, a. a. O., 125.
14. U. M. Dehn, *Die geschichtliche Perspektive des japanischen Buddhismus: Das Beispiel der Uehara Senroku*, Ammersbek 1995. Dehn schildert die wenigen sozialethischen Ansätze,

Die Stammesreligionen als Versöhnungsreligionen

Jenen anderen Typus von Religion, der sich deutlich von dem der Erlösungsreligion unterscheidet, nenne ich »Versöhnungsreligion«. Er ist in den Stammesreligionen am klarsten zu finden[15], die – man kann es angesichts unserer Geistesgeschichte nicht oft genug betonen – Religionen im Vollsinn des Wortes sind. Im folgenden beschränke ich mich auf die für unser Thema wichtigen Aspekte afrikanischer Stammesreligionen, doch gilt das Gesagte in seiner Grundstruktur in unterschiedlicher Variation ebenso für die Religionen Melanesiens, Indonesiens, Altamerikas und die germanischen Religionen.

Ich beginne mit einer einfachen Beobachtung beim Opfer bei den Herero (Namibia). Die Schlachtung eines Rindes ist nie einfach eine profane Angelegenheit der Nahrungsbeschaffung, sondern hat immer religiöse Obertöne. Man schlachtet bei Festen, die kultisch begangen werden, bei der Trauer, bei der Hochzeit und vor allem wenn Streit ausgebrochen ist und der Friede der Gemeinschaft wieder hergestellt werden muß. Das Opfer gilt den Ahnen, doch das Essen des Fleisches ist zentrales, konstituierendes Element der Handlung. Besonders aufschlußreich ist dabei die Verteilung des Fleisches. Sie ist nicht der Beliebigkeit und dem Gutdünken des Opferers überlassen, sondern liegt fest »wie auf einer Landkarte«, wie mir ein alter Herero sagte. Das linke Hinterbein z.B., auf dem das Rind gleichsam »steht«, bekommt das Familienoberhaupt, ebenso den Höcker, das oberste Stück des Tieres, das »ganz oben sitzt«. Den Rücken empfängt die Mutter des Rindbesitzers, deren Rücken für die Arbeit gestärkt werden muß. Das rechte Hinterbein bekommen die Familienoberhäupter der Nachbarkrale, mit denen man harmonisch »zusammengehen« muß.[16]

Es ist nicht nötig, weitere Einzelheiten mitzuteilen, das Gesagte macht deutlich, daß es bei der Schlachtung des Tieres um die Erneuerung der Gesellschaft geht.

die unter dem Einfluß des Westens im japanischen Buddhismus zu finden sind. G. Löwner, *Die Entwicklungsarbeit der protestantischen Kirchen in Sri Lanka im Vergleich mit der Sarvodaya-Bewegung und dem Aufbruch buddhistischer Mönche in die Entwicklungsarbeit*, Erlangen 1999, zeigt jedoch moderne Entwicklungen auf, die von den Laien ausgehen. Daß die entwicklungspolitischen Ansätze der Sarvodaya-Bewegung in Sri Lanka anfänglich von der buddhistischen Orthodoxie in hohem Maße kritisiert wurden, ist nach dem Gesagten nur zu verständlich.

15. Der Sammelbegriff »Stammesreligionen« ist in meinen Augen noch immer der neutralste, um die gemeinten Religionen zusammenzufassen. Zur Diskussion und zum folgenden vgl. T. Sundermeier: *Nur gemeinsam können wir leben. Das Menschenbild schwarzafrikanischer Religionen*, 2. Aufl., Gütersloh 1990; J. S. Mbiti, *Afrikanische Religion und Weltanschauung*, Berlin 1974.
16. Vgl. dazu T. Sundermeier, *Die Mbanderu. Studien zu ihrer Geschichte und Kultur*, St. Augustin 1977, 163ff.; Zum ähnlichen Phänomen bei den Griechen G. J. Baudy, »Hierarchie oder: Die Verteilung des Fleisches«, in: B. Gladigow/H. J. Kippenberg (Hg.), *Neue Ansätze in der Religionswissenschaft*, München 1983, 131-174. S. unten S. 93

Sakralität und Sozialität sind beim Opfer nicht zu trennen und kaum zu unterscheiden. Je nach Anlaß und Durchführung des Opfers rekonstituiert sich die Gemeinschaft auf verschiedene Weise: 1. Sie kommt zusammen und jedermann erfährt, wie sehr diese Gemeinschaft eine Einheit ist. 2. Indem der Hausherr jedem das ihm zustehende Teil gibt, respektiert und anerkennt er öffentlich dessen Position. 3. Er zeigt dadurch an, was richtiges, gemeinschaftsbezogenes Verhalten ist: Respekt vor dem anderen. 4. Sein Verhalten ist darin vorbildlich, daß durch das rituelle Schlachten das verwirklicht wird, worauf alles Handeln abzielt: »good company«.[17] Das heißt aber, daß das Opfer dem Frieden dient. Frieden ist dabei die umfassendste Kategorie, um die Harmonie zwischen Menschen in der Kleingesellschaft zu umschreiben: Es gibt keine Feindschaft, keinen Zorn, kein lautes Wort und Gezeter. Es besteht kein Neid, keiner leidet Hunger, man ist »zufrieden«. Wenn die Zulu (Südafrika) einen Ochsen geschlachtet haben, fragt der Hausherr: »Werden wir jetzt Frieden haben?« Damit ist sowohl der Frieden unter den Menschen wie der mit den immer präsenten Ahnen gemeint.[18]

Ist Streit im Dorf, sind Menschen zu einer Beerdigung nicht gekommen und haben auf diese Weise versäumt, mit der Gemeinschaft Freud und Leid zu teilen, ist das Zusammenleben gestört. Dann verliert man die Gunst der Ahnen, dann haben die Geister die Möglichkeit, in das Herz des Menschen einzudringen und ihn zu weiterem Übel anzustiften. Es leidet die Frucht des Feldes, Jagdglück bleibt aus. Wenn die Atmosphäre im Dorf untragbar wird, schickt der Häuptling oder der Älteste eines Dorfes einen Gesandten zu den entsprechenden Parteien, damit der Friede wieder hergestellt werden kann. Da fast immer das ganze Dorf vom Streit betroffen ist, wird auch der Ritus alle einbeziehen. Dazu müssen zuvor besondere Verbote befohlen und eingehalten werden, die bis in den Intimbereich hineinreichen, wie z. B. das des Geschlechtsverkehrs. Beim eigentlichen Versöhnungsritus müssen alle aussprechen, was sie gegeneinander auf dem Herzen haben. Es wird Wasser zur Reinigung und »Abkühlung« getrunken und ausgespuckt, so daß das Herz kühl und ruhig wird. Die Schlachtung eines Tieres und das gemeinsame Essen besiegeln die Versöhnung. Ist der Friede wieder hergestellt, darf auch der Geschlechtsverkehr wieder aufgenommen werden, denn »das Zusammenkommen von Mann und Frau (ist) eine Versöhnung, symbolisch und tatsächlich«.[19]

17. So faßt M. Wilson das ethische Ideal der Nyakyusa in Tanzania prägnant zusammen. M. Wilson, *Good Company. A Study in Nyakyusa Age Villages*, 2. ed., Boston 1963.
18. »The emphasis (i. e. of ritual killing) is rather on the question of harmonious relationship between men and their shades, expressed in the willingness to share food. Because shades are involved, the choice of food is important, and, therefore, ›the food of men‹, beer and meat. Central to the communion ... (is) the restoration of mutual concern, harmony which allows for no anger, wrath, envy, or suspicion. These must be removed and replaced by ›coolness‹ that condition which alone allows and gives room in the sharing of food«. A.-I. Berglund, *Zulu Thought Patterns and Symbolism*, London 1975, 214 ff.
19. M. Wilson, *Religion and the Transformation of Society*, a. a. O., 64 f.

Während in den Bantureligionen die unsichtbare Welt vornehmlich durch die Ahnen präsent ist, orientiert sich der Kult westafrikanischer Stämme und Völker mehr an den Gottheiten, von denen es ein ganzes Pantheon gibt. Gott selbst, der eine, große, wird aber auch hier kultisch so gut wie nicht verehrt. Immerhin gibt es bei den Okpuje (Igbo) in Nigeria ein Fest, das *Ili agba Chukwu* genannt wird, »eating the covenant of God«.[20] Nur im übergroßen Glück wendet man sich an Gott und im tiefsten, sonst nicht mehr erklärbaren Leid und Unglück.[21]

Ob man das Verhältnis der Menschen untereinander, zu den Mächten des Jenseits und zu Gott mit dem biblischen Zentralsymbol »Bund« beschreiben kann[22], scheint mir eher zweifelhaft. Dennoch beschreibt dies die Sache der Religion insofern zutreffend, als es immer um eine Relation geht und um die Gestaltung des gemeinsamen Lebens hier und jetzt. Das Heil, die Fülle des Lebens, der Frieden soll hier stattfinden. Das Jenseits ist kein eigenständiges Ziel. Der Tod, der unzeitgemäße und böse, wird gefürchtet. Doch der gute Tod am Ende eines langen Lebens, das sich in Kindern und Enkeln fortsetzt, wird schließlich herbeigesehnt. Ein Gerichtsgedanke fehlt und über das Jenseits wird nicht spekuliert. Die Vorstellungen darüber sind vage und diffus: Heimkehr zu den Ahnen, deren Leben irgendwie spiegelbildlich zum gegenwärtigen Leben gedacht wird. Wichtiger als die Vorstellung darüber, wie das Jenseits aussieht, ist die Frage, wie man mit den Ahnen in einer guten Verbindung bleiben kann. Auch wenn man den Tod fürchtet, mit ihm muß gerechnet werden. Eine Erlösung jedoch, im religiös-theologisch qualifizierten Sinn, bringt er nicht. Die haben die Stammesreligion nicht im Blick.

Jede Religion und Kultur kann sich durch einige Symbole umfassend und prägnant artikulieren. Auf der emotionalen Ebene wäre das in Afrika der Begriff der »Kühle«, in dem Ethik, Ästhetik und Wertvorstellungen zusammengefaßt werden. Fügen wir die Farbe »Weiß« hinzu, sind das Diesseits, das Jenseits und das Ziel des ethischen Verhaltens, das harmonische Zusammenleben, in einem Symbol zusammengefaßt: Weiß steht für Reinheit (Wasser), Weisheit (Kühle), Fruchtbarkeit (Se-

20. S. N. Ezeanya, »God, Spirits and the Spirit World«, in: K. A. Dickson/P. Ellingworth (Hg.), *Biblical Relevation and African Beliefs*, London 1969, 39.
21. Daß es auch hier Ausnahmen gibt und sich Alltagsgebete an Gott wenden, mögen zwei Gebete verdeutlichen: »Unser Vater, es ist deine Welt, es ist dein Wille, laß uns Frieden haben, laß die Seelen deines Volkes kühl sein. Du bist unser Vater; entferne das Übel von unserm Weg« so ein Gebet der sudanesischen Nuer. Und ein Gebet der Ga aus Ghana: »Möge Frieden auf Erden regieren, mögen Becher und (Wasser) Topf übereinstimmen. Mögen die Köpfe miteinander harmonieren und möge jedes böse Wort in die Wüste, in den Urwald hinausgetrieben werden«. Zit. nach H.-W. Gensichen, *Weltreligionen und Weltfriede*, Göttingen 1985, 28f.
22. So C. K. Ndanyu, *The Conception of Covenant in African Traditional Religion and Customs with special Reference to the Asikuyu of Kenya*, Diss. theol., Heidelberg 1987; vgl. auch H. Rücker, *Afrikanische Theologie. Darstellung und Dialog*, Innsbruck/Wien 1985, 138f.

men), Frieden (Muttermilch). Stammesreligionen zielen auf Steigerung des Lebens in der guten, harmonischen Gemeinschaft. Ihre Ethik ist Sozialethik kat'exochen, denn Leben gestaltet sich ausschließlich in kommunaler Partizipation. Afrikanische Religionen sind Versöhnungsreligionen schlechthin.

Ein Vergleich

In der Versöhnungsreligion ist die Welt zentraler Platz des Handelns des Menschen. Das Handeln zielt auf den Nächsten, den Nachbarn, mit dem man gut auskommen möchte und auskommen muß. Glück und Erfolg werden gemeinsam erreicht oder gar nicht. Das Handeln, sofern es gut und gemeinschaftsfördernd ist, ist in sich sinnvoll. Kein zusätzlicher transzendenter Sinn muß das unterstreichen. Der Segen ist Folge des gemeinschaftsgerechten Handelns, nicht eigentlich Lohn seitens unsichtbarer Mächte.

Anders verhält es sich bei der Erlösungsreligion. Hier ist die Welt nicht Ziel des Handelns. Im Gegenteil, man muß sich von ihr lösen. Die Ethik ist akosmistisch. Das gute Handeln zielt auf die Lösung von der Welt. Man handelt nicht im Blick auf die Gemeinschaft und ihr Wohlsein, sondern zur Verbesserung des zukünftigen Schicksals. Der Nächste wird nicht um seiner selbst willen beachtet, denn das hieße Bindung. Güte, eine der höchsten Tugenden des Buddhismus, ist Liebe ohne Emotion und ohne konnektives Engagement.

In der Versöhnungsreligion richtet sich das Handeln auf den Nächsten im strengen Sinne des Wortes.[23] In der Erlösungsreligion dagegen handelt der einzelne um seiner selbst willen richtig und angemessen. Nicht ganz zu Unrecht hat man deshalb von einem Heilsegoismus im Buddhismus gesprochen, der sich selbst zutreffend als eine Religion des »Rhinozeros« charakterisiert: Wie sich das Rhinozeros einsam und unbeirrt seinen Weg durch den Dschungel bahnt, so geht der Buddhajünger durch die Welt.

Mit dem unterschiedlichen Heilsziel stellt sich auch die Sinnfrage anders. In den Stammesreligionen hat sie angesichts des harten Überlebenskampfes und angesichts der nicht hinterfragten kollektiven, hierarchisch gegliederten Lebensordnung keinen Platz. Das Leidensproblem und die Frage nach dem Tod müssen hier und jetzt beantwortet werden: Es geht um das gute Leben in der Gemeinschaft für die jetzt lebende und die kommende Generation. In der Erlösungsreligion dagegen wird die Sinnfrage gestellt und die Antwort auf das Leid- und Todesproblem ins Jenseits verlegt. Einen Versöhnungsgedanken kennt die Erlösungsreligion nicht. Mit wem soll man sich auch versöhnen, da jeder Schmied seines eigenen Glückes oder Unglückes ist? Das Leben hier auf Erden besitzt nur Vorläufigkeit,

23. Das sollte jedoch nicht mit christlichem Altruismus verwechselt werden, denn man weiß hier sehr wohl, daß man aufeinander angewiesen ist, und nur gemeinsam leben und überleben kann.

es ist Bewährungsfeld für ein zukünftiges, besseres Leben bzw. dessen totale Aufhebung.

Auch wenn nur eine detaillierte Untersuchung die Feineinteilung der Religionen erlaubt, eine grobe kann mit Hilfe dieser Typologie unmittelbar vorgenommen werden. Alle Stammesreligionen sind als Versöhnungsreligionen zu bewerten, einschließlich der frühen römischen und griechischen Religion. In der ägyptischen Sprache gibt es keinen Begriff für »Erlösung«. Das ist ein erstes Zeichen dafür, daß auch die ägyptische Religion hier einzuordnen ist. Wichtiger ist jedoch die Einsicht, daß der Begriff Ma'at (Gerechtigkeit) Kern der ägyptischen Religion und des frommen Tuns auf gemeinschaftskonforme Verhalten zielt, das J. Assmann als »konnektive Gerechtigkeit« charakterisiert, ein Begriff, der die Ethik im versöhnungsreligiösen Umfeld prägnant beschreibt.[24] Der Shintoismus, die ursprüngliche »Stammesreligion« Japans, gehört hierher ebenso wie der chinesische Universismus und der Taoismus, auch wenn diese Religionen durch die stärkere Einbeziehung des Kosmos andere Akzente setzen als z.B. die afrikanischen Stammesreligionen. Jenseitsvorstellungen und eine kosmologische Orientierung heben als solche das Grundmuster nicht auf, sondern weiten es nur aus.

Dagegen sind der Hinduismus und die spätantiken Mysterienreligionen als Erlösungsreligionen einzustufen. Diese Eindeutigkeit endet jedoch dort, wo der Hinduismus sich mit den Religionen der indischen Bergvölker mischt oder, wie z.B. auf Bali, die vorgegebene Stammesreligion überlagert. Gleiches gilt für den Volksbuddhismus thailändischer Prägung. Hier wird man genau zusehen müssen, welcher Religionstyp sich durchsetzt und welche »Mischungen« sich ergeben.[25]

Für uns ist jedoch die Frage relevanter, ob die israelitische Religion und das Christentum als Erlösungs- oder als Versöhnungsreligionen anzusehen sind. Da wir uns jetzt an heilige, normative Texte halten können, orientieren wir uns vorwiegend an den zentralen Begriffen Versöhnung und Erlösung.

Israels Versöhnungsreligion

Israels Religion der Frühzeit ist wie die Stammesreligion am Diesseits interessiert und dem in der Gemeinschaft gelingenden Leben. In dem Begriff zedakah ist dies auf den Nenner gebracht: Es geht um das in der Gemeinschaft angemessene, richtige Verhalten. Das Verhältnis der Menschen untereinander kann damit ebenso

24. J. Assmann, *Ma'at. Gerechtigkeit und Unsterblichkeit im alten Ägypten*, München 1990, besonders Kap. 3. Vgl. auch G. Lanczkowski, Art. »Heil und Erlösung I«, *TRE* 14, 606.
25. Vgl. dazu T. Sundermeier, »Implizite Axiome in der Religionsgeschichte: Primäre und sekundäre Religionserfahrung«, in: W. Huber/E. Petzold/T. Sundermeier (Hg.), *Implizite Axiome. Tiefenstrukturen des Denkens und Handelns,* München 1990, 79-92; I. C. Holt, »Assisting the Dead by Venerating the Living. Merit Transfer in the Early Buddhist Tradition«, *Numen* 1981, 1-28.

umschrieben werden wie das Gottes zum Menschen und das des Menschen zu Gott. Es gibt keine Gerechtigkeit ohne ein Gegenüber, auf das sich das Verhalten bezieht. Wo es angemessen, gut und verläßlich ist, da herrscht Friede, dort ist Heil verwirklicht: »Die Geschichte der Gemeinschaftstreue wird Frieden sein und die Arbeit der Gemeinschaftstreue ruhige Sicherheit auf Dauer« (Jes 32,17) heißt es in einem späten Text.[26] Der (späte) Psalm 85,10ff. fügt alle diese Begriffe zu einem Preislied zusammen, wohl wissend, daß ihre Verwirklichung noch aussteht. Die Heilszeit ist zukünftig, aber deshalb nicht jenseitig. Am Jenseits ist Israel nicht interessiert. Das wird besonders darin deutlich, wie sich der Begriff der Gerechtigkeit neu füllt, wenn er auf Gott angewandt wird: Gottes Gerechtigkeit erweist sich in seinen rettenden Geschichtstaten. Von dem frühen Text des Deborahliedes (Ri 5,11) bis in die Spätzeit (Dan 9,16) bleibt dieser cantus firmus konstant. Um ihn herum entfalten sich die anderen Themen, ihn umspielen sie.

Das gilt auch für die Begriffe padâ und ga'âl, die mit Erlösung übersetzt werden. Beide haben einen profanrechtlichen Hintergrund und gehören in den Bereich des Rechtes im Tor. Padâ ist im »Handelsrecht« zu Hause und meint den Loskauf eines Gegenstandes, im Alten Testament den des Sklaven bzw. der Sklavin (Ex 21,7ff.). Ga'âl ist eher ein familienrechtlicher Begriff[27] und setzt ein verwandtschaftliches Verhältnis zwischen dem Loszukaufenden und dem Käufer voraus. Letztgenannter ist verpflichtet, den in Schuldsklaverei geratenen, verarmten Verwandten und sein Land freizukaufen (Lev 25,24f.), wenn es keine anderen Möglichkeiten der »Erlösung« mehr gibt. Das Ziel ist die Wiederherstellung des ursprünglichen Zustandes: Der Israelit soll wieder mit seiner Familie auf dem angestammten Erbteil leben können und sein Auskommen haben. Das Besondere im alttestamentlichen Gebrauch der Begriffe ist nicht, daß sie auch kultische Verwendung finden (Ex 13,11-16) und die Geschichte Israels deuten können (Erlösung = Freikauf aus Ägypten, Mi 6,1-8), sondern daß sie etwas von dieser Profanität beibehalten, wenn sie auf Gott angewandt werden. Das Hiob-Buch ist hierfür das sprechendste Beispiel.[28] Gott ist der »Erlöser« Hiobs. Es ist das Vorrecht eines mittellos gewordenen, verarmten Verwandten, an seinen Löser zu appellieren, daß er ihm Recht verschafft (cf. das Buch Ruth) und ihn wieder in die alten Besitzverhältnisse einsetzt. In diesem Sinne appelliert Hiob an seinen »Löser«. Der greift tatsächlich ein und verschafft ihm Recht: Hiob *sieht* seinen Erlöser, indem dieser ihn das Gute wieder sehen läßt, riesige Herden und die Schönheit seiner Töchter. Ethische und ästhetische Existenz gehören zusammen.

26. Nach einer Übersetzung von J. Ebach, *Ursprung und Ziel. Erinnerte Zukunft und erhoffte Vergangenheit*, Neukirchen-Vluyn 1986, 151.
27. J. J. Stamm, *Erlösen und Vergeben im AT*, Bern 1940.
28. Zum folgenden vgl. R. Kessler, »›Ich weiß, daß mein Erlöser lebt.‹ Sozialgeschichtlicher Hintergrund und theologische Bedeutung der Löser-Vorstellung in Hiob 19,25«, *ZThK* 1992, 139-158.

Von seiner Identität stiftenden Vergangenheit und Geschichte kann Israel sich nicht trennen. Im Begriff der »Erlösung« ist immer die Erinnerung an das Sklavensein in Ägypten mitgesetzt. Israels Existenz ist befreite Existenz. Die Vergangenheit wird zum Bild der erhofften und verheißenen Zukunft (Jes 43,1-4). Erlösung heißt erneute Einsetzung ins verlorene Recht und d.h. in den ehemaligen Landbesitz.

Beide Begriffe zusammen, der handelsrechtliche, der die Erlösung aus der Todesverfallenheit, geschichtlich und archetypisch vorgegeben im »Loskauf« Israels aus dem Sklavenhaus (Dtn 7,8; 15,15), beschreibt, und der familienrechtliche, der die Wiederherstellung der ursprünglich heilen Gemeinschaft zum Ziel hat, benennen umfassend, was Israel unter Erlösung versteht: Gott wird die Gemeinschaft der Menschen erneuern, und zwar sowohl durch die Wiedereinführung des einzelnen in die Gesellschaft, aus der er durch Not und Krankheit herausgerissen ist, wie durch die Wiederherstellung des ursprünglichen Landbesitzes, z.B. die Rückführung in ein befreites Jerusalem (Jes 41,14; 43,1 u.ö.). Erlösung, auch als eschatologisches Handeln Gottes (bei Dtjes), zielt auf die Erneuerung, die Rekonstituierung der zerbrochenen Gemeinschaft. Der Erlösungsgedanke Israels ist vom Communio-Gedanken geprägt.

Bevor wir die Schlußfolgerung aus dem Gesagten ziehen, müssen wir noch kurz einen Blick auf den Versöhnungsbegriff werfen. Auch er ist im zwischenmenschlichen und rechtlichen Bereich zu Hause, obwohl dies im Alten Testament nur noch wenig belegt ist (Gen 32,21; 2 Sam 21,3). Es überrascht nicht, daß er vor allem im Zusammenhang mit einem Opfer gebraucht wird, denn auch im alten Israel ist das Töten eines Tieres ursprünglich kein Vorgang reiner Nahrungsbeschaffung. Als »symbolisches Aggregat« ist die Opferhandlung multisemisch: Rechtsbesiegelung, Gemeinschaftsstiftung, Reinigung des Menschen und Erneuerung zerstörter Gemeinschaft sind Aspekte dessen, was die Opferhandlung bewirkt. Gewiß gehört dazu auch der Gedanke der Wiedergutmachung, wobei dieser Begriff noch einmal aufgefächert werden muß in den Aspekt der Stellvertretung und den des Lösegeldes. Da die Opfergabe insgesamt ein »Lebensäquivalent« darstellt (cf. Ex 21,30; Num 35,31f.), steht die Versöhnung auch für Vergebung (Ex 32,30; Dtn 21,8). Versöhnung löscht schuldhaftes Verhalten. Der enge Zusammenhang von Tat und Folge wird durchbrochen, die Gemeinschaft wiederhergestellt und Frieden und Heil bewirkt.[29]

Unter der Erfahrung des politischen Untergangs, von Unterdrückung und Vernichtung bekam der Versöhnungsgedanke in der nachexilischen Religion eine immer zentralere Bedeutung und wurde ausschließlich als Tat Gottes verstanden. Der große Versöhnungstag wurde zum liturgischen Zentralfest (Lev 16), das auch

29. Zum Ganzen vgl. B. Janowski, *Sühne als Heilsgeschehen. Studien zur Sühnetheologie der Priesterschaft und zur Wurzel KPR im Alten Orient und im Alten Testament*, Neukirchen-Vluyn 1982; ders., Art. »Sühne. AT und Judentum«, *EKL*, 3. Aufl., 4, 552-554.

den Untergang des Tempels überdauerte und jetzt unter neuen theologischen Vorzeichen (z. B. dem der Buße) interpretiert und tradiert wurde. Diese zentrale Bedeutung konnte dieses Fest aber nur gewinnen, weil die prophetische Verkündigung die Grundlage dazu legte, die ihrerseits nicht ohne die Verankerung im Recht im Tor und im Zusammenleben der kleinen Gemeinschaften jeweils »vor Ort« denkbar ist. Versöhnung ist das Lebenselixier friedlichen Zusammenlebens. Ist eine Gemeinschaft mit sich uneins, zerfällt sie (Mt 12,55). Versöhnung ist die via regia, dieser Gefahr zu begegnen, doch die Gemeinschaftstreue, die zedakah, kommt ihr gleich und verleiht der Gemeinschaft Dauer.

Damit schließt sich der Kreis. Die grundlegenden Elemente der frühen israelitischen Stammesreligion setzen sich auch im ganz anderen gesellschaftlichen Kontext, im elaborierten Kodex nachexilischer Religion durch. Die alttestamentliche Religion ist keine Erlösungsreligion, sondern durch und durch Versöhnungsreligion.

Und das Neue Testament?

Im Neuen Testament spielt der Versöhnungsbegriff auf den ersten Blick nicht die Rolle, die man vermuten könnte, wenn man den engen Zusammenhang von Altem und Neuen Testament bedenkt. Paulus jedenfalls, bei dem allein der Begriff zentral vorkommt, greift auf die griechisch-hellenistische »profane Diplomatenterminologie« zurück.[30] Wenn verfeindete Gruppen Frieden miteinander machen wollen, wird ein Gesandter entsandt, der die Friedenswilligkeit, die Versöhnungsbereitschaft der anderen Gruppe bekannt macht. Die Versöhnung mag, wie aus den Texten Platos hervorgeht, mit einem Opfer verbunden sein[31], gilt aber nicht im strengen Sinn als kultische Angelegenheit. Dieser »Sitz im Leben« ist Hintergrund der Diskussion um das Apostelamt im 2 Korintherbrief. Paulus ist solch ein Gesandter, der den Menschen Gottes Versöhnungsbereitschaft mitteilt: »Lasset euch versöhnen mit Gott« (2 Kor 5,20). Die Versöhnungsbereitschaft, vor allem aber die in Christus vollzogene Versöhnung selbst ist Inhalt seiner Botschaft (V. 19). Paulus verbindet offenbar die traditionsgeschichtlich unabhängig nebeneinander bestehenden Vorstellungen von der (profanen) Versöhnung und der (kultischen) Sühne miteinander, wobei für ihn der gekreuzigte Christus der »Ort« ist, an dem die Sühne geschehen und präsent ist (Röm 3,25 f.).[32] Hier ist der Ermöglichungsgrund dafür, daß Feindschaft (Röm 5,10) überwunden und Friede mit Gott erreicht wurde (Röm 5,1). Paulus erkennt darin den Beweis der unverbrüchlichen Gemeinschaftstreue Gottes, seiner Gerechtigkeit (Röm 3,25; 5,11 ff.).

30. C. Breitenbach, *Versöhnung. Eine Studie zur paulinischen Soteriologie*, Neukirchen-Vluyn 1989, 220. Vgl. auch F. Hahn, »Streit um ›Versöhnung‹«, *VF* 36/2 (1991) 55-64.
31. C. Breitenbach, ebd., 62 f.
32. Vgl. dazu B. Janowski, *Sühne als Heilsgeschehen*, a. a. O., 362.

Rechtfertigung, Versöhnung, Friede sind bei Paulus Variationen des gleichen Themas. Der Gedanke der Gottesgerechtigkeit hat jedoch den Primat und beschreibt den Grund der Rechtfertigung, Versöhnung den Weg, wie die Gottesgerechtigkeit zum Menschen kommt, so daß sie (im Glauben) angenommen werden kann, »Friede« aber benennt das Ziel, nämlich das Zusammensein Gottes mit den Menschen und das umfassende Heilsein der Menschen im Umgang miteinander. Friede zielt nicht auf ein Jenseits, sondern ist Gabe, die das Zusammenleben der Menschen in der Welt erneuert. Die paulinischen Briefe enden notwendigerweise in ethischen Mahnungen. Das Heilsein kann und muß eine weltverändernde Wirklichkeit werden.

Wie innig dieser Dreiklang von Versöhnung, Rechtfertigung und Frieden ist und wie tief er gewirkt hat, wird noch in der nachpaulinischen Tradition des Kolosser- (Kol 1,15-20) und des Epheserbriefes (Eph 2,14-18) erkennbar und dort ins Kosmische gesteigert: das All ist versöhnt. Das Fremde und Feindliche, »alles« ist durch Christus miteinander versöhnt, »im Himmel und auf Erden« (Kol 1,19f.). Die Kirche aber ist der Ort, wo diese Versöhnung schon jetzt sichtbar Gestalt annimmt. Zusammen mit Israel wird allen Leben ermöglicht, nämlich als Friede den Nahen und den Fernen (Eph 2,17; Röm 11,15).[33]

Paulus hat, so will es scheinen, den Versöhnungsbegriff in dieser theologischen Tiefe nicht vorgefunden, sondern ihn zur Interpretation seines Apostelamtes und zur Dimensionierung des Rechtfertigungsbegriffes eingebracht. Dennoch steht er in einer sachlichen Nähe zum Auftreten und zur Botschaft des irdischen Jesus selbst. In der Art wie Jesus die Grenzen des Kultus durchbrochen hat, Mahlgemeinschaft mit den kultisch und sozial Ausgestoßenen hielt, an Gottes Stelle Vergebung aussprach, Gottes Liebe als Zusammensein mit den Menschen verwirklichte und das Reich Gottes in Bildern des Hochzeitsfestes und einer feiernden Gemeinschaft verkündigte, liegt der »sachliche Ansatz« für die Wahl dieses Begriffes und der paulinischen Lehre.[34]

Ähnlich verhält es sich mit dem Erlösungsgedanken. Auch wenn nicht unumstritten ist, wie der begriffsgeschichtliche Hintergrund von Mk 10,45b zu deuten ist, so macht die Nähe zu 1 Tim 2,6 es wahrscheinlich, an den privatrechtlichen Zusammenhang des Sklavenloskaufs zu denken. Paulus rekurriert jedenfalls darauf (1 Kor 6,20; 7,23), wenn er schreibt: »Christus hat uns losgekauft vom Fluch des Gesetzes« (Gal 3,13; vgl. 4,5; vgl. weiter 1 Petr 1,18f.). Aus Versklavten werden

33. Zu den vom Kaiserkult(!) beeinflußten Vorstellungen des Epheserbriefes und den daraus folgenden ethischen Konsequenzen vgl. E. Faust, *Pax Christi et pax Caesaris: Religionsgeschichtliche, traditionsgeschichtliche und sozialgeschichtliche Studien zum Epheserbrief* (Diss. theol., Heidelberg 1992), Göttingen 1993.

34. L. Goppelt, »Versöhnung durch Christus«, in: ders., *Christologie und Ethik. Aufsätze zum NT*, Göttingen 1968, 152. Zur Versöhnungsethik des NT vgl. auch W. Huber, »Konflikt und Versöhnung«, in: J. Assmann/D. Harth (Hg.), *Kultur und Konflikt*, Frankfurt a.M. 1990, 49-71.

Befreite, aus Unterjochten freie Söhne. Erlösung ist Befreiung, hier und jetzt. So wird der Freiheitsbegriff notwendigerweise zum Zentrum der paulinischen Ethik. Darin knüpft Paulus, wie auch das Johannesevangelium (Joh 8,34-36), an den alttestamentlichen Gedanken der »Erlösung« und »Befreiung« an. Die nahe Erlösung meint das elementare Freiwerden von Fremdherrschaft, wie national oder auch kosmisch mythologisch dies verstanden werden mag. Das Reich, das Jesus verkündigt, ist ein kommendes Reich, das in dieser Welt errichtet wird. Daran hält auch die Offenbarung des Johannes noch fest: Das himmlische Jerusalem wird auf diese Erde herabgelassen. Gott wird hier auf Erden mitten unter den Menschen sein. Die Könige und Völker werden in der Stadt Gottes ein- und ausgehen (Offb 21).

Die aus der Reich-Gottes-Botschaft Jesu sich ergebende Ethik verändert grundlegend das bisherige Tun der Jünger. Sie entweltlicht nicht, sondern führt die Jünger in die Welt hinein. Die bis dahin gültige Weltordnung verliert ihre Letztgültigkeit. Es gelten neue Kriterien, die in der auf Gemeinschaft zielenden Liebe ihr Zentrum haben. Liebe ist nicht formal des Gesetzes Erfüllung, sondern Movens und Gestalt der Versöhnung (Röm 5).

Wir können hier unsere Übersicht, die um verschiedene Nuancen erweitert und bereichert werden müßte, abbrechen. Das Ergebnis ist deutlich genug. Die christliche Religion ist in ihrem Ursprung, dem Werk und der Verkündigung Jesu von Nazareth, und in der theologischen Interpretation seines Sterbens und seiner Auferstehung durch Paulus und seine Schüler Versöhnungsreligion. Die für die Erlösungsreligion kennzeichnenden Merkmale fehlen in der frühen urchristlichen Tradition.

Was sind die Gründe dafür, daß das Christentum trotz dieses eindeutigen Befundes schon bald als eine Erlösungsreligion angesehen wurde und bis heute so beurteilt wird? Zwei sind m. E. vor allem zu nennen. Der eine ist in den neutestamentlichen Schriften selbst zu finden, der andere ist im Wesen der Kommunikation des Evangeliums zu suchen. Wo immer das Evangelium verkündigt wird, kann der Adressat es nur »in seiner Sprache« hören (Apg 2,8). Man hört eine Predigt und liest einen Brief nicht mit exegetisch, gar historisch-kritisch geschulten Ohren, sondern kann nur das vernehmen, worin man zu Hause ist. In einer Welt, die vom Gedankengut der Mysterien durchtränkt ist und in der sich gnostisch-dualistisches Denken mehr und mehr durchsetzt, muß der Begriff »Erlösung«, in welchem Sinn er auch ursprünglich gemeint war, bei den Hörern jenseitiges Heil assoziieren. Daß in der hellenistischen Welt, in einer Zeit sozialer und politischer Umbrüche, die für religiöse Neuheiten aus dem Osten offen und von Jenseitssehnsüchten durchdrungen war, das Christentum in den Strom der sich vom Diesseits trennenden Hoffnungen eingebettet wird, kann nicht verwundern. Wer einmal vom neuplatonischen Gedankengut infiziert ist, kann sich auch nach radikaler Bekehrung in seinen Denkstrukturen davon kaum mehr lösen, wofür Augustin Zeuge ist. Wir haben hier eine Form der Inkulturation vor uns, die unvermeidbar, vielleicht notwendig war. Sie bleibt dennoch ambivalent, weil sie zwar neue Dimensionen der Botschaft des Evangeliums erschloß, aber auch die Tür öffnete, sich von der ursprünglichen Botschaft so weit zu entfernen, daß der Ursprung undeutlich wurde.

Wenn dieser Vorgang darüber hinaus durch das möglicherweise auch vom Buddhismus beeinflußte[35] Mönchtum institutionalisiert und Weltflucht zum Lebensprinzip und höher eingeschätzt wird als die Weltgestaltung, dann liegt der Umschlag von einer Versöhnungsreligion zur Erlösungsreligion nahe. Das Christentum wird nun als solches verstanden, Jahrhunderte hindurch.

Nun wäre es falsch, diese »Inkulturation« ausschließlich als eine Fehlentwicklung anzusehen, die keine Basis im Kanon hat. In den apokalyptischen Texten und am Rande des NT sind Aussagen zu finden, die sich nicht gegen eine erlösungsreligiöse Interpretation sperren, sondern sie fördern. Zwar wird der deutlich erkennbare Dualismus im Johannesevangelium durch den, den Reich-Gottes-Begriff der synoptischen Evangelien ersetzenden Lebensbegriff gemildert und die Spannung zwischen Jenseitsorientierung und dem Gesandtsein in die Welt ausgehalten, dennoch ist die Abwertung der Welt als Bereich der Finsternis hier ebenso wie in den apokalyptischen Texten der Synoptiker unverkennbar. Das ewige Leben wird als ein Leben im Haus des Vaters hier und jetzt begriffen, doch kann das alles auch gnostisch interpretiert werden, wie die neuere Exegese zeigt. Vollends wird im zweiten Petrusbrief die Welt nur noch als dunkle Folie begriffen, als »Unrat« (2 Petr 2,20), vor dem der Fromme fliehen muß, um »unbefleckt und unsträflich« dem Tag entgegenzugehen, da die Elemente im Feuer verbrennen werden (2 Petr 3,14.12).[36] Hier lautet die Botschaft: Welt muß vergehen. Daß die Sanftmütigen das Erdreich besitzen werden, wie es in der Bergpredigt heißt, wäre ein absurder Gedanke. Im Warten eilt man (1 Petr 3,2) dem Tag des alles vernichtenden Gerichts entgegen und ist auf ihn fixiert. Die Ethik verliert jede Erdenschwere. Weltentsagung steht an. Nicht die Gemeinschaft, die Salz und Licht der *Welt* ist, steht im Mittelpunkt kirchlichen Denkens, sondern der einzelne, der sich aus dem Verderben der Welt retten muß. In den apokalyptischen Texten und durch seine kanonischen Ränder wird das Christentum unter der Hand zu einer Erlösungsreligion.

Hat man einmal begonnen, die Schriften des Neuen Testaments unter dem Vorzeichen einer Erlösungsreligion zu lesen und zu rezipieren, verändert sich viel. Die alttestamentlich gefüllten Begriffe der paulinischen Briefe werden im Sinne einer

35. Cf. R. Neu, »Die Analogie von buddhistischem und christlichem Mönchtum. Eine sozialgeschichtliche und religionswissenschaftliche Untersuchung«, *ZRGG* 1990, 97-121.
36. Man vergleiche mit 2 Petr 3 einen Text aus den Upanishaden: »Frei sein von jeglicher Begierde, Unschädlichkeit von jeglicher Berührung mit der Welt der Materie, frei sein von jeglicher Fesselung durch irgendein Muß, von jeder Art Untergeordnetsein – das sind die Früchte des Wissens«. Zit. nach H. J. Wach, *Der Erlösungsgedanke und seine Deutung*, Leipzig 1922, 97.

gnostischen Erlösungsreligion verstanden, die Sehnsüchte des Paulus, mit Christus vereint zu sein, erscheinen als radikal-mystische Jenseitshoffnung einer erlösungsbedürftigen Seele. Aus dem Versöhnungsmahl, bei dem den Jüngern Brot zum Leben auf ihrer Pilgerschaft ausgeteilt wird und sie als mit Gott und untereinander versöhnte Gemeinschaft in die Welt gesandt werden, wird ein von Arkandisziplin umgebenes sakramentales Essen, bei dem dem einzelnen Unsterblichkeitsmedizin zuteil wird.

Kirchengeschichtliche Perspektiven

Wenn wir den Umschlag von einer Versöhnungsreligion zur Erlösungsreligion als Teil des Inkulturationsprozesses des Evangeliums in die hellenistische Welt hinein verstehen[37], ist es notwendig, auch den weiteren Verlauf zu beachten, um zu sehen, wo er revidiert wurde. Das muß im Übergang zu einer Kultur geschehen, die traditionellerweise von einer Versöhnungsreligion geprägt ist, wenn anders das Christentum dort nicht Fremdreligion bleiben soll. Dieser Inkulturationsprozeß wurde in der von einer Versöhnungsreligion geprägten germanischen Kultur deshalb verzögert, weil die Missionierung durch Mönche geschah und die Bindung an die römische Hierarchie und das römische Recht eine Eigenentwicklung verhinderten. Mir scheint, daß er erst in der Reformation verspätet und unter anderen Vorzeichen nachgeholt wurde. Bei Luther hatte die Reformation einen antirömischen Affekt zugunsten seiner »lieben Deutschen«. Die Übersetzung der Bibel, die Verdeutschung der Messe waren auch ein Mittel, das Evangelium zu indigenisieren. Nun bedürfte es einer breiteren Studie, um diesen Vorgang und die hier vorgetragene Interpretation detailliert zu untermauern. Ich beschränke mich auf wenige Hinweise zur Ethik und rufe Einsichten Max Webers ins Gedächtnis, die er in seinen Aufsätzen zur Religionssoziologie, vor allem in der Zwischenbetrachtung »Theorie der Stufen und Richtungen religiöser Weltablehnung«[38] entfaltet hat. Weber unterscheidet darin den kontemplativ-mystischen Religionstyp, dessen Ethik er als akosmistisch charakterisiert, von dem asketischen, dem er die »urwüchsige« Religionsstufe voranstellt, in der man »neben langem Leben, Gesundheit, Ehre, Nachfahren und, eventuell, Besserung des Jenseitsschicksals, den Reichtum als selbstverständliches Ziel« anstrebt.[39]

Die von ihm herausgestellten Unterschiede in der Ethik entsprechen im wesentlichen denen, die wir als Differenz in der Ethik der Versöhnungs- und der Erlö-

37. Zum Inkulturationsprozeß s. u. Kap. III.1.
38. M. Weber, *Gesammelte Aufsätze zur Religionssoziologie*, Bd. 1, Tübingen 1978, 536-573.
39. Ebd., 544. Dazu rechnet er das Judentum, die chinesische Volksreligion und die vedische Religion. Da er sie jedoch von der aktiven Askese beerbt sieht und alle Religionen als Erlösungsreligionen versteht, verwischen sich die religionsgeschichtlichen Unterschiede.

sungsreligion erkannt haben. Auch wenn Webers Stufenmodell ad acta gelegt werden muß, seine Einsichten behalten in einer neuen religionsgeschichtlichen Verortung Gültigkeit. Wir wenden sie unter unserer Fragestellung auf die Reformation an.

Die unterschiedliche Ethik im Calvinismus und Luthertum ist oftmals registriert worden, auch von Weber. Luthers Ethik ist durch seine mönchische Tradition und die von der Mystik beeinflußte Frömmigkeit dafür prädestiniert, akosmistisch, weltabgewandt zu sein, weil es um Erlösung geht, um das Bestehen des einzelnen Menschen vor dem ewigen Richterstuhl Gottes. Zugleich ist Luther so stark vom germanischen Rechtsdenken beeinflußt, daß die Gefolgstreue (fultrui) als Verwirklichung der Gemeinschaft mit Jesus zum Zentrum der Frömmigkeit wird, so daß in ihm beide Traditionen, die der Erlösungs- und die der Versöhnungstradition zusammenkommen. Versöhnung darf bei ihm nicht gegen Erlösung ausgespielt werden, denn die Welt wird nicht sich selbst überlassen. Das läßt sich besonders gut an den Predigten zu den Sakramenten aus dem Jahre 1519 verdeutlichen. Im »Sermon von dem hochwürdigen Sakrament des heiligen wahren Leichnams Christi« wird der Communio-Gedanke in den Mittelpunkt gestellt und wie selbstverständlich werden Vergleiche aus dem Stadtrecht gezogen. Das zeigt, wie tief Luther den Erlösungsgedanken in den Rahmen der Versöhnungsvorstellung einfügt und so ins Diesseits zieht. Die Abwendung von bestimmten Denkweisen seiner eigenen monastischen Tradition hängt damit unmittelbar zusammen (cf. De votis monasticis!). Der Grund, warum Luther gleichwohl an erlösungsreligiösen Momenten festhält, liegt in der Rechtfertigungslehre und in seiner Eschatologie begründet. Das sola gratia muß in allen Bereichen christlichen Denkens und Lebens durchgehalten werden. Eine einseitig verstandene Versöhnungslehre könnte zum Synergismus führen. Dann läge es an uns, das Reich Gottes auf Erden zu errichten. Doch für Luther gilt: Nicht wir bauen das Reich Gottes, sondern es »erbaut« uns. Nicht wir verdienen uns das Reich, sondern wir »erben« es.[40] Hier wird deutlich, daß Luthers Lehre von den zwei Reichen respektive den zwei Regimenten unter dieser doppelten Herkunft steht und sie durchhält. Das macht ihre Weite und ihren Reichtum aus. Die sich später nach ihm benennenden lutherischen Kirchen aber halten diese Spannung nicht durch und entwickeln ihre Ethik aus dem Erlösungsgedanken, wie die vor einigen Jahren wieder hitzig geführte Debatte um das Verständnis der Zwei-Reiche-Lehre gezeigt hat. Eine dem Erlösungsgedanken entsprechende Ethik setzt sich durch, was sich darin äußert, daß das Luthertum eine bezeichnend indifferente Haltung zu Fragen der Staatsform, der Gestal-

40. »Regnum enim non paratur, sed paratum est. Filii vero regni parantur, non parant regnum, hoc est, regnum meretur filios, non filii regnum« (*WA* 18, 694, 26). Zum ganzen vgl. G. Scharffenorth, *Den Glauben ins Leben ziehen. Studien zu Luthers Theologie*, München 1982.

tung einer Sozialethik eingenommen und erst sehr spät ein positives Verhältnis zu den Menschenrechten gefunden hat.[41]

Anders ist das Bild in der reformierten Theologie. Calvin ist als engagierter Student der Jurisprudenz nicht in der Versuchung gewesen, der Welt zu entsagen. Unter den Einfluß seines Pariser Mitstudenten Ignatius von Loyola ist er nicht gekommen. Mystische Theologie hat ihn nicht beeinflußt, wohl aber der weltzugewandte Humanismus des Erasmus und die durch ihn vermittelte Weltläufigkeit Senecas. Calvin hat den ökonomischen Erfolg nie religiös abqualifiziert, sondern im Bundesgedanken den der Versöhnungsreligion inhärenten Gemeinschaftsgedanken theologisch herausgestellt. Er wollte die Welt verändern und begann in Genf. Die äußere Form der Gemeindegestaltung war ihm nicht gleichgültig. Die spätere Theologie der reformierten Kirchen hat diese ethische Strenge nicht durchgehalten und eine erlösungstheologische Orientierung in den Vordergrund treten lassen; dennoch wird es nicht zufällig sein, daß die Kirchen, die durch den von der reformierten Theologie beeinflußten Pietismus geprägt sind, Gemeindeverwaltung und Weltgestaltung nicht als ein adiaphoron betrachten. Menschenrechte, demokratische Vorstellungen, der religiöse Sozialismus und schließlich der die amerikanische Theologie verändernde Gedanke des social gospel sind ohne aus dem Calvinismus stammende Impulse kaum denkbar.[42]

Die hier aufgezeigten Differenzen wirken sich bis in heutige dogmatische Entwürfe aus. Nach unserer Typologie ist beides folgerichtig, daß Barths Kirchliche Dogmatik in der Versöhnungslehre ihr Zentrum hat und jeder dogmatische Topos in einer ethischen Reflexion seine praktische Fortsetzung findet, was in einer an der Erlösung orientierten lutherischen Dogmatik nicht denkbar wäre.

Der Begriff Erlösung wird in Dogmatiken reformierter Provenienz praktisch nicht mehr verhandelt und hält sich allein in lutherischen Dogmatiken durch[43], was angesichts des großen Einflusses der Barthschen Dogmatik auch auf Lutheraner von signifikanter Bedeutung ist.

Aufschlußreich könnte es auch sein, der Frage nachzugehen, wie die Differenz

41. Letztlich geschah das erst 1970 auf der Vollversammlung des Lutherischen Weltbundes in Evian. Es ist bemerkenswert, daß diese Entscheidung nicht ohne den wichtigen Beitrag eines von Barth beeinflußten Theologen, H. E. Tödt, zustande kam. Vgl. u. a. seinen Aufsatz »Das bewußte Engagement für die Menschenrechte. Einige Akzente zu Evian«, *LM* 1970, 445-446.
Zur Diskussion um die Zwei-Reiche-Lehre s. N. Hasselmann (Hg.), *Gottes Wirken in seiner Welt. Zur Diskussion um die Zweireichelehre*, Bd. 1 und 2, Hamburg 1980.
42. Daß M. Webers Thesen über die Entstehung des Kapitalismus sich vor allem auf Forschungen im Bereich des reformierten Protestantismus in den USA beziehen, ist bezeichnend genug.
43. Z. B. E. Schlink, *Oekumenische Dogmatik. Grundzüge*, Teil II, Göttingen 1983. W. Härle, *Dogmatik*, Berlin/New York 1995, gebraucht den Begriff im oben genannten Sinn als Befreiung, ebd., 335 ff., 498 u. ö.

zwischen Erlösungs- und Versöhnungsreligion das Sakramentsverständnis beeinflußt. Ohne Frage hat ein sakramentales Verständnis von Taufe und Abendmahl eher in einer Erlösungsreligion seinen Platz, denn Sakramente werden hier als direkte Mittel zur Erlösung verstanden (vgl. die Mysterien-Kulte). Die orthodoxe und die römisch-katholische Kirche haben diese Tradition der frühen Kirche am deutlichsten bewahrt. In einer Versöhnungsreligion muß dagegen der gemeinschaftsstiftende Charakter betont werden, wobei das Tun des Menschen ein unaufgebbares Element bildet. Auch die Taufe muß hier als ein Akt des Menschen verstanden werden, der durch sie sein Verhältnis zu Gott vor der Öffentlichkeit bekennt. Als solcher wäre dieser Akt dann auch wiederholbar. Barths Taufverständnis im Rahmen seiner Versöhnungslehre entbehrt vor diesem Hintergrund nicht der inneren Logik. In der baptistischen Tradition findet sie ihren klarsten Ausdruck.

Der Reichtum, aber auch die innere Spannung in Luthers Sakramentsverständnis wären dagegen darin begründet, daß er, wie wir sahen, beide religionstypologischen Traditionen vereinigt und den Sakramenten sowohl eine das jenseitige Heil initiierende wie eine gemeinschaftsstiftende Funktion im Diesseits zuweist.

Religionssoziologische Einsichten

Wir greifen die religionssoziologische Perspektive noch einmal auf und fragen abschließend, ob sich die hier vorgetragene Interpretation eines doppelstrangigen Christentums im Rahmen neuerer Inkulturationsbewegungen weiter verfolgen läßt und die beiden Stränge als deutliche Alternativen auseinandertreten. Die Stammesreligionen sind als Versöhnungsreligion in einem Milieu des Überlebenskampfes zu Hause. Die Menschen können nur gemeinsam überleben, Individualismus ist ein Luxus, den man sich nicht leisten kann. Die Religion spiegelt das wider. Sie dient der Integration der Gemeinschaft, ohne daß hieraus ein funktionalistischer Begründungszusammenhang abgeleitet werden muß.

Wo in den Theologien der Dritten Welt die christliche Religion als Versöhnungsreligion verstanden und wiederentdeckt wird, die den Menschen in seinem sozialen Handeln bestimmt und ihn zu verantwortlichem, politischen Weltverhalten aktiviert, da haben sie fast durchgehend im unteren sozialen Milieu ihre Basis. Das gilt für die Befreiungstheologie in Lateinamerika und in unterschiedlicher Weise auch für die Schwarze Theologie Nordamerikas, Südafrikas und die Dalit-Theologie in Indien. Die sich auf die Erlösungsreligion Indiens und die Meditationsreligionen Japans einlassenden Theologen favorisieren die mystischen Elemente der christlichen Tradition. Sie stammen meistens aus höheren Kasten, gehören einer höheren sozialen Schicht an oder sind in bestimmten mönchischen Traditionen zu Hause. Ihre Bildung ist oftmals elitär. Wo die Vertreter der inkulturativen und der kontextuellen Theologie aufeinandertreffen, wie in der Ökumenischen Vereinigung von Dritte-Welt-Theologen (EATWOT), kommt es zu nicht unerheblichen Spannungen, besonders zwischen Vertretern der indischen, brahmanisch orientierten Theologie und der Befreiungstheologie Lateinamerikas.[44] Vor dem Hintergrund unserer Typologie wird man in der Diskussion um das theologische Recht der Befreiungstheologien, die angeblich den Erlösungsgedanken gegen den der sozialen Gerechtigkeit eintauschen und das Jenseits dem Diesseits opfern, darauf hinweisen müssen, daß das Christentum nur sekundär zur Erlösungsreligion geworden ist und dieses Verständnis als Sonderentwicklung keine Allgemeingültigkeit urbi et orbi für sich beanspruchen kann, daß vielmehr die Befreiungstheologien wesentliche Elemente der urchristlichen Versöhnungsbotschaft wieder freigelegt haben. Ihnen kommt zumindest das Recht historisch adäquater Textinterpretation zu.

Wir wenden uns abschließend unserer Gegenwart zu. Die Typologie kann uns im Rahmen religionssoziologischer Fragestellung helfen, unsere religiös-kirchliche Landschaft besser zu verstehen und zu deuten. Sie ist bekanntlich dadurch gekennzeichnet, daß wir in der Folge des 68er Aufbruchs und unter dem Einfluß der Ökumene eine hohe Sensibilität für die sozialen Probleme der Dritten Welt entwickelt haben. Den Themen »Frieden« und »Gerechtigkeit« in politischer und ökologischer Verantwortung wird höchste Priorität eingeräumt. Auf der anderen

44. Vgl. z. B. zur Dalit-Theologie V. Devasahayam (Hg.), *Frontiers of Dalit Theology*, Madras 1997; *Gerechtigkeit für die Unberührbaren. Beiträge zur Dalit-Theologie.* (Weltmission heute 15), Hamburg 1995.
Vgl. allgemein G. Collet (Hg.), *Theologie der Dritten Welt. EATWOT als Herausforderung westlicher Theologie und Kirche*, Immensee 1990.
Das hier vorgetragene religionssoziologische Raster geht selbstverständlich nicht überall in gleicher Weise auf. Auf eine wichtige Ausnahme sei ausdrücklich aufmerksam gemacht. Sie zeigt, wie nötig Spezialstudien sind.
Die Pfingstbewegung, 1901 in Nordamerika im unteren sozialen Milieu sich ausbreitend, muß nach ihrer Lehre dem Typus der Erlösungsreligion zugerechnet werden. Dort, wo man bar jeder Aussicht auf eine Veränderung der sozialen Lage lebt, bietet offensichtlich nur die Sehnsucht auf ein besseres Jenseits Überlebensmöglichkeiten. Die apokalyptisch denkende und durch Ekstase geprägte Pfingstbewegung zielt auf Entweltlichung. Hoffnung für ein Diesseits ist in ihr nicht zu finden. Die große Veränderung wird durch den Einbruch des Jenseits erwartet. Das alles sind typisch Elemente einer Erlösungsreligion.
Ganz anders verhält es sich im Neopfingstlertum. Der Umschlag ist radikal. Die Neopfingstler, deren Bewegung in Lateinamerika die größte Zuwachsrate zu verzeichnen hat, wollen die eigene Situation verändern. Sie lehnen weder Reichtum noch Glück ab, sondern sehen darin ein Zeichen des Segens Gottes. Sie halten ihre Gebets- und Bekenntnisversammlungen gern in teuren Hotels ab. Unter ihren Führungskräften sind auffallend viel Ingenieure und Kaufleute, die der Mittelschicht zuzurechnen sind. Diese Bewegung gehört nach unserer Typologie eher zur calvinistischen Versöhnungstradition des Christentums.
Zu Einzelheiten vgl. H. W. Schäfer, *Die presbyterianische Kirche in Guatemala. Historischer Protestantismus angesichts von Fundamentalismus und Gewaltherrschaft*, Frankfurt a. M./Bern/New York 1992.

Seite sind Frömmigkeit und Religiosität der Gemeinden – in ihrem Zentrum wie an ihren Rändern – von einer bewußten Abkehr von politischen Optionen und einer Hinwendung zu erlösungsorientierten Praktiken und Lehren gekennzeichnet, wie sie aus den östlichen Religionen zu uns dringen, aber auch von religiösen Virtuosen evangelikaler Provenienz proklamiert werden. Wie ist dieser Gegensatz, der ja präzise das Thema unserer Typologie spiegelt, zu verstehen? Kann man außer theologischen auch soziologische Gründe nennen, die den Umschlag von der gerade erst wiedergewonnenen Einsicht in das Zentrum alttestamentlicher und neutestamentlicher Religion in die Sehnsucht nach apolitischer, erlösungsorientierter Frömmigkeit erklären, die als New Age-Frömmigkeit selbst vor der Wiedergeburtslehre östlicher Religionen nicht zurückschreckt? Ohne Frage ist dieser Frömmigkeitsstil in den spätpietistischen Kreisen der Erweckungsbewegung immer lebendig geblieben. Er hat aber jetzt, wenn auch in inhaltlich ungebundener, vagabundierender Form, weite Kreise bürgerlicher Intellektueller in einer bis dahin nicht gekannten Weise erfaßt. Nun hat M. Weber gerade den Intellektuellen einen besonderen Stellenwert in dem Prozeß eingeräumt, der die Sehnsucht nach Erlösung und die Verbreitung der Erlösungsreligionen fördert.[45] Den Grund dafür sieht er darin, daß der Intellektuelle seiner Zeit aus einer Enttäuschung an der politischen Betätigung erneut die Sinnfrage stellt. Da die äußere Not für ihn, den ökonomisch Abgesicherten, kein Thema ist, sucht er nach Erlösung von der »inneren Not«. Er schaut aus »nach Wegen, deren Kasuistik ins Unendliche geht, seiner Lebensführung einen durchgehenden ›Sinn‹ zu verleihen, also ›Einheit‹ mit sich selbst, mit dem Menschen, mit dem Kosmos«.[46] Unter diesem Vorzeichen suchte in gleicher Weise der griechische Intellektuelle der Antike wie der chinesische seiner Zeit den »Weg irgendwie in die stillen hinterweltlichen Gefilde indischer unformbarer Mystik« zu finden[47] und hat auf diese Weise damals wie heute den östlichen Religionen zur Verbreitung verholfen. Webers Deutung besitzt hohe Aktualität: »Der Erfolg der Propaganda der Erlösungskulte und der philosophischen Erlösungslehren in den vornehmen Laienkreisen des Späthellenen- und des Römertums geht parallel mit der endgültigen Abwendung dieser Schichten von politischer Betätigung. Und das etwas geschwätzige« – fügt Weber hinzu – »sog. ›religiöse‹ Interesse unserer deutschen Intellektuellenschichten in der Gegenwart hängt intim mit politischen Enttäuschungen und dadurch bedingter politischer Desinteressiertheit zusammen«.[48]

Während Weber jedoch als religiös unmusikalischer Mensch[49] dieses Urteil fällt,

45. Darauf hat erneut zu Recht H. G. Kippenberg, *Die vorderasiatischen Erlösungsreligionen*, a. a. O., 61 ff., aufmerksam gemacht.
46. M. Weber, *Wirtschaft und Gesellschaft*, a. a. O., 307 f.
47. Ders., *Gesammelte Aufsätze zur Religionssoziologie*, a. a. O., Bd. 2, 377.
48. Ders., *Wirtschaft und Gesellschaft*, a. a. O., 307.
49. Vgl. ders., *Gesammelte Aufsätze zur Religionssoziologie*, a. a. O., Bd. 2, 260.

ohne eine religiöse Alternative zu suchen, könnte die Neubesinnung auf die Bedeutung, die der Versöhnungsgedanke für das Wesen des Christentums und seine biblische Verankerung hat, nicht nur ein Instrument sein, das der analytischen Erfassung religionsgeschichtlicher Phänomene dient, sondern auch Anstöße zur Klärung zentraler dogmatischer Entscheidungen geben und Hilfestellung leisten bei der der Kirche aufgetragenen Aufgabe der Unterscheidung der Geister.

II.

Konstitutive Elemente von Religion

1. Raum und Zeit

1.1 Der Heilige Ort

Der Geist weht zwar, wo er will, aber er sucht sich zugleich einen Ort, wo er sich niederlassen kann. Er senkt sich im Symbol der Taufe auf das Haupt Jesu, er läßt sich als Flamme auf den Häuptern der Aposteln nieder (Apg 2). Er erfüllt den Raum, wo sie sich versammeln. Der Ort, wo sich das ereignet, wird durch das Geschehen ausgezeichnet. Er wird »geheiligt«. Auch wenn sich das frühe Christentum angesichts seiner hochgespannten Enderwartung auf solche Festlegung des Raumes und eine Bindung daran nicht hat beeinflussen lassen, spätere Generationen haben den Ort aufgesucht, wo Heiliges geschah, wo das Heilige sich manifestierte. Die Wallfahrt nach Jerusalem oder andere Orte heiligen Geschehens gehört zum festen Bestandteil christlicher Frömmigkeit.

Die Heiligkeit des Geschehens überträgt sich auf den Ort. Das ist nicht nur eine sekundäre »Verortung«, ist mehr als Gedächtnisstütze. Was sich ereignet hat, prägt sich so dem Raum ein, daß das Ereignis stets präsent bleibt. »Zieh deine Schuhe aus, denn dieser Ort ist heiliges Land«, hört Mose (Ex 3,5). Wüßten wir genau den Ort, wo das geschah, würden noch heute nach Jahrtausenden die Menschen dort ihre Schuhe ausziehen, um sich auf diese Weise mit Mose zu identifizieren und an der Heiligkeit des Ortes rituell zu partizipieren. Die Wechselwirkung zwischen Ereignis und Ort ist so intensiv, daß auch der Ort seinerseits für die Gestalt und den Inhalt des Ereignisses prägend wird. Der Ort teilt sich in seiner Besonderheit dem Menschen mit. Er »zeigt« seine Heiligkeit. Es ist nicht zufällig, daß Haine im germanischen Bereich beliebte Orte der Anbetung wurden, ebenso Quellen, besondere Steinformationen, Flußmündungen, zumal wenn drei Bäche zusammenflossen.

Ob das Naturheiligtum das älteste Heiligtum der Menschheit ist, wie van der Leeuw behauptet[1], ist mir zweifelhaft. Jedenfalls gibt es darüber keine Belege und entspringt wohl eher emotionaler Phantasie. Wir sind auf sichererem Boden, wenn wir uns die primären Religionen und ihre Gestaltung von Räumen anschauen. Ohne zu behaupten, hier habe man den Ursprung solcher Erfahrung vor sich, kann doch füglich gesagt werden, daß wir es dort mit Basiselementen zu tun haben, die gerade, wenn sie von nomadischen Stämmen bewahrt sind, eine sehr alte Tradition widerspiegeln.

Die Anlage eines Dorfes, seine »Architektur«, sagt sehr viel über die Religion aus. Ebenso wie es in einer kultisch durchgestalteten Kirche nichts Überflüssiges und Unwichtiges gibt, sondern jedes Detail »spricht« und Wesentliches über die

1. G. van der Leeuw, *Phänomenologie der Religion,* a. a. O., 447.

christliche Religion aussagt, so erzählt jedes Detail des Dorfes Geschichten von dem Glauben der dort lebenden Menschen. Anders als in der von der griechischen Philosophie und der alttestamentlichen Religion beeinflußten abendländischen Tradition gilt hier: Was vor Augen ist, ist wichtig. Vom Äußeren darf und soll man auf das Innere schließen. Nicht umgekehrt. Hier soll die rechte Hand wissen, was die linke tut. Nur wenn beide Hände geben, wird von Herzen gegeben. Nur wenn beide Hände grüßen, weiß man, daß der Mensch mit Leib und Seele grüßt und er nichts Falsches in seinem Herzen denkt.

Ein traditionelles Hererodorf in Namibia[2] ist eher ein Familienkral und besteht aus einem Kreis von runden Hütten, die gleichmäßig aneinander gereiht sind. Im Osten steht das Haupthaus. Wir nähern uns von dort und machen uns außerhalb des Dorfes bemerkbar. Natürlich hat man in den Weiten der Steppe Namibias unser Kommen schon längst wahrgenommen. Doch wir gehen nicht in den Häuserkreis hinein. Wir beachten eine unsichtbare Linie, die das Innere vom Äußeren trennt. Früher war sie durch Dornen gekennzeichnet. Wir warten, bis man uns hereinbittet. Inzwischen beobachten wir, wie jemand aus dem Haupthaus herauskommt und sich vor ein kleines Feuer setzt, das sich mitten zwischen dem Haupthaus und dem Kälberkral in der Mitte des Dorfrunds befindet. Es ist der Kralherr. Er scheint zu beten. Nun kommt er zu uns heraus und bittet uns hereinzukommen. Er weist uns einen Platz auf der rechten Seite des Feuers an. Verstohlen wagen wir einen Blick in das runde Haupthaus zu werfen. Dort ist eine klare Ordnung erkennbar. Am zentralen Hauptpfahl ist Asche zu sehen, rechts vom Eingang stehen Milchkalabassen. Links ist eine Lagerstatt, offenbar das Bett des Kralherren und seiner Hauptfrau. Mehr ist vorläufig nicht zu erkennen. Doch das Gesehene genügt. Wir müssen nur verstehen, was wir gesehen haben. Die Grundstruktur einer traditionellen Stammesreligion ist in nuce erkennbar.

»Ziehe eine Linie und du erschaffst eine Welt«. Dieser von N. Luhmann gern zitierte Satz von Spencer Brown ist auch hier gültig. Wir erkennen eine unsichtbare Linie, eine Grundachse, die von Ost nach West, vom zentralen Pfahl des Haupthauses zum Kälberkral verläuft. Die Welt des Krals wird durch diese Linie geordnet und in rechts und links eingeteilt, in die gute und religiös starke und die schwache, profane Seite, wo der normale, nichtreligiöse Alltag gelebt werden kann. Diese wird von der rechten Seite geschützt, gefördert, gesegnet. Osten ist die Seite des Lebens, Westen die des Sonnenuntergangs, des Todes. Nach Osten werden die Kühe aus dem Kral entlassen. Dort, so sagen die Herero, gehen sie nicht verloren. Das »Feuer« zwischen dem Kälberkral und dem Haupthaus, an dem wir sitzen, das *okuruuo*, ist gleichsam der »Hausaltar«. Hier spricht man zu den Ahnen. Abends wird das Feuer ins Haupthaus zum Hauptpfahl gebracht, dem *ongunde*, dem »Halter«. Er repräsentiert den Kralherrn in dessen Abwesenheit bei bestimmten Riten. Vom Haupthaus aus gesehen links entdecken wir ein weiteres

2. Zum folgenden vgl. T. Sundermeier, *Die Mbanderu,* a. a. O., 136 ff.

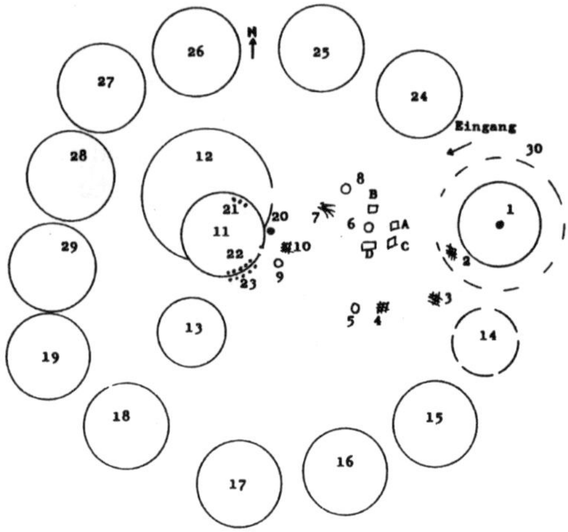

1. Haupthaus
2.+3. gewöhnliche Kochstellen
4. Kochstelle
5. Trockenstelle
6. Ahnenfeuerplatz
7. Zweig, der den Feuerplatz anzeigt
8. Aschenhaufen
9.+10. temporärer Ahnenfeuerplatz
11. Kälberkral
12. Rinderkral
13. Kleinviehkral
14. Kinderhaus
15-19 Häuser der Söhne
20. Begräbnisort des Kralherrn
21. Begräbnisort der Frauen
22. Begräbnisort der Söhne und Kinder
23. Begräbnisort der erwachsenen Söhne
24.-29. Häuser der Töchter
30. Zaun

Abb. 1 Hererowerft

Feuer, die Kochstelle. Hier wird das Essen gekocht. Es ist ein profaner Ort, wortwörtlich das profanum, der Platz vor dem Heiligen.

Der Kälberkral ist die Mitte des Dorfes. Daneben befindet sich der Rinderkral. Hier pulsiert das Leben der Menschen, denn vom Rind sind sie, die ursprünglich Rindernomaden waren und eine akephale Gesellschaft, also eine Stammesorganisation ohne zentrale Gewalt bildeten, abhängig. Kälberkral, Ahnenfeuer, Hausherr und dazu die Häuser auf der rechten und linken Seite, in denen in abgestufter Reihe die Nebenfrauen, Töchter und Söhne wohnen, zeigen die ökonomische, die religiöse und hierarchisch gestaltete soziale Ordnung an, die das Leben des Dorfes ausmacht und der sich alle fügen. Niemand schert hier aus, denn das Leben des einzelnen ist eingebunden in das der Gemeinschaft. Mit seinem steht das der Gemeinschaft auf dem Spiel, und umgekehrt. Starb der Hausherr, das Familienoberhaupt, der das Ahnenfeuer zu bewachen hatte, wurde in früheren Zeiten der Pfahl des Hauses eingerissen und das Ahnenfeuer gelöscht. Die ganze Sippe mußte umziehen und an anderer Stelle, möglichst im Osten, den Kral neu aufbauen und das Ahnenfeuer rituell entzünden. Heute dagegen wird nur – pars pro toto – die Haupttür des Haupthauses zerstört und etwas verschoben wieder neu errichtet.

Das wesentliche Gestaltungselement ist das heilige Feuer. Über Nacht ist es im Zentrum des Haupthauses »zu Hause«. Von dort verströmt es seine Kraft. Sein Einflußbereich weitet sich, wenn es morgens nach draußen gebracht wird. Nun bestimmt es nicht mehr nur die Ordnung des Hauses, sondern auch die des familiären Dorfes, des Krals. Es verbindet das Zentrum des Hauses mit dem Rinderkral, der das Leben schlechthin repräsentiert, denn Großviehnomaden, die die Herero ursprünglich waren, leben vom Rind und sind von ihm abhängig.

Das heilige Feuer orientiert sich an der kosmischen Ordnung, ist eingebettet zwischen Leben und Tod. Der Osten ist wie in den meisten Religionen Seite des Lebens, der Westen die des Todes. Indem das Feuer auf der Westachse seinen Platz hat, wird deutlich, wo Glück und Leben, wo Kraft und Schwäche zu finden sind. Schaut man vom Haupthaus nach draußen, ist die rechte Seite die starke, die linke die schwache.

Diese Einteilung von rechts und links, die die Körpersymbolik eines jeden Menschen spiegelt, zieht sich durch viele Religionen. Rechts war für die Griechen die Glück verheißende. Bei den Römern war es ursprünglich die linke Seite, weil der Deuter des Vogelflugs im Norden stand und nach Süden schaute. Später wurde auch hier die linke als unglücksverheißend angesehen. Für die Neupythagoräer, die glaubten, daß die guten Seelen nach rechts zum Lichthain gehen, nach links dagegen die bösen in den Schlammpfuhl, stand die rechte Seite für Einheit, Harmonie, Leben, dagegen die linke für Disharmonie, Zweiheit und Tod. Wird ein Heiligtum bei einer Wallfahrt umschritten, so umkreist man es im Uhrzeigersinn nach rechts. Das verheißt Glück und Leben und entspricht der normalen Ordnung. Doch während der Trauerzeremonie umkreist der Trauerzug der Buddhisten in Thailand die Stupa von rechts nach links. Das soll die Dämonen einkreisen, heißt es. Links weist auf die Unterwelt, sie ist die den Toten zugewandte Seite. Überall in der Welt ist bei Trauerriten die Inversion von links und rechts zu beobachten.

Dem Heiligen nähert man sich von rechts. Den römischen Gästen rief ein Sklave zu: »Mit dem rechten Fuß« (sc. sollen sie das Haus betreten). Ein Moslem soll nach Al-Bukhari die Moschee zuerst mit dem rechten Fuß betreten. Die ungleiche Zahl der Altarstufen (3 oder 7) soll in den christlichen Kirchen garantieren, daß jeder, der mit dem rechten Fuß die erste Stufe betritt auch die eigentliche Altarstufe mit rechts erreicht.

Doch zurück zu unserer Zeichnung. Die wichtigste Einsicht, die sie vermittelt, ist noch nicht zur Sprache gekommen. Sie lautet: Nicht aus dem Profanen wird das Sakrum herausgeschnitten, sondern es ist das Heilige, das die Profanität ermöglicht. Das Heilige setzt im wörtlichen Sinne das »pro-fanum«, den »Freiraum« vor dem Heiligen, frei, wo man ungefährdet handeln und arbeiten kann. Die Welt birgt vielfältige Gefahren. Das Heilige aber sorgt dafür, daß es einen umhegten, geschützten Raum gibt, in dem sich der Mensch frei bewegen kann. Die rechte, tabuisierte Seite des Vorplatzes ermöglicht auf der linken Seite das Alltagsgeschäft, das Kochen etc.

Der Kral als ganzer besitzt eine Grenze, sei sie unsichtbar oder sichtbar gemacht durch Palisaden, ein Dorngehege, eine Mauer oder einfach durch Steine. Die Grenze teilt die Welt in ein Innen und Außen. Außen ist das Unbehauste, die Gefahr, die Unwirtlichkeit. Drinnen ist der Lebensraum, der Schutz, Gemeinschaft und Zusammengehörigkeit bietet, besorgt durch das Heilige in der Mitte.

Daß dies nicht nur afrikanische Wirklichkeit ist, zeigt ein Blick auf Rom. Nach der Gründerlegende haben Romulus und Remus eine Furche gezogen und dadurch den Raum der Stadtgründung festgelegt. Dieser Vorgang wurde bei jeder römischen Stadtgründung wiederholt. Wo eine Pforte anzulegen war, hob man den Pflug und schuf dadurch eine unbelassene, ungeheiligte Strecke, über die jeder gehen konnte, ohne eine »Grenze« zu überschreiten.[3] Sie war nur Durchgang, nicht Grenze, markierte nicht mehr ein Innen und Außen, war nicht Zeichen von Zugehörigkeit oder Ausschluß. Die Grenzen sind fest und unverrückbar. In Ägypten hieß es, daß der Grenzstein die Grenze »wie den Himmel« festsetzt. Grenzsteine zu versetzen war eine der großen Sünden, die nicht begangen zu haben im Himmelsgericht vor dem Richter ausdrücklich zur Sprache kommen mußte.

Grenzen sind mehr als Grenzen. Sie sind Scheidelinie nach außen, aber zugleich auch der Zaun, der die Menschen umhegt, damit sie in Frieden leben können. Drinnen lebt man mit dem Nächsten, der Familie und dem Nachbarn zusammen. Ihn, diesen Nächsten, soll man lieben, sagt schon das Alte Testament und spiegelt damit die Grundethik der Stammesreligionen wider. Der Fremde, der außerhalb lebt, ist der Feind, im besten Falle der potentielle Sklave, oder aber ein Händler, den man zum Bundesgenossen und Freund machen kann.[4]

Nicht nur das menschliche Anwesen wird umhegt, auch die Welt der Götter und das urzeitliche Land, der Paradieses*garten* (vgl. engl. »to guard« = behüten) muß umzäunt werden. Der Engel des Schwertes bewacht das Paradies. Das germanische Totenreich ist durch Hagelfluten vom Bereich der Menschen getrennt. Das Totenreich hat nach Vorstellung der Babylonier eine siebenfache Mauer.

Die Grenze zu überschreiten ist ein besonderer Akt. Das darf nur an ausgezeichneter Stelle geschehen. Die *Schwelle* ist die offene Wunde der Grenze, notwendig und gefährdet. An der Schwelle zum Kälberkral und zum Haus werden in verschiedenen afrikanischen Ethnien Tote begraben. Wer zum ersten Mal über die Hausschwelle tritt, muß sich reinigen oder ein Opfer bringen. Die Braut muß über die Schwelle getragen werden, auch bei uns.

Bei den Römern werden Limentius und Vesta als Schutzgottheiten der Schwelle verehrt! Limentius ist Nachfahre des Janus, dem die Tür (lat. janua) geweiht ist. Er hat ein Doppelgesicht, wie jede Tür, jede Schwelle, jede Grenze.

Wie heilig noch heute die Schwelle ist, kann jeder in Ostasien erleben. Man betritt das fremde Haus nicht mit Schuhen, also nicht als Krieger, sondern zieht sie vor der Schwelle aus und zieht die an, die ihm von der Hausfrau gereicht werden. Der Respekt vor dem Innenraum, nicht die Schwelle falsch zu überschreiten, gilt selbst in öffentlichen Häusern, wie den Hotels. Ich habe es oft erlebt, daß Koreaner es nicht wagten, Vergessenes noch schnell mit Schuhen an den Füßen aus dem Hotelzimmer zu holen, wie ich es tat, sondern jedesmal zogen sie erneut die Schuhe aus und betraten in Strümpfen das Zimmer. Zweimal versuchte ich in

3. Vgl. dazu W. Müller, *Die heilige Stadt*, Stuttgart 1961.
4. Vgl. dazu T. Sundermeier, *Den Fremden Verstehen. Eine praktische Hermeneutik*, Göttingen 1996, 97ff.

Seoul auf der Schwelle zur Hotelsauna meine Schuhe auszuziehen und wurde ungewöhnlich deutlich ermahnt, selbst die Schwelle nicht mit Schuhen zu betreten. Wer die Schuhe auszieht, respektiert die Grenze zum anderen hin, respektiert die Intimität des anderen (Hauses), sein Eigentum, seine Würde. Die Schwelle lehrt den Menschen eine wesentliche Tugend im mitmenschlichen Zusammenleben, die des Respektes vor dem anderen.

Die Grundform des umfriedeten Raumes ist der Kreis, so will es scheinen. Erst zu einer späteren Zeit nimmt das Quadrat oder das Rechteck seine Stelle ein. Das Mittelalter malte das Paradies im Rechteck, denn es ist bebautes, kultiviertes Land. Das Grundzeichen für »Stadt« ist im Ägyptischen der geviertelte Kreis. Er ist das Grundmuster römischer Stadtplanung. Nachdem der Pflug die Furche im Kreis gezogen hat, wird in der neuanzulegenden römischen Stadt die Nord-Südachse eingezeichnet, der Kardo. Er ist die zukünftige Hauptstraße der Stadt. Er wird durch den Decumanus durchkreuzt.[5] Während das Hererodorf – bei anderen Ethnien kann man das noch deutlicher zeigen – sich am Menschen und seinem Körper (rechts und links) orientiert, kommt hier eine ganz andere Orientierung zum Tragen, die kosmische. Der zentrale Kardo, die Nord-Südachse, orientiert sich am Polarstern und am Standpunkt des Auspizienschauers. Mit der Vierteilung ist die Grundordnung der Stadt gegeben. Sie dient der Orientierung. Das Chaos, das Ungeordnete, die Gefahr, all das ist gebannt. Die Ordnung der römischen Stadt orientiert sich an der Ordnung der Götter. Die Zusage, die das AT als Gnadengeschenk bezeugt, daß die Welt fest gegründet ist, Saat und Ernte, Sommer und Winter nicht aufhören werden (Gen 9), diese Zusage, die ein verläßliches Einwohnen auf dieser Erde möglich macht – erst neuerdings ahnen wir, was die Infragestellung durch die ökologische Krise bedeutet – ist in den anderen Religionen kein selbstverständliches Datum. Jede Gründung einer Stadt ist gleichsam eine Neugründung der Welt. Sie muß nicht nur vor Tieren und menschlichen Feinden gesichert werden, sondern auch kosmisch. Die Ordnung strahlt Festigkeit aus und ist für die Römer von strategischer Bedeutung. Es ist kein Zufall, daß alle Grenzziehungen des römischen Reiches sich hieran orientieren. Die kosmisch-religiöse Ordnung und die rechtliche sowie militärische gehen in Rom Hand in Hand. Eins ist ohne das andere nicht denkbar.

Die Mitte der Stadt ist auch der Orientierungspunkt für das städtische Leben. Das Zentrum ist der Nabel der Stadt und wird oft durch einen Stein gekennzeichnet, in späterer Zeit gern durch einen Obelisken. Der Nabel der Stadt ist der Nabel

5. Der Begriff muß offenbar von der Zahl zehn abgeleitet werden; der Decumanus maximus diente zur Messung und wurde in je fünf Teile unterteilt, wie später auch die Feldlager (vgl. z.B. das Kastell im Taunus) und diente als Feldmesser. Vgl. zum Ganzen W. Müller, *Die heilige Stadt*, a.a.O.; G. v. d. Leeuw, *Phänomenologie der Religion*, a.a.O., 434ff.; A. Kirchgässer, *Die mächtigen Zeichen*, Basel/Freiburg/Wien 1959, 326ff.

der Welt. Als solchen verstehen sich Rom, Jerusalem[6], Mekka, Delphi. Palästina wurde zuerst geschaffen, weiß die rabbinische Tradition zu sagen, der Tempel befindet sich auf dem Weltenberg, der von der Sintflut nicht bedeckt wurde, wie ein rabbinischer Spruch sagt. Die babylonischen Sikkurate waren Nachbildungen des Weltengipfels und bildeten mit ihren sieben Stockwerken den Planetenhimmel ab. Über Mekka kreiste die Arche Noahs, hier baute Abraham mit seinem Sohn Ismael die zerstörte Ka'aba wieder auf. In Delphi wird noch heute der omphalos, der Nabel der Welt gezeigt.

Die Mitte ist oft der Zugang zur Unterwelt. Unter dem Stein in Delphi wurde das Grab der Pythonschlange verehrt, unter dem Kreuz Christi war nach früher Tradition das Grab Adams. Der Tempelfels ragt bis in die Tiefen des Abgrundes und verschließt seinen Rachen. Babylon heißt »Tor der Götter«.

Es ist nicht nötig, weitere Beispiele anzuführen. Wichtig ist nur zu verstehen, daß jede Religion sich im Mittelpunkt der Welt versteht, die ihrerseits ihren Mittelpunkt im Hause, im Tempel, in der Stadt für den Erdkreis besitzt. Es muß diese Mitte geben, denn ohne Mitte kann der Mensch nicht leben. Jeder Kreuzweg erinnert daran, daß man seine Mitte kennen muß. Verlust der Mitte heißt, orientierungslos zu sein.

Wo nicht, wie in Rom, die zwei sich kreuzenden zentralen Straßen die Mitte der Stadt andeuten, wird sie in anderen Kulturen durch einen großen Platz gebildet. Die Spanier haben dieses Modell bis in die fernsten Kolonien exportiert, nach Lateinamerika und in die Philippinen. Zumindest drei Gebäude sind in den kleineren und großen Städten der Philippinen am zentralen Platz des Ortes zu finden: die Kirche, das Rathaus, eine Wirtschaft. Während das Gegenüber von Kirche und Rathaus eindrücklich die Einheit von Staat und Religion sichtbar macht, weist das Gasthaus in der Nähe der Kirche auf eine ältere Symbolik: Die Heiligkeit des Tempels bietet dem Fremden Schutz. Wenn er nicht in der Stadt einen Gastgeber findet, der ihm unter seinem Dach Gastrecht und damit Schutz bietet, kann er nur hier in Sicherheit übernachten. Noch in der sekundären Religion hält sich die Erfahrung der primären durch: Es ist das Heilige, das den freien Raum zum Leben ermöglicht und garantiert.

6. Selbst im Mittelalter wird gelegentlich von christlicher Seite Jerusalem als der Nabel der Welt angesehen, genauer, als der Nabel des die Welt in sich umschließenden kosmischen Christus. Vgl. dazu Ch. Auffarth, »Finis terrae, finis mundi: Geographie und Zeit im Weltbild mittelalterlicher Apokalyptik«, in: D. Zeller (Hg.), *Religion im Wandel der Kosmologien*, Frankfurt a.M./New York 1999, 203-216. Vgl. die Ebersdorfer Weltkarte aus dem 13. Jhd., ebd., 208f.

1.2 Die heilige Zeit: Das Fest

Raum und Zeit gehören in den Stammesreligionen aufs engste zusammen und sind in manchen Sprachen identisch (z. B. »oruveze«, Otjiherero). Die Zeit wird räumlich erfahren. Sie ist nicht ein Abstraktum, eine für sich bestehende Maßeinheit, sondern wird durch das Tun des Menschen bestimmt und orientiert sich am Ablauf der Naturvorgänge, dem Auf- und Niedergang der Sonne. Die zeitliche Distanz wird als Distanz zwischen Räumen angegeben. Das Durchschreiten einer räumlichen Distanz läßt Zeit ereignen. In seinem Tun schafft der Mensch Zeit. Ob es den Zeitverlauf ohne menschliche Handlung gibt, wird nicht reflektiert. Die Frage ist unwichtig. Es ist der Mensch, der allem »Gewicht« und damit »Sein« gibt. Ein befreundeter Missionar in Transvaal in Südafrika hatte Arbeiter an einer Kirchbaustelle abgesetzt und fuhr zu einer anderen Arbeitsstelle weiter. Als er nach einiger Zeit zurückkam, fand er die Arbeiter noch immer am Feuer sitzen und miteinander plaudern. Auf seine erregte Frage, was sie denn die ganze Zeit getan hätten, antworteten sie: »Wir schaffen Zeit!«

J. S. Mbiti hat in seiner Dissertation über die Eschatologie des Neuen Testaments die Bedeutung des Zeitbegriffs für die afrikanischen Religionen erkannt und seine Besonderheit herausgestellt. Auch wenn seine Ergebnisse nicht so generalisiert werden dürfen, wie er es tut, hat er auf Wesentliches zu Recht aufmerksam gemacht:[7] Nach afrikanischem Verständnis wächst die Zeit nicht in die Zukunft hinein, sondern in die Vergangenheit. Die Bantu-Sprachen haben im Blick auf die Zukunft wenig Ausdifferenzierungsmöglichkeiten, dafür eine reiche Abstufung, um die Zeiten der Vergangenheit anzudeuten. Die Zeit wird vom Tun des Menschen bestimmt. Es gibt die Zeit des Wasserholens, die Tränkzeit, die Zeit der Heimkehr der Rinder, die Zeit, da sie in die Umfriedungen getrieben werden. Man orientiert sich an diesen Aufgaben und benennt die Zeit nach ihnen. Nach großen Ereignissen werden bei den Herero die Jahre benannt. Sie sind oft ähnlich den Vorkommnissen der Vorzeit.[8] Das Außergewöhnliche war schon einmal da, man muß sich nicht beunruhigen. Das ist der Sinn solcher »Äquivokationen«. Ich selbst erlebte es, wie eine Versammlung der Ältesten der Mbanderu in Namibia feststellte, daß sie die letzten Jahre nur noch »europäisch«, d. h. mit Zahlen benennen konnten. Daraufhin trugen sie die wichtigsten Ereignisse zusammen und be-

7. J. S. Mbiti, *Afrikanische Religion und Weltanschauung*, a. a. O., 18 ff. Zu Mbiti vgl. W. A. Wienecke, *Die Bedeutung der Zeit in Afrika in den traditionellen Religionen und der missionarischen Verkündigung*, Frankfurt a. M./New York 1992. Für die Khoisan-Sprachen z. B. trifft die Analyse nicht zu. Ähnliches gilt für andere Sprachfamilien.
8. Deshalb sind die Namen der Jahre aus verschiedenen Zeiten zum Leidwesen der historisch orientierten Europäer gelegentlich deckungsgleich, so daß es schwer wird, die genauen Jahreszahlen zu ermitteln.

nannten nach dem Vorbild der Väter die letztverflossenen Jahre nach diesen Geschehenszusammenhängen.[9]

Wo die Irreversibilität der Zeit zum Kennzeichen einer Weltanschauung gehört wie im Abendland, muß die Jugendzeit als unwiederbringliche Zeit des Erwachens und der Frische über alles geschätzt werden. Wo dagegen Ereignisse und das Tun der Menschen zählen und Zeit mit Sinn füllen, besitzt Seniorität einen höheren Stellenwert. In Afrika kann man seine Jugend nicht »verpassen«, weil das Wichtigste noch kommt. Wie die Jahresringe dem Baum Stärke geben, so bringen die Jahre dem Menschen Weisheit und Ansehen. Der Rat des Alten hat Gewicht. Dieser Wachstumsprozeß wird nicht durch den Tod beendet, sondern durch ihn neu konstituiert. Im Ahnen lebt das Ansehen des Verstorbenen weiter. Der Mensch nimmt an Würde zu, indem er in die Vergangenheit, in die Samanizeit, wie sie Mbiti nennt, hineinwächst.

Diese sich am Tun der Menschen und den sie überfallenden Ereignissen orientierende Zeit ist letztlich ungeordnet, gleichsam dem Zufall überlassen. Ungeordnete Zeit wird wie der ungeordnete Raum als Chaos empfunden. Jedes Chaos ist bedrohlich. Zeit bedarf deshalb ebenso wie der Raum der Strukturierung. Es sind die Feste, die das Jahr strukturieren und ordnen. Wie das Heiligtum den profanen freien Raum schafft, so sind es die Feste, die den Alltag freisetzen. Sie ordnen das ungeordnete Jahr, sie sind die Lichter, die das Leben erhellen und den Fluß der Zeit in Gang halten. Feste sind »Zeit schlechthin«, sagt G. van der Leeuw, »tempus kat'exochen«![10] Wenn die Herero den Eindruck haben, daß das Ahnenfeuer »müde« geworden ist und seine Kraft verloren hat, verlöschen sie es und gehen zum Grab der Väter, um es dort rituell neu anzuzünden. Die Zeit der Väter wird durch diese Wallfahrt und das dort gefeierte Fest präsent, genauer gesagt, die Gegenwart wird in die Zeit der Väter zurückversetzt und dadurch gestärkt. Das Fest orientiert sich an der Vergangenheit, zielt aber auf die Jetztzeit. Fülle des Lebens soll es bringen. Wo gefeiert wird, ist Fülle erfahrbar. Jedes Fest ist Mitte der Zeit.

Der Mensch lebt im Blick auf die Zeit »zweidimensional«, interpretiert Jan Assmann die Bedeutung der Festzeit für den Menschen. Das Fest sei »das Andere des Alltags«. Doch das ist abendländisch modern gedacht. Das Fest ist nicht das Gegenbild zum Alltag, zur Banalität und Routine, sondern umgekehrt, weil es Fülle repräsentiert, Mitte und Ordnung darstellt, entläßt es aus sich die Möglichkeit des alltäglichen, von Routine und Mangel bestimmten profanen Lebens.[11]

Um dem Ablauf des Festes auf die Spur zu kommen und seine Bedeutung für die

9. H. Vedder, *Das alte Südwestafrika. Südafrikas Geschichte bis zum Tode Mahareros 1890. Nach den besten schriftlichen und mündlichen Quellen erzählt von H. Vedder*, Berlin 1934, 150ff.; T. Sundermeier, *Die Mbanderu*, a.a.O., 177f.

10. G. van der Leeuw, *Phänomenologie der Religionen*, a.a.O., 439.

11. J. Assmann, »Der zweidimensionale Mensch: Das Fest als Medium des kollektiven Gedächtnisses«, in: ders. (Hg.), *Das Fest und das Heilige. Religiöse Kontrapunkte zur Alltagswelt*, Gütersloh 1991, 13ff.

Gemeinschaft näher zu bestimmen, ist es sinnvoll, das Spiel mit dem Fest zu vergleichen und zur Interpretation hinzuzuziehen.[12]

- Wie das Spiel ist das Fest dadurch gekennzeichnet, daß es (scheinbar) überflüssig ist. Es kann prima vista nicht einer Funktion untergeordnet werden. Das Spielen kann man nicht befehlen. Auch das Fest atmet Freiheit, Spontaneität.
- Das heißt aber nicht, daß es ohne Regeln abläuft. Im Gegenteil, das Spiel spiegelt Ordnung wieder. Jeder kennt die Regeln. Man muß sich daran halten. Wer ausschert, zerstört das Spiel. Auch ein Fest verliert seine Schönheit und seinen Reiz, wenn ein »Spielverderber« dabei ist, der sich den Ordnungen und leisen Hinweisen der Gastgeber widersetzt. Seine Un-Ordnung läßt Freunde und Gäste erstarren.
- Wie das Spiel hat das Fest einen Anfang und ein Ende. Der Verlauf läßt die Zeit vergessen. Wer spielt, vergißt die Zeit. Während des Spiels auf die Uhr zu schauen, ist mehr als störend. Zeitvergessenheit ist ein wesentliches Element des Festes. Nirgends habe ich Afrikaner so zeitvergessen erlebt, wie bei ihren Festen.
- Feste repräsentieren Fülle. Auch Spiele steigern das Lachen, die Freude, die Spannung von Sieg und Verlust. Ohne Fülle ist das Fest kein Fest. Wenn der Wein knapp wird, muß selbst Jesus eingreifen (Joh 2), so daß die Freude überbordende Freude bleibt.
- Das Fest intensiviert das Gemeinschaftsbewußtsein. Wenn irgend etwas das Fest kennzeichnet, dann das gemeinsame Essen. Wir kennen das aus eigener Erfahrung: Der schön gedeckte Tisch. Alle freuen sich an seiner Ästhetik. Man ißt dieselbe Speise, macht die gleichen Bewegungen, findet die gleichen Gaumenfreuden, der Geruch der Speisen läßt alle tief einatmen. »Genug ist nicht genug« – ist Kennzeichen des Festes in allen Religionen. Die vom Calvinismus und Pietismus geprägten Missionare haben gegen die Vergeudung gewettert, die sie bei den Festen der »Heiden« erlebten. Familien stürzen sich für Hochzeitsfeste in Schulden, die noch von späteren Generationen abgezahlt werden müssen. Bei den Beerdigungs»festen« wurden ganze Herden der Herero geschlachtet.
- Wer zu einem Fest eingeladen ist, genießt Gastrecht. Fremdheit wird überwunden. Wenn Feindschaft herrscht, wird sie aufgehoben, zeitweise jedenfalls.
- Zum Fest gehört die Vorbereitungszeit. Sie dient der Einstimmung, inhaltlich, emotional und sachlich. Je größer das Fest, um so länger muß die Vorbereitung sein. Sie kann wochenlang dauern und dient der Reinigung, der Buße, der Einstellung auf das Kommende. Vor Ostern muß es den Hausputz geben. »Der alte

12. Vgl. J. Huizinga, *Homo ludens. Versuche einer Bestimmung des Spielelementes der Kulturen*, Hamburg 1939, 12ff.; V. Turner, »Frame, Flow and Reflection: Ritual and Drama as Public Liminality.« *Japanese Journal of Religious Studies* 1979, 465-499; H.-P. Koepping, »Fest«, in: C. Wulf (Hg.), *Vom Menschen. Handbuch Historische Anthropologie,* Weinheim/Basel 1998, 1048-1065.

Sauerteig« muß ausgefegt werden. Die Adventstage sind ursprünglich Bußtage. Vor der Hochzeit und der Jahreswende müssen die bösen Geister ausgetrieben werden (Polterabend, Sylvester).

- Wie beim Ritus ist beim Fest ein Dreierschritt zu erkennen: Auf die Zeit der Einführung, respektive Vorbereitung folgt die liminale Phase. Der Schluß bildet den Übergang zum Alltag und ermöglicht ihn. V. Turner[13] hat darauf aufmerksam gemacht, daß die Schwellenphase durch das, was man in der Psychologie »flow« nennt, gekennzeichnet ist: Der einzelne wird durch das Spielen, die Wettkämpfe, die Aufführungen, kurz, durch das Fest in den »Strom« des Geschehens hineingenommen. In dem dichten Geflecht von Anregungen und Anforderungen, Gehorsam und freier Teilnahme fallen Wahrnehmen und spontanes Handeln zusammen. Der einzelne verliert sein Selbst, sofern er in den Strom des Geschehens hineingenommen wird und im intensiven Achten auf das Tun der anderen den eigenen Willen vergißt. Er ist darauf aus, im Einklang mit den anderen zu handeln und Teil des Geschehens zu werden. Der Strom trägt den Menschen. Wer sich jedoch den Regeln widersetzt, sich vom Strom nicht tragen läßt, den wird dieser ans Ufer spülen. Das kommt einem Verfluchen gleich. Auf die Partizipation, die Teilhabe und Teilnahme in einem ist, kommt es an. Sie ist »autotelic«, sie trägt ihren Sinn in sich selbst. »Flowresistant« zu sein, ruft Angst und Frustration hervor.
- Das Fest hebt wie das Spiel die sozialen Unterschiede auf. Der bisherige Status in der Gesellschaft zählt nicht. Die Gleichberechtigung läßt ein Gefühl von Gleichheit, von Zeitlosigkeit und gehobener Freude aufkommen. Die Zusammengehörigkeit wird als Achtung voreinander verstetigt.
  Doch auch die andere Seite kann zum Fest gehören: die Umkehrung der Dinge. »Between and betwixt« nennt Turner die Schwellenphase im Ritus.[14] Wie der soziale Status, so können auch die Regeln gesellschaftlichen Umgangs im Fest aufgehoben werden. Obszönitäten, überbordendes Benehmen, karnevalistische Stimmung brechen auf und sind erlaubt. Bei den Saturnalien wurden die Sklaven zu Herren. In Babylon wurde für einen Tag ein Sklave König, der König zum Diener. Doch während der König am nächsten Tag wieder das Szepter übernahm, mußte der Sklave sterben. Bei den Zulu durfte an einem Tag des Jahres der König beschimpft werden. Das bedeutete Entlastung und Freiheit, doch zugleich lernt man durch die Inversion die eigentliche Ordnung zu schätzen.
- Und die Religion? Haben wir sie ganz übersehen? Es ist die Festivität, sagt K. Kerényi, die das Spiel zum Fest macht.[15] Gilt das auch von der Religion? Ist sie das »Mehr«, der Überschuß, der dem Spiel die Würde des Festes verleiht? Es verhält sich genau umgekehrt. Es ist das Fest, das das Spielerische freisetzt und

13. V. Turner, *Frame, Flow and Reflection,* a. a. O., 186ff.
14. V. Turner, *The Forest of Symbols. Aspects of Ndembu Rituals*, New York 1967, 93ff.
15. K. Kerényi, »Vom Wesen des Festes«, *Paid.* 1938, 59ff.

ermöglicht, da es einen Schutzraum um das Spiel in einer von Gefahren bedrohten Welt bietet. Das tut auch die Religion. Deshalb gehören Religion und Fest zusammen. Es findet eine Wechselwirkung statt. Doch damit haben wir nur einen Teil der religiösen Kolorierung berührt. Feste wiederholen die Urzeit, das Urereignis »illo tempore« (M. Eliade). Sie machen präsent, was in jener Zeit geschah. Bei den sekundären Religionen ist das evident. Die Geburt des Religionsstifters, Ereignisse seines Lebens werden im Fest begangen, erinnert und repräsentiert. Auch mythische, legendäre Elemente können durch das Fest einen historischen Mantel bekommen, der sich jedes Jahr neu um die Teilnehmer legt: Das Passahfest, das an den Auszug aus Ägypten erinnert; die Opferung Ismaels, ein Fest, das die Muslime in aller Welt jährlich begehen; Mariä Himmelfahrt – die Beispiele können um vieles vermehrt werden. Das Jahr wird durch diese Feste rhythmisiert und strukturiert, geheiligt und profanisiert in einem.

Wo eine Religion die andere ablöst, bilden die Feste die Kontinuität in der Diskontinuität der Religionen. Die Festzeiten werden übernommen und symbolisch neu besetzt. Das Weihnachtsfest ist hierfür ein besonders markantes Beispiel. Die zwölf Nächte zwischen den Jahren waren im germanischen Zyklus rauhe Nächte voller Gefahren, an denen man keine Arbeit verrichten durfte, Meidungen beachtete (z.B. waren Hülsenfrüchte tabu) und das Haus gut verschlossen hielt, so daß die bösen Geister und Mächte keinen Eingang finden konnten. Die Christen wandten unter Beibehaltung einiger Verhaltensweisen diese Tage ins Positive. Durch die neue Deutung heiligten sie sie und damit den Beginn des Jahres. Während der »zwölf heiligen Nächte« soll man still und zurückgezogen leben, biblische Texte lesen, beten und singen.

Mohammed verbot auf seiner letzten Pilgerreise nach Mekka bei seiner Rede auf der Ebene Arafat, in der er seiner Gemeinde die wichtigsten Regeln seiner Religion noch einmal einschärfte, das Jahr nach der Sonne einzuteilen und legte als Gottes Gebot die Orientierung am Mondjahr ein für allemal fest. Damit wurde ein Doppeltes erreicht: Seine Gemeinde löste er aus den naturreligiösen Bindungen der vorarabischen Zeit und schuf für sie einen neuen Jahreszyklus, der sich ausschließlich an der Heilsgeschichte orientiert. Nun kann sich die allen Muslimen zur Pflicht gemachte große Wallfahrt nicht mit dem Erlebnis und der Erfahrung der Natur und ihren Kräften verbinden, sondern wechselt durch das Jahr hindurch und findet im Sommer, Herbst und Winter statt, so daß das Fasten in der kühlen, aber auch in der heißesten Jahreszeit stattfinden kann. Dadurch wird eine nicht zu überbietende heilshistorische Bindung an Mekka erreicht. Zugleich zieht diese Ordnung eine Grenze zum Christentum. Das Schaltjahr wird ausdrücklich verboten! Das wird noch dadurch unterstrichen, daß unter Beibehaltung der Siebentagewoche der Freitag zum neuen zentralen Anbetungstag gewählt wird unter Ausschluß des Sabbats und des Sonntags, jener Festtage, die Mohammed nur zu gut bekannt waren.

Beide, die primären und die sekundären Religionen kennen die doppelte

Rhythmisierung des Jahres: Die Orientierung an der Natur[16] und die an den großen geschichtlichen, respektive mythischen Ereignissen. Die großen Taten der Ahnen, ein einschneidendes geschichtliches oder politisches Ereignis wie der Exodus oder der Beginn der neuen Ära, der durch die Thronbesteigung eines neuen Herrschergeschlechtes und dessen Inthronisation jährlich begangen wird, wodurch selbst im shintoistischen Japan eine neue Zeitrechnung beginnen kann, begründen die geschichtlich-politische Zeit. Sie muß aber mit der kosmischen in Einklang gebracht und die starken und guten Zeiten (lat. dies fasti) von den ungünstigen und schwachen (dies nefasti) getrennt werden, um den rechten Augenblick für das Handeln sicher finden zu können.

Wir fassen zusammen. Das Fest ist im Zentrum der Religionen angesiedelt. Es ist Bejahung, Feier des Lebens. Indem die Feste den Jahres- und Lebenslauf des Menschen und der Gesellschaft aus der ungestalteten, chaotischen Zeit herausführen, ihr eine Ordnung geben, die letztlich im Göttlichen ihren Grund hat, indem sie das Leben erhöhen und mit der Vergangenheit verbinden, schaffen sie dem Alltag den nötigen Freiraum und machen die Tiefen und Mühen des Lebens ertragbar. Sie erinnern den Menschen daran, daß er sich sein Leben nicht selbst geben kann, sondern daß sein Leben immer verdanktes Leben ist.

Dieses Verständnis der Feste ist jedoch nur dort gültig und wirksam, wo Heiliges und Profanes noch nicht auseinandergetreten sind. Wo dagegen Profanität nicht mehr als der durch das Heilige ermöglichte Lebensraum verstanden wird, sondern umgekehrt die säkulare Welt sich ermächtigt, dem Heiligen nur noch einen kleinen, privaten Platz zuzugestehen und einzuräumen, wo eine Gesellschaft sich vom Kult trennt, degeneriert das Fest zum Medium der Erholung und wird für die Ziele der Gesellschaft funktionalisiert. Wo die Gesellschaft den Menschen durch Arbeit definiert, suspendiert das Fest zeitweilig die Arbeit, nicht um den Menschen seiner Eigentlichkeit ansichtig zu machen, sondern damit er für den Arbeitseinsatz wieder brauchbar wird. Feste haben dann eine Entspannungs- und Entlastungsaufgabe, sie kompensieren Entfremdung. Der Mensch wird zum Urlaub, so die Sprache des Militärs, freigestellt. Feste werden als verkürzte Ferien angesehen, die Sonntage allemal. Man spricht vom »Wochenende« und vergißt, daß der Sonntag den Beginn der Woche markiert und für eine andere Sinngeschichte steht. Im Russischen heißt der Sonntag »Auferstehung«.

An dieser Stelle muß ein Einwand bedacht werden, der aus der biblischen und christlich-abendländischen Tradition selbst stammt und neuerdings dadurch unterstrichen wird, daß die DIN-Kommission unter der Hand den Sonntag nicht mehr als Wochenbeginn kennzeichnet, sondern ihn im Kalender nach dem Sabbat/Sonnabend auf das Wochen-

16. In Ägypten wurde im Kontext der Sonnentheologie eine eigenständige und eigentümliche Theologie der Zeit entwickelt, wobei die Sonne oder der Mond wie in vielen Religionen göttliche Verehrung genießen. Vgl. J. Assmann, *Stein und Zeit. Mensch und Gesellschaft im Alten Ägypten*, München 1991, 47 ff.

ende plazierte und ihn vom ersten auf den siebten Tag der Woche verschob. Offenbar haben die Kirchen diese tiefgreifende symbolische Veränderung nicht wahrgenommen, denn ein Widerspruch wurde nicht laut, obwohl die DIN-Kommission dies der EKD offiziell mitgeteilt hat. Nun kann man fragen, ob dieser Vorgang nicht mit der biblischen Tradition in Einklang steht. »Ruhte« Gott nicht am siebten Schöpfungstage wie jemand, der nach einer anstrengenden Woche müde geworden ist? Es ist keine Frage, daß die Texte des biblischen Schöpfungsberichtes lange Zeit so interpretiert wurden. Erst die neuere Exegese hat im Einklang mit der rabbinischen Auslegung den siebten Tag wieder als den eigentlichen Schöpfungstag begriffen, gleichsam als causa finalis der Schöpfung überhaupt. Um des Sabbats willen wurde die Welt erschaffen. Die sechs Tage der Woche gibt es nur als Vorbereitung auf den siebten. Die Sabbatfeier ist Erinnerung, Wiederholung, Darstellung des größten und schönsten Schöpfungstages und -geschehens.[17]

Das frühe Christentum hat den Auferstehungstag Christi als den Beginn der neuen Schöpfung verstanden und den Sonntag an den Anfang der Woche gestellt und dadurch auf neue Weise deutlich gemacht, was ursprünglich die Feier des Sabbats meinte: Herkunft und Ziel der Schöpfung zu sein, nun jedoch zentriert und neu ausgelegt durch das Ereignis am Ostermorgen. In Anknüpfung und Neuinterpretation der vorgegebenen jüdischen Religion etablierte sich die neue. Dennoch konnte die rituelle Trennung kaum schärfer sein. Die Neusetzung des Sonntags, die Verschiebung des Sabbatfestes um einen Tag, war nicht einfach eine zeitliche Umorientierung um 24 Stunden auf dem Kalender, keine quantité négligeable, sondern stellte das Rabbinat, das minutiös den Sabbatbeginn für die ganze jüdische Gemeinschaft festlegte (wie auch heute der Beginn und das Ende jedes Ramadantages genau festgestellt und in muslimischen Ländern per Lautsprecher der Öffentlichkeit mitgeteilt wird) zutiefst in Frage. Wenn eine Gruppe dieses Tages nicht mehr gedenkt, seine Riten nicht mitvollzieht und dem Tag zu anderer Zeit eine neue theologische Ausrichtung gibt, schließt sie sich aus der jüdischen Gemeinschaft aus, mag sie noch so sehr auf Kontinuität bedacht sein. Der Bruch war unvermeidbar.

Der Sinn des Festes ist in unserer Gesellschaft in doppelter Weise bedroht. Das Fest ist nicht mehr der besondere, der »schöne« Tag[18], sondern »Fitmacher« für die Arbeit. Nicht ganz zu Unrecht interpretierte die Frankfurter Schule es als »Opium«, erfolgreich produziert von »Traum- und Ideologiefabriken«.[19]

17. Vgl. dazu J. Moltmann, *Gott in der Schöpfung. Ökologische Schöpfungslehre*, München 1985, 281 ff.
18. Vgl. J. Assmann, »Der schöne Tag. Sinnlichkeit und Vergänglichkeit im altägyptischen Fest«, in: ders., *Stein und Zeit*, a. a. O., 200 ff.
19. M. Horkheimer/Th. W. Adorno, *Dialektik der Aufklärung. Philosophische Fragmente*, Frankfurt a. M. 1969, 95.
Wie schwer sich die 68er Generation tat, sich aus dem Gefolge Adornos zu lösen und dem Fest und seiner Heiterkeit Sinn abzugewinnen, wird noch an dem Buch von G. M. Martin, *Fest und Alltag. Bausteine zu einer Theorie des Festes*, Stuttgart 1973, deutlich, der selbst zu dieser Generation gehört. Vor ihm hatten allerdings schon Harvey Cox, *Das Fest der Narren*, München 1969, und J. Moltmann, *Die ersten Freigelassenen der Schöpfung*, München 1971, das das Fest umgebende Tabu durchbrochen und auf seinen anti-rationalen, befreienden Charakter hingewiesen.

Das ist die eine Seite der Gefährdung. Die andere liegt in der Aufhebung der Grenzen zwischen Alltag und Fest, der Verfestlichung des Alltags. Die Zahl der gesellschaftlichen Feste ist unübersehbar geworden, ein Stadtfest löst das andere ab. Die Phantasie, Anlässe zu neuen Festen zu finden, scheint unausschöpflich zu sein. Das Fest droht den Alltag zu verschlingen. Hölderlins Beschreibung der Revolutionszeit charakterisiert in vieler Hinsicht auch die unsrige:

»Ein wildes Fest sind alle Tage,
Ein Fest für alle Feste und der Götter
Bescheidene Tage haben sich
In Eins verloren«.[20]

Die »Ästhetisierung der Lebenswelt«[21] greift unaufhaltsam um sich. Die Menschen der Moderne stellen sich nicht mehr auf den sonntäglichen Ritus durch die besondere Kleidung ein. Im Gegenteil, der Sonntag ist dadurch gekennzeichnet, daß man sich besonders »alltagsmäßig« anzieht, denn das allein dient der Entspannung und der Erholung, während der Alltag im Büro die »bessere« Kleidung verlangt. Wenn alles zum Fest wird, verliert das Fest seine Kraft, den »Sinn des alltäglichen Daseins, das Wesen der Dinge, die den Menschen umgeben, und der Kräfte, die in seinem Leben wirken«, zu erschließen.[22] »Nichts, das den Alltag sinnstiftend übersteigt, ist nämlich übriggeblieben, um im Modus zyklischer Erinnerung in ihn einzugreifen und ihm die grundsätzliche Richtung zu weisen. Solche Potenzen hat der von den Soziologen zwischen Weber und Habermas analysierte Rationalisisierungsprozeß der Moderne langsam aber erfolgreich abgeschliffen«.[23]

Bleibt also nur resignative Larmoyanz übrig? Das hieße, der abendländischen Erfahrung universale Bedeutung zuzuschreiben und die Augen vor der analytischen Kraft der Besinnung zu verschließen, die darin besteht, das Vergessene und Überwucherte freizulegen und den Sinn von Religion neu zur Erfahrung zu bringen. Mit der Religion erneuert sich auch der Sinn des Festes. Nur wenn die enge Eingebundenheit des Festes in die jeweilige religiös geprägte Kultur erkannt wird, bricht der Glanz des Festes auf, kann neu verstanden werden, daß das Fest nicht nostalgischer Regreß in die Vergangenheit und mythische Urzeit ist, nicht Opiat, der Wirklichkeit zu entfliehen, sondern Mitte der jeweiligen Zeit. Das Fest breitet dann wieder aus, was jeder bedarf, Fülle des Lebens – »et renovabitur facies terrae«.[24]

20. F. Hölderlin, *Der Tod des Empedokles. 1. Fassung,* in: ders., *Werke*, Berlin/Darmstadt 1960, 653.
21. Vgl. R. Bubner, »Ästhetisierung der Lebenswelt«, in: W. Haug/R. Warning (Hg.), *Das Fest*, München 1989, 652-662.
22. K. Kerényi, *Vom Wesen des Festes*, a.a.O., 65.
23. R. Bubner, »Ästhetisierung der Lebenswelt.«, a.a.O., 665.
24. So faßt K. Kerényi den Sinn des Festes zusammen. K. Kerényi, *Vom Wesen des Festes*, a.a.O., 65.

2. Ritus und Symbol

2.1 Die Bedeutung der Riten

Das Wort will gesprochen, Symbole wollen verleiblicht werden. Sie drängen auf Dramatisierung. Das Einmalige ist flüchtig und fällt schnell dem Vergessen anheim, darum sucht es die Wiederholung. Ebenso wie religiöse Symbole sich identisch bleiben und sich nur die Interpretation durch den Betrachter ändert, so bleibt auch der Rhythmus der Riten konstant, so daß sie die ihnen innewohnende Kraft entfalten und die Gefühle, Überzeugungen und Werte vermitteln können, die ihnen inhärent sind. Ein einzelner kann seine Lebensabschnitte zelebrieren, ein Ritus kann aber nur in einer Gruppe vollzogen werden. Er ist per definitionem korporativ. Er setzt latente Kräfte in kinetische um und aktiviert sie.

Der Einsicht von W. Robertson Smith, jede Religion habe im Ritus ihr Zentrum und seine Erforschung müsse vor der des Mythus Vorrang haben, ist man in der Religionswissenschaft lange nicht gefolgt und hat erst sehr spät begonnen, sie angemessen zu würdigen. G. Frazer subsumierte die Riten noch unter »Magie«. S. Freud interpretierte sie in seinem Gefolge als neurotische Zwangshandlungen, die unterdrückte Wünsche regulieren. Einen Umschwung in der Forschung läutete E. Durkheim ein, der die Riten auf ihre gesellschaftliche Relevanz hin untersuchte und in ihnen so etwas wie die Schule eines Volkes sah: In den Riten stellt sich die Gesellschaft in ihren inneren Überzeugungen dar. Riten strukturieren die Gesellschaft, die sich in ihrer Religion externalisiert und verehrt. Erst in neuerer Zeit wurde diese Interpretation von Sozialanthropologen (A. R. Radcliffe-Brown) aufgegriffen und die grundlegende Bedeutung der Riten für das Zusammenleben in primalen Gesellschaften erforscht. Die Ethologie hat diese Einsichten auch auf das Tierverhalten ausgeweitet. Riten, hier besser: Rituale (s. u.), sind nicht nur anthropologische Grundkonstanten, sondern bestimmen auch das Verhalten der Tiere. Sie besitzen eine Schutzfunktion und helfen, Gefahren zu bewältigen, indem sie das richtige Verhalten internalisieren, so daß es an die nächste Generation weitergegeben werden kann. Sie dienen der sozialen Ordnung innerhalb einer »Hack- und Pickgesellschaft« und sorgen während eines Rangkampfes dafür, daß der Gegner nicht vernichtet, wohl aber der Status des Ranghöheren respektiert wird. Mit einem Wort, Riten ordnen das Zusammenleben.[1] Zeitweise wurde die Riten-

1. A. R. Radcliffe-Brown, *Structure and Function in Primitive Society*, London 1952; K. E. Müller, *Das magische Universum der Identität. Elementarformen sozialen Verstehens*, Frankfurt a. M. 1987; A. Portmann, »Homologie und Analogie. Ein Grundproblem der Lebensdeutung.« *ErJb* 1973, 619ff. Vgl. zum Ganzen F. Gölz, *Der primitive Mensch und seine Religion*, a. a. O.

forschung so zentral in der Religionswissenschaft, daß sie die Erforschung der Religion selbst zu verdrängen drohte.[2]

Auch wenn sich heute eine gesunde Balance eingestellt hat, die Frage, wem Priorität zukommt, dem religiösen Wort oder dem Handeln, dem Mythus oder dem Ritus, ist damit nicht beantwortet. Die Waage neigt sich jedoch in der religionswissenschaftlichen Forschung m. E. zu Recht dem Ritus zu. Eine Fülle von Einzelstudien hat gezeigt[3], welcher Reichtum an Einsichten zum Verständnis von Religion, Gesellschaft und Mensch im Ritus gebündelt wird. Die Riten sind die Architektur einer Religion, die Konstanten, die dem Wechsel der Zeiten widerstehen, ja selbst dem Wechsel der Religionen. Sie können kontextualisiert und von neuen Symbolen überlagert und jeweils neu und anders gedeutet werden, dennoch bilden sie das Kontinuum im Wechsel der religiösen Umbrüche.

Ritus (indogerm. rta = Ordnung) meint geregeltes Verhalten. Die ungeordnete Welt, nicht nur die räumliche, sondern auch die seelische und unbekannte Welt ist gefährlich. Wer ein Haus baut, weiß, wie bedrohlich die unwohnliche und ungewohnte Umgebung wirkt. Erst wenn um das Haus gangbare Wege gelegt, Bäume gepflanzt sind und die Möbel am richtigen Platz stehen, wird Leben möglich. Riten ordnen die unbehauste Welt und machen sie begehbar. Sie dämmen das Chaos, wehren dem Zufall. Sie ausschließlich als richtiges Verhalten angesichts einer heiligen Macht und als Wiederholungen machtvoller Taten zu verstehen[4], verkürzt ihren Sinn. Wie jedes Symbol, so ist auch die Bedeutung eines Ritus multisemisch. Was wir in der analytischen Interpretation eines Symbols in mehr als einem Satz aussagen müssen, wird im Ritus synchronisiert. Die verschiedenen Bedeutungsebenen sind im Verstehensprozeß jedoch zu unterscheiden. Ehe wir uns ihnen zuwenden, muß geklärt werden, was den Ritus ausmacht und welche Elemente ihn konstituieren. Das ist angesichts der gegenwärtigen Ausweitung des Begriffes auf jedes repetitive Verhalten dringend nötig. Während es in den primalen Kleingesellschaften keine grundsätzliche Differenz zwischen religiösen und profanen Riten gibt, wird sie mit der Ausdifferenzierung der Gesellschaften virulent.[5] Wenn heute privates und öffentliches Handeln vom Händeschütteln bis zum Fernsehverhalten, von Staatsempfängen bis zu hoch komplexen religiösen Handlungen wie der Heiligsprechung eines Menschen in Rom unter demselben Begriff Ritus zusammengefaßt werden[6] und in der Ethologie selbst der Unterschied zum repetitiven Tierverhalten aufgehoben und der qualitative Unterschied zwischen kulturell

2. Vgl. M. Douglas, *Ritual, Tabu und Körpersymbolik. Sozialanthropologische Studien in Industriegesellschaft und Stammeskultur*, Frankfurt a. M. 1981 (engl. 1970).
3. Vgl. besonders die Arbeiten von M. Wilson und V. Turner.
4. So G. van der Leeuw, *Phänomenologie der Religion*, a. a. O., 48.
5. Vgl. dazu M. Wilson, *Religion and the Transformation of Society*, a. a. O., 64 f.
6. Vg. G. Thomas, *Medien – Ritual – Religion: Zur religiösen Funktion des Fernsehens*, Frankfurt a. M. 1998.

geprägten menschlichen Beziehungen und genetisch gesteuertem Tierverhalten nicht mehr beachtet wird, ist es dringend an der Zeit, die verschiedenen rituell besetzten Bereiche zu differenzieren und terminologisch zu unterscheiden. Dabei müssen auch die Unterschiede zwischen vorrituellem Handeln und solchem, das einst dem religiösen Bereich zugeordnet war, jetzt aber den religiösen Charakter verloren hat und zum Theater oder zur Show »degradiert ist«, festgehalten werden. Dem von Tom F. Driver[7] u. a. gemachten Vorschlag, den außerreligiösen Ritus »Ritualisierung«, also *Ritual* zu nennen, möchte ich mich anschließen. Der Begriff Ritus bleibt dem religiösen Bereich vorbehalten.

Ritus und Ritual sind also zu unterscheiden. Doch was gehört zu einem Ritus und was unterscheidet ihn vom gewohnheitsmäßigen, repetitiven Alltagsverhalten, vom Ritual?

Gemeinsam ist beiden, daß die stattfinden müssen und durch nichts ersetzt werden können, auch nicht durch das Wort. Ohne Performanz gibt es weder Ritus noch Ritual. Beide involvieren Leib, Seele und Geist, doch die Leiblichkeit genießt Vorrang und prägt Seele und Geist. Konstitutiv ist für beide die Repetition. Ein einmaliger Akt, so wirksam und eindrücklich er sein mag, ist kein Ritual und kein Ritus. Doch auch die reine Wiederholung sollte nicht automatisch mit diesen Begriffen belegt werden. Ausgeschlossen sind allemal geschäftsmäßige Repetition, individuelles Brauchtum, Wiederholungen eines Theaterstückes, regelmäßig stattfindende Sportveranstaltungen, auch wenn hier Übergänge zum Ritual fließend sind.

Doch uns geht es hier nicht um die Definition eines individuellen, alltäglichen oder auch kommunalen Rituals, sondern um die Besonderheit des Ritus. Was unterscheidet ihn von Sitte, repetitivem Brauchtum, vom privaten oder politisch-öffentlichen Ritual?

1. Ein Ritus hat eine Einleitung. Die Intention muß im Islam ausgesprochen werden, wenn der Muslim sich zum Freitagsgebet aufmacht, die Wallfahrt beginnt oder das Gebet zu Hause vollziehen will. Zwar wird der Ritus durch das Fehlen der solennen Intentionserklärung nicht ungültig, wie das bei indischen Riten der Fall ist, doch wird der rituelle Akt selbst dann voll anerkannt und von Gott zugerechnet, wenn die Absicht ausgesprochen wurde, der Ritus aber – aus welchen Gründen auch immer – später nicht vollzogen werden konnte oder unterbrochen werden mußte.

2. Riten sind Wiederholungen im ursprünglichen Sinn. Sie wieder-holen den Erstanlaß und machen ihn präsent. Dieser Anlaß kann ein historisches Geschehen sein, wie die Einsetzung des Abendmahls, oder ein Ereignis aus mythischer Vorzeit, das für die Gemeinschaft von prägender Bedeutung ist. Diese Orientierung

7. Tom F. Driver, *The Magic of Ritual: Our Need for Liberation Rites that Transform our Lives and our Communities*, San Francisco 1991; V. Turner, *Vom Ritual zum Theater*, a. a. *O.*

an der Urzeit gilt auch dann noch, wenn der Ritus in der sekundären Religion auf ein anderes Ereignis bezogen und uminterpretiert wird. Die Mehrschichtigkeit des Passahritus kann zur Verdeutlichung dieses Vorganges herangezogen werden.

3. Zum Ritus gehört das Wort. Der Mythus konstituiert ihn zwar nicht, aber er begleitet und interpretiert ihn. Wo ein der primären Religion zugehöriger Ritus in die sekundäre integriert wurde, kann sich seine Bedeutung ins Gegenteil kehren, der Zusammenhang von Wort und rituellem Geschehen bleibt aber gewahrt. Wenn eine Religion dem Ritus rechtlich bindende Kraft zuerkennt, muß das Wort präzise gesprochen werden, sonst ist der Ritus ungültig und unwirksam, wie in der römischen Religion und der römisch-katholischen Kirche. Ähnliches gilt von der brahmanischen Religion.

4. Aus dem letzten Hinweis wird deutlich, welche konstituierende Bedeutung der Form und dem Ablauf des Ritus zukommt. Ein Ritus ist öffentlich und durch seinen festgelegten Ablauf und seine Förmlichkeit als solcher erkennbar und deshalb durch die Zeiten hindurch wiederholbar. Weil er, vor allem in primären Religionen, aber nicht nur dort, von rechtlicher Bedeutung ist, ist er unwiderruflich, sobald er solenn vollzogen wurde. Der Streit um die Möglichkeit der Wiedertaufe ist hierfür ein eindrückliches Beispiel.

5. Riten vermitteln sowohl implizit als auch explizit die Werte und ethischen Normen, von denen die Religion glaubt, daß sie wesentlich zu ihrer öffentlichen (und privaten) Gestalt gehören und gesellschaftlich bindend sind.

6. So stark der Ritus der Vergangenheit verpflichtet und von ihr bestimmt ist, ein prospektierendes, ein die Zukunft erschließendes Element gehört ebenso konstitutiv hinzu wie sein Transzendenzbezug. Darin erweist er sich essentiell und unverwechselbar als religiöse Basishandlung (C. Colpe). Hier ist der tiefste Unterschied zum Ritual zu erkennen.

7. Rituale sind letztlich eindimensional. Sie haben keinen Verweisungscharakter. Sie erfüllen ihren Sinn, indem sie vollzogen werden. Riten sind dagegen Symbolträger, sind ein in Bewegung umgesetztes, vielschichtiges, symbolisches Aggregat. In ihr sind selbst solche Details wie die Verwendung von Medizinen, Kräutern und sonstigen Materialien symbolisch aufgeladen.[8] Dabei liegen der Symbolbildung die Gesetze der Analogie zugrunde. Jedes Symbol bündelt eine Anzahl von Analogien. Der Ritus macht ihre latente Kraft wirksam. Symbole wollen durch den Ritus angeeignet werden.[9]

8. Vgl. dazu V. Turner, *The Forest of Symbols. Aspects of Ndembu Rituals,* a. a. O.; T. Sundermeier, *Unio Analogica,* a. a. O., 1973. P. Ricoeur, *Symbolik des Bösen. Phänomenologie der Schuld II*, München 1971, 270.

9. Zum Ganzen vgl. auch den das gleiche Abgrenzungsproblem behandelnden bemerkenswerten Aufsatz von A. Michaels, »Le rituel pour le rituel?«, *Unimagazin. Zeitschrift der Universität Zürich* 1/98, 10-12. Michaels benennt die folgenden fünf Elemente, die den Ritus vom repetitiven Alltagshandeln unterscheiden: Der Anlaß, der Beschluß (= Intention), die Form, die durch Förmlichkeit, Öffentlichkeit, Unwiderruflichkeit und Liminali-

Auf eines der wichtigsten und bis heute gültigen Strukturelemente der Riten sei ausdrücklich hingewiesen, den Dreierschritt der Übergangsriten. Sie lösen den Menschen aus den bisherigen Bindungen und führen ihn in die neue Lebenssituation hinein. Aus- und Einführung werden durch eine Schwellenphase unterbrochen, in der weder der alte Zustand gilt, noch der neue erreicht ist, gleichsam die »Mulus-Situation« des Abiturienten. Die Übergangsriten, wie van Gennep sie nannte, sind vor allem bei den Lebensphasen der Menschen angesiedelt (Geburt, Pubertät, Hochzeit, Trauer und Tod). Der ihnen zugehörige Dreierschritt ist m. E. jedoch bei allen Riten zu erkennen, wenn auch in unterschiedlicher Ausprägung und Akzentuierung. Die neuerliche hohe Bewertung der liminalen Phase, durch V. Turner zu Recht aus dem Schattendasein herausgehoben, schießt dennoch übers Ziel hinaus. Gerade auch die Schlußphase, die Einführung in die neue Situation und den neuen sozialen Status, muß in ihrer Bedeutung neu bedacht werden.

Die verschiedenen Dimensionen des Ritus bilden im Vollzug eine Einheit, sind aber in der Interpretation zu unterscheiden und sind, je nach Kontext, von jeweils dominanter oder untergeordneter Bedeutung.

1. Die soziale Dimension der Riten ist im Vorhergehenden schon zur Sprache gekommen. Sie schließt sowohl sozial- als auch individualpsychologische Funktionen ein. Der Ritus ruft Emotionen hervor, von denen die Gruppe glaubt, daß sie zu ihrem Bestand und zum Gesundsein des einzelnen notwendig sind. Der Ritus aktiviert und stabilisiert sie.[10] Durch ihn wird die ganze Skala der Gefühle von Trauer, Angst, Aggression, Identifikation und Freude kanalisiert. An den Beschneidungs- und Trauerriten läßt sich das besonders eindrücklich beobachten. A. R. Radcliffe-Brown glaubt darin zugleich eine kontrollierende Funktion seitens der Gesellschaft erkennen zu können.

2. Die expressiv-ästhetische Dimension der Riten blieb bisher in der Forschung unterbewertet. Riten sind künstlerische Performanzen von großer Eindrücklichkeit. Sie wollen die Menschen aus ihrer Alltagsroutine lösen und lassen sie schöpferisch werden. Sie grenzen im Fest den Alltag aus und stärken das Leben, indem sie es überhöhen. Tätowierungen, Bemalungen, herausgeputzte Kleidung, Masken, Verkleidungen verbinden ausgesuchte Schönheit mit eindrücklicher kultureller Bestimmtheit.

3. Riten, so sagten wir, orientieren sich an der Vergangenheit. Sie wiederholen die Urzeit und machen sie präsent. Zugleich bieten sie die Möglichkeit zur Neuinszenierung, zur Dramatisierung gegenwärtiger sozialer und religiöser Ereignisse. Viele Riten lassen trotz strenger Performanzregeln Raum für Improvisation, Spontaneität und Spiel. Kollektivität und Subjektivität greifen dabei ineinander. Nirgendwo wird der einzelne so sehr zum Subjekt wie hier, denn er muß seine

tät charakterisiert wird, das Motiv und schließlich der Wechsel (= Übergang in einen neuen Status), den er bewirkt.

10. A. R. Radcliffe-Brown, *Structure and Function in Primitive Society*, a. a. O., 157.

Rolle sehr genau spielen und sich zugleich intensiv auf den anderen einstellen, so daß der Strom des Geschehens nicht unterbrochen wird. Es sind das spielerische Element im Ritus und das rituelle Element im Spiel, die Handeln und Wahrnehmen eins werden lassen.

4. In ihrer kommunikativen Struktur haben die Riten eine elementar pädagogische Funktion. Das Wissen von der Urzeit, Erinnerungen an geschichtliche Ereignisse, Kenntnisse der gesellschaftlichen Gepflogenheiten, religiöse und ethische Normen werden implizit, oft auch explizit vermittelt. Nicht allein das Fest, sondern der Ritus selbst ist eine besonders wirksame Institution des »kulturellen Gedächtnisses« einer Gemeinschaft und ihrer Religion.[11] Durch den Ritus werden die die Identität der Gemeinschaft konstituierenden Ereignisse internalisiert, gibt die Religion dem Menschen Teil an dem, was sie begründet.

5. Der performative Charakter der Riten unterstreicht in primären Gesellschaften ihre juridische Dimension. Durch den Ritus wird das Recht ins Recht gesetzt, werden Erbe, Besitzrechte, aber auch Fehlverhalten sanktioniert. Was rituell vollzogen ist, kann im sozialen Umgang nicht mehr rückgängig gemacht werden. In vielen primären Religionen ist der Ritus stärker als die Wirklichkeit, sollte es zu Spannungen zwischen beiden kommen. Es sind mir aus Afrika Situationen bekannt, in denen ein Mensch allein auf die Nachricht seines Todes hin zu Hause rituell beerdigt und damit gesellschaftlich und juridisch für tot erklärt und betrauert wurde. Als er dennoch später wieder auftauchte, konnte er nicht mehr im Dorf leben. Er galt als tot und mußte das Dorf verlassen. Hier siegt (rituell) das Recht, »auch wenn die Welt untergeht«. Dieser Grundsatz ist nicht nur im römischen Recht zu Hause.

6. Der Ritus schließt die Gruppe zur Gemeinschaft zusammen und grenzt gleichzeitig andere aus. Er hat eine limitische Funktion.[12] Die Teilnahmeberechtigung an Riten ist nicht selbstverständlich. Reinigungen und Tabus wollen beachtet sein. Zulassung und Ausgrenzung, Segen und Sanktionen liegen eng beieinander.

7. Die religiöse Dimension ist in allen Riten der primären Religionen präsent, in den sekundären entwickeln dagegen die politischen Riten einen anwachsend profanen Charakter. In der Moderne emanzipieren sie sich ganz von der Religion und werden zu Ritualen, doch läßt sich ihr religiöser Ursprung in Struktur und (reduzierter) Symbolik oft noch erkennen. Die religiöse Dimension der Riten ist die umfassendste, sie durchdringt die anderen und gibt ihnen jene Tiefendimension, die Bestand hat und dem Oberflächengeschehen Eigentlichkeit verleiht. Religiöse Riten wollen das Böse abwehren und das Leben stärken. Darin sind sie Begehungen von Macht (so G. van der Leeuw), ohne darin aufzugehen. Sie erinnern die

11. Vgl. J. Assmann, *Das kulturelle Gedächtnis. Schrift, Erinnerung und politische Identität in frühen Hochkulturen*, München 1992.

12. E. W. Mühlmann, *Ethnogonie und Ethnogenese. Theoretisch-ideologische und ideologiekritische Studie: Studien zur Ethnogenese*, Düsseldorf 1985.

Teilnehmer an den letzten Ursprung des Lebens, die Ahnen, die Gottheiten, Gott. Riten sind die Brücken zum Unsichtbaren, machen es sichtbar, greifbar, sinnlich erfahrbar und vergegenwärtigen das Ursprungsgeschehen der Religionen, das Hervortreten der Gottheit im Wort, im Licht, in einer mächtigen Tat. Sie teilen dem Menschen eindrücklich mit, daß er darauf angewiesen ist, im Hier und Heute in Harmonie mit allen Kräften und Lebewesen zu leben.[13] So wird der Ritus zum »zentralen Akt der Lebenserhaltung und Lebensgestaltung« (A. Kirchgässer).[14]

2.2 Opfer als Symbol

Die Interpretation des Opfers ist so stark von der römischen Religion geprägt – die in der römisch-katholischen Ausformung des Christentums ihre inkulturierte Fortsetzung gefunden hat – und von dem Mißverständnis griechischer Philosophen, die zu den religiösen Riten der archaischen Religion kein Verhältnis mehr hatten, daß es einerseits schier kein Entkommen aus diesem Interpretationsstrang zu geben scheint, man aber andererseits jeder neuen Theorie nur zu gern folgt, da sie einen Ausweg aus dem Dilemma zu bieten scheint. Nur dies läßt es aus religionsgeschichtlicher Sicht verständlich erscheinen, daß die verschiedenen fachfremden Theorien solche Akzeptanz gefunden haben, obwohl sie monokausale, fast monistisch vereinfachende Interpretationen geben und diesen universale Allgemeingültigkeit zusprechen. Drei Theorien ragen dabei heraus:

- die psychoanalytische, die vom Todestrieb des Menschen ausgeht und das Modell der Ersatzhandlung anbietet;
- die kulturanthropologische Theorie, die dem Jagen einen zentralen Ursprungswert in der Entstehung der Opferbräuche zumißt, eine Theorie, die durch W. Burkert erneut Gewicht bekommen hat;
- die ethologische, die das Opfern als kanalisierten Aggressionstrieb versteht und die Opferriten entsprechend interpretiert.

Das alles ist bekannt und muß nicht weiter ausgeführt werden. Interessant ist allein, wie diese Theorien neuerdings in moderner Form revitalisiert wurden. R. Girard ist dabei das bekannteste Beispiel. Es ist gewiß nicht zufällig, daß seine Sündenbocktheorie in der von ihm vorgetragenen Radikalität von den Religionswissenschaftlern eher skeptisch beurteilt wird, von den Geisteswissenschaftlern jedoch, den Theologen zumal, besonders gern aufgegriffen wird. Sie scheint die Möglichkeit zu bieten, dem Opfergedanken, der dem israelitischen wie dem christlichen Glauben so zentral ist, auch in unserer Zeit Plausibilität zu verleihen.[15]

13. Zu den ökologischen Aspekten von Riten und Ritualen vgl. Roy A. Rappaport, *Ecology, Meaning and Religion*, Berkeley 1979.
14. A. Kirchgässer, *Die mächtigen Zeichen*, a. a. O., 278.
15. Die Literatur zu Girard wächst ins Uferlose. Ich verweise auf N. Lohfink (Hg.), *Gewalt und Gewaltlosigkeit im Alten Testament*, Freiburg/Basel/Wien 1983. Veränderungen in

W. Burkert hat der kulturanthropologischen Theorie K. Meulis, der in der Jagd und der Restitution des Lebens den Ursprung des Opfers sah, neuen Auftrieb gegeben, indem er sie mit der Aggressionstheorie der Ethologie von K. Lorenz verband.[16] Er bleibt aber weiterhin von der Skepsis griechischer Philosophen beeinflußt, die den Sinn der Opferriten kaum erfassen konnten, da ihnen die eigentliche Symbolik nicht mehr zugänglich war. Das ist religionsgeschichtlich gesehen kein ungewöhnlicher Vorgang. Die überkommenen Riten werden durch die Zeiten tradiert und vollzogen, doch mit dem gesellschaftlichen Wechsel oder durch die Überlagerung durch eine fremde, eingewanderte Religion wird die ursprüngliche Symbolik vergessen oder im Kontext der neuen Religion neu interpretiert. Der Vorgang solcher »Inkulturation« ist notwendig und dient gleichermaßen dazu, das Vorgegebene – zumindest selektiv – zu bewahren und dem Neuen die Bedeutung einzuräumen, durch die es die jeweilige Kultur neu prägen kann. Betrachtet man das Ergebnis solcher Verschmelzung von außen als rationaler Theoretiker – und das sind nun einmal die Philosophen – und beachtet nicht die Überlagerungsmechanismen und die daraus resultierende Mehrschichtigkeit der Symbolik, kommt es zu tiefgreifenden Mißverständnissen. Der Gedanke des »Götterbetruges« ist einer der bekanntesten und ideologisch wirksamsten. Wer ihn heute noch tradiert, zeigt, daß er nicht versucht, die Religion aus ihrem eigenen Zusammenhang zu verstehen.

An W. Burkert will ich das kurz verdeutlichen. Eine Art idealtypische Rekonstruktion griechischer Opfer, aus Burkerts Vorgaben zusammengestellt, zeigt folgendes Bild:[17] Nachdem das Tier zum Opfer vorbereitet ist, schneidet der Priester ihm im Eröffnungsritual einige Stirnhaare ab, die ins Feuer geworfen werden. Seine Unversehrtheit ist nun irreversibel zerstört. »Jetzt folgt der tödliche Schlag. Die anwesenden Frauen schreien auf. Schrill und laut.« Der »griechische Brauch des Opferschreis markiert den emotionellen Höhepunkt des Vorgangs, indem er das Todesröcheln übertönt«[18]. Nun wird das Tier zerlegt und ausgeschlachtet. Dabei schreibt der Ritus jedes Detail vor. Die Innereien kommen »fremdartig, bizarr und unheimlich ans Licht« und werden mit Ausnahme der ungenießbaren Galle rasch gebraten und gegessen. Der gemeinsame Genuß wandelt »den Schauder in Beha-

Girards Konzept deuten sich an in: R. Girard, »Mimentische Theorie und Theologie«, in: J. Niewadomski/W. Palaver (Hg.), *Vom Fleisch und Segen der Sündenböcke* (FS R. Schwager), Thaur 1995, 15-29. Vgl. auch R. Schwager, »Religionswissenschaft und Theologie. Wolfhart Pannenberg und René Girard«, *KuD* 1998, 172-192.

16. A. W. Burkert, *Homo Necans. Interpretationen altgriechischer Opferriten und Mythen*, Berlin/New York 1972; ders., *Wilder Ursprung. Opferritual und Mythos bei den Griechen,* München 1990; ders., *Griechische Religion der archaischen und der klassischen Epoche*, Stuttgart u. a. 1977.
17. Zum folgenden vgl. auch S. Brandt, *Opfer als Gedächtnis.* Zur Kritik und Neukonstituierung theologischer Rede von Opfer, unpubl. Habil. Schrift, Heidelberg 1997, 61 f.
18. A. W. Burkert, *Homo necans*, a. a. O., 12.

gen«[19]. Die Knochen aber werden in natürlicher Ordnung, d.h. so, daß sie die Grundfigur des geopferten Tieres wiedergeben, zusammen mit der Galle auf den Altar gelegt und symbolisieren mit einigen Fleischstücken die Ganzheit des getöteten Tieres. All diese Reste werden dann vom Feuer verzehrt bzw. den Göttern dargebracht. Die Tierschädel werden jedoch aufbewahrt als »dauerhafte Zeugen der ›Tat‹ der ›Heiligung‹«[20]. Für Burkert ergibt sich aus dieser Opferpraxis ein Widerspruch: das Tieropfer, das doch den Göttern dargebracht wird (die Gallenblase und Knochen werden auf dem Altar verbrannt), zielt letztlich aufs Essen! Das gute Fleisch »nimmt die fromme Gemeinde zu sich im festlichen Mahl. Opfern heißt einen Festbraten zur Verfügung stellen.«[21] Daß Hesiod darin einen »Götterbetrug« sah, ist Burkert nur zu verständlich, denn auch er fragt sich, wie und aus welchen Gründen solch ein »Betrug« zum Ritus werden konnte.

Eine genauere Einsicht in die Gesetze ritueller Symbolbildung, genauer: der Symbolbildung in primären Religionen, hätte ihm helfen können, die inneren Widersprüche religionsgeschichtlich aufzulösen. Man muß dabei die Gesetze der analogischen Symbolbildung beachten, sollte möglichst aber auch Kenntnisse von einem Opfervollzug durch teilnehmende Beobachtung haben. Ein Rind oder Schaf z.B. stöhnt niemals, wenn ihm die Halsschlagader durchgeschnitten wird. Deshalb übertönen auch nicht die Rufe der Frauen sein Schreien, sondern gemeint sind – wenn ich das richtig sehe – die normalen »Hallel«-Rufe, die mit einem Zungenschlag am Gaumen gebildet werden, wie wir sie vom Mittelmeerraum bis in den Süden Afrikas kennen. Sie werden immer bei einer besonderen, festlichen Angelegenheit ausgestoßen, besonders bei Hochzeiten, und zeigen Freude an und steigern sie.[22] Das Schlachten eines Tieres ruft nicht »Schaudern« hervor, sondern Freude, weil es nun endlich einmal wieder Fleisch gibt. Die Innereien des Tieres erscheinen keinem der Teilnehmer als »bizarr und unheimlich«, vielmehr ist das Schlachten ein besonders erfreulicher Vorgang, denn er eröffnet die Vorfreude auf das Essen. Es waren allein die religiösen Feste, die in den unteren Volksschichten die Gelegenheit zum Fleischverzehr boten, denn Fleisch war und ist in archaischen Gesellschaften nicht alltägliche Nahrung, sondern Speise des Festes!

Ob sich über die symbolische Bedeutung der Knochen und der Gallenblase und

19. Ebd., 13.
20. Ebd., 14.
21. A. W. Burkert, *Anthropologie des religiösen Opfers: die Sakralisierung der Gewalt*, München 1983, 22.
22. Bei den Sotho im südlichen Afrika werden sie auch ausgestoßen, wenn die Leiche aus dem Haus durch die kleine Eingangstür »gepreßt« wird, gleichsam ein Geburtsvorgang ins neue Leben im Jenseits. Vgl. dazu H. Häselbarth, *Die Auferstehung der Toten in Afrika. Eine theologische Deutung der Todesriten der Mamabolo in Nordtransvaal*, Gütersloh 1972, 37, 139.

warum sie verbrannt werden, etwas aus den Texten eruieren läßt, entzieht sich meiner Kenntnis, ein religionsgeschichtlicher Vergleich mit analogen Riten primärer Religionen dürfte das Urteil aber vorsichtiger ausfallen lassen. Eines kann unmittelbar festgehalten werden: Beim Opfern gilt das Gesetz des »pars pro toto«, d.h. ein Teil steht für das Ganze. Zusätzlich gilt: Auch bei der Auswahl des abgesonderten Teiles herrscht keine Beliebigkeit, vielmehr achtet man erneut auf analogische Beziehungen und erspürt die inhärente Symbolik. Das Pars-pro-toto-Prinzip ist ein Grundgesetz aller Riten in allen Religionen, ebenso jeder Kommunikation. Ohne dieses Gesetz wäre keine »visible communication« möglich. Von »Betrug« kann keine Rede sein.

Um den inneren Zusammenhang unserer Argumentation zu erläutern, wenden wir uns den afrikanischen Religionen zu, bei denen wir noch ein Stück archaischer Kultur und Religion finden, wie sie als Basisreligiosität in den primären Religionen weltweit zu finden war und zu finden ist. Wir wenden uns dabei exemplarisch den Mbanderu in Namibia zu, unter denen ich jahrelang gearbeitet und geforscht habe.

Die Mbanderu gehören zu den vater- und mutterrechtlich orientierten Bantu, die ursprünglich als akephal organisierte Großviehnomadengruppe aus Ostafrika nach Namibia eingewandert sind. Obwohl seit langem christianisiert, haben sie wie alle nomadisierenden Völker sehr viele ihrer alten Traditionen beibehalten. Nachdem sich ein großer Teil der Gemeindeglieder von der lutherischen Missionskirche getrennt hatte, wurden auch alte Traditionen revitalisiert, von denen die Missionare und die Kirche geglaubt hatten, sie seien ausgestorben und vergessen. Dabei hätte man gerade an den Beerdigungsriten und den nationalen Feiertagen, die an den Gräbern der großen Ahnen gefeiert werden, sehen können, wie stark sich gerade Trauerriten durchhalten.

Die Herero, zu denen die Mbanderu als Unterstamm gehören, haben jeweils zwei Herden von Rindern. Die eine gehört zur Mutterlinie und dient der Ernährung, die andere gehört zur Vaterlinie und darf nur zu rituellen Zwecken geschlachtet werden. Bei der Beerdigung des Hausherrn müssen traditionellerweise alle Rinder dieser Linie geschlachtet werden. Die Herde geht zurück auf ein Rind, das der Hausherr von seinem Vater als Knabe geschenkt bekommen hat. Es zu vermehren war nicht nur sein Prestige, sondern diente zugleich der Mehrung der Religion, wenn man so sagen darf, denn diese Rinder unterstehen direkt dem Segen der Ahnen, denen der Hausvater täglich rituell dient, indem er das Ahnenfeuer von seiner Feuerstätte im Haus nach draußen bringt und dort rituell entfacht und es abends wieder in seine Hütte zurückholt. Die »heilige Herde« erinnert ihn täglich und direkt an seinen Vater, der seinerseits das letzte Glied der Ahnenkette ist, Lebenssymbol des Stammes und der Familie schlechthin.

Rindernomaden leben in einer solch engen Symbiose mit den Rindern, daß eins zum Symbol des anderen werden kann. Die Gesellschaft findet sich im Rind wieder. Die Leute sind zusammengesetzt wie ein Bulle zusammengesetzt ist, sagte ein

Dinka-Häuptling zu G. Lienhardt.[23] Gleiches gilt für die Mbanderu. Im Rind spiegelt sich die Gesellschaft, und die Verteilung des Fleisches »liegt fest wie auf einer Landkarte«, sagte mir ein alter Herero. Was heißt das?

Abb. 2 Die Verteilung eines Herero-Rindes

Das linke Hinterbein (7), auf dem das Rind steht, bekommt der Kralherr, auf dem die Familie sozusagen »steht«, zugeteilt. Das rechte Hinterbein bekommen die Männer der umliegenden Werften, mit denen man besonders enge Freundschaft hält, weil die Zusammenarbeit mit diesen Männern den Frieden des Gebietes garantiert. Den Rücken (3) empfängt die Mutter des Besitzers. Das Fleisch wird ihren Rücken stärken, heißt es, denn sie hat einst den Kralherrn getragen. Als wichtigster Repräsentant der Mutterlinie (eanda) muß sie besonders reichlich bedacht werden. Sie ist das »Rückgrat« der eanda, die das soziale Leben der Hererogemeinschaft zutiefst bestimmt. Die Knochendünnung und das Filet (4), ein besonders beliebtes Stück Fleisch, wird in vier Teile geteilt und den Nachbarn gegeben, wobei man darauf achtet, daß jeder zu seiner Zeit einmal das beste Stück Fleisch bekommt. Die Vorderbeine (8) bekommen bei den Kaokoveld-Herero die jüngeren Brüder des Besitzers, denn sie sind die geringeren und schwächeren Beine. (Bei den Sotho-Stämmen im nördlichen Transvaal bekommt ein Vorderbein der ältere Bruder zugeteilt, weil er der »Erste«, der »Vordere« ist.) Die Umgebung der Geschlechtsteile (6) darf nur der Kralherr zusammen mit den Männern essen, die mit ihm im gleichen Jahr beschnitten wurden. Es stärkt ihre Potenz. Für die Frauen ist dies Fleisch tabu. Die Fehlrippe (1) sitzt am höchsten, sie wird in drei Teile zerlegt und den Erwachsenen der Nachbarkrale zugeschickt. Den Kopf (9) bekommen die Jungen und Mädchen, die Nase dürfen Kinder aber nicht essen,

23. G. Lienhardt, *Divinity and Experience. The Religion of the Dinka*, Oxford 1961, 23.

denn sonst werden sie wie die Kühe »ihre Nase gegen die Frauen erheben«, d.h. frech werden.

Wir verzichten auf weitere Einzelheiten.[24] Das Gesagte zeigt genügend, wie im Rind die Gesellschaft der Herero in ihren familiären und nachbarschaftlichen Beziehungen, in ihrer matrilinearen und patrilinearen Struktur festgelegt ist und sich durch jede Rinderschlachtung erneuert und bestätigt. Der Körper (Mensch und Rind sind austauschbar) wird zum Symbol der Gesellschaft.

Was hat das alles nun mit »Opfer« zu tun? Es handelt sich um die Schlachtung der Tiere der »heiligen Herde«, die der Ahnenverehrung zugeordnet ist. Bei der Beerdigung des Kralherrn werden viele Rinder geschlachtet. Bei anderen Gelegenheiten einzelne oder ein Schaf, das ähnlich aufgeteilt wird. Die Rinder »begleiten« gleichsam den Toten ins Jenseits. Sie sind das Verbindungsglied zu den Ahnen. Sie sind immer präsent, auch wenn das nicht ausdrücklich gesagt wird. Während der gesamten Trauerzeit werden die Rinder der heiligen Herde geschlachtet und verzehrt. Die Schädelknochen mit den Hörnern werden zum Ende der Trauerzeit – spätestens nach einem Jahr – übereinander auf dem Grab des Vaters aufgerichtet, ein unübersehbares Zeichen dafür, daß ein bedeutender Mann hier begraben liegt. Die Aufschichtung ist ein Gedenkzeichen, ein Denkmal, mit dem das Ansehen der Gruppe gesteigert wird.

Die rituellen und sozialen Funktionen der Opfer, die nicht voneinander getrennt werden dürfen, wie es so oft geschieht – ein Fehler, dem auch W. Burkert zu erliegen scheint – sind leicht einsehbar. Alles, was dem Toten gehörte, wird vernichtet. Am Ende der Trauerzeit wurde früher auch das Haus des Kralherrn eingerissen, und das Familiendorf mußte an neuer Stelle unter der Führung des neuen Kraloberhauptes dort wieder aufgebaut werden, wo es die Ahnen wollten (meist östlich (!) vom alten Kral). Die Schlachtung ist also deutlich ein Identifikationsakt mit dem Toten, denn das Leben nimmt auf der Werft ein Ende, in gleicher Weise wie der Hausvater gestorben ist. Rituell müssen auch die Witwen sterben und wieder dem Leben zugeführt werden, ebenso wie der Verstorbene durch die Beerdigungsriten in das neue Leben bei den Ahnen geführt wird.

Zugleich, unico voco, dient das Opfer den Lebenden. Man trennt und reinigt sich vom Tod, so daß die Gesellschaft sich durch die Schlachtungen neu konstituieren kann. Jedem wird nach dem Tode des Kralherrn ein neuer Platz in der Gesellschaft und Familie zugewiesen, und dieser wird durch die Fleischverteilung in der hierarchischen Ordnung befestigt. Die Fleischverteilung respektiert öffentlich den Wert und die Position jedes Familiengliedes und der Nachbarn und stärkt die Bindungen in der Gemeinschaft. Wie das Töten der Tiere einerseits die Todeserfahrung und den Verlust von Leben unterstreicht und verstärkt, so ermöglicht es andererseits die Neukonstituierung der Gemeinschaft. Ja, dies ist sein wesentlicher Zweck und hilft im Rahmen der Trauerzeremonien die Trauer zu überwin-

24. Vgl. dazu T. Sundermeier, *Die Mbanderu*, a.a.O., 160ff.

den. Nichts bindet die Menschen mehr aneinander und stärkt sie als ein gemeinsames Mahl.

Der Sündenbock-Gedanke ist im ganzen Ritus nicht zu finden. Er darf auch nicht eingetragen werden. Bei jeder Trauerarbeit kommt in einer bestimmten Phase das Gefühl auf, am Tod des Verstorbenen schuldig gewordenen zu sein und man sucht bei sich oder bei anderen die Schuld.[25] Das ist heute aufgrund der Forschungen von Frau Kübler-Ross u. a. nur zu bekannt. Darum ist es auch selbstverständlich, daß dieses Gefühl rituell aufgegriffen wird. Noch heute ist bei den im abgelegenen Kaokoveld isoliert lebenden Herero der Ritus bekannt, mit Hilfe des Leichnams den Schuldigen zu suchen.[26] Das ist rituell jedoch ein anderer Vorgang, der nicht mit dem Schlachten der Rinder verwechselt oder vermischt werden darf. Nicht jedes Opfer transportiert den Gedanken an einen Sündenbock oder besitzt eine Stellvertreterfunktion.

Auch der sprachliche Hintergrund verweist auf einen anderen Zusammenhang. Der Begriff »Ozondjoza«, so heißen die bei der Beerdigung geschlachteten Rinder, meint zunächst ganz allgemein Opferrinder. Die sprachliche Ableitung weist in eine besondere Richtung: Es sind die Rinder, die »vorangehen«.[27] Die Rinder gehen dem Verstorbenen voran, nämlich ins Reich der Ahnen.

Auch andere Begriffe wie »ojambanga« , ein Begriff, der für alle Opfer gebraucht wird, die sich auf einen Toten beziehen, weist auf den Communio-Gedanken hin. »Okupanga« heißt eigentlich »die Ahnen anrufen«, aber stammt von der Wurzel »-pang« = verbinden und zeigt den ursprünglichen Sinn von »Anrufung« an: die Herstellung einer Verbindung.

Bei einem Opfer ist alles wichtig und symbolträchtig: der Ort, die Umstände, die Libationen, die Person, die das Recht hat zu opfern, die Gebete. Wir haben nur einige Aspekte herausgegriffen. Wichtig wäre noch herauszustellen, ob es etwas gibt, das von den geopferten Rindern den Ahnen direkt gegeben und nicht von den Menschen verzehrt wird. Bei allen Bantureligionen ist hier die Gallenblase zu nennen. Das hat nichts damit zu tun, daß sie für die Menschen ungenießbar ist. Vielmehr muß die Symbolik beachtet werden. Da die Ahnen inversiv zu den Men-

25. Vgl. dazu T. Sundermeier, »Todesriten und Lebenssymbole in den afrikanischen Religionen«, in: G. Stephenson (Hg.), *Leben und Tod in den Religionen. Symbol und Wirklichkeit*, 2. Aufl., Darmstadt 1985, 250 – 262.
26. Einer meiner Studenten war in seiner Jugend an solch einer Suche nach dem Schuldigen bei den Himba im Kaokoveld selbst beteiligt und berichtete mir darüber: Die Leiche wird waagerecht an einen Stock gebunden, der von zumindest vier Männern getragen wird. Der Verstorbene wird nun aufgefordert, den Schuldigen auszumachen. Mit unwiderstehlicher Kraft, so sagte mir der Student, der man sich nicht widersetzen kann, wird man nun auf einen bestimmten Menschen zu bewegt. Wenn der nicht frühzeitig das Weite sucht, wird er mit dem Stock durchbohrt werden.
27. Cf. Dazu H. Brincker, *Wörterbuch und kurzgefaßte Grammatik des Otji-Herero*, Leipzig 1886, 186 zu »ondjoza«.

schen leben[28] ist das, was für die Menschen bitter ist, für sie besonders süß. Die Gallenblase ist »Götterspeise«! Von Ahnen-»Betrug« kann keine Rede sein.

Wir fassen zusammen. Die Schlachtung der Rinder während der Trauerzeit hat zumindest eine dreifache Bedeutung. Die Rinder begleiten den Toten ins Jenseits. Sie sind Gabe an ihn. Oder anders ausgedrückt: Er nimmt mit sich, was ihm gehört. Aber zugleich stellt dieses Opfer die Verbindung zu den Ahnen her und erneuert die durch den Tod zerstörte Gemeinschaft. Sie wird gestärkt und kann sich neu konstituieren. Der Erbe und neue Kralherr wird alles tun, damit das Rind, das er von seinem Vater geerbt hatte, sich vermehrt. Die Zerstörung der einen Herde macht Platz für eine neue. Sie wird unter dem Segen des Verstorbenen stehen und stets an ihn erinnern.

Auch die Errichtung des Totenmals, die Schichtung der Hörner auf dem Grab, wird zum Erinnerungszeichen. Das Opfer, das in seinem Kern ein Communio-Opfer ist, wird zugleich zum Gedenkopfer.[29] Man wendet sich jetzt dem Toten zu und gedenkt seiner, aber eröffnet auch die Möglichkeit des späteren Gedenkens. Wenn der Sohn z.B. meint, die Verbindung zum Vater werde schwächer und sein Segen sei nicht mehr spürbar, dann wird er seine Herde zum Grab des Vaters bringen und ein »ondjambero« darbringen, eine Libation, die aus »omaere« (Sauermilch) und Fleischstücken besteht. Der Tote soll sich dabei zugleich an dem Gebrüll der Rinder erfreuen, was seinen Wunsch zu segnen stärken wird, so daß er erneut seiner Pflicht nachkommt, den Nachkommen Gutes zukommen zu lassen und sie vor Schaden zu bewahren.[30]

Wir haben nur einen kleinen Ausschnitt aus der reichen afrikanischen Opferpraxis eines Stammes zusammengetragen. Es sollte deutlich geworden sein, daß jede Reduktion auf eine Bedeutung der Vieldimensionalität der Opferpraxis Abbruch tut. Jedes Opfer ist ein Aggregat von Symbolen, ein Brunnen, aus dem man immer neue Interpretationen schöpfen kann, die sich nicht gegenseitig ausschließen, sondern ergänzen oder ersetzen. Je nach den Umständen, den Bedürfnissen und dem Rezeptionsvermögen der Partizipierenden, aber aucht bedingt durch die Überlagerungen von seiten einer anderen Religion, werden jeweils andere und neue Seiten in den Vordergrund gerückt, frühere ersetzt oder neu interpretiert. Damit tut man dem Opfer nicht Gewalt an. Vielmehr ist dies ein Zeichen für die Lebendigkeit einer Religion, denn das Opfer gehört noch immer zentral zu jeder Religion, sei es real oder spirituell transformiert oder symbolisch neu besetzt.

28. Bei ihnen ist alles umgekehrt: Die schwarzen Menschen haben weiße Ahnen; was hier mit rechts getan wird, wird dort mit links getan, weshalb man an den Gräbern alles mit links vollzieht, u.a.m. Man beachte: die Ahnen der weißen (!) Griechen sind dagegen wie »Schatten«, also eher dunkel!
29. Vgl. im Alten Testament 'azkârâh (Ps 38,70; Sir 39,11)
30. Vgl. dazu H. Brincker, Wörterbuch, a.a.O., 54 zu »ondjambero«. »-jamba« = etwas hinlegen.

Es ist nicht nötig, abschließend einen engeren Vergleich mit der Darstellung der griechischen Opferpraxis durch W. Burkert zu ziehen. Dazu bedürfte es weiterer detaillierter Darstellung. Doch auch ein oberflächlicher phänomenologischer Vergleich kann uns die Augen dafür öffnen, daß Burkerts idealtypische Zusammenfassung durchaus nicht objektiv, sondern emotional geladen ist und die Atmosphäre eines »Schreibtischtäters« verrät, der seine Theorie vom *homo necans* mit allen Mitteln als gültig erweisen will. Ein religionsgeschichtlicher Vergleich mit gegenwärtigen und lebendigen Opferpraktiken in archaischen Gesellschaften hätte ihn an die Realität des Opfers, seine Symbolik und das Selbstverständnis des Opfernden näher heranführen können.

3. Transzendenzerfahrung

3.1 Gott, der Eine und die Vielen

Außen und innen

Es gibt keine Religion ohne Transzendenzerfahrung. Sie ist konstitutiv für jede Religion. Nur weil wir diesen der abendländischen Philosophie entlehnten Begriff »Transzendenz« gebrauchen, der einen kaum zu überbietenden Abstraktionsgrad besitzt, hat dieser Satz Allgemeingültigkeit. Doch Religionen sind nicht abstrakt, sondern in ihrer Performanz konkret, die Stammesreligionen zumal. Formulieren wir unseren Hauptsatz um und drücken dasselbe in der Terminologie von R. Otto aus, so bleibt die Allgemeingültigkeit erhalten: Ohne Erfahrung des Heiligen gibt es keine Religion. Aber gilt dasselbe auch noch, wenn wir von »Gott« sprechen? Die Antwort wird schwieriger, weil der Buddhismus eine Ausnahme bildet und von Gotteserfahrung in dieser Religion nach ihrem Selbstverständnis nicht gesprochen werden darf. Ob das wirklich so zutrifft und wie der Buddhismus mit dieser angeblichen Eliminierung der Gotteserfahrung umgeht und auf seinem Weg durch die Völkerwelt sich immer neu damit auseinandersetzen und ihr eine neue und andere Gestalt geben mußte, werden wir im nächsten Kapitel behandeln. Hier geht es zunächst darum, der Gotteserfahrung als einem konstitutiven Element von Religion ansichtig zu werden. Die Frage allerdings, die die Religions- und Geisteswissenschaft des vorigen Jahrhunderts bewegt hat, wo der Ursprung der Religionen zu suchen sei, ist dadurch nicht zu beantworten. Der evolutionistische Ansatz, dem zufolge zwar ein vages Gottesbewußtsein, so wie es der einfache Mann auf der Straße auch heute noch hat, immer bestanden habe und sich erst im Laufe der Jahrtausende von der primitiven Vorstellung von einer animistischen Belebung der Welt, von den niederen Göttern zum Hochgott und schließlich zur hoch komplexen Vorstellung eines prophetischen und monotheistischen Gottesbewußtseins entwickelt habe, führte in die Irre.[1] Ein Beweis ließ sich aus dem religionsgeschichtlichen Material für diese Theorie nicht finden. Der Begriff »Hochgott« sollte m.E. vollständig vermieden werden, da er durchgehend falsche Vorstellungen assoziiert.

Jedoch auch der entgegengesetzte Ansatz, einen Urmonotheismus anzunehmen, konnte nicht überzeugen, auch wenn das von Pater W. Schmidt gesammelte Material zunächst erschlagend war. Sein dogmatisches Vorverständnis schlug sich in seinem monumentalen zwölfbändigen Werk »Der Ursprung der Gottesidee«

1. Der Begriff »Highgod« wurde von Andrew Lang geprägt. A. Lang, *The Making of Religion*, 3. ed., London 1909; zum Ganzen vgl. F. Gölz, *Der primitive Mensch und seine Religion*, a.a.O.

überall durch und hat die Interpretation seines reichen Materials beeinflußt. Eines aber hat W. Schmidt bewirkt, er konnte zeigen, daß einfache, glatte historische Antworten nicht zu finden sind. Das ganze Gefasel von religiöser Entwicklung, das umgangssprachlich in Begriffen wie »primitive Religionen«, »Hochreligionen«, »Animismus« weiter wirksam ist, scheint unausrottbar zu sein und stützt das Überlegenheitsbewußtsein.

Eng damit zusammen hängt das Problem, wie der Polytheismus zu bewerten sei und welche Rolle der Gegensatz zum Monotheismus spielt. Daß der Monotheismus als »*End*produkt religionsgeschichtlicher Entwicklung« anzusehen ist und dies als eine »Tatsache« angenommen werden kann[2], wird man weder aus religionsgeschichtlicher noch dogmatischer Sicht so stehen lassen können. Eine differenziertere Wahrnehmung und Beurteilung ist hier vonnöten. Das gilt auch, wenn man die gegenwärtige Forschungslage im Blick auf die Entstehung des Monotheismus im Alten Testament betrachtet. Mit welcher Leichtigkeit heute der Polytheismus als selbstverständliche Religionsform des frühen Israels angenommen wird, überrascht, nachdem gerade Israel lange Zeit als Promotor monotheistischen Glaubens vorbildhaften Charakter trug.[3] Sollte man hier nicht viel vorsichtiger mit den von der abendländischen Wissenschaftstradition geprägten Begriffen umgehen und sehen, ob sie dem Sachverhalt gerecht werden, den sie verdeutlichen sollen?

Ein neues Verständnis können wir nur gewinnen, wenn wir uns den primären Religionen zuwenden und hier die Frage nach Gott und der Gotteserfahrung stellen, um dann zu sehen, wie sich in den sekundären, den gestifteten Religionen Neues durchsetzt. Dafür muß jedoch zuerst die Wahrnehmungsstruktur der religiösen Erfahrung in den primären Religionen selbst thematisiert werden, unterscheidet sie sich doch nicht unerheblich von der unsrigen. In der abendländischen Tradition wird die religiöse Erfahrung als ein Widerfahrnis verstanden, das sich im Inneren des Menschen ereignet und erst im nachhinein in seiner Wirkung nach außen dringt. Es ist ein Erlebnis, demgegenüber sich der Mensch passiv verhält,

2. So W. Holsten, Art. »Monotheismus und Polytheismus. Religionsgeschichtlich.« *RGG*, 3. Aufl., IV, 1109-1111, ebd., 1110. Zur neueren Diskussion um den Polytheismusbegriff vgl. G. Ahn, »›Monotheismus‹ – ›Polytheismus‹. Grenzen und Möglichkeiten einer Klassifikation von Gottesvorstellungen«, in: M. Dietrich/O. Loretz (Hg.), *Mesopotamica-Ugaritica-Biblica* (FS K. Bergerhof), Neukirchen-Vluyn, 1993, 1-24.
3. Zur Diskussion vgl. B. Lang (Hg.), *Der einzige Gott. Die Geburt des biblischen Monotheismus*, München 1981: M. Weippert, »Synkretismus und Monotheismus. Religionsinterne Konfliktbewältigung im alten Israel«, in: J. Assmann/D. Harth (Hg.), *Kultur und Konflikt*, Frankfurt a. M. 1990, 143-179. R. Albertz, *Religionsgeschichte Israels in alttestamentlicher Zeit*, Bd. 1 u. 2, Göttingen 1992. B. Gladigow, »Polytheismus. Akzente, Perspektiven und Optionen der Forschung.« *ZfR* 1997, 59-77. Jetzt mit anderer Perspektive J. Assmann, *Moses, der Ägypter,* Stuttgart 1998.

das seine Emotionen bestimmt und nach und nach sekundär zur Gestaltung drängt.[4]

J. Wach hat auf dieser Prämisse die Theorie seiner Systematischen Religionswissenschaft aufgebaut. Er untersucht die drei Möglichkeiten des Ausdrucks religiöser Erfahrung: im Intellekt (Lehre und Symbol), im Handeln (Ethik und Kult) und in der Gemeinschaft (Gemeinde, Kirche, Sekte).[5] Für die Stammesreligionen ist dieser letztlich idealistische Ansatz falsch. Hier ist nicht das Wichtigste, was zuerst im Geist geschieht und dann – mit Paulus zu sprechen – »im Fleisch« wirklich wird, sondern das Außen ist das Primäre, das Innen folgt konsekutiv. Das ist nicht im Sinne sozialpsychologischer Kategorien zu verstehen, die Stammesangehörigen seien »außengeleitete« Menschen.[6] Ihm liegt eine andere Differenz zugrunde. Innen und Außen sind in ihrer Bedeutung vertauscht. Nicht das Innen ist das Eigentliche und Entscheidende, sondern das Außen. Nicht die Seele ist der Treffpunkt von Gott und Mensch, sondern das Leben, wie es vital erfahren wird. Wenn Goethe die abendländische Auffassung in dem Zweizeiler zusammenfaßt

»Denn das ist der Natur Gehalt,
daß außen gilt, was innen galt«[7],

so müßte man für das Natur- und Menschenbild primärer Religionen umgekehrt sagen:

Denn das ist der Natur Gehalt,
daß innen gilt, was außen galt.

Auch wenn beide Sätze überzogen sind, der tendenzielle Unterschied ist wichtig. Der Geist und die Seele sind nach abendländischem Verständnis das Innerste, das Eigentliche des Menschen, sein unverwechselbarer Teil, der Ort, da Gott mit ihm, und mit ihm allein spricht.[8] Will man die primären Religionen verstehen, muß man sich von dieser Vorstellung freimachen. Die Ashanti/Ghana zum Beispiel unterschieden drei Aspekte der Geist-Seele. Da ist das *sunsum*, das vom Vater ererbte Teil seines Ego, das die eigentliche Persönlichkeit des Menschen ausmacht. Das

4. Vgl. dazu exemplarisch U. Köpf, »Wesen und Funktion religiöser Erfahrung. Überlegungen im Anschluß an Bernhard von Clairvaux«, *NZSTh* 1980, 155ff.
5. J. Wach, *Vergleichende Religionsforschung*, Stuttgart 1962. Vgl. dazu R. Flasche, *Die Religionswissenschaft Joachim Wachs*, Berlin/New York 1978.
6. D. Riesman, *Die einsame Masse*, Reinbek 1964.
7. Zit. nach G. van der Leeuw, *Phänomenologie der Religion*, a.a.O., 523.
8. Vgl. dazu J. Assmann/T. Sundermeier (Hg.), *Die Erfindung des inneren Menschen*, Gütersloh 1993; dies. (Hg.), *Schuld, Gewissen und Person. Studien zur Geschichte des inneren Menschen*, Gütersloh 1997. Religionsgeschichtlich gesehen ist der Umbruch zur Verlegung des Gewissens fast gleichzeitig in der Orestie und bei Hesekiel (Kap. 18) festzumachen.

kra ist jener Teil, der von Gott geschenkt wird.[9] Darüber hinaus gibt es das *ntoro*. Es meint die Gruppenpersönlichkeit des Menschen und benennt die Zusammengehörigkeit mit dem ganzen Clan. Die Geist-Seele ist das Bindeglied, das den Menschen mit dem vorangehenden und dem jetzt lebenden Geschlecht verbindet. Sie ist Gabe, nicht Besitz. In der Geist-Seele trifft der Mensch nicht auf sich selbst. Im Gespräch mit der Seele führt er kein inniges Gespräch mit seinem Ego. Die Seele kommt von *außen* und erinnert den Menschen daran, daß er sich anderen verdankt und mit ihnen in steter, unauflöslicher Verbindung steht. Wird er an seiner »Seele« schuldig, wird er anderen gegenüber schuldig. Nicht die *contritio*, die Reue des Herzens, wird dann die Reinigung bewirken, vielmehr muß der Mensch, der sich selbst in seiner Seele gegenübertritt und sich in ihr von außen und in Relation zu dem ihn Bedingenden sieht, äußerlich gereinigt werden: Es gibt den Ritus der Waschung des *sunsum*. Die Waschung bewirkt die Reinigung. Der Ritus wirkt von außen nach innen, ist aber ganzheitlich.

Der Ort der Transzendenzerfahrung

Das »vitale Interesse« des Menschen bindet ihn an die Religion, weil diese im Zentrum seiner Existenz angesiedelt ist, dem vitalen Leben. Leben wird gelebt, es hat seinen Bereich, es hat seinen Haftpunkt, und mit ihm die religiöse Erfahrung. Findet man den *Ort der Erfahrung*, so kann man auf diese selbst zurückschließen, denn die spirituelle, zeitliche und räumliche Dimension des Lebens bilden eine komplexe Einheit.

In welchem Maße jeder Lebensbereich zum Treffpunkt der Transzendenz und zu ihrem Kommunikationsmedium werden und damit religiöse Erfahrung vermitteln kann, verdeutlicht ein Text aus dem Zululand, Südafrika. Ein älterer Zulu erzählt:[10]

»Ich war durch schwere Träume geplagt. Sie können einen richtig krank machen. Aber ich hatte kein Geld, darum konnte ich nicht zum Wahrsager gehen, um mich nach der Ursache der Schwierigkeiten zu erkundigen. Ich hatte wirklich nichts. Ich war arm. Und so blieb ich zu Hause und konnte nichts tun. Schließlich ging ich in den Viehkral und setzte mich dort nieder. Ich setzte mich einfach so dort hin und saß dort und wartete. Dann stand ich schließlich auf und ging zu der Ahnenkuh. Ich ging zu dem Platz, wo sie stand. Dort stand sie neben der roten Kuh, auf der linken Seite. Ich kam in ihre Nähe. Ich rieb sie mit Asche, weiter nichts, sehr sanft rieb ich sie mit Asche. Die Kuh leckte die Asche aus meiner Hand. Ich war glücklich. Als ich die Asche über den Schulterblättern einrieb, legte ich die andere Hand auf ihren Rücken. Sie stand ganz still und ließ sich alles gefallen. Dann sprach ich einige Worte. Ich sprach das, was ich mir überlegt hatte, als ich dort im Kral saß, bevor ich mich der Kuh näherte. Ich sprach mit sanfter Stimme

9. Vgl. K. A. Busia, »The Ashanti«, in: D. Forde (Hg.), *African Worlds*, London 1954, 190ff., ebd., 197.
10. Zitiert nach A.-I. Berglund, *Zulu Thought Patterns and Symbolism*, a. a. O., 204f.

zu den Ahnen. ›Oh ihr Väter, was macht mich so unruhig? Erst die Träume, die ich nicht verstehen kann. Dann die Krankheit. Ja, gestern mußte ich den ganzen Tag erbrechen; alles kam heraus, unaufhörlich, selbst die Galle! Das war gestern. Und heute ist es der Kopf! Die Schmerzen sind überall im Kopf. Und dann bin ich noch so arm. Ja, hier im Haus bin ich so arm. Ich kann nicht zum Wahrsager gehen, um herauszufinden, warum das alles hier geschieht. Darum stehe ich nun hier an diesem Platz, Väter meines Vaters! Seid nicht zornig und sagt nicht: Wie kann das Kind sich auf diese Weise uns nähern? Es hat ja nichts in den Händen und bringt uns nichts! Ich habe nichts gebracht als diese Kuh, die ich euch schon vor einiger Zeit dargebracht habe, wissend, daß sie das Tor zu euch ist. Ja, das ist der Grund, warum ich hier stehe. Ich spreche freundlich mit euch, so daß ich erfahren kann, warum ich krank bin.‹ Dann sprach ich von den Feldern, die so wenig Ertrag bringen, weil sie wegen der Krankheit nicht ordentlich gepflügt werden konnten. Ich bat noch einmal um Vergebung, daß ich mit leeren Händen gekommen war und verabschiedete mich. Während der ganzen Zeit stand ich neben der Kuh und sprach sehr freundlich. Auch die Kuh stand ganz still und tat nichts. Als ich meine Worte beendet hatte, stand ich noch immer still am gleichen Platz. Ich wußte, die Ahnen hatten meine Worte gehört, weil die Kuh so still war und sich nicht bewegt hatte.«

Der Zulu war davon überzeugt, daß er den Ahnen wirklich begegnet war. Nach diesem Gespräch mit seinen Vätern hat er Ruhe gefunden, Zuversicht zum Leben und schließlich Heilung. Seine spontan wirkende Gebetshandlung ist voller Symbolik, die in der Zulureligion beheimatet ist. Da ist z. B. die Asche. Sie stammt vom Ahnenherd im Haus. Asche (sie ist weiß) wird bei den Zulu mit den Ahnen assoziiert. Asche und Semen werden gleich benannt, *umlotha*. Das Gebet findet im Kälberkral statt. Er ist das Zentrum jeder Heimstatt. Das Rind ist Lebens- und Kraftträger schlechthin. Im Kälberkral wird der Hausherr begraben. Es ist der Platz der Ahnen. Nicht irgendwo macht der Zulu seine Erfahrung, sondern im Zentrum seiner Heimstatt, das zugleich symbolisches Zentrum seines Lebens und seiner Religion ist. Kuh, Asche, Kälberkral, das Gespräch – mitten in der profanen Welt empfängt er Hilfe, Stärkung und Heilung. Es ist eine Transzendenzerfahrung voller Kraft und Unmittelbarkeit. Jeder noch so profane Aspekt des Lebens kann zum Ort werden, wo das Heilige hervortritt. Wo das aber geschieht, da ruft auch in den afrikanischen Religionen das sich Einprägende, das sich Offenbarende beim Menschen die Antwort hervor. Er versucht, die Erfahrung zu lokalisieren und festzumachen, damit sie wiederholbar wird. Sie darf nicht singulär bleiben, sondern soll ihre Kraft als dauerhaft erweisen. Darum erwählt man gern den Ort zum religiösen Heiligtum, wo die Väter eine große Tat vollbracht und ihre Kraft unter Beweis gestellt haben.[11]

Nicht nur Orte, Gegenstände und Tiere werden ausgesondert, sondern auch Menschen können zum Ort der Begegnung mit der Kraft der Transzendenz werden. Wenn die Gottheit mit den Menschen Kontakt aufnehmen will, sagen die Dinka im südlichen Sudan, dann läßt sie etwas »fallen«, den Regen, den Blitz,

11. Vgl. oben Kap. II.1.1.

Kometen, Meteoriten, oder aber sie fällt selbst auf den Menschen und überfällt ihn.[12]

Viele Völker habe eine Reihe von Kriterien aufgestellt, mit deren Hilfe man ausmachen kann, ob eine wirkliche Besitzergreifung seitens der Ahnen oder der Gottheit stattfindet oder nicht. Kommt solch ein »Überfall« nur einmal, so wehrt man sich dagegen und versucht, sich davon wie von einem Übel zu befreien. Sprechen die Anzeichen jedoch für eine wirkliche Berufung, dann wird der Mensch ausgesondert. Er wird »Diviner«, »Prophet« und kann, je nach Gesellschaft und Vorstellungswelt, zu einem speziellen Amt ausgesondert und einer spezifischen Menschengruppe zugeordnet werden. Solch ein »Überfall« kann bei den primären Religionen vielfältige Formen annehmen: Besessenheit, Träume und Visionen, ganz »alltägliche« Dinge, wie ein immer wiederkehrender Schluckauf, ein ständiges Niesen, ein unzeitgemäßes Gähnen schon am frühen Morgen.

Dem Einbruch des Transzendenten, des Heiligen, begegnet man mit ambivalenten Gefühlen. Es wird als Zeichen der Gefahr und der Hilfe erfahren. Entziehen kann man sich ihm nicht. Ausgeliefertsein ist eine existentielle Grunderfahrung, durchdrungen von Transzendenz.

Die folgende Hymne der Dinka bringt das sprechend zum Ausdruck:[13]

»Ein Mann, der Deng (eine Gottheit) entgehen will,
wird Deng vor sich finden,
Zur Rechten wird er Deng finden,
Zur Linken wird er Deng finden,
Hinter sich wird er Deng finden.«

Diese an Aussagen des 139. Psalms erinnernden Sätze machen deutlich, wie stark die Präsenz der Geister respektive der Gottheit gespürt und geglaubt wird.

Ich selbst besitze eine Reliefschnitzerei der Makonde (Tanzania), die das bildlich zum Ausdruck bringt: Unten im Bild befinden sich gebückt zwei kleine Menschen, die erschrocken, wie zur Abwehr und zum Gebet, ihre Hände heben. Von allen Seiten sind sie von Geistern umgeben, die überall ihre Ohren, Augen und Hände haben, jederzeit bereit zum Eingreifen.

Die Transzendenz dringt mit Macht in das Leben des Menschen ein. Sie bedroht und schützt es in gleicher Weise und gibt ihm einen sakramentalen Charakter. Die Riten, als »Brückenköpfe des Sakralen«, halten diese Erfahrung fest und machen sie wiederholbar und kommunikabel, so sahen wir.[14] Das Sakrale verhält sich aber zum Leben nun nicht wie Übernatur und Natur, wie »Metaphysik« und Physik. Das Sein bemächtigt sich nicht des Seienden, vielmehr wird die Einheit der vor-

12. G. Lienhard, *Divinity and Experience*, a. a. O., 33.
13. Zitiert nach E. E. Evans-Pritchard, *Nuer Religion*, Oxford 1956, 47.
14. W. Jetter, *Symbol und Ritual. Anthropologische Elemente im Gottesdienst*, Göttingen 1978, 101. Vgl. dazu J. W. Taylor, *Du findest mich, wenn Du den Stein aufhebst. Christliche Präsenz im Leben Afrikas*, München 1965.

gegebenen Gesamtwirklichkeit mit dieser Erfahrung jeweils neu konstituiert. In jeder Detailerfahrung ist das Ganze präsent. Stellvertretend wird in ihm das ganze Gewebe sichtbar.

Die Polyphonie der Welt und Gottes

Das Ganze aber ist zu groß, als daß der Mensch ihm begegnen, es verstehen oder ertragen kann. Der Mensch wird Mensch durch die Begrenzung. Daß in der Begrenzung das Ganze ansichtig wird, das ermöglicht das Symbol. Seiner Bedeutung müssen wir uns in diesem Zusammenhang noch einmal zuwenden (s. Kap. II.2.1). Das Symbol ist der Schlüssel zur Wirklichkeit. Dabei ist das Symbol nicht, wie Freud meinte, ein Verdrängungsmechanismus, um sich der Wirklichkeit nicht stellen zu müssen, sondern der hermeneutische Schlüssel zur Welt und Gotteserfahrung schlechthin. »Das Symbol gibt zu denken«.[15] Es ist aktiv und hat erschließende Kraft. Doch was erschließt es und welche Dimension eröffnet es? Zuerst und vor allem das tausendfältige Gesicht der Welt, weil die Welt selbst Symbol ist. Die Welt ist Raum des Lebens und gewinnt ihre Festigkeit allein dadurch, daß der Ursprung des Lebens und das, was es erhält, stärkt und mehrt, präsent ist. Dafür steht das Symbol ein. Jeder Bereich der Welt ist Ort des Lebens und damit Ort der Erfahrung seiner Gefährdung, seiner Bewahrung, seines Ursprungs, seiner Transzendenz, Ort also der Epiphanie des Gottes. Auch das Umgekehrte gilt: Die Epiphanie der Gottheit kommt als Welt zur Sprache, ist nur »welthaft« präsent, anthropomorph im partikularen Symbol, das dennoch auf das Ganze weist. Da Welterfahrung immer plural ist, kann auch das sie Transzendierende nur plural zum Ausdruck kommen. Das ist letztlich der Grund für das Phänomen, das im Abendland mit dem mißverständlichen, wenn nicht falschen Begriff des *Polytheismus* umschrieben wird. Das schließt das Wissen um das Eine, umfassende, das »Netz«, das gleichsam alle umspannt, um ein Bild von Rabbi Aquiba aufzugreifen, nicht aus, sondern richtet den Blick in eine andere Richtung. Davon wird noch zu sprechen sein. Hier geht es zunächst darum, den engen Zusammenhang zwischen pluraler Welterfahrung und der Polyphonie der Gottheiten zu verstehen.

Die Gottheiten stehen für die gegliederte Welt, für ihre Ausdifferenziertheit. Die Situationen, denen der Mensch ausgesetzt ist, sind unbegrenzt, darum ist auch letztlich die Zahl der Götter unzählbar, denn in allen Situationen kann er ihrer ansichtig werden, muß er sich ihrer Hilfe vergewissern können. Gottheit und Situation verschmelzen so stark, daß diese in ihrer Funktion, respektive der Situation, in der sie erfahren wird und man sie anruft, aufgeht. Der Ort ihrer Epiphanie,

15. P. Ricoeur, *Symbolik des Bösen. Phänomenologie der Schuld II*, München 1971, 404 f. Vgl. zum afrikanischen Symbol T. Sundermeier, »Symbol und Wirklichkeit. Zum Verständnis afrikanischer Symbolik«, *ZM* 1975 155 ff.; zusammenfassend H. Rücker, *Afrikanische Theologie. Darstellung und Dialog*, a. a. O., 101-157.

die situative Funktion wird zu ihrem Namen. Das ist besonders ausgeprägt der Fall in der römischen Religion, gilt aber in abgeschwächter Form ebenso für die griechische, für die ägyptische Religion und die Stammesreligionen, wo oftmals Geister diesen Platz einnehmen. Das Wachstum der Saat unterstand in der römischen Religion der *Seia*, das Keimen und Ausschlagen der *Proserpina*, das Wachstum über der Erde stand unter dem Segen von *Segesta*. Während *Volutina* auf die Knospen achtete, besorgte *Flora* das Blühen und für das Reifen war *Matura* zuständig.[16] Die Namen sagen, was man von den Gottheiten erwartet. Konkrete Gegenstände werden zu Mächten: *Janus* (die Tür), *Vesta* (der Herd), *Cardea* und *Limentius* gehören zu den zwei Seiten der Schwelle![17] Die Wirkung der Götter ist auf das praktische Leben ausgerichtet. Sie wollen sein, wozu man sie braucht. Da es um konkrete Hilfe geht, ist auch die namentliche Anrufung konkret und entspricht der Sache, um die es geht.

Gott, der eine Horizont

Doch wie ist das Verhältnis des einen Gottes zu den vielen Gottheiten zu verstehen? Es ist ein bemerkenswertes Phänomen, daß in den einfachsten Gesellschaften Gott als der eine Gott viel öfter geglaubt wird als in ausdifferenzierten Gesellschaften. Ohne hier Gesetzmäßigkeiten und monokausale Zusammenhänge behaupten zu wollen, so scheint eine Wechselwirkung zwischen Gesellschaft und Religion insofern zu bestehen, als mit einer Ausdifferenzierung der Gesellschaft und ihrer Komplexitätssteigerung eine Ausdifferenzierung der hierarchischen

16. Vgl. dazu ausführlicher G. van der Leeuw, *Phänomenologie der Religion*, a. a. O., § 17. Für unsere Zeit hat Baudelaire den Zusammenhang zwischen den Erfahrungen in der Welt der Natur und den über sich hinausweisenden Symbolen sensibel in dem Gedicht »Correspondances« erfaßt:
    »La nature est un temple où des vivants piliers
    Laissent parfois sortir de confuses paroles;
    L'homme y passe à travers des forêts de symboles
    Qui l'observent avec des regards familiers ...«
    Mir scheint, daß V. Turners großes Buch über die Ndembu-Riten seinen sprechenden Titel »The Forest of Symbols« (a. a. O.) von Baudelaire entlehnt hat.
17. Es ist unmittelbar einleuchtend, wie sehr die römische Religion der Mutterboden ist, auf dem die Heiligenverehrung der römisch-katholischen Kirche entstand und dort wuchern konnte. Statt der Gottheiten nehmen nun die Heiligen jenen Platz ein, an dem man im Alltag und in besonderen Situationen ihrer bedarf. Ihr eigenes Leben korrespondiert mit den Situationen, in denen man sie anruft. Ihr Leben ist prägend für die rituelle Begehung, in der sie eine zentrale Rolle spielen. »Weil dem Apostel Johannes der Giftbecher nicht geschadet hat, ahmt man sein Trinken in der Johannes-Minne nach, damit nichts Trinkbares schadet. Weil Sankt Blasius durch einen Segen einen Knaben vor dem Erstickungstod gerettet hat, wird an seinem Fest der Halssegen erteilt«. A. Kirchgässner, *Die mächtigen Zeichen*, a. a. O., 190.

Ordnung der jeweiligen Religion und ihrer Gottesvorstellungen Hand in Hand geht. Die einfachen Gesellschaften der Buschleute z.B. sind in bemerkenswerter Weise auf den einen Gott ausgerichtet. Auch in den nomadischen hamitischen Völkern Ostafrikas bleibt der eine Gott Fokus der Frömmigkeit, auch wenn sich, so scheint es, eher modalistisch andere Gottheiten ihm zuordnen.[18] Dagegen spiegeln sich die großen Königtümer Westafrikas in einer hierarchisch geordneten Götterwelt wider. Der folgende Mythos der Yoruba/Nigeria mag das verdeutlichen.

»Die 1700 Gottheiten konspirierten gegen Olódùmarè (den höchsten Gott der Yoruba) und beschlossen, er müsse abdanken und seine Macht und Autorität ihnen übertragen. Wenn er es nicht gleich für immer tun wolle, solle er es wenigstens für eine Zeit von 16 Jahren tun. Dann könne man weitersehen. Olódùmarè schlug vor, sie sollten doch erst einmal 16 Tage wählen, das wäre vielleicht weiser. Mit Freuden stimmte man diesem Vorschlag zu: Die Welt gehörte 16 Tage ihnen, und sie konnten wählen, auf welche Weise sie die Welt regieren wollten. Unmittelbar gingen sie an die Arbeit. Aber schon nach 8 Tagen entdeckten sie, daß die Dinge schiefliefen, daß die Maschinerie des Universums faktisch zum Stillstand gekommen war. Alles nur Erdenkliche probierten sie aus, um die Sache wieder in Gang zu bringen, aber kein Fortschritt wurde erzielt; alle möglichen Taktiken erdachten sie sich, aber vergebens: Der Himmel schickte keinen Regen, die Flüsse versandeten, der Yams ging zwar auf, verkümmerte aber, das Korn trug zwar Ähren, aber es reifte nicht; der Saft der Bäume wurde getrunken, um den brennenden Durst zu löschen. Man fragte Orulímà mittels eines Orakels, aber vergeblich, denn das Orakel war taub und die Orakelstäbe funktionierten nicht; die täglichen Feste in den Häusern der Gottheiten hörten auf; die ganze Erde würde sicherlich zugrunde gehen! Die Gottheiten waren mit ihrer Weisheit am Ende. Nichts blieb übrig als zu Olódùmarè zu gehen. Und so kamen sie, beschämt und mit hängenden Köpfen, und bekannten ihre Dummheit, bekannten, daß er allein mächtig und ihnen allen überlegen sei und baten um Erbarmen. Der gütige Vater lachte über ihre Dummheit und vergab ihnen. Dann schaltete er die Maschinerie des Universums wieder an und unmittelbar nahm es wieder seinen normalen Lauf. Die Gottheiten aber gingen fort und sangen:

Mag es 1400 Hausgottheiten geben,
mag es 1200 Marktplatzgottheiten geben, doch gibt es nicht eine, die mit Olódùmarè verglichen werden kann:
Olódùmarè ist der einzigartige König.
Unsern kürzlichen Disput,
Édumàrè hat ihn gewonnen.
Ja, Édumàrè«.[19]

Es geht in diesem Mythos nur sekundär um das Verhältnis der Gottheiten zu Gott, sondern vor allem um die Welt und die Gefahr, daß sich der Mensch in ihr verlieren oder nicht mehr zurechtfinden kann. Der Mythos ist ein Spiegel der immer

18. So E. E. Evans-Pritchard, *Nuer Religion*, a.a.O., 47.
19. Zit. nach E. B. Idowu, *African Traditional Religion. A Definition*, London 1973, 159.

komplexer werdenden, weil sich vergrößernden Yoruba-Gesellschaft. Wie kann die Gesellschaft noch funktionieren, wenn man nur mit einem kleinen Teil der Verwaltung zu tun hat und sie zu Gesicht bekommt? Wie kann die Gesamtheit der Welt noch funktionieren, wenn der einzelne Mensch sich nur noch an eine Gottheit wendet und nur wenige der vielen Gottheiten kennt? Die neuen Königtümer bieten eine Fülle von Möglichkeiten des Wechsels von Raum, Ort und Arbeit, so daß der Mensch in immer neue Dimensionen der Welt vordringt und sich unbehaust fühlt. Wie kann er darin noch Gewißheit seines Lebens finden? Der Mythos hat den Rahmen der Kleingesellschaft gesprengt und reflektiert die Probleme einer Großgesellschaft.[20]

Um die Frage nach dem Verhältnis von dem einen Gott zu den vielen einer Antwort näherbringen zu können, muß zuvor geklärt werden, wie in der primalen Gesellschaft Gottes Verhältnis zur Welt gedacht wird. Ein Mythos aus Westafrika kann es verdeutlichen.

»Einst war der Himmel nahe bei der Erde. Gott wohnte bei den Menschen. So nahe war der Himmel, daß die Menschen sich nur gebückt bewegen konnten. Um ihren Unterhalt mußten sie sich keine Sorgen machen, es genügte, die Hand auszustrecken, und man konnte Stücke vom Himmel zum Essen abbrechen.

Eines Tages aber begann ein junges Mädchen, die Häuptlingstochter, eine *mukuwan* (ein ungezogenes Kind, das alles umgekehrt tut und das Gegenteil von dem, was die anderen tun), die Erde zu betrachten und statt daß sie Stücke des Himmelsgewölbes abbrach, um sich zu ernähren, nahm sie die Körner, die sie fand. Sie machte sich einen Mörser und einen Stampfer, um die Körner zu zerstampfen, die sie von der Erde aufgelesen hatte. Das Mädchen kniete beim Stampfen auf der Erde, doch wenn sie den Stampfer hochhob, stieß dieser gegen den Himmel und Gott. Weil sie sich in ihrer Arbeit belästigt fühlte, sagte das Mädchen zum Himmel: Gott, kannst du dich nicht ein wenig entfernen?

Der Himmel entfernte sich ein wenig, und das junge Mädchen konnte sich mehr aufrichten. Sie setzte die Arbeit fort, und je länger sie die Körner zerstampfte, um so höher hob sie den Stampfer. Sie beschwerte sich ein zweites Mal bei dem Himmel: Der Himmel entfernte sich noch einmal ein wenig. Schließlich fing sie an, ihren Stampfer in die Luft zu heben. Bei der dritten Beschwerde zog sich der Himmel beleidigt weit zurück, dorthin, wo er jetzt ist.

Seit der Zeit gehen und stehen die Menschen aufrecht. Sie ernähren sich nicht mehr

20. Zur Korrespondenz von Mythos und Gesellschaft bei den Fon in Benin schreibt M. J. Herskovits: »Die dahomeysche Kultur basiert auf der Kontrolle durch ein Beamtentum, das unter einem König wesentlich so hierarchisch strukturiert ist, wie die Ordnung, die man den Gottheiten zuschreibt … Wie jeder Oberhäuptling, der über eine Region regierte, unter seiner Gewalt Unterhäuptlinge hatte, die ihm verantwortlich waren, so hat jedes Patheonhaupt kleinere Gottheiten unter seiner Kontrolle, die ihm Rechenschaft schuldig sind …«. Zit. nach P. Mercier, »The Fon of Dahomey«, in: D. Forde (Hg.), *African Worlds. Studies in the Cosmological Ideas and Social Values of African Peoples*, 4. ed., London/New York 1963, 210ff., ebd., 233.

von Stücken des Himmels, sondern Hirse wurde ihre Nahrung. Zudem kommt Gott nicht mehr wie einst zu den Menschen, als er jeden Abend ihre Palaver leitete; jetzt sind die Menschen allein bei ihrem Palaver: das ist der Krieg«.[21]

Die Mythen kennen eine Zeit, da Gott bei den Menschen war. Aber diese Zeit ist Vergangenheit, ein für allemal. Sie war kein »goldenes Zeitalter« im Sinne des paradiesischen Überflusses. Man hatte jedoch genug zu essen, wie andere Versionen der Geschichte deutlich machen. Es reichte für jeden Tag. Mehr bedurfte es nicht. Wer mehr sucht als das »tägliche Brot«, gilt als »gierig«, handelt verkehrt, davon ist man auch heute noch überzeugt. Mythen der Vergangenheit enthalten ethische Lehren für heute. Das Fehlverhalten der Menschen zerstört das Verhältnis zu Gott. Er zieht sich zurück, darum gibt es vom Menschen aus keine Möglichkeit, den Abstand zu Gott zu überbrücken. Gott jedoch hat die Macht, zum Menschen zu kommen. Die Richtung ist unumkehrbar.

Die Besonderheit der hier überlieferten Version besteht darin, daß die Trennung von Gott und Mensch zur »Menschwerdung« des Menschen führt, zu seiner »Autonomie«. Das Mädchen wendet sich der Erde zu. Gottes Nähe wirkt »erdrückend«. Der Mensch wurde zwar versorgt, doch er ging gebückt. Nun geht er aufrecht, aber lebt unversorgt. Er darf, ja er muß arbeiten. Doch die »Selbstverwirklichung«, um einen modernen Begriff zu gebrauchen, führt nicht zum allgemeinen Frieden. Im Gegenteil, solange Gott die Gespräche der Menschen leitete, herrschte Frieden. Allein gelassen, ist selbst das Wort der Menschen tödlich. Palaver ohne Gott ist Krieg!

Ist Gott dadurch, daß er sich zurückzog, zum »deus remotus et otiosus« geworden, wie er in der Literatur oft beschrieben wird? Davon kann keine Rede sein. Die räumliche Distanz markiert die existentielle aus der Perspektive des Menschen: Gott ist für den Menschen unerreichbar geworden. Dennoch ist er präsent, auch wenn er fern ist. »Wenn die Wolken niedrig sind, ist der Himmel nah. Das macht uns furchtsam, denn er, der Herr des Himmels, ist nah. Dann sollten die Leute im Hause bleiben und sich still verhalten. Der Große ist nah«, sagte ein Zulu zu einem meiner Freunde.[22] »Gott handelt durch Ameisen«, lautet ein Sprichwort der Tswana in Südafrika. Sie drücken damit aus, daß Gott durch kleine, oft unsichtbare Dinge wirksam ist. Ihm selbst aber, den großen Gott, darf man nicht mit kleinen Dingen belästigen. Dafür ist er zu groß. Den Einbruch transzendenter Mächte darf man rituell begehen und sie an den Orten der Manifestation ihrer Macht verehren, die eigentliche *Gottes*erfahrung aber übersteigt menschliches Fassungsvermögen. Sie läßt sich nicht lokalisieren und ritualisieren. Darum ist der Glaube an Gott den Schöpfer in den Stammesreligionen, von Ausnahmen ab-

21. Zit. nach L.-V. Thomas/R. Luneau, *La terre africaine et ses religions: traditions et changements*, Paris 1975, 136. Zur Version der Dinka vgl. W. Schmidt, *Ursprung der Gottesidee*, Bd. 8, Münster 1928, 131.
22. A.-I. Berglund, *Zulu Thought Patterns*, a. a. O., 32.

gesehen, kultlos. Man ruft ihn nur in Situationen größten Dankes und größter Not an. Die Namen, unter denen er angerufen wird, die Epitheta, drücken Unermeßlichkeit, Unüberbietbarkeit aus. Über Gott gibt es nichts hinaus. Darum kann es auch kein Gottes*bild* geben. Gott bleibt unsichtbar, auch im Kult. Die Verehrung des einen Gottes, des Schöpfers und Ursprungs alles Seienden, bedarf des Götterbildes nicht. Versöhnungsreligionen sind in ihrer Gottesverehrung ursprünglich bildlos. Wer will und kann das nicht Erfahrbare faßbar machen, das nicht Begrenzbare einengen, die Grenze, die alles begrenzt, im Begrenzten sichtbar machen?

»Er schuf die Welt,
Unendlicher Schöpfer,
Er schuf die Welt.
Was schuf er?
Er schuf die Ordnung,
Er schuf das Wissen,
Er schuf den Tod,
Als seine Quintessenz«.[23]

Wenn man diese Gottesvorstellung in unsere, vom Abendland geprägten religionswissenschaftlichen Kategorien pressen will, erweisen sie sich als zu eng. Es wäre falsch, diese Gottesvorstellung monotheistisch zu nennen, denn das umgrenzende Eine impliziert nicht den radikalen Ausschluß von anderen. Gotteserfahrung bezieht sich auf den familiären Nahbereich, darum läßt sie sich mit dem Ahnenglauben harmonisch verbinden. Sie bezieht sich auf die komplexer werdende Mitwelt, darum läßt sie sich bruchlos zur pluralen, also »polytheistischen« Göttervielfalt erweitern. Polytheismus sagt in erster Linie nichts über Gott aus, sondern deutet polyphone Welterfahrung. »Polytheismus ist ein qualitativer und kein quantitativer Begriff. Er ist nicht der Glaube an eine Vielzahl von Göttern, sondern das Fehlen eines Unbedingten, das über sie hinausgeht und sie einigt«, sagt P. Tillich.[24] Genauer müßte man sagen: »... das sie einigt und *monopolisiert.*« Ein Konkurrenzverhältnis zu anderen Göttern kennt der Gottesglaube der Stammesreligionen nicht. Jeder ruft zwar den Gott so an, wie er ihn kennt, doch ist es ein Leichtes, ihn unter anderem Namen und in anderer Umgebung zu glauben. Alltagsrelevant sind vorwiegend die Ahnen, und die sind nicht austauschbar, oder die Geister, und deren Eindrücklichkeit ebensowenig. Darum hat jede Stammesreligion nur im eigenen Land unter den Stammesangehörigen Gültigkeit.

23. So lautet eines der Sprichwörter der Ashanti/Ghana. Zit. nach J. B. Danquah, *Akan Doctrine of God*, London 1969, 132.
24. P. Tillich, *Systematische Theologie*, Bd. I, Stuttgart 1956, 258.

Der ausschließliche Gott

Der Wechsel zum Gottesverständnis der sekundären Stifterreligionen ist tiefgreifend. Der Erwählungsgedanke, zuvor unbekannt, wird zentral. Erwählung setzt Grenzen. Die Erwählung trifft einzelne, eine Gruppe, ein Volk. Sie schließt andere aus. Das Verhältnis des Erwählten zum Erwählenden ist exklusiv. Die Exklusivität des Monotheismus – um in Ermangelung eines besseren Begriffs die gebräuchliche Terminologie beizubehalten – ist die unumgängliche Konsequenz. Der Monotheismus ist nicht ein gedankliches Glasperlenspiel, das das Problem des Verhältnisses des Einen und der Vielen zu lösen sucht, auch wenn das als theologische Leistung nicht auszuschließen ist. Die eigentliche Leistung des Monotheismus liegt in der Konzentration, ja Reduktion der Welterfahrung. Dies hat revolutionäre Folgen. Das läßt sich an dem nach unseren Erkenntnissen ersten Monotheismus in der Religionsgeschichte verdeutlichen.[25] Echnaton hat als erster die Einheit Gottes radikal zu Ende gedacht und damit den Himmel und in Folge davon auch die Tempel der anderen Götter entleert. Mit härtesten Bandagen ist er gegen sie und ihre Priesterschaft zu Felde gezogen, hat ihre Tempel zerstört, ihr Kultwesen verboten und alles, die Religion und das gesellschaftlich-politische Leben, auf Aton ausgerichtet. Gewiß, Echnaton hatte Vorläufer, die immer schon Aton, dem Sonnengott eine führende Position zuerkannten und seine Bedeutung für die anderen Götter reflektierten. Schon die Reduktion der Vielfalt der Götter auf die Dreiheit Amun, Re und Ptah am Ende der 18. Dynastie, am Ende des 14. Jahrhunderts vor Chr., die Subsumierung der anderen Götter unter ihren Namen und die geradezu modalistische Entfaltung der drei Götter als Erscheinungsform des Göttlichen in der Welt zeigt, wie sehr man in Ägypten überschaubare Ordnungen gesucht und sich nach ihnen gerichtet hat.

Dieses Ordnungssystem zielte jedoch nie auf eine Hierarchie der Götter unter einem einzigen höchsten Gott, dem sich alle anderen unterzuordnen hätten, so daß schließlich aus solch einer hierarchisch geordneten Götterpyramide der Monotheismus erwachsen konnte. Ägypten hat sich immer geweigert, die Vielfalt numerisch zu reduzieren und einzuengen. Wohl aber erlaubte seine Religion, vor allem in der Ramassidenzeit, daß sich der einzelne in seiner Frömmigkeit ausschließlich einem Gott zuwandte, ja ihn als den (für ihn) einzigen gelten ließ. Dieser in der Frömmigkeit begründete »Henotheismus« oder die hier erkennbar werdende »Monolatrie« (beides unzureichende Begriffe abendländischer Prägung) hat jedoch nichts mit dem hier zu verhandelnden Monotheismus zu tun.[26] Das

25. Man vergleiche aber auch die Reduktion der Gottesepitheta in der altnordischen Dichtung beim Übergang zur christlichen Dichtung. Vgl. dazu K. Düwel, »Die Umschreibungen für ›Gott‹ in der altnordischen Dichtung«, in: M. Krauss/J. Lundbeck (Hg.), *Die vielen Namen Gottes* (FS G. Heinz-Mohr), Stuttgart 1974, 65-74.

26. Vgl. dazu H. Brunner, »Vom Wesen des Polytheismus und seinem Wahrheitsgehalt«, in: *Univ.* 1974, 597ff.; E. Hornung, *Der Eine und die Vielen*, 2. Aufl., Darmstadt 1973; J. Ass-

muß aus religionsgeschichtlicher Sicht auch deutlich gegen den merkwürdigen, in der pluralistischen Theologie verschiedentlich vertretenen Vorschlag gesagt werden, den Gedanken der absoluten Einheit Gottes durch den der Einzigartigkeit ersetzen zu können. Den Anspruch Gottes, der allein einzige zu sein, der dem Monotheismus inhärent ist, in das fromme Bewußtsein des einzelnen zu verlegen, der sich diesem Gott als dem einzigen anvertraut und ihn allein verehrt, so wie man die geliebte Frau als die schönste und einzige verehrt und liebt, wird gerade nicht dem inneren Radikalismus monotheistischer Gottesvorstellung gerecht.[27] Für solch eine Hinwendung des Frommen zu dem Gott, der ihm geholfen hat und nun allein und ausschließlich um Hilfe angegangen wird, hat der Polytheismus immer Raum gehabt. Das gilt für Indien in gleicher Weise wie für die ägyptische Religion.[28] Dem Beter, der seinen Gott als »den Größten und Höchsten«, als den »alleinigen« preist und dem er sich mit Leib und Seele verbunden weiß, ist immer bewußt geblieben, daß der eine Gott, der ihm alles bedeutet, doch letztlich einer unter vielen ist. Ja, gerade diese Begrenzung der Fülle der Macht und der Größe der Gottheit auf den Akt der Frömmigkeit impliziert, daß man in einer anderen Situation einem anderen Gott eben jene Größe und Ausschließlichkeit preisend zuerkennen kann.[29]

Der Monotheismus Echnatons ist nicht eine radikalisierte Form dieses Henotheismus, sondern stellt etwas absolut Neues dar. Jetzt ist allen nur noch die Verehrung dieses einen Gottes gestattet. »Aus dem Gott ›ohne seinesgleichen‹ ist ein Gott ›ohne einen anderen außer ihm‹ geworden«.[30]

Die Welt ist nicht mehr transparent zum Geheimnis Gottes, sie präsentiert sich nicht so, daß sie mit den Göttern begriffen und verhandelt werden kann. Die Welt verliert in diesem und jedem Monotheismus ihren Heilssinn. Jede transzendentale Verweisung wird ihr abgesprochen. Sie ist, was sie ist. Sie verweist auf nichts, aber existiert kraft des Lichtes der Sonne Atons. Sie ist Quelle allen Lebens, ja »einzige

mann, *Ägypten. Theologie und Frömmigkeit einer frühen Hochkultur*, Stuttgart u. a. 1984, 221 ff.

27. Vgl. J. Hick/P. F. Knitter, *The Myth of Christian Uniqueness. Toward a Pluralistic Theology of Religions*, New York 1987; R. Bernhard (Hg.), *Horizontüberschreitung. Die pluralistische Theologie der Religionen*, Gütersloh 1991.
28. Zur indischen Ishvara und Ishta devata-Vorstellung vgl. K. Klostermaier, *Hinduismus*, Köln 1965, 221 ff.
29. »So haben wir zum Beispiel den Denkstein eines Zwillingspaares, das den Gott Re anbetet und in den höchsten Tönen preist als den alleinigen Gott, den Herrn aller Wesen auf Erden und im Himmel, dem die beiden Brüder das Leben, allen beruflichen Erfolg, kurzum alles Glück verdanken. Liest man nur diesen einen Hymnus, so möchte man meinen, es hier mit einer Art Monotheismus zu tun zu haben. Tatsächlich aber findet sich in einem zweiten Felde derselben Stele ein Gebet eben dieser Brüder an den Totengott Osiris, der in dem Augenblick ihnen wichtig wird …«, schreibt zum Problem H. Brunner, *Vom Wesen des Polytheismus*, a. a. O., 604.
30. H. Brunner, *Vom Wesen des Polytheismus*, a. a. O., 605.

Quelle allen Seins«.[31] Hier geschieht Offenbarung, Epiphanie des Gottes, jeden Morgen neu, wenn die Sonne aufgeht und endet mit dem letzten Schein der untergehenden Sonne. Offenbarung heißt jedoch nicht, daß etwas unerhört Neues hereinbricht, heißt nicht, daß der Gott spricht. Die Sonne »spricht« nicht, sondern sie leuchtet. Man sieht sie, der Gott wird »gefunden«.[32] Das ist seine Offenbarung.

In dem um 1350 vor Chr. geschriebenen und 1884 wiederentdeckten und immer wieder zitierten Sonnenhymnus des Echnaton ist die Welt entsymbolisiert. Gott wird gepriesen, indem man die Welt beschreibt, wie sie unter dem Lichte Gottes zum Leben erwacht und mit dem Vergehen seines Lichtes ihre Kraft verliert. Mehr wird nicht gesagt. Solches Preisen ist genug, aber es entbindet zu einer bis dahin nicht gekannten »Natürlichkeit«. Da die Welt ganz ins Licht der Sonne gehüllt ist, ist für das Böse kein Platz. Nur Güte breitet sich aus. Aton greift nicht ein, das Böse zu strafen. Ein Gott der Gerechtigkeit ist er nicht. In der Nacht ist er abwesend.

»Gehst zur Rüste im westlichen Lichtberge, so ist die Welt in Finsternis, wie im Tode. Die Schläfer sind in der Kammer, und die Häupter verhüllt, nicht kann ein Auge das Andere sehen. Gestohlen werden alle ihre Sachen, während sie unter ihren Häuptern liegen; sie merken es nicht. – Jedwedes Raubzeug kommt hervor aus seiner Höhle, alles Gewürm beißt. ... Die Welt liegt in Stille, denn der sie erschuf, ist zur Rüste gegangen ...«.[33] Das Böse hat in der Theologie Echnatons keinen Platz. Der Tod, sonst zentrales Thema ägyptischer Religionen, wird nicht mehr bedacht.

Echnatons monotheistische Revolution hat sich nicht durchgesetzt. Nur 20 Jahre hatte er Zeit, sie ins politische Leben umzusetzen. In gleicher Weise, wie er die Namen der Götter hatte eliminieren und die Tempel Amuns verfallen lassen, wurde seine Religion nach seinem Tod vernichtet. Was immer die Gründe dafür gewesen sind, wie radikal auch sein Gedächtnis ausgetilgt wurde, ein einmal in dieser Größe und religiösen Innovationskraft Gedachtes geht nicht einfach unter, sondern wirkt weiter. Einen direkten Zusammenhang mit dem mosaischen Monotheismus wird man kulturgeschichtlich annehmen, aber nicht auch beweisen können. Nur deutliche »Spuren« sind zu erkennen, wie Psalm 104 zeigt.[34] Uns geht es aber nicht um Abhängigkeiten und historische Zusammenhänge, sondern um

31. J. Assmann, *Stein und Zeit*, a.a.O., 69. Vgl. ders., »Monotheismus und Kosmotheismus. Ägyptische Formen des ›Denkens des Einen‹ und ihre europäische Rezeptionsgeschichte«, in: *Sitzungsberichte der Heidelberger Akademie der Wissenschaften*, Heidelberg 1993.
32. In vielen Sprachen assoziiert der Ausdruck für Gott »Licht«, »Aufleuchten«, »Tag«: divus, deus, Zeus u.a. J. Assmann, *Stein und Zeit*, a.a.O., 71.
33. Zit. nach A. Bertholet (Hg.), *Religionsgeschichtliches Lesebuch*, Heft 10, 2. Aufl., Tübingen 1928, 6. »Die Nacht ist ein gottfreier Raum«, schlußfolgert H. Brunner, *Vom Wesen des Polytheismus*, a.a.O., 608.
34. J. Assmann, *Ägypten. Eine Sinngeschichte*, München/Wien 1996, 248; ders. *Moses der Ägypter*, a.a.O.

Differenzen und Übereinstimmungen, um Ähnlichkeiten und Variationen von Motiven im Glauben an den einen Gott, wie er sich im Typus der Versöhnungreligionen findet, zu dem die Stammesreligionen ebenso gehören wie die ägyptische und die israelitische Religion.

Wir fassen zusammen. Gott wird in den Stammesreligionen unkultisch verehrt. Er wird in besonderen Extremsituationen als ganz nah erfahren, dennoch ist und bleibt er fern, aktiv in seiner Unsichtbarkeit.[35] Er kann wie bei den Meru in Tansania und bei anderen Stämmen Sonne genannt werden, doch das verändert nicht die Erfahrung seines Wesens und Handelns.[36] Die räumliche Distanz zu ihm wird auch bei den Meru von den Ahnen gefüllt. Ein persönliches Verhältnis zu Gott ist nicht erkennbar. Gott ist der letzte Halt, die unhinterfragbare Grenze, jenseits von Gut und Böse, ohne richterliche Funktion. Doch die Welt ist sein Text, in Symbolen ist sie zu ihm hin offen.

Ohne richterliche Funktion ist auch der Gott Echnatons. In seinem Licht leben alle. Alles Sichtbare und Unsichtbare empfängt ausschließlich von ihm das Leben. Alles was lebt, existiert, solange es von seinem Licht überstrahlt wird. Er ist ihre Zeit.[37] Welt und Gott sind auch hier miteinander verbunden, doch nicht mehr im vielschichtigen Symbol. Die Welt ist (nur noch) reines Zeichen, eindimensional. Gott wird im klaren Licht der Sonne sichtbar. Seine Präsenz kann bildnerisch als Sonne dargestellt werden. Darin unterscheidet sich Echnatons Gottesglauben von dem der primären Religionen. Gott ist zumindest in Afrika nicht darstellbar. Aber auch darin unterscheidet sich der Gottesglaube Echnatons von dem des übrigen Afrika, daß Aton neben sich niemanden verträgt. Er erfüllt alles. Außer ihm kann es niemanden geben, der über Gute und Böse sein Licht scheinen läßt. Daß sich der Raum zwischen ihm und der Welt mit Göttern anfüllt, ist undenkbar.

Der mosaische Monotheismus enthält Elemente dieser beiden Konzepte von Gott und fügt neue Akzente hinzu. Wie in Afrika ist Gott nicht darstellbar. Ja, hier wird es noch schärfer formuliert: Er darf nicht dargestellt werden. Der radikale Monotheismus setzt scharfe Grenzen, ist eine Anti-Religion. Mit den primären Religionen verbindet den mosaischen Monotheismus die Dialektik von Nähe und Ferne, der Schöpfungsgedanke sowie das Wissen, daß niemand Gott entfliehen kann und es über ihn hinaus nichts gibt.

Mit Echnatons Gottesglauben dagegen verbindet ihn, daß Gottes schöpferi-

35. Vgl. auch das Lied der Fang: »Nzame (ein in dieser oder anderer Form gebräuchlicher Gottesname im Bantu-Afrika) ist in der Höhe, der Mensch hienieden. / Gott ist Gott, der Mensch ist Mensch. / Jeder bei sich, jeder in seinem Haus«. Zit. nach M. Eliade, *Die Religionen und das Heilige. Elemente der Religionsgeschichte*, Frankfurt a. M. 1986, 77.

36. Zum Verhältnis von Gott und Sonne bei den Meru vgl. R. Harjula, *God and the Sun in Meru Thought*, Helsinki 1969.

37. »Die Erde entsteht auf deinen Wink, wie du sie geschaffen hast. / Du gehst auf, sie leben, / du gehst unter – sie sterben, / du bist die Zeit selbst, man lebt in dir«. Zit. nach J. Assmann, *Stein und Zeit*, a. a. O., 71.

sches Handeln keinen Raum für andere zuläßt. Er ist der aktive Erhalter der Welt. Durch ihn selbst wird sie »profanisiert«: Sie ist nur das, wozu sie erschaffen wurde.

Vom afrikanischen oder ägyptischen Glauben an den einen Gott aber unterscheidet sich der mosaische dadurch, daß Gott Redender ist. Er spricht, er urteilt, er hat Gefühle, er kann zornig sein und strafen und lohnt das Gute. Er ist Richter und bewirkt Gerechtigkeit. Er ist eifersüchtig. Er erwählt ein Volk und bindet sich daran. Der mosaische Glaube ist deshalb wie die primäre Religionserfahrung unmissionarisch, während der des Echnaton in letzter Konsequenz missionarisch ist. Überall in der Welt sollen für Aton Tempel errichtet und soll nach dem Willen des Pharao zu seiner Verehrung aufgerufen werden.

Bei allen Unterschieden haben die drei »Monotheismen« eines gemeinsam, sie alle verbinden Gott und die Menschenwelt unlöslich miteinander. Es geht um den Menschen in dieser Welt und um ein friedliches Zusammenleben auf dieser von Gott geschaffenen Erde. Darin erweisen sich alle drei als »Versöhnungsreligionen«.

Die Erlösungsreligionen bieten dagegen ein ganz anderes Bild. Der Einheitsgedanke wird hier noch einmal so radikalisiert, daß in den monistischen (der kein monotheistischer ist) Sog Welt, Mensch und auch Gott so hineingerissen werden, daß sie miteinander verschmelzen und es nur noch die eine Wirklichkeit gibt, Gott selbst.[38] Hier geht es um Erlösung von der Welt, um heimzukehren dorthin, woher

38. Die Bhagavadgita spiegelt den Geist der Erlösungsreligionen, um die es hier geht, präzise wieder. Daraus einige Verse:
»Ich bin für die ganze Welt
der Quell wie auch der Untergang.
Nicht gibt es irgend etwas Höheres,
Oh Dhahnamjaya (Arjuna)! Auf mich ist dieses All gereiht
wie Perlen auf der Schnur.
Die Feuchtigkeit im Wasser bin ich, Oh Kunti – Sohn;
das Licht bin ich von Mond und Sonne;
das Om in allen Veden, der Ton im Luftraum,
die Männlichkeit in den Männern.
Der reine Duft auf der Erde und der Glanz im Feuer bin ich;
das Leben in allen Wesen und die Glut in den Asketen bin ich.
...
Alle aus Wahrheit, Leidenschaft und Finsternis stammenden Erscheinungen/erkenne sie aus mir stammend!
Ich bin nicht in ihnen; sie sind in mir.« (Bhagav. VII,6-12).
»Ich bin der Opferkult, ich bin das Opfer,
ich bin die Spende für die Ahnen, ich bin das Kraut;
der Opferspruch, das Butterschmalz,
das Opferfeuer, das Geopferte bin ich.
Ich bin der Vater dieser Welt,
Mutter, Schöpfer, Großmutter,
Lehre, Läuterung, Om-Laut, Vers, Melodie und Opferspruch –

man kommt und worin man immer schon lebt, dem Sein Gottes. Jeder Dualismus, auch jede Dualität, die so zentral ist für die primäre Religionserfahrung, wird hier aufgehoben. Damit letztlich aber auch Gottes Sein.

Es ist der Buddhismus, der diese Konsequenz zieht. Aber kann man dann noch im unmittelbaren Sinne fromm sein und religiös leben? Wie gehen die Menschen damit um, die von den religiösen Basiserfahrungen der primären Religionen herkommen und den Buddhismus übernommen haben? Wie wird die Lücke gefüllt, die der Gottesglaube hinterläßt, wenn man ihn überwindet? Diesem Problem müssen wir uns im folgenden Kapitel zuwenden.

3.2 Gott im Buddhismus?[39]

In seiner Jugendschrift *Die Grundgedanken des Buddhismus und ihr Verhältnis zur Gottesidee*, 1920 erschienen, schreibt E. L. Hoffmann, der später unter dem Namen Lama Angarika Govinda eine große Leser- und Anhängerschaft gefunden hat: Das Grundübel, an dem abendländische Religiosität kranke, sei die christliche Gottesvorstellung von einem persönlichen Gott, dem man Allmacht, Allwissenheit und Allkausalität zuschreibe, damit aber den Menschen degradiere zu einem passiven, unselbständigen Wesen, auch wenn man – ein nicht aufzulösender Widerspruch – ihm die Willensfreiheit noch zuerkennen wolle. Dagegen sei der Buddhismus klar und seine Weltanschauung einsichtig, denn er »erweckt in uns das Gefühl, daß Gott völlig überflüssig sei. Dieses Gefühl ist durchaus berechtigt, wenn wir an den landläufigen Gottesbegriff eines willkürlich handelnden persönlichen Wesens denken«.[40]

Der Buddhismus versteht sich als eine atheistische Religion! Das machte und macht ihn für Abendländer attraktiv. Man kann sich einer Religion anschließen, die keinen Glauben verlangt, sondern nur Einsicht, die auf Erkenntnis drängt und nicht Unterwerfung fordert, die Lebenshilfen anbietet, ohne daß man religiös werden muß, die als Philosophie aufgefaßt werden kann und zugleich ein Heilsweg ist.

Weg, Erhalter, Herr, Zeuge, Wohnstadt, Schutz (und) Freund, Ursprung, Untergang, Stätte,
Schatz (und) unvergänglicher Same.
Ich wärme, ich halte den Regen zurück
und lasse (ihn) strömen.
Unsterblichkeit; wie auch Tod,
Sein und Nichtsein bin ich, oh Arjuna!« (IX, 16-19).
Zitiert nach: *Die Bhagavadgita*, Übersetzung K. Mylius, 3. Aufl., Leipzig 1980, 52, 59f.

39. Dieses Kapitel wurde zuerst in *EvTh* 1988, 19-35 veröffentlicht. Der Text wurde leicht überarbeitet.
40. E. L. Hoffmann, *Die Grundgedanken des Buddhismus und ihr Verhältnis zur Gottesidee*, München 1920, 62. Vgl. dazu K. J. Notz, *Der Buddhismus in Deutschland in seinen Selbstdarstellungen*, Frankfurt a. M./Bern/New York 1984, 160ff.

Was sie so attraktiv für den einen macht, verursacht dem Religionswissenschaftler entsprechend Kopfschmerzen, denn nun muß er eine Definition von Religion finden, die den Gottesbegriff ausklammert und auch auf den Buddhismus anwendbar ist. Reine Formaldefinitionen sind die Folge, die die Konkretheit der Religion hinter sich lassen. Damit aber verliert man das Wesentliche, denn Religion ist konkret, sichtbar, greifbar, oder sie ist nicht.

Wenn wir uns der Gottesfrage im Buddhismus stellen, so scheint das besonders provokant zu sein, entspricht aber dem Grundsatz von der Konkretheit der Religion. Es könnte ja sein, daß sich auch in der akademischen Rezeption und Interpretation des Buddhismus ein Abstraktionsgrad eingeschlichen hat, der der tatsächlich gelebten Religion nicht mehr entspricht oder zumindest ihre Dynamik übersieht. Das kann zu Fehlinterpretationen führen. Es ist mehr als wahrscheinlich, daß eine Interpretation der buddhistischen Texte in einem singhalesischen Dorf oder thailändischen Kloster anders aussieht als an einem deutschen Gelehrtenschreibtisch.

Ich will verdeutlichen, was ich meine. Vor Jahren lud ich zu einem Seminar an der theologischen Fakultät in Bochum den Leiter einer buddhistischen Gemeinde im Rheinland ein. Wir kannten uns nicht. Da er sich unsicher fühlte, versprach ich, ihn auf dem Bahnhof abzuholen. Einen mit sanften Gesten sich bewegenden älteren Herrn meinte ich identifizieren zu können und ging auf ihn zu. Er war es wirklich und begrüßte mich mit dem Satz: »Den Göttern sei Dank, daß sie es gut gefügt haben, daß wir uns hier gleich trafen und erkannt haben!« Im Seminar begann er dann seinen Vortrag damit, daß er ein goldfarbenes Tuch über den Tisch legte, darauf eine Buddhastatue stellte und mit sonorer Stimme die drei Anrufungen intonierte:

»Ich nehme meine Zuflucht beim Buddha,
Ich nehme meine Zuflucht beim Dhamma,
Ich nehme meine Zuflucht beim Sangha« (der Mönchsgemeinde).

Im akademischen Bereich begann ausgerechnet ein Buddhist den Vortrag mit dem berühmten triratna, der Anrufung der buddhistischen Trinität, wie sie Söderblom nannte[41], und schuf damit einen kultischen Raum. Nichts also von kühler, akademischer Rationalität – das konnte noch an dem Vortragenden selbst liegen – aber die Tatsache, daß er bei zwei Gelegenheiten, bei denen ein, sagen wir, pietistisch geprägter Christ Gott genannt hätte, rituell auftritt und Worte spricht, die in

41. N. Söderblom, *Der lebendige Gott im Zeugnis der Religionsgeschichte*, 2. Aufl., München 1966, 136.
C. Regamey geht in seiner Untersuchung über den Buddhismus der Vor-Hinayana Zeit so weit und nennt die drei »Kostbarkeiten«, welche der Gläubige in seinem Glaubensbekenntnis anruft, »drei immanente Hypostasen der einen und derselben göttlichen Wirklichkeit« »Der Buddhismus in Indien«, in: F. König (Hg.), *Christus und die Religionen der Erde*, Bd. III, Freiburg 1956, 229ff., ebd., 263.

einer anderen Religion eindeutig als Gebet bzw. als Bekenntnis identifiziert werden müßten, macht stutzig.

Diese Doppelung ist kein »Zufall«. Ein Ritus bleibt ein Ritus, selbst wenn er in einem bestimmten Kontext nicht mehr als solcher benannt wird. Interpretationen können wechseln, Riten aber sind, so sahen wir, die Konstanten der Religion. Sie dienen selbst dann noch versteckt dem Zweck, für den sie ursprünglich vollzogen wurden, wenn sie im neuen Kontext anders interpretiert werden. Wie man bei jedem Ritus zumindest zwei Schichten unterscheiden muß, die ursprüngliche und die der Neuinterpretation, so muß auch bei der Interpretation des Gottesbegriffes verfahren werden. Wie bei einem Palimpsest ist immer noch der alte »Text« erkennbar. Er muß mitgelesen werden, wenn der neue verständlich sein soll. An Israel läßt sich das Problem verdeutlichen. Der alte Mythos von der Verteilung der Länder unter den Göttern hat in Israel zu dem grundlegenden Theologumenon von der Auserwählung Israels durch Jahwe geführt.[42] Dieser Erwählungsgedanke hat für die Geschichte Israels konstituierende Bedeutung bekommen und besitzt bis heute höchste politische Brisanz, auch dort, wo er aus dem jüdischen Kontext herausgelöst und in die christliche Kirche übernommen wurde und dabei eine andere Gestalt gewann. Man denke an den Calvinismus, den Syllogismus practicus und seine Bedeutung für die Bildung des Kapitalismus (M. Weber) und erinnere sich an die Bedeutung, den der Erwählungsgedanke der Buren für die politische Szene in Südafrika besaß.

Was von Israel gesagt wurde, hat prinzipielle Bedeutung für die Religionsgeschichte, wie oben deutlich gemacht wurde (Kap. I.1.). Religionsgeschichtliche Entwicklung vollzieht sich so, daß Vorgegebenes im Kontext einer anderen, sekundären Überlagerung aufgegriffen, neu interpretiert und neu gesetzt wird. Daraus folgt, daß wir *erstens* danach fragen, ob es in den buddhistischen Texten Stellen gibt, die ursprünglich mit Gott zu tun hatten, auch wenn sie jetzt eine andere Bedeutung und Interpretation gefunden haben. *Zweitens* fragen wir danach, ob in der heutigen Religion des Buddhismus, in den Riten und religiösen Vollzügen, die »Sache mit Gott« noch oder wieder erkennbar ist. Und *drittens* fragen wir danach, ob die hier erkennbaren »Verdeckungen« und »Verdrängungen« eine eigene Dynamik entwickelten, so daß sie in einem anderen Kontext offizielle Anerkennung fanden. Mit anderen Worten, wir »kratzen« am buddhistischen Goldgrund und fragen nach dem »Gott der Buddhisten« oder, mit einer Formulierung Söderbloms, nach »dem lebendigen Gott im Zeugnis und Leben der Buddhisten«. *Viertens* müssen wir abschließend fragen, ob in der gegenwärtigen Theologie der in der Religionswissenschaft gängige Gottesbegriff neu gefaßt werden muß, so daß sich

42. Vgl. dazu J. Ebach, »Babel und Bibel oder: Das ›Heidnische‹ im Alten Testament«, in: R. Faber/R. Schlesier (Hg.), *Die Restauration der Götter: Antike Religion und Neo-Paganismus*, Würzburg 1986, 26ff.

auch von da aus eine neue Gesprächslage zum Dialog mit dem Buddhismus ergeben könnte.

Gott und das Nichtbedingte

Das Zentrum der buddhistischen Lehre ist der Glaubenssatz vom »abhängigen Entstehen«. (Skrt. pratītyasmutpāda). Er begründet die eigentliche Differenz zum Hinduismus und ist der tiefste und eigenständigste Beitrag Buddhas zur Weltdeutung. Von ihm aus ergeben sich folgerichtig alle anderen Weltdeutungen der buddhistischen Religion. Diese Lehre besagt, daß alles in der Welt in einem Ursache-Wirkung-Zusammenhang steht. Alles was ist, ist bedingt und unterliegt der Vergänglichkeit. Dasein gibt es nur im Zusammenhang von Bedingendem und Bedingtem. Dasein ist Bewegung, Werden und Vergehen. Stillstand, Dasein als Zustand, als Sein gibt es nicht. Es gibt nur die sich bewegenden, sich immer neu zusammensetzenden Daseinsfaktoren (skandhas, auch dharmas genannt), die uns den Eindruck von Seiendem vermitteln. In Wirklichkeit aber gibt es nur Daseinsfaktoren, die gleichsam wie Billardkugeln ihre Impulse von einem zum anderen weitergeben, und zwar so, daß Gleiches immer Gleiches bewirkt, und durch sein Gegenteil konterkariert wird: Haß bewirkt Haß und kann nicht durch Haß aufgehoben werden, sondern nur durch Nichthassen zur Ruhe kommen. Diese Lehre vom »Bedingten Entstehen« schließt als logische Folge ein, daß alle Wesen in einem energetischen Zusammenhang leben und sich auf irgendeine Weise beeinflussen bzw. beeinflussen können. Dieser Grundsatz schließt weiter ein, daß alles, was sich gegenseitig beeinflußt, auch dem gleichen Gesetz des bedingten Daseins, dem Gesetz von Werden und Vergehen, unterworfen ist. Das gilt für den Kosmos, die sichtbare und unsichtbare Welt, die Welt der Götter, die Dämonen, es gilt für die bestehende Welt, für die Weltzeitalter. Der Weltkreislauf (samsara) ist ein geschlossenes System. Es gibt keinen Gott, der Menschen aus diesem System befreien oder erlösen könnte. Die Götter, an die die Buddhisten ebenso glauben wie an Geister und Dämonen, sind sterblich, sie unterliegen wie alle Wesen dem Kreislauf. Auch ihr Dasein ist bedingtes Dasein.[43] Sie sind Wesen, die aufgrund ihrer guten Taten in himmlischen Sphären leben, doch sie müssen wieder Menschen werden. Auch sie bedürfen der Lehre, um den Heilsweg zu finden und zur Erlösung zu gelangen. Die Götter sind, beinahe wie es der Euhemerismus lehrt, zu Göttern gewordene Menschen, nur mit dem Unterschied, daß sie nicht Unsterblichkeit besitzen, sondern vergehen müssen. Das gilt auch für Brahmā, den von den Indern als Schöpfergott verehrten höchsten Gott. Mit beißender Ironie, die alles, was Feuerbach geschrieben hat, weit in den Schatten stellt, zeigt Buddha auf,

43. Vgl. M. M. J. Marasiaghe, *Gods in Early Buddhism*, Colombo 1974. Auf die religiöse Grundlage des frühen Buddhismus macht auch D. Schlingloff aufmerksam: »König Asoka und das Wesen des ältesten Buddhismus«, *Saec* 1985, 326ff.

wie der Gedanke an den Schöpfergott entstehen konnte: Zu Beginn eines neuen Weltzeitalters war es Brahmā, der als erster aufgrund seines guten Karmas in der nichtkörperlichen Welt wiedergeboren wurde. Latent beeinflußt von seinen, ihm nicht mehr bewußten, Erinnerungen, wünschte er sich, daß es auch andere Wesen geben möchte. Sie kamen nach ihm, aber in Folge ihres eigenen Karmas, nach und nach ins Dasein. Ebenso wie er glaubte, sie seien durch seinen Willen entstanden, glaubten sie, die nach ihm kamen und ihn als den Ersten in seiner gloriosen himmlischen Herrlichkeit sahen, daß er der Maha-Brahmā, der »Unvergleichliche«, der Allesseher, der Gebieter, der Herr, der Schöpfer, der Erschaffer, der Vollkommene, der Erhalter und Vater sein müsse.[44] Keiner von ihnen merkte, daß er ebenso dem Kreislauf unterworfen ist wie alle anderen Wesen und nur länger und erhabener lebt als sie alle aufgrund seines guten Karmas. Zu Buddha aber stieg Brahmā höchstpersönlich hernieder und bat ihn nach dessen Erleuchtung, der Versuchung zu widerstehen und sich nicht ins Parinirvana zurückzuziehen, sondern seine Erkenntnis allen Wesen mitzuteilen, also auch ihnen, den Göttern, damit sie der Erleuchtung teilhaftig und der Wiedergeburt entrinnen könnten. So lauschten denn zu Hekatomben die Götter im Lindenhain bei Benares, als Buddha das Rad der Lehre in Bewegung setzte. Nein, die Götter sind trotz ihrer himmlischen Wohnung nicht erlöst und können nichts zur Erlösung anderer beitragen, sondern bedürfen selbst der Erlösung. Sie sind jedoch Freunde der Menschen und können ihnen zu einem guten und glücklichen Leben verhelfen. Weiter geht ihre Macht nicht. Ebenso begrenzt ist die Macht der Geister und Dämonen. Auch sie sind dem Kreislauf des Samsara unterworfen. Sie schaden den Menschen aufgrund ihres böswilligen Charakters – bedingt durch ihre karmisch bösen Taten. Zu den Göttern zu beten, sie um Schutz anzurufen, das ist im Buddhismus möglich. Doch sie verehren, um dadurch Heil zu erlangen, ist bittere Täuschung und verhaftet den Menschen im ehernen Gesetz des Samsara. Gebet kann es im Buddhismus geben, auch Hilfe seitens der Götter, doch das Gebet dringt nicht ins absolute Jenseits vor, sondern nur bis in die arupa, die nichtkörperliche Welt. Darum ist göttliche Hilfe nur vorläufig, vergänglich, Hilfe zum Leben, nicht Hilfe zum Sterben, vergleichbar der Hilfe, die in den Stammesreligionen die Ahnen und Geister zu bieten vermögen.

Buddha war nicht an Spekulationen als solchen interessiert, er lehrte die Erlösung. »Gleichwie der große Ozean nur einen Geschmack hat, den Geschmack des Salzes, so ... hat diese Lehre und Ordnung nur einen Geschmack, den Geschmack der Erlösung«, sagt er einmal (Vin. C, IX). Fragen also, ob die Welt unendlich sei oder einen Anfang habe, verwirft er, da sie zur Erlösung nichts beitragen. Die Frage aber, ob es etwas gibt, das jenseits der unendlichen Bewegung des sich ständig Bedingenden gibt, ist für die Befreiung essentiell. Gäbe es dieses »Jenseits«, dieses

44. Dig. Nik. 11,24. Vgl. Mahathera Narada, *The Buddha and his teachings*, Colombo 1973, 404 ff.

die Bewegung Transzendierende, dieses unabhängig von dem sich Bedingenden liegende »Sein« nicht, könnte es auch keine wirkliche Erlösung geben. Dann kann es zwar einen sich über Jahrmillionen erstreckenden Aufenthalt in dem Tusita-Himmel der Götter geben, was natürlich eine unermeßliche Verbesserung der Wiedergeburtsexistenz bedeutet, aber Erlösung ist das nicht. Erlösung heißt, aus dem Kreislauf herauskommen, heißt, aus dem Bedingten ins Unbedingte gelangen. Wenn es Befreiung geben soll, muß es das Unbedingte geben. Das hat Buddha erkannt und gelehrt. »Es gibt, ihr Mönche, ein Nichtgeborenes, ein Nichtgewordenes, ein Nichtgemachtes, ein Nichtbedingtes. Wenn es, ihr Mönche, dieses Nichtgeborene, Nichtgewordene, Nichtgemachte, Nichtbedingte nicht gäbe ... so ließe sich für das ... Bedingte kein Ausweg finden. Weil es aber ein Nichtbedingtes gibt, darum findet sich auch ein Ausweg für das ... Bedingte«, heißt es in Udana VIII.

Dieses Nichtbedingte ist das Nirvana.[45] Unvergänglich und unveränderlich ist also der leere Raum (akasa), in welchem alles ruht und der dennoch von dem Bedingten nicht abhängig ist. Er ist unzerstörbar, allem gleich nah und gleich fern. Er ist die Ruhe schlechthin, ursachenlos, unendlich, unzerstörbar. Es ist das »Nichts«, die absolute unendliche Leere und kann zugleich im Buddhismus »ein selig Seiendes« genannt werden, also eine Wirklichkeit, die »eine Wirkung ausübt, ergriffen und berührt werden kann« (v. Glasenapp).[46]

Wer ins Nirvana eingeht, sei es im Jetzt oder nach dem Sterben, von dem sagt man, er »verlöscht«, so wie eine brennende Kerze im Verlöschen zur Ruhe kommt. Aber das ist nicht die ganze Wahrheit. Buddha verneint die Frage, ob er selbst nach seinem endgültigen Eingang ins Nirvana noch sei oder nicht mehr sei.[47] Das heißt, er partizipiert an dem Nichtbedingten und gehört ihm zu. Wie das zu beschreiben und zu definieren sei, entzieht sich dem Sprachvermögen. Darüber darf man sich freuen, darüber kann man schon jetzt zur Ruhe kommen, letztendlich aber muß man darüber schweigen. Wichtig allein ist, daß man danach strebt. Auch wenn im

45. Vgl. M. Winternitz, *Der ältere Buddhismus.* (Religionsgeschichtliches Lesebuch, Heft 11) Tübingen 1929, 109.
C. Regamey, *Der Buddhismus in Indien*, a. a. O., 256, glaubt, daß im vorkanonischen Buddhismus der dharmadhātu die Stelle des Nirvana eingenommen hat, während der letztere Begriff erst später eingeführt sei. Wäre das korrekt, würde das ein wichtiger Hinweis darauf sein, daß von Anfang an, und nicht erst durch die späteren Entwicklungen, der Gedanke an den ewigen Buddha, und zwar als einen Offenbarer, im Buddhismus lebendig gewesen war. H. von Glasenapp, der das gesamte Textmaterial einer sehr sorgfältigen Prüfung unterzieht, beurteilt jedoch die Thesen C. Regameys sehr kritisch. Vgl.: *Buddhismus und Gottesidee. Die buddhistischen Lehren von den überweltlichen Wesen und Mächten und ihre religionsgeschichtlichen Parallelen*, Mainz 1954, 37.
46. H. von Glasenapp, *Entwicklungsstufen des indischen Denkens. Untersuchungen über die Philosophie der Brahmanen und Buddhisten*, Halle 1940, 72.
47. Maj.Nik. 63, vgl. M. Winternitz, *Der ältere Buddhismus*, a. a. O., 123.

Buddhismus für das Nirvana niemals ein Begriff gebraucht wird, der dieses summum bonum mit dem aus dem Hinduismus stammenden Terminus »Brahman« umschreibt, der Begriff, der den einzuschlagenden Weg benennt, lehnt sich an diese Terminologie an, *Brahmapatti* und *brahmapatha* »Erreichung des höchsten Ziels« und »der Weg zum höchsten Gut«.[48] Wenn der Weg mit gleichen Begriffen umschrieben wird, kann dann das Ziel so totaliter aliter sein? Für die Lehre Buddhas muß jedoch diese Begriffsidentität vermieden werden, denn ihm geht es ja um die Zerstörung des Ich-Denkens. Trotzdem ist es für die Rezeption der Lehre nicht unwichtig, daß der Untergrund, das Palimpsest, elementarer Bestandteil bleibt und eines Tages zum entscheidenden Umgestaltungsfaktor werden kann.

Im Buddhismus gibt es noch ein zweites, vielleicht noch wichtigeres Unveränderlicheres, Unbedingtes, den *Dharma*. Dieser Begriff hat im Hinduismus und Buddhismus eine solche Bandbreite von Bedeutungen, daß wir darauf nicht eingehen können, jedoch zwei zur Kenntnis nehmen müssen: Dharma bezeichnet erstens die zur Vergänglichkeit gehörenden Daseinsfaktoren, die das Bestehen des einzelnen Menschen ausmachen und sein Leben im Hier und Jetzt ordnen und bestimmen. Zweitens wird das ewige kosmische Weltgesetz, das die Karmaordnung, die Bedingungen von Entstehen und Werden, festlegt, so genannt.[49] Dharma ist das Weltgesetz schlechthin. Da Buddha es erkannt hat und lehrt, entspricht seine Lehre von den vier edlen Wahrheiten und dem achtfachen Pfad dieser ewigen Ordnung und wird ebenfalls Dharma genannt. Alle Buddhas haben das gleiche gelehrt und alle zukünftigen Buddhas werden gleiches lehren, darum ist auch die Buddha-Lehre unvergänglich, unabänderlich und in ihrer Entsprechung zum ewigen Dharma ein Nichtbedingtes. Naturgemäß nimmt der Dharma, als Weltgesetz verstanden, das alles durchdringt und ordnet, den zentralen Platz in der Lehre Buddhas ein, auch wenn er entsprechend dem Aufnahmevermögen seiner Hörerschaft vielfach nur über die ethischen Schlußfolgerungen aus dem Dharmagesetz lehrt.

Der Dharma besitzt einen solch hohen Stellenwert, daß er letztlich personale Züge bekommt. Es ist nicht gut, überlegt einmal Buddha, wenn der Mensch niemanden hat, den er verehren kann, denn der Mensch braucht jemanden, den er anerkennen, dem er folgen kann. Er braucht einen Lehrer. Das Gefühl, daß menschliche Lebensgestaltung wesentlich Einfügen in eine hierarchische Ordnung ist, ist bei Buddha so ausgeprägt, daß er nach seiner Erleuchtung den Freunden der frühen Meditationszeit verbietet, ihn noch mit »Freund« (avuso) anzureden: »Nennt mich nicht Freund. Ein Erhabener, o Mönche, ist der Tathagata. Ein voll-

48. *Samy.Nik.* I,169; IV,118 und I,141. Darauf macht zu Recht L. de Silva, *Mit Buddha und Christus auf dem Weg,* Freiburg 1998, 91 ff., aufmerksam.

49. Vgl. dazu H. von Glasenapp, *Entwicklungsstufen des indischen Denkens*, a. a. O., 66 ff. Vgl. vor allem M. und W. Geiger, *Pali Dhamma, vornehmlich in der kanonischen Literatur*, München 1920.

kommen Erleuchteter ist er. Todlosigkeit hat er erreicht«.[50] Als der »Sieger«, als »das Licht ohnegleichen« gebührt ihm solche Ehrerbietung, daß selbst der große Brahmā das Schultertuch hochzieht und vor ihm in den Staub niederkniet. Aber was kann er, Buddha, tun, um diesem innersten Bedürfnis des Menschen zu entsprechen? »Schmerzlich ist es, ohne jemanden zu leben, dem man Ehre erweisen und Ehrerbietung zeigen kann. Aber gibt es denn noch einen Gott, einen Brahmanen, Asketen, Mönch, in dessen Nähe er leben und den er ehren könnte?« Es gibt niemanden, der ihn in Meditation, Weisheit und vollkommener Erkenntnis noch führen könnte. Dann aber durchzuckt ihn der Gedanke: »Wie wäre es, wenn ich bei diesem Dharma, in dem ich vollkommene Erleuchtung bekommen habe, lebte, ihn verehrte, ihm gehorchte und diente?« Als ihm dieser Gedanke kam, so heißt es, erschien Brahmā Sahampati vor ihm und beglückwünschte ihn und bestärkte ihn in seinem Vorhaben: »So soll es sein, Herr, möge der Erhabene, der ein Heiliger ist, ein perfekt Erleuchteter, so handeln, daß er den Dharma ehrt, verehrt, gehorcht und ihm dient«.[51]

In diesen Versen wird nun der Dharma über den Buddha gestellt, als eine objektive Wirklichkeit beschrieben, der Buddha sich als ein Schüler unterordnet, und die als ein Jünger zu verehren auch einem Erleuchteten ansteht. Mit Sorgfalt und voller Ehrfurcht lehrt der Buddha darum den Dharma, denn »erfüllt mit Respekt vor dem Dharma ist der Tathagata, ihr Mönche, erfüllt mit Ehrfurcht vor dem Dharma« (Ang. III). Diesem Dharma sind alle anderen Buddhas vor ihm gefolgt, ihm zu gehorchen lehrt er seine Schüler. So nimmt der Dharma in vieler Hinsicht den Platz des Brahmā aus dem vorgegebenen Hinduismus ein.

Trotz der personalen Obertöne, die der Begriff in diesem Text bekommt, ersetzt Buddha nicht einfach Brahmā durch Dharma, sondern er greift auf eine ältere Tradition zurück, wie W. und M. Geiger gezeigt haben. Auch im älteren Buddhismus vermag der Dharmabegriff die höchste Realität zu beschreiben, die im Brahmanismus das Brahman einnimmt. Und wie jeder Brahmane danach strebt, mit dem Brahman eins zu werden, so kann selbst von Buddha gesagt werden, daß derjenige, der »den dharma ehrt, verehrt und heilig hält, daß er selbst zur vollkommenen Verwirklichung des Dharma wird«. Er kann im Palikanon *dharmakaya* genannt werden, der Dharmaleib, die leibliche Verwirklichung, also die Inkarnation des Dharma.[52] Das wird von Buddhaghosa wie folgt interpretiert: »Warum kann

50. *Mah. Nik.* I. Vgl. dazu Narada, *The Buddha*, a. a. O., 68 ff. Möglicherweise hatte dieser Titel, der im buddhistischen Bereich mit »der so gegangen ist« übersetzt wird, im vorbuddhistischen Indien eine feststehende, den Mönchen bekannte Bedeutung, die weit über den Rahmen hinausgeht, in dem er jetzt verstanden wird, und besaß göttliche Qualität. »So haben die Titel eines Tathagata oder Buddha mit einemmal die göttlichen Attribute dem verliehen, der sie annahm«, C. Regamey, *Der Buddhismus*, 263.
51. *Ang.Sutt. II*, bei Narada, *The Buddha*, a. a. O., 57 ff.
52. M. u. W. Geiger, *Pali Dhamma*, a. a. O., 78; L. de Silva, *Mit Buddha und Christus auf dem Weg*, a. a. O., 73 ff.; C. Regamey, *Der Buddhismus*, a. a. O., 163.

der Tathagata die Inkarnation des Dharma genannt werden? Der Tathagata hat in seinem Herzen darüber nachgedacht und mit seiner Stimme das Wort verkündigt, das im Tripitaka festgehalten ist. Deshalb ist der Dharma sein Leib, denn er entstammt dem Dharma. Weil der Dharma sein Leib ist, kann er die Inkarnation des Dharma genannt werden. Denn der Dharma wird in diesem höchsten Sinne Brahman genannt. Er wurde der Dharma, d.h. er besitzt die Natur des Dharma, und weil er der Dharma wurde, wurde er Brahman«.[53] Der Dharma hat im buddhistischen Kosmos die Stelle eingenommen, die in den Upanishaden das Brahman innehatte.[54] Zusammen mit dem Nirvana bildet er das Summum bonum im Buddhismus. Er ist das Unvergängliche, Ewige, Unbedingte, dem man seine Ehrfurcht erweist. Er bekommt einen fast personalen Charakter.

Es liegt in der Konsequenz dieses Ansatzes, wenn im Popularhinduismus in Bengali ein Gott Dharma verehrt wird, der eine eigene Priesterschaft hat. In Lokalkulten wird ihm eine Frau zugeschrieben, die er aus dem Nichts, sunya(!), geschaffen hat und mit der er zusammen mit dem heiligen Sangha(!) eine trinitarische Gottheit bildet. Dharma wird in diesem Lokalkult mit Brahmā identifiziert und als Schöpfer verehrt. Gelegentlich wird er selbst oder auch sein Sohn Adhibuddha genannt.[55]

Die Abschaffung des Gottesgedankens im Buddhismus hat also keinen leeren Platz hinterlassen. Buddha füllte ihn durch den (vorgegebenen) Dharmabegriff. Daraus jedoch die Schlußfolgerung zu ziehen, »Dharma ist Gott« (Söderblom), halte ich für überzogen, da in solcher Interpretation das Selbstverständnis der Religion ignoriert wird. Mehr als Tendenzen oder auch Konvergenzen kann man nicht feststellen, die aber sind sprechend genug.[56]

Ist die buddhistische Welt »leer«?

Dieser leere Platz wurde noch in einer anderen Weise im Buddhismus gefüllt. Trotz der positionellen Aufwertung des Dharma durch Buddha bleibt die Schwierigkeit bestehen, im religiösen Vollzug ein Verhältnis zum Dharma zu finden. Der impersonale Charakter kann letztlich nicht überwunden werden. Darum nimmt es nicht wunder zu sehen, wie im kultischen Bereich Buddha selbst diesen Platz ein-

53. Nach L. de Silva, *Mit Buddha und Christus auf dem Weg*, a.a.O., 88; M. u. W. Geiger, *Pali Dhamma*, a.a.O., 78.
54. »Der Buddha tritt an die Stelle des brahman und ist mehr als dieses«, M. u. W. Geiger, *Pali Dhamma*, a.a.O., 79. »Am klarsten aber tritt die Ablösung des brahman-Begriffes durch den Dhamma hervor in der Formel, in der der Anhänger des Tathagata als dessen geistiger Sohn bezeichnet wird«, ebd., 78.
55. Bei L. de Silva, *Mit Buddha und Christus auf dem Weg*, a.a.O., 89.
56. N. Söderblom, *Der lebendige Gott*, a.a.O., 137. Dieselbe Schlußfolgerung zieht S. Rhahakrishnan, *Gautama the Buddha*, zit. bei L. de Silva, *Mit Buddha und Christus auf dem Weg*, a.a.O., 83.

nimmt. Das ist, zumindest tendenziell, schon in den kanonischen Schriften angelegt. Auf seinem Weg durch die Völker mußte sich der Buddhismus, wie jede missionarische Religion, den vorgegebenen religiösen Strukturen einfügen, weil sie die Verstehenskategorien für das Neue liefern. Einfügen heißt zugleich annehmen, von innen heraus überwinden und neu setzen, wo das Vorgegebene strukturell oder inhaltlich dem Neuen widerspricht. »Leer ist die Welt«, lehrt der Buddhismus. Doch damit kann der Gläubige nicht leben. Die Religion braucht den heiligen Ort, die heilige Zeit, den heiligen Menschen. Buddha ist ins Nirvana eingegangen. Sein Sein ist jenseits jeder Beschreibung. Und dennoch ist er auch für den Glaubenden noch präsent. Nicht allein in der Lehre, wie der Abendländer in seiner theoretischen Interpretation des Buddhismus und seinem selektiv kognitiven Zugang meint, der sich allein auf Texte stützt. In den buddhistischen Ländern ist die Tradition im Sangha, in der Mönchsgemeinde präsent und in den Festen. Buddha ist darüber hinaus in den Reliquien gegenwärtig. Er selbst hat vor seinem Tode gesagt, daß es verdienstlich sei, an den Orten, wo seine Reliquien seien, sich zu versammeln. Das gehört zu den Vorschriften, die der Laie bei Festen auf sich nimmt: »Ich bete immer bei jedem Altar an, halte an an jedem Ort, wo eine Reliquie ist, vor dem großen Bobaum (dem Erleuchtungsbaum) und jeder Buddhastatue.« Die nicht zu erschöpfende Macht, die Buddha durch seine Erleuchtung gewonnen hatte und die ihn befähigte, sich bis in die fernsten, sublimsten Himmel zu begeben, diese Kraft ist auch heute noch nicht verlöscht. Sie ist in den Reliquien wirksam.[57] Es gibt noch die Buddhakraft in der Welt, Budubalaya genannt.[58]

Auch abgesehen von dieser in Sri Lanka besonders lebendigen Tradition, wird jeder Buddhist seine Andacht auf das Buddhabild konzentrieren. Bei jeder kultischen Handlung wird ihm Speise dargereicht, vor ihm opfert man Blumen, Weihrauch und »Gebete«. Nun mag man einwenden, daß gerade das erstere aus der Hindutradition übernommen sei. Doch das trifft nicht die ganze Wahrheit, denn

57. Jeder, der Erleuchtung gewann, ist »immanent in den Reliquien«. R. F. Gombrich, *Precept and Practice. Traditional Buddhism in the Rural Highlands of Ceylon*, Oxford 1971, 105. Buddhas eigenes Ausweichen auf die Frage, ob der Buddha nach seinem Eingang ins Nirvana noch sei oder nicht mehr sei, bietet Raum für solche Spekulation und Interpretation. Schließlich hat er selbst zu folgender Vorstellung buddhistischer Tradition Anlaß gegeben: Nach 2500 Jahren werden sich die Reliquien Buddhas, die jetzt auf verschiedene Orte verteilt sind, sammeln und dann erst wird Buddha, nachdem er sieben Stunden lang gepredigt hat, ins endgültige Nirvana eingehen. Jetzt »lebe« er noch in den drei lokas, im kilesa-parinibbana. R. F. Gombrich, ebd., 291 f.

58. Ebd., 141. Weitere sozialanthropologische Literatur zum Buddhismus sei hier aufgeführt, da sie für unser Thema von großer Wichtigkeit ist: E. Leach (Hg.), *Dialectic in Practical Religion*, Cambridge 1968; S. J. Tambiah, *Buddhism and the Spirit Cults in Northeast Thailand*, 2. Aufl., Cambridge 1975. H. D. Evers, *Monks, Priests and Peasants. A Study of Buddhism and Social Structure in Central Ceylon*, Leiden 1972.

die buddhistische Adaption markiert den Unterschied und zeigt, wie dieser Ritus buddhisiert wurde. Die Speise, dem indischen Gottesbild geopfert, wird später unter den Bettlern verteilt. Die Speise aber, die man dem Buddha gibt, wird ein Singhalese, der etwas auf sich hält, niemals essen. Höchstens wird sie den Hunden zum Fressen vorgeworfen. Warum? Das, was man dem Buddhabild gibt, ist letztlich den dem Buddha am nächsten stehenden Menschen dargereicht, den Mönchen. Damit erwirbt man sich viele Verdienste. Dem Laien kann das nicht zurückgegeben werden, das würde sein Verdienst schmälern. Vollständige Weggabe, vollständige Hingabe ist das Ziel. Auch wenn ein Buddhist davon überzeugt ist, daß der Buddha nicht direkt hört und eingreift, die Gebete gleichsam »sich selbst erhörende Gebete« sind, die ihren Sinn in sich selbst tragen, so klafft doch die kognitive und emotionale Seite weit auseinander. Das zeigen die Gebete, die man beim Speise oder Trankopfer spricht:

»O Herr, empfang mit Gunst diese edle Speise, die für dich zubereitet ist: Nimm sie in Mitleid mit mir an.«

»Ich opfere diese köstliche Speise, bei der nichts fehlt, dem Herrn in tiefer Verehrung. Möge dieses mein Speiseopfer alle meine bösen Taten vernichten und es möglich machen, daß ich das Nirvana erreiche.«

Beim Kerzenopfer sagt man: »Ich opfere diese hellen Lichter, die die Dunkelheit vertreiben, dem Allwissenden, dem Licht der drei Welten, der die Dunkelheit der Unwissenheit vernichtet hat.«

Das gleiche Gebet richtet man jedoch auch an den Dharma und den Sangha.[59]

Wie stark sich die emotionale Bindung an das Buddhabild auswirkt, sei mit der Beschreibung der Errichtung einer Buddhastatue in einem singhalesischen Dorf verdeutlicht, das im Dorfleben einen besonderen Höhepunkt bildet. In Thailand ist dieses Fest zu vergleichen mit dem Gießen einer Buddhastatue und ihrer späteren Entmantelung.

Empfindet jemand, daß er sich gravierend oder wiederholt gegen die Vorschriften des Buddha vergangen hat – neuerdings, so hörte ich selbst von Singhalesen, geschieht das gern nach besonders reichlichem und wiederholtem Gebrauch von Insektiziden – dann gelobt er, eine Buddhastatue zu stiften, um damit Verdienste zu erwerben, die seine karmisch bösen Taten auslöschen. Der Höhepunkt dieses Festes[60] ist das Malen des Auges der Statue. Bevor die Augen nicht gemalt sind, hat die Figur keine Bedeutung, auch wenn sie bis dahin hinter einem Vorhang verborgen wird. Nach dem Malen, so beschrieb ein Besucher das Ergebnis, »ist sie ein Gott« (R. Knox). Das Malen des Auges birgt so viel Gefahren, daß der Maler die Figur nicht direkt ansieht, sondern mit Hilfe eines Spiegels zu Werke geht. Er

59. Zit. nach L. de Silva, *Buddhism: beliefs and practices in Sri Lanka*, Colombo, 65 ff. Vgl. bei R. F. Gombrich, *Precept and Practice. Traditional Buddhism in the Rural Highlands of Ceylon,* Oxford 1971, 140.
60. Vgl. bei Gombrich, ebd., 138 ff., bei L. de Silva, ebd., 52 ff.

schaut über die Schulter in einen Spiegel und malt mit abgewandtem Gesicht das Auge. Sobald das Werk vollendet ist, werden dem Maler die Augen verbunden. Er wird an einen anderen Ort geführt, wo sich Wasser befindet, so daß sein erster Blick darauf fällt, wenn ihm die Augenbinde abgenommen wird. Das Wasser wird nun mit einem »Schwert« geschlagen, eine Symbolhandlung, die alle gefährlichen Nebeneffekte für das Auge zerstören soll.

Natürlich kann man in diesem Fest noch vorbuddhistische Elemente erkennen und die Furcht vor dem bösen Blick, aber das reicht zur Interpretation nicht aus. Es ist ja genuiner Teil buddhistischer Frömmigkeit geworden. Was besonders auffällt, ist, daß hier – und wohl ausschließlich bei dieser Gelegenheit – Furcht aufkommt. Man fürchtet den Buddhablick. Dabei stehen die Augen als pars pro toto für das ganze Buddhabild. Die große, fast intime Nähe des Malers zum Bild läßt ihn die gefährliche Nähe des Heiligen erfahren. Gehen wir mit dieser Interpretation zu weit? Ich meine, daß das folgende zweizeilige Gebet in dieser Richtung hin verstanden werden kann, ein Gebet, das weite Verbreitung in Sri Lanka gefunden hat: »Vergib mir meine Übertretungen, die ich durch Achtlosigkeit in Tat, Wort und Gedanken begangen habe, o Tathagata der großen Weisheit.« Oder noch deutlicher: »Vergib mir, o Herr, alle Sünden, die ich in Gedanken, Wort und Tat gegen dich begangen habe. Ich gelobe, keine bösen Taten mehr gegen dich zu tun.« Hier wird deutlich, daß der Satz »Ich nehme meine Zuflucht zum Buddha« im praktischen, religiösen Vollzug mehr ist als eine Rezitationsformel. Sie besitzt eine »theistische Färbung«, wie es der Sozialanthropologe F. Gombrich sehr vorsichtig formuliert. Als man in Sri Lanka bei der berühmten, ca. 3 m hohen Aukana-Statue des Buddha Ausgrabungen machte, fand man zu seinen Füßen eine Reihe von kleinen Götterstatuen: Buddha überragt sie alle! Devatideva, wird er in Sri Lanka genannt, der »Übergott«, »Gott über Gott«.[61]

Buddha hat fraglos mit seiner Lehre ein, wie gelegentlich gesagt wurde, »God shaped gap« hinterlassen. Der Hinayana hat sich immer dagegen gewehrt, dieses »Loch« auf irgendeine Weise zu füllen, auch wenn in der Dharma-Lehre bestimmte Tendenzen erkennbar sind, die eine besondere Interpretation und Weiterentwicklung zulassen. Der Doketismus hat hier kein Lebensrecht bekommen.[62] Dennoch mußte der Buddhismus, wollte er zur Volksreligion werden und umfassend den Menschen Sinn und Vertrauen vermitteln und nicht nur beim Trauern helfen, wie das heute weitgehend in Japan der Fall ist, eine Gestaltung zulassen, die den

61. L. de Silva, ebd., 66ff., bei R. F. Gombrich, ebd., 140.

62. Alle theistischen Tendenzen im christlichen Glauben werden in apologetischer, rationaler Schärfe auch heute noch angegriffen. Vgl. W. Rahula, *What the Buddha taught*, 2. ed., Bedford 1967; G. Dharmasiri, *A Buddhist Critique of the Christian Concept of God*, Colombo 1974. Im Oktober 1975 wurde Dharmasiri nach der Veröffentlichung seiner Dissertation zu einem offenen Dialog mit christlichen Gesprächspartnern eingeladen, auf dem gerade die Frage nach dem Gottesverständnis gestellt wurde. Darüber wird ausführlich berichtet in: *Dialogue*, New Series, Vol. II, Nr. 3, 1975.

emotionalen Bereich und den der religiösen Erfahrung anders abdeckt, als es die strenge Lehre eigentlich zuläßt. Der Buddhismus ist eine lebendige Religion, die nicht von der Retrospektive lebt, bei der nicht die Vergangenheit zählt, sondern die Gegenwart. Jetzt will er dem Menschen eine Zuflucht bieten. Die Götter, der Dharma und Buddha, sie haben in verschiedener Form, Intensität und mit verteilten Rollen die Funktion wahrgenommen, für die in anderen Religionen Gott einsteht. So hat die in ihrem Ansatz rigorose, harte Religion der Wenigen (Hinayana!) ein menschliches, warmes Gesicht bekommen.

Der »ewige« Buddha

Als Buddha die Erleuchtung gewonnen hatte und alle Welten und alle Wirklichkeiten sich im Nu vor ihm entfalteten und alles Werden und Vergehen wie eine gewaltige Woge der Leere sich ihm darstellte, als er das Ziel allen seines Strebens erreicht hatte, hätte er die tiefe abgründige Wahrheit für sich behalten können, ja müssen, denn jeder kann nur allein für sich das Heil gewinnen. Buddha war berechtigt, sich zurückzuziehen und in Frieden die erreichte Ruhe zu genießen, statt sich der Mühe des Lehrens zu unterziehen. Später hat er diesen Moment als die tiefe, vielleicht tiefste Versuchung seines Lebens angesehen. Brahmā Sahampati, der höchste Gott, mußte selbst vom Himmel kommen und ihn bitten, aus Mitleid mit den Wesen, die nahe vor der Erleuchtung stehen, seine Erkenntnis nicht für sich zu behalten, sondern sie lehrend weiterzusagen, so daß die Wesen durch seine Worte das Ziel schneller erreichen können. Buddha gab nach – aus Mitleid. N. Söderblom hat das die tiefste Inkonsequenz seines Denkens bezeichnet. Aber »die Größe Buddhas und des Buddhismus liegt in dieser Inkonsequenz«.[63]

Der Hinayana hat in der Volksfrömmigkeit diese Inkonsequenz noch weiter vorangetrieben, als er die Möglichkeit eröffnete, gute Werke und Verdienste anderen übertragen zu können, so daß sie nicht dem eigenen Karma, sondern dem Karma anderer, vornehmlich dem der Eltern und Verwandten zugute kommen.[64] Trotz dieser Öffnung bleibt die Strenge der mönchischen Frömmigkeit erhalten. Das Ideal ist der einzelne Wandermönch, der wie ein Rhinozeros seinen Weg geht, unbeirrt von Gefahren und ohne sich rechts oder links ablenken zu lassen. Dagegen hat der *Mahayana-Buddhismus* sich aufgelehnt. Das Mitleid des Buddha ist größer als daß es sich allein in der Lehrvermittlung niederschlagen könnte. Buddha wird zum Erlöser. In der Gestalt des Amida, der einst als König das Gelübde ablegte, auf den Eingang ins Nirvana zu verzichten, bis daß alle Wesen erlöst seien, kann er alle diejenigen in sein Paradies des Reinen Landes holen, die sich ihm anvertrauen und seinen Namen anrufen. Damit war der breite Weg zur

63. N. Söderblom, *Der lebendige Gott*, a. a. O., 145.
64. Vgl. J. Holt, »Assisting the Dead by Venerating the Living. Merit Transfer in the Early Buddhist Tradition.«, a. a. O., 1 ff.

Erlösung geöffnet, der Glaubensweg für die vielen. Kein Wunder, daß die ersten Jesuitenmissionare im 16. Jh. entsetzt nach Rom schrieben: Selbst hier in Japan gibt es die lutherische Häresie!

Wir brauchen das hier nicht weiter auszuführen, sondern fragen danach, wie der ursprüngliche Ansatz in der alltäglichen Frömmigkeit weiterentwickelt wurde und welche Denkkategorien es zuließen, daß man der alten Lehre treu bleiben und sie dennoch so weit öffnen konnte, daß allen Menschen der Weg zum Heil geebnet wird. Die Weiterentwicklung der Buddhologie zur Drei-Leiber-Lehre bietet die Lösung an. Dabei kann man an die oben erwähnte Vorstellung vom Dharmaleib, dem Dharmakāya, anknüpfen. Buddha ist nicht allein der historische Prinz aus dem Geschlecht der Shakyamuni, er ist nicht nur die letzte Reinkarnation von Tausenden vor ihm existierenden Wesen, er ist die Sichtbarwerdung der letzten Wirklichkeit schlechthin. Er ist mit dem Dharmakāya, der Essenz der Wirklichkeit (dharmadhātu), der Soheit, dem Sein des Seienden, der Leerheit (śūnyata) letztendlich identisch. Nirmānkāya wird der manifeste Leib, die Manifestierung der letzten Wirklichkeit in der grobstofflichen, irdischen Gestalt genannt. Alle irdischen Buddhas haben diesen Leib angenommen und sind in dieser Gestalt dem Geborenwerden, Altern und Sterben unterworfen. Die Zwischenstufe zwischen der »Soheit des Seienden« und dem Erscheinungsleib ist der Sambhogakāya, der »Leib der Wonne«, der transzendente Buddhaleib. Er existiert als Meditierender und erscheint den Meditierenden in seiner Herrlichkeitsgestalt als Licht, als unkörperliche, aber noch sichtbare Transzendenz. Der Welt des Sambhogakāya gehören die Buddhas der vier Paradiese an, von denen der bekannteste und herrlichste Amida ist. Sie wirken auf verschiedene Weise für das Heil der Menschen.

Die Möglichkeit, die Drei-Leiber in ihrer unterschiedenen Identität zu denken, bildet die Lehre von der Leerheit, die auf Buddhas Lehre vom Nicht-Ich (anattā) und seiner Betonung des Nirvana als letzter, nicht mehr zu hinterfragenden und in unseren Sprachkategorien nicht mehr aussagbaren Wirklichkeit zurückgeht.[65] Nichtsein geht dem Sein voran, ist sein Ermöglichungsgrund und seine Wirklichkeit. Leere, śūnyata, bedingt alles, ohne daß es selbst bedingt wird. Es ist allem nahe, ohne daß die Wesen dies wissen. Erst in der Erleuchtung erkennt der Meditierende, daß er selbst mit allem identisch ist, erfährt er die »leerlose Leerheit« als das ens realissimum, durchschaut er, daß Nirvana und Samsara identisch sind! Er erkennt: Ich partizipiere nicht nur an der Buddha-Natur, ich werde nicht nur Buddha, sondern ich bin es! Die für uns nur schwer nachzuvollziehende Vor-

65. Auf Nagarjuna, 2. Jh. n.Chr., geht die Ausformung dieser Lehre zurück, die aber an die Vorstellung der zwei Leiber Buddhas im Hinayana anknüpfen kann. Vgl. bei C. Regamey, *Der Buddhismus*, a.a.O., 291 ff. Vgl. auch bei Buddhaghosa, *Der Weg zur Reinheit. Vissuddhi-Magga*, 3. Aufl., Konstanz 1975. Zur Darstellung der Drei-Leiber-Lehre, vgl. die übersichtliche Darstellung bei H. W. Schumann, *Buddhismus. Ein Leitfaden durch seine Lehren und Schulen*, 2. Aufl., Darmstadt 1973, 74 ff., 106 ff.

stellung vom Nichts wird verständlicher, wenn wir uns die ursprüngliche Vorstellung von Hohlheit klarmachen (śūnyata, svi, griech. ky = hohl, geschwollen, arab. sifr = Ziffer, ursprünglich = Null). Die Null ist ein ausgegrenztes Nichts. Als solche hat sie keine Bedeutung, und dennoch setzt sie Wirklichkeit, wenn man sie mit ihr zusammenbringt. Ja, diese wird durch die umgrenzte Leere potenziert: 1,10,100,1000![66]

Die Frage nun, ob der Dharmakāya personal interpretiert werden kann oder schlechthin den Charakter des Unpersönlichen beibehält, wird unterschiedlich beantwortet. Letztendlich jedoch zeigt der Begriff der Leere, daß diese Alternative falsch ist und wir nach einer Begrifflichkeit suchen müssen, die beides umfaßt. In der Philosophie der Kyoto-Schule, trägt man keine Bedenken, śūnyata mit Gott zu identifizieren. Das Verhältnis zum śūnyata wird dann bei Nishitani als »unpersönlich-persönliche oder persönlich-unpersönliche Beziehung« bezeichnet.[67]

Als der aus dieser Schule hervorgegangene junge Philosoph Katsumi Takizawa in den 30er Jahren zu Karl Barth nach Bonn kam, las dieser gerade den Teil seiner Dogmatik, der sich mit der Inkarnation, der Jungfrauengeburt, befaßte. Eine unendliche Freude, so erzählte Takizawa später, erfüllte ihn. Was er schon immer gewußt und bei seinem Lehrer Nishida gelernt hatte, verstand er nun plötzlich in ungekannter Klarheit. Barth hat das immer verwirrt und hat es ihm nie recht glauben wollen. Wagen wir aber den Schritt und identifizieren den Dharmakāya mit Gott, dem Grund allen Seins, und sehen, wie er sich durch den Geist ohne Zutun des Menschen (Jungfrauengeburt) in die Menschenwelt sichtbar, greifbar, erbarmend hineingibt, dann wird verständlich, wie die Drei-Leiber-Lehre in der Tat die Bedingung der Möglichkeit ist, die Inkarnation zu verstehen. Takizawa jedenfalls hat später den Dharmakāya, das śūnyata, mit Gott gleichgesetzt und in ihm den uns immer nahen, uns unkonditional liebenden Immanuel gesehen. Hier haben buddhistische Kategorien die christliche Sprachregelung geleitet. Ich bin davon überzeugt, daß es die Kategorien der Sunyata-Lehre waren, die es dem Nichtchristen ermöglichten, die Barthsche Gotteslehre im Nu und überwältigend klar zu

66. Vgl. E. Conze, *Der Buddhismus*, 5. Aufl., Stuttgart 1974, 124f. »Das absolute Nichts bringt, indem es mit jenem Person genannten ›Sein‹ eins wird, diese Person ins Dasein.« K. Nishitani, *Was ist Religion?*, Frankfurt a. M. 1982, 132.

67. Den Brückenschlag von dieser Philosophie zur christlichen Theologie hat wiederholt H. Waldenfels zu schlagen versucht. Vgl. ders., *Faszination des Buddhismus. Zum christlich-buddhistischen Dialog*, Mainz 1982, 42ff.; ders., *Absolutes Nichts. Zur Grundlegung des Dialogs zwischen Buddhismus und Christentum*, 3. Aufl., Freiburg/Basel 1980. Zum Problem vgl. auch Sh. Ueda, »Über den Sprachgebrauch Meister Eckharts: ›Gott muß ...‹. Ein Beispiel für die Gedankengänge der spekulativen Mystik, in: G. Müller/W. Zeller (Hg.), *Glaube, Geist, Geschichte* (FS E. Benz), Leiden 1967, 266ff. Ueda spricht von einer »Unendlichkeitsmystik mit theistischem Unterbau«, ebd., 275. Zur Religionsphilosophie der Kyoto-Schule s. F. Buri, *Der Buddha-Christus als der Herr des wahren Selbst. Die Religionsphilosophie der Kyoto-Schule und das Christentum*, Bern 1982.

begreifen.[68] Takizawa verstand sich von da an als Christ, ohne sich über viele Jahre hin taufen zu lassen.

Dialogische Einsichten

Buddha wollte die Menschen heilen, retten. Wie ein indischer Arzt bei einem Patientenbesuch stellte er vier Fragen: Ist der Mensch wirklich krank? Was ist seine Krankheit? Ist sie heilbar? Welches ist die Medizin? Die vier edlen Wahrheiten sind die präzisen Antworten auf diese Fragen. Gegen den Theismus und den Materialismus polemisierte Buddha in gleicher Weise, weil sie spekulativ seien und eine falsche Diagnose stellten. Allen Fragen, die nicht diesem Ziel der Erlösung des Menschen dienten, wich er aus.

Seine Schüler haben diese antitheistische Polemik bis in die Gegenwart beibehalten, in Sri Lanka gleichermaßen wie im Abendland. So erscheint bei uns der Buddhismus als eine atheistische Religion par excellence. Von zwei Seiten muß das Problem erneut angegangen werden. Die eine Seite haben wir verhandelt. Wir haben gesehen, wie Buddha selbst im Zentrum seiner Lehre in Dimensionen vorstößt, die solchen reinen Atheismus begrenzen, wenn nicht in Frage stellen. Der Mahayana-Buddhismus ist dem in seinen verschiedenen Schulen gefolgt. Nach seiner Überzeugung hat er damit die Buddha-Lehre vollendet. Er kann unter bestimmten Voraussetzungen den Gottesbegriff wieder verwenden. Der Hinayana-Buddhismus hat sich dagegen vehement zur Wehr gesetzt, jedenfalls in seiner Lehre. Die von der Sozialanthropologie erforschte Gemeindefrömmigkeit jedoch zeigt, daß die tatsächlich gelebte Religion andere Wege eingeschlagen hat als die Lehre es vermeintlich zuließ. So klaffen die kognitive und die emotional-rituelle Ebene heute in den Ländern des Theravada-Buddhismus auseinander.[69]

Man kann aus diesem Ergebnis theologisch-apologetische Folgerungen ziehen, wie es N. Söderblom (ohne Kenntnisse der sozialanthropologischen Forschung) und Lynn de Silva in Sri Lanka (mit diesen Kenntnissen) getan hat, und die Wirklichkeit des lebendigen Gottes auch im Buddhismus beweisen. Man könnte auch transzendental-theologisches Kapital daraus schlagen, denn die Strukturen sowohl des Kultus wie der Lehre sprengen durchgehend das geschlossene System und weisen auf die für Gott offene Grundierung der Lehre selbst hin.

68. K. Takizawa, *Reflexionen über die universale Grundlage von Buddhismus und Christentum*, Frankfurt a. M./Bern 1980; ders., *Das Heil im Heute. Texte einer japanischen Theologie*, Göttingen 1987.
69. Das ist wahrscheinlich der Grund, weshalb buddhistische Mönche die Veröffentlichung von L. de Silvas Buch über die rituelle Alltagsfrömmigkeit in singhalesischen Gemeinden durchaus nicht begrüßten. Es war ihnen unangenehm, diese Seiten des Buddhismus bekannt zu machen, die sie selbst mehr im Hintergrund hielten und vor der abendländischen Öffentlichkeit verbargen, weil sie das Bild stören, das sie als Hüter der reinen Lehre des Buddhismus gern verbreiten.

Beides ist hier nicht beabsichtigt. Es geht um den Gottesbegriff in der Religionswissenschaft. Durch die Hereinnahme der sozialanthropologischen Forschung ist eine Neuformierung der religionswissenschaftlichen Kenntnisse notwendig. Die einfache Antithese von Theismus und Atheismus ist dadurch überholt. Aber sie wird auch durch die Theologie selbst in Frage gestellt. Buddhistische Apologeten und die ältere Religionswissenschaft verwenden einen Gottesbegriff, wie ihn in der Theologie niemand mehr gebrauchen würde. Sie definieren Gott durch die Attribute *Allwissenheit, Allmacht, Schöpfersein.*[70] Das aber ist fragwürdig. Gott kann nicht nur nicht mittels der Attribute, er kann überhaupt nicht definiert werden. Jede ontologisierende Redeweise von Gott steht unter erheblichen Vorbehalten. Deus definiri nequit. Das wußten auch die Alten. Der Trinitätsgedanke überwindet von innen heraus den reinen, harten Theismus. Theologen ziehen daraus heute die Konsequenz und beschränken sich auf eine reine Formaldefinition. In seiner Wissenschaftstheorie definiert W. Pannenberg Gott als »das letzte Ziel des Menschen«.[71] Solches Vorgehen ist schon bei Luther angelegt, wenn er im Großen Katechismus schreibt: »Ein Gott heißet das, dazu man sich versehen soll alles Guten und Zuflucht haben in allen Nöten ... Worauf Du nu Dein Herz hängest und verlässest, das ist eigentlich Dein Gott« (BKS 560).

P. Tillich, aus einem lutherischen Pfarrhaus stammend, hat diesen Satz unter dem Einfluß Schelling'scher Philosophie und Terminologie umformuliert und definiert Gott als das, »was dich unbedingt angeht«. Wie er das in seiner Theologie aufgreift und die Differenz und Zusammengehörigkeit von Gott und Mensch in den Kategorien von Bedingtem und Unbedingtem beschreibt, wie er den Theismus zu überwinden sucht und von »Gott über Gott« spricht, erinnert nicht nur terminologisch in vieler Hinsicht an Buddhas Lehre vom Nirvana.[72] Denn Gott kann nicht definiert werden, da er dem Menschen nicht wie das Objekt dem Subjekt gegenübersteht, sondern seine Präsenz das Subjektsein des Menschen in der Relation zu seinem Subjektsein konstituiert. Gottes kann man nicht innewerden, ohne in Beziehung zu ihm zu stehen. Erweist sich so der reine Theismus als falsch, nähern wir uns deutlich einer erkenntnistheoretischen Grundaussage des Mahaya-

70. Als ein Beispiel von vielen sei H. v. Glasenapp herausgegriffen: »The central tenet of Christian doctrine is the belief in an eternal, personal, omnipotent, omniscient and all-loving God. He has created the world from nothing ...«, in: ders., *Buddhism and Christianity*, Kandy 1963, 11.
Zur philosophisch-theologischen Diskussion um den Allmachtsgedanken vgl. W. H. Ritter/R. Feldmeier u. a., *Der Allmächtige. Annäherungen an ein umstrittenes Gottesprädikat*, Göttingen 1997; W. Härle, *Dogmatik*, a. a. O., 256ff., 273f.
71. W. Pannenberg, *Wissenschaftstheorie und Theologie*, Frankfurt a. M. 1977, 232. Fraglos könnte man hier den Begriff Gott ebensogut durch den des Nirvana ersetzen!
72. P. Tillich, *Der Mut zum Sein*, 3. Aufl., Stuttgart 1958, 131ff. Vgl. dazu auch M. Repp, *Die Transzendierung des Theismus in der Religionsphilosophie Paul Tillichs*, Frankfurt a. M./ Bern/New York 1986.

na-Buddhismus, die sich in der sprichwörtlichen Redewendung ausdrückt: Das Auge kann das Auge nicht sehen, das Wasser das Wasser nicht waschen. D.h., die Buddhanatur, den Urgrund allen Seins, kann ich darum nicht erkennen, weil ich selbst Teil von ihr bin. Erkenne ich diesen Grund, erkenne ich mich selbst, und umgekehrt, erkenne ich mich im Erleuchtungsvorgang, gleichsam in der Bekehrung, so erkenne ich mich in der intensivsten Beziehung zu ihm, ja erkenne meine Identität mit allen Wesen und eben diesem Urgrund, dann »erkenne ich mich und alles Seiende als in Gott aufgehoben«, würde der Christ sagen.

Es ist hier nicht der Ort über Divergenzen, Übereinstimmungen und Differenzen zwischen buddhistischem und christlichem Gottesbegriff nachzudenken. Das gehört nicht mehr in den Bereich der Religionswissenschaft, sondern in den des interreligiösen Dialogs.[73] Es sollte nur deutlich geworden sein, daß die Religionswissenschaft sehr wohl daran tut, ihren Gottesbegriff neu zu überdenken und neu zu fassen. Die Zeit der Polemik zwischen Religionswissenschaft und Theologie sollte endlich der Vergangenheit angehören.

3.3 Gott und das Böse

Wissen, was »Gut und Böse« ist und beides unterscheiden zu können, ist die größte Weisheit des Menschen (Gen 2). Es ist erstrebenswert, ja lebensnotwendig. Ohne dieses Wissen kann der Mensch vielleicht im Paradies leben, doch außerhalb des Paradieses nicht. Er würde kaum einen Tag überleben. Dieses Wissen, das den Menschen Gott ähnlich gemacht hat, wurde ihm mit der Vertreibung aus dem Paradies nicht genommen. Es ist Gabe des Paradieses, Lebensgabe, die Gott dem Menschen ließ, damit er in seiner Schöpfung inmitten von anderem Leben leben und überleben kann.

Was »gut« und was »böse« heißt und beides richtig unterscheiden zu können, ist nicht nur eines der zentralen Probleme in der jüdisch-christlichen Tradition, sondern in allen Religionen. Es ist im Herzen einer jeden Religion angesiedelt. Ihren unterschiedlichen Antworten soll im folgenden nachgegangen werden.

Um nicht im Meer von Informationen zu ertrinken, ist es notwendig, einige Schneisen in den Wald der Religionen zu schlagen, eine Ordnung aufzustellen, die uns Orientierungshilfen gibt, Zuordnungen und Differenzen klarer zu erkennen. Die schon mehrfach genannte Unterscheidung zwischen »primärer« und »sekundärer Religionserfahrung« ist auch hier hilfreich.

73. Zum buddhistisch-christlichen Dialog s. H. M. von Brück, W. Lai, *Buddhismus und Christentum. Geschichte, Konfrontation, Dialog,* München 1997.

Das Böse in den Stammesreligionen

»Gut« und »böse« wird in den primären Religionen ebenso ursprünglich und elementar verstanden wie in der Genesiserzählung: Gut ist das, was das Leben fördert, böse ist alles, was das Leben schädigt und bedroht.[74] Damit ist nicht nur das Leben des einzelnen, Förderung und Bedrohung seines Lebens gemeint, sondern vor allem das der Gemeinschaft. Das Leben in der Gemeinschaft zu fördern, zu stärken und zu mehren, ist jeder verpflichtet.

Was bedeutet das für unsere Fragestellung? Die primären Religionen kennen keinen kosmischen Dualismus. Das Leben ist eines, das hier und jetzt gelebt wird. Die Trennung der Wirklichkeit in zwei sich ausschließende Bereiche ist unbekannt. Gott hat in den Stammesreligionen praktisch keinen Gegengott. Gottes Wirken ist auf die Wirklichkeit dieser Welt bezogen, die den Erfahrungshorizont des Menschen, auch den religiösen, ausmacht. In dieser Wirklichkeit gibt es keinen Bereich, von dem Gott ausgegrenzt ist und der einem anderen gehören könnte. Wie stark dieses Denken ist, wird in Afrika daran deutlich, daß die Nupe im Sudangürtel, die unter dem Einfluß des Islam den Teufel als Glaubensgegenstand kennenlernten, ihm in ihrer Alltagswelt kaum eine Bedeutung zumessen. Der Satan ist ein Geschöpf Gottes, nicht sein Gegenüber. Er ist eines seiner »ambigious creatures«.[75]

Das Böse ist eine anthropologische Wirklichkeit, nicht mehr und nicht weniger. Der Mensch erfährt täglich Böses und er weiß, daß Menschen böse sein können. Wie der Zorn zum Menschsein gehört, so auch die anderen Regungen des Herzens. Im Menschen selbst hat das Böse seinen Ursprung. Das zu wissen, genügt den Stammesangehörigen. Die Frage nach dem Bösen »an sich« ist unwichtig, da sie zur praktischen Bewältigung des Lebens nichts beiträgt. Erfährt man Böses, wird man die Ursache des Bösen ausmachen. Dazu muß man sein eigenes Herz abfragen oder die Ursache bei anderen suchen, die Ahnen oder Geister eingeschlossen. Irgend jemand hat das Böse verursacht, man selbst oder ein anderer. Man muß und kann ihn finden. Allein das sonst nicht mehr erklärbare, sich immer wiederholende Unglück, das die menschliche Erfahrung übersteigende Übel wird auf Gott selbst zurückgeführt. Das wird hingenommen und nicht hinterfragt. Eine Aussage wie die der Genesis, daß »das Dichten und Trachten des menschlichen Herzens nur böse ist, immerdar« (Gen 6,5), ist mir in dieser Radikalität aus anderen primären Religionen nicht bekannt. Jedoch weiß man, welche Abgründe das menschliche Herz birgt. Deshalb bedarf es größter gemeinsamer Anstrengungen, das Böse einzudämmen.

Krankheit und Tod sind das »Böse«, das »Übel« schlechthin. Der Tod, der un-

74. Zur Genesis vgl. H.-J. Stoebe. »Gut und Böse in der Jahwistischen Quelle des Pentateuch.« *ZAW* 1953,188-204.

75. Vgl. S. Nadel, *Nupe Religion. Traditional Beliefs and the Influence of Islam in a West African Chiefdom*, 2. ed., London 1970, 13.

zeitgemäße und unnatürliche Tod, ist das Schlimmste. Der Tod eines alten, lebenssatten Menschen wird dagegen als etwas »Natürliches« angesehen. Denn ist es nicht letztlich Gott selbst, der den Tod erschuf?[76] Er erschuf ihn, aber es sind die Menschen, die den Tod wählten. Eine in vielen Variationen tradierte Geschichte erzählt, wie der Tod zu den Menschen kam:

»Als die ersten Menschen aus dem Riedstumpf kamen, sandte der Herr des Landes das Chamäleon zu den Menschen, um ihnen die Botschaft mitzuteilen: ›Die Menschen werden sterben, aber sie werden wieder auferstehen.‹ Das Chamäleon machte sich auf den Weg und ging nach seiner Gewohnheit sehr langsam. Dann wurde die große Eidechse mit dem blauen Kopf gesandt, um den Menschen zu sagen: ›Ihr werdet sterben und verwesen‹. Die Eidechse machte sich in ihrer schnellen Laufart auf den Weg und überholte schon bald das Chamäleon. Sie überbrachte den Menschen ihre Botschaft. Als das Chamäleon mit seinem Auftrag ankam, sagten die Menschen zu ihm: ›Du bist zu spät. Wir haben schon die andere Botschaft angenommen‹. Darum sind die Menschen dem Tode verfallen.«[77]

Gott schickt zwei Boten. Das ist wichtig. Beide Botschaften zusammen umschreiben die ganze Wirklichkeit, Werden und Vergehen, Leben und Nicht-mehr-Sein. Daß es Leben und daß es Tod gibt, allein diese Erfahrung wird reflektiert. Der Text lädt den Menschen ein, den Tod als etwas Unabänderliches hinzunehmen. Gott selbst steht für dieses Unabänderliche. Warum das so sein muß, wird nicht mehr hinterfragt. Theodizeefragen sind den afrikanischen Religionen fremd. Aber das ist noch nicht die ganze Wahrheit. Denn wie die Menschen den Tod gewählt haben, so muß jedes Mal aufs Neue gefragt werden, wer von ihnen das jeweilige konkrete Übel verursacht hat.

Fragt man weiter, wo im Menschen das Böse seinen Ursprung hat, so lautet die Antwort: Im Neid. Der Mensch ist neidisch, von Jugend auf. Sozialität muß gelernt werden. Der Neid richtet sich auf Menschen, nicht auf Gott. Er kennt keine andere Blickrichtung. In den primären Religionen steht der Mensch und seine Beziehung zum Nächsten im Mittelpunkt. Das Böse wird an der Zerstörung der mitmenschlichen Beziehungen erfahren. Es wird nicht an einem ewigen oder abstrakt formulierten Gesetz festgemacht. Das gibt es in den primären Religionen nicht (oder nur

76. Eine der tiefgründigsten Liedsentenzen afrikanischer Religionen lautet: »Gott schuf die Sache (= Welt). Unendlicher Schöpfer. Er schuf die Sache. Was schuf er? Er schuf die Ordnung. Er schuf das Wissen. Er schuf den Tod – als seine Quintessenz«. Zit. nach J. B. Danquah, *The Akan Doctrine of God*, a. a. O., 132.

77. Zit. nach H. A. Junod, *The Life of a South African Tribe*, (Repr. 1912) New York 1962, Bd. 2, 350. Bei den Bavenda ist es das Chamäleon, das die Todesbotschaft überbringt, ein Tausendfüßler, der sich unterwegs an einem Baum genüßlich tut, ist Träger der Lebensbotschaft. Vgl. H. A. Stayt, *The Bavenda*, 2. ed., London 1968, 362. Bei den Vasu in Tansania sind Lamm und Eidechse die Botschafter, und die Frage lautet: Willst du sterben, wie ein Topf zerschellt, oder wie der Mond, der wiederkommt? Vgl. C. Omari, *God and Worship in Traditional Vasu Society*, Makumira 1970, 97f.

sehr selten wie in der ägyptischen Religion, die aber schon aufgrund ihrer langen Geschichte so etwas wie eine Zwischenstufe zur sekundären Religion bildet), sondern nur das lebendige Gesetz der Väter und der Tradition. Das bestimmt die Gegenwart. Das Zusammenleben macht den Menschen zum Menschen. Wer sich daran vergeht, bereitet dem Bösen den Boden. Das Böse existiert nicht ohne den Menschen. Durch ihn ist es verursacht, er muß die Folgen tragen.

Jeder Mensch trägt die Neigung zum Bösen in sich, dennoch gibt es Menschen, in denen das Böse sich einnistet und ein Zuhause hat. Sie sind in besonderer Weise Träger des Bösen, die Hexen und Hexer sowie die Zauberer.[78] Die Hexen (meistens sind es tatsächlich Frauen) sind sich ihrer Taten nicht bewußt, denn sie treiben ihr Unwesen nachts im Schlaf. Zum Befremden europäischer Beobachter sind Frauen, die der Hexerei angeklagt werden, schnell bereit, das zuzugeben, selbst wenn sie reinen Gewissens sind. Das wird psychologisch verständlich, wenn es sich um Frauen vor der Menopause handelt, was oft der Fall ist, oder um Mitglieder von Ethnien, in denen eine solche Selbstanklage nicht zum Ausschluß aus der Gemeinschaft führt, sondern die Wiederannahme durch einen entsprechenden Reinigungsritus garantiert ist.

Hexen gehören zum Alltag wie der Neid und die Gier des Menschen. Hexen bedrohen das Leben, aber sie sind auch eine Entlastung in der Alltagsbewältigung. Sie sind die Negativfolie für das normale ethische Verhalten. Ihr Wirken macht die Undurchschaubarkeit böser Erfahrungen durchsichtig und erklärbar. Man weiß, wo man suchen muß. Mit dem Bösen, das vom Menschen kommt, kann die Gesellschaft umgehen. Das kann man überwinden.[79]

Anders verhält es sich mit den Zauberern. Sie arbeiten bewußt und am Tage und wenden Gifte zum Schaden der Menschen an. Sie werden von Menschen engagiert, um anderen zu schaden. Sie zielen ausschließlich auf das Böse. Ihre Kraft liegt in beidem, den Medizinen und dem schlechten Gewissen der Menschen, denen sie schaden sollen. Wer keine Furcht vor ihnen hat, dem können sie wenig anhaben. Aber denen, die ihrerseits Böses vorhaben, deren seelische Stabilität beeinträchtigt ist oder die selbst schon anderen geschadet haben, denen kann der Zauberer Böses antun. Ist sein Tun öffentlich bekannt, wird er zum Außenseiter der Gesellschaft. Aber er bleibt Mensch und wird nicht zum Dämon. Als Mensch hat er stets die Möglichkeit, sich vom Bösen und seiner Kraft zur Schadzauberei zu trennen und wieder in die Gesellschaft zu integrieren. Daß alle in harmonischer

78. Diese Unterscheidung, auf die E. E. Evans-Pritchard, *Hexerei, Orakel und Magie bei den Zande*, Frankfurt a. M. 1978, früh aufmerksam gemacht hat, hat sich in der ethnologischen Forschung allgemein durchgesetzt, auch wenn sie nicht in allen Ethnien in reiner Form zu finden ist und sich die Grenzen heute aufzulösen scheinen. L. Mair, *Magie im schwarzen Erdteil*, München 1969.

79. Zum Umgang afrikanischer Kirchen mit dem Problem der Hexerei in neuerer Zeit vgl. M. Roser, *Hexerei und Lebensritus. Zur Inkulturation des christlichen Glaubens unter den Gbaya der Zentralafrikanischen Republik*, Diss. theol., Heidelberg 1999.

Beziehung zueinander stehen und leben, ist das Ziel dieser Religionen, wie wir mehrfach gesehen haben. Sie sind Versöhnungsreligionen.

Das Böse bei Zarathustra

Von den primären Religionen sind die *sekundären Religionen* zu unterscheiden. Sie sind gestiftet und stellen die Wahrheitsfrage und beanspruchen Weltgeltung. Da ihre Wahrheit allen Menschen gilt, sind sie missionarisch. Damit verändert sich sehr viel. Die Grundeinstellung zur Welt wird anders und auch die zum Bösen wie zum Guten. Da es Wahrheit gibt, muß es auch das Gegenteil geben, die Lüge. Beides steht in einem sich ausschließenden Gegensatz zueinander. Die Dimension des Absoluten kommt in den Blick. Das läßt sich sehr gut am 8. und 9. Gebot verdeutlichen. In der israelitischen (»primären«) Stammesreligion meinte es ursprünglich: Du sollst gegen deinen Nachbarn nichts sagen, was ihm schaden kann. Versteht man aber darunter, wie es im populären Mißverständnis oft geschieht, ein Verbot der Lüge, wird die Aussage moralisch und an einem absoluten Maßstab gemessen, der nicht kultur- und gemeinschaftsgebunden ist, sondern weltweit Gültigkeit besitzt. Hier wird der Übergang vom physisch verstandenen Bösen zum moralisch Bösen erkennbar!

Diesen Übergang kann man gut bei *Zarathustra*[80] erkennen, dem Begründer jener iranischen Religion, in der prima vista ein ethischer Dualismus zu Hause ist und sich von dort in andere Religionen ausgebreitet hat. Ob dieses Bild der Wirklichkeit entspricht, soll hier nicht diskutiert werden. Zarathustra war nach unserer Kenntnis der erste, der sich mit der ihn umgebenden Religion auseinandersetzte und die Wahrheitsfrage stellte. Die Götter (deva!) der Nomaden, seiner Intimfeinde, werden als Dämonen (daeva = Teufel) stigmatisiert. Der Gott der einen wird zum Teufel der anderen! Zarathustra ist der erste, der die Götter der anderen »verteufelt«, wortwörtlich![81] Ihre Anbeter sind Irrlehrer und verbreiten Lüge! Umgekehrt werden die bei den iranischen Nomaden offenbar eher negativ beurteilten asuras positiv bewertet und ihr Titel in den Gottesbegriff aufgenommen. Hier beginnt eine Abgrenzung durch Umkehrung der religiösen Vorstellungen. Religiöse Schwarzweißmalerei nimmt ihren Anfang.

Zarathustra ist Ethiker. Auf das rechte ethische Verhalten zielt seine neue Lehre ab. Ahura Mazda, Gott, zu dem er wie ein Freund zu seinem Freunde sprach, ist umgeben von »heilbringenden Unsterblichen«, die so etwas wie Attribute Gottes

80. Im Blick auf sein Leben ist so gut wie alles in der Forschung umstritten. Doch wird man nicht fehlgehen, den Beginn seines Auftretens um 630 v.Chr. anzusetzen. Zur Literatur vgl. B. Schlerath (Hg.), *Zarathustra*. Darmstadt 1970; C. Colpe, *Handbuch der Religionsgeschichte*, Bd. 2. Göttingen 1972, 318-357.
81. Und in seinem Gefolge auch das Deuteronomium, 5. Mose 32,17!

sind und zugleich von ihm getrennte Geister zu sein scheinen.[82] Später werden sie eher als Engel vorgestellt, sind aber auch Vorbilder für das rechte Verhalten der Menschen. »Gutes Denken« ist das erste und wichtigste »Amesha spenta«. Weitere heißen »Wahrheit« und »Lüge«. Lüge, druj (indogerm. = »Trug«), damit ist gegnerisches Wirken, Unrecht, Sünde gemeint. Das Lügen wirkt sich in alle Lebensbereiche hinein aus.[83] Es ist nicht einfach Täuschung anderer, sondern das Böse schlechthin. Darum muß man sich nicht nur vor der Lüge hüten, sondern auch von dem fernhalten, der mit der Lüge umgeht. »Der ist ein Lügner, der gegen den Lügner gut gesonnen ist, der ist ein Wahrhaftiger, dem der Wahrhaftige Freund ist«, heißt es in Yasna 46, 6. »Besiegen soll in diesem Haus der Gehorsam den Ungehorsam, der Friede den Unfrieden, rechtgesprochenes Wort das falschgesprochene Wort, die Fügsamkeit die Auflehnung, die Freigebigkeit den Geiz, die Wahrheit die Lüge« (Yasna 60, 5). Aber Wahrheit ist noch mehr. Sie ist auch das rechte Bekenntnis zur rechten Religion, Lüge dagegen ist die Verleugnung des Bekenntnisses zu Ahura Mazda. Die Welt der Lüge ist das Reich der Verdammnis.

Zarathustra spricht und denkt in Gegensätzen. Er ist der erste radikale Dualist. Da er alles auf Gott, den Schöpfer, zurückführt und der Monotheismus in seinem Gedankensystem angelegt, wenn auch nicht ausgeführt ist, wird die Frage brennend, die später alle monotheistischen Religionen umtreibt: Woher kommt das Böse?

Zarathustra vertritt, eng miteinander verflochten, einen gesellschaftlichen, einen ethischen und schließlich einen theologischen Dualismus. Die Frage ist nur, wie er das Böse mit Gott zusammenbringen kann, wenn der Gegensatz zwischen Lüge und Wahrheit unüberbrückbar ist.

In Yasna 30, 3-5 heißt es: »Und im Anbeginn waren diese beiden Geister, die Zwillinge, die nach ihrem eigenen Worte das Gute und das Böse (Prinzip) im Denken, Reden und Tun heißen. Zwischen ihnen haben die Guthandelnden richtig gewählt, nicht die Schlechthandelnden (3). Und als diese beiden Geister zuerst zusammenkamen, da bestimmten sie Leben und Tod, und daß zuletzt sein soll für die Falschgläubigen das schlimmste Dasein, aber für den Rechtgläubigen (der Lohn der) besten Gesinnung[84] (4). Unter diesen beiden Geistern erwählte der Falschgläubige[85] das Schlechteste zu seinem Tun, aber der heilige Geist das Rechte, er, der die festesten Himmel als Gewand an-

82. Zur Gottesvorstellung Zarathustras vgl. auch G. Ahn, *»›Monotheismus‹ – ›Polytheismus‹. Grenzen und Möglichkeiten einer Klassifikation von Gottesvorstellungen«*, a. a. O.
83. So lesen wir z. B. bei Plutarch, daß den Persern der Geldverleih verboten sei, weil er zur Lüge verleite! Die wichtigsten Texte sind zu finden in A. Bertholet (Hg.), *Religionsgeschichtliches Lesebuch*, H. 1, Tübingen 1926.
84. Die Gabe des Vohu Maño (s. Yasna 10, 12; 43,2; 51,11), wie sonst das Paradies mit seinen Wonnen genannt wird.
85. Der Ahriman.

zieht[86], (und mit ihm) alle, welche es dem Herrn durch lauteres Tun zu Dank machen wollen, sich offen zu Mazda bekennen (5).«

Zarathustra findet für das Problem gleichsam eine Zwischenlösung. Beides, das Gute und das Böse, die Wahrheit und die Lüge, Spenta Mainyu (Heiliger Geist) und Angra Mainyu (böser Geist) sind Geschöpfe Gottes. Ja, sie sind Zwillinge! Der Unterschied zwischen ihnen liegt nicht bei Gott, sondern in deren Entscheidung. Nicht aufgrund ihres Wesens, sondern aufgrund ihres Tuns und Wollens und ihrer eigenen Entscheidung sind sie so verschieden. Damit kann Zarathustra an der Allursächlichkeit Gottes festhalten und zugleich die freie Entscheidungsmöglichkeit des Menschen behaupten. Der Mensch ist frei zu entscheiden, so frei, wie es die beiden Geister waren. Der eine hat das Gute, der andere die Lüge gewählt. Dennoch weiß der Mensch, daß das Gute und das Böse so eng beieinander liegen. Trotz aller Gegensätzlichkeit sind und bleiben sie Zwillinge. Sie gehören zusammen und begrenzen einander. Zwar werden sie nicht in alle Ewigkeit in solch komplexem, dialektischem Verhältnis zueinander stehen, doch unsere Weltwirklichkeit kann nur begriffen werden, wenn man beide zusammen sieht, beide ernst nimmt und sich eingespannt weiß in den Kampf zwischen beiden. Wir sind in die Entscheidung gestellt, die rechte Lehre, das rechte Denken und Handeln, das Wahrsein, kurz: Ahura Mazda und sein Reich zu wählen. Es kann nur eine Entscheidung geben, nämlich die für das gute Reich. Jedes Nachgeben der Lüge ist ein kleiner Sieg Ahrimans. Daß aber am Ende Ahura Mazda siegen und sein Reich allumfassend sich durchsetzen wird, dessen ist Zarathustra ebenso sicher, wie er mit Überzeugung verkündet, daß die Bösen in ewiger Verdammnis die Früchte des bösen Tuns ernten werden. Der Glaube an die ewige Verdammnis der Bösen, der Lügner, hat in dieser Religion sein erstes Zuhause.

Wir halten fest: Die sekundäre Religion bringt etwas radikal Neues in die Geschichte der Religionen. Die primäre Religionserfahrung kennt die Abgründe des menschlichen Herzens und lokalisiert dort das Böse. Es ist eine Gefahr, die den Menschen stets begleitet, und mit der umzugehen der Mensch lernen muß. Dieses Wissen vermittelt die Gemeinschaft und hilft dem einzelnen wie der Gemeinschaft als ganzer, dem Bösen zu widerstehen, so daß es nicht allmächtig werden und seinen schädlichen Einfluß vergrößern kann. Das Böse ist und bleibt aber »menschlich«, d.h. der Mensch kann damit umgehen und kann ihm in der Gemeinschaft widerstehen. Eine kosmische Dimension besitzt das Böse nicht.

Diese Dimension lotet erst die sekundäre Religionserfahrung aus. Das Böse wird hier neu dimensioniert, es wird groß und mächtig. Wird der Mensch ihm jetzt noch »gleichrangig« begegnen können? Der Umgang mit dem Bösen wird, dem Menschen zum Vorbild, im Jenseits gelöst. Wie die »Geister« sich für das Gute entscheiden können und müssen, so obliegt es den Menschen, ihnen hierin zu fol-

86. Hier wird der heilige Geist, wie später, direkt dem Ormazd gleichgesetzt.

gen. Der kosmologische Vorgang wird zum Vorbild für das menschliche Handeln. Daß der Mensch sich für das Gute entscheidet und der Lüge, dem Trug, der Unwahrheit absagt, das anzusagen, dafür ist Zarathustra gekommen. Dafür tritt er ein.

Die Differenz zwischen diesen beiden Modellen, das Böse zu begreifen, ist bedeutend: Hier das irdische Böse, gleichsam das mit dem menschlichen Antlitz, dort die prinzipielle Ausweitung ins Moralische und in die Transzendenz. Das Böse wird jetzt vom Gottesgedanken umgriffen. Erst sekundär hat es mit dem Menschen zu tun. Im Gottesbegriff selbst verankert, bekommt es übermenschliche Züge. Der Mensch scheint ihm ausgeliefert zu sein, es sei denn, Gott selbst kommt ihm gegen das Böse zur Hilfe. Dieser Gedanke muß dann noch verstärkt werden, wenn das Gottesbild immer strenger dem Monotheismus zuneigt. Wenn Gott alles in allem, der Allmächtige, der Schöpfer ist, der aus dem Nichts alles hat entstehen lassen, welcher Platz kommt dann dem Bösen zu?

Das Böse im Islam

Mohammed ist nicht nur vom Judentum und Christentum beeinflußt, sondern hat auch Gedanken des Zoroasmus übernommen, der für ihn als Schriftreligion in die heilsgeschichtliche Vorlaufphase des Islam gehört. Ein Gedanke stammt direkt aus dem Iran: die Vorstellung von der Cinvat-Brücke (so der Begriff im Zoroasmus, im Islam heißt sie Sirat[87]). Sie ist die Gerichtsbrücke, über die jeder zur Prüfung gehen muß, ehe er ins Paradies kommt. Für die Guten wird sie sich zum breiten Gehsteig erweitern, bei den Bösen aber sich zur scharfen Schwertschneide verengen, so daß sie in den darunter liegenden ewigen feurigen Pfuhl der Hölle fallen.[88]

Doch wir greifen vor. Die Einheit Gottes ist das große und zentrale Thema der Verkündigung Mohammeds. Ihretwegen fühlt er sich dem Judentum verbunden und geht je länger je mehr auf Distanz zum Christentum und ruft die Christen auf, jeder Dreigötterlehre schnellstens und radikal den Abschied zu geben: »So glaubet an Gott und seinen Gesandten und sprechet nicht: ›Drei‹« (Sure 4,169). »Siehe, wer Gott Götter an die Seite stellt, dem hat Gott das Paradies verwehrt und seine Behausung ist das Feuer; und die Ungerechten finden keinen Helfer. – Wahrlich, ungläubig sind, die da sprechen: ›Siehe, Gott ist ein dritter von drei‹. Aber es gibt keinen Gott denn einen einigen Gott« (S 5,76 f.).

Wer so, wie es Hendrik Krämer einmal ausdrückt, den Monotheismus »bis zur

87. Vgl. dazu *Das Totenbuch des Islam*, Bern/München 1981,141 ff. Über die Brücke gibt es verschiedene Traditionen.
88. Nach anderen Traditionen ist es die Länge der Zeit, die den Unterschied zwischen Guten und Bösen beim Überqueren der Brücke ausmacht, denn das Höllenfeuer unter der Brücke brennt so heiß, daß der Mensch es auf seiner Haut spürt.

Weißglut erhitzt«, für den wird die Frage nach dem Bösen zur dogmatischen Crux. Bei Mohammed ist dies noch eher leger, okkasionell behandelt, die späteren islamischen Dogmatikschulen stellen sich ihm prinzipiell. Der Ausgangspunkt ist unumstritten: Alles kommt von Gott. Zu den schönsten 99 Namen gehören selbstverständlich »der Schöpfer aller Dinge«, »der Allsehende«, »der Allhörende«, »der Allmächtige« und andere mehr[89].

»Bei ihm sind die Schlüssel des Verborgenen; er kennt sie allein; er weiß, was zu Land und Meer ist. Und kein Blatt fällt nieder, ohne daß er es weiß; und kein Korn ist in der Finsternis der Erde und nichts Grünes und nichts Dürres, das nicht stünde in einem deutlichen Buch«. »Er ist's, der euch zu sich nimmt zur Nacht, und er weiß, was ihr schafft am Tag. Alsdann erweckt er euch an ihm, auf daß ein bestimmter Termin erfüllet würde. Alsdann ist zu ihm eure Heimkehr, alsdann verkündet er euch eure Werke. Und er ist der Zwingherr (!!) über seine Diener ... Und er ist der schnellste Rechner« (d.i. im jüngsten Gericht) (S 6, 59.60.61 f.).

Von Gott kommt alles, er schafft alles, er sieht und hört alles. Sein Machtbereich ist unbegrenzt. Von ihm kommt das Gute, aber von ihm kommt auch der Tod. Schafft er auch die Sünde? Diesen Satz spricht Mohammed nicht aus. Mohammed kennt Zwischeninstanzen. Da sind die Dschinn, deren Natur aus Feuer besteht, an sich neutrale Wesen, die aber den Menschen zum Bösen verleiten. Es gibt aber auch die Engel, unsterblich und geschlechtslos, Gottes Diener schlechthin. Ob zu ihnen auch Iblis, der Teufel, der meistens mit dem Shaitan, dem Satan identifiziert wird, gehört, ist umstritten. Über seinen Ursprung gibt der Koran präzise Auskunft: Nach der Erschaffung des Menschen und nachdem Adam allen Dingen den Namen gegeben und dadurch seine Überlegenheit über alles auf Erden erwiesen hat, befiehlt Gott den Engeln, sich vor Adam niederzuwerfen. »Da warfen sie sich nieder bis auf Iblis, der sich in Hoffart weigerte und einer der Ungläubigen ward« heißt es in S 2,32.[90]

Zweierlei wird aus diesem und den Paralleltexten deutlich. Mit Iblis nahm der Ungehorsam seinen Anfang. Alle Wesen sind zum Gehorsam geschaffen. Gehor-

89. Vgl. L. Gardet, *Islam*, Köln 1968, 58.

90. Ausführlicher heißt es dazu in S 38, 75-79: »Er sprach: ›O Iblis, was hinderte dich, dich niederzuwerfen vor dem, was ich mit meinen Händen erschuf? Bist du etwa hoffärtig oder einer der Hochmütigen?‹ Er sprach: ›Ich bin besser als er; du erschufst mich aus Feuer und hast ihn aus Ton erschaffen‹. Er sprach: So gehe hinaus aus ihm (= dem Paradies), denn siehe, du bist mit Steinen vertrieben. Und siehe, auf dir ist mein Fluch bis zum Tage des Gerichts‹. Er sprach: ›Mein Herr, so verzieh mit mir bis zum Tag der Erweckung.‹ Er sprach: ›Siehe, mit dir wird verzogen bis zum Tage der bestimmten Zeit.‹ Er sprach: ›Drum, bei deiner Macht, wahrlich, verführen will ich sie insgesamt, außer deinen Dienern unter ihnen, den lauteren.‹ Er sprach: ›Drum, die Wahrheit ist's und die Wahrheit spreche ich. Wahrlich, erfüllen will ich die Dschehannam mit dir und denen, die dir folgen insgesamt‹.«
Vgl. auch S 17, 63-27. Nach S 18, 48 gehört Iblis zu den Dschinn, denn Engel sind sündlos!

sam ist die eigentliche Aufgabe des Menschen, Ungehorsam die Ursünde, das Böse schlechthin, aus der alle anderen Sünden folgen. Die Macht des Satans folgt aus dieser Sünde, sie liegt aber nicht darin begründet. Sie liegt bei Gott, der die Macht zur Verführung delegiert hat. Er erlaubt dem Satan, die Menschen zu verführen. Dessen Mittel sind u. a.: Wein und Spiel (S 5,92 f.). Doch diese Erlaubnis ist nicht unbegrenzt. Die Diener Gottes (das sind z.B. die Propheten wie Moses, Jesus, Mohammed) sind davon ausgenommen. Über sie hat der Satan keine Macht. Wer sich vom Satan verführen läßt, wird in der Hölle schmoren. Aber auch hier gilt wieder Gottes Vorrecht und unbeschränkte Macht: Ich, spricht Gott, will die Hölle mit ihnen füllen!

Das Grundmuster von der Vorstellung des Bösen ist ähnlich der des Zarathustra, doch einige Züge sind hier schärfer ausgezogen: Die Allmacht Gottes, die Eigenverantwortlichkeit des Bösen, des Iblis, der aufgrund seines Ungehorsams zum Verführer wurde. Die Grundvorstellung vom freien Willen des Menschen bleibt gewahrt: Ein Mensch kann gehorchen. Dazu bedarf es allein der Rechtleitung. Die gibt Gott durch die Sendung der Propheten und vor allem durch die Letztoffenbarung des Koran. Eines Mittlers bedarf es nicht. Das Böse nicht zu tun, liegt in der Macht des Menschen, auch wenn es letztlich Gott ist, der dem Menschen das Herz für das Gute weitet oder es zum Bösen hin wendet.

Ungehorsam (arabisch »masiya« von dem Verb »asa« = auflehnen, oder »chatia« = daneben treten!) heißt Übertretung der Gebote Gottes. Das gilt in abgestufter Weise. Neun Sünden sind es, die nach einer Hadith zu den schlimmsten bösen Übertretungen zählen: Gott einen Partner beigesellen, einen Muslim zu Unrecht töten, im Djihad das Feld räumen, eine unschuldige Frau des Ehebruchs anklagen, Zauberei praktizieren, einem Waisen das Eigentum nehmen, Gewinne aus Wucherei ziehen, muslimischen Eltern nicht gehorchen, die Heiligkeit des Baitullah (des Hauses Gottes) mißachten, d.i. etwas »tun, das seine Heiligkeit berührt«.[91] Natürlich gibt es auch andere Abstufungen des moralisch Bösen. Da im Islam Religion immer zugleich Recht ist, sind es die Juristen, die diese Abstufungen und die Schwere der bösen Taten aufgrund der koranischen Offenbarung und der Tradition abwägen und mit zeitlichen Strafen belegen. Der theologischen Beratung bedarf es nur in wenigen Fällen. Doch selbst die Theologen in der Al Azhar Universität in Kairo haben juristische Bildung, und jede Fatwa hat juridisches Gewicht.

Während Muslime im Alltag keine Probleme haben, beides miteinander zu verbinden, den Auftrag, Gott gehorsam zu sein, und zugleich zu wissen, daß alles von Gott kommt und man sich nur in seinen Willen zu schicken hat (darum das täglich oft zu hörende »Inshallah«), tun sich die frühen Dogmatiker schwer, eine systematische Ordnung zu finden. Die beiden Schulen der Ashariten und Mutaziliten (die letzteren betonen die Willensfreiheit des Menschen) kommen zu unterschiedlichen Lösungen. Die Ashariten sagen: Gott hat die Macht, auch das Böse zu

91. So nach A. Saeed, *Fear of Hell*, Delhi 1972, 1 f.

schaffen. Er erschafft im Menschen die Wahrhaftigkeit, aber er erschafft in ihm auch die Lüge. Man sagt jedoch nicht: Gott schafft das Böse, weil solch ein Satz in der Offenbarung nicht vorkommt, ebensowenig wie man sagt: Gott schafft die Affen und die Schweine (als unreine Tiere, die verboten sind), obwohl er sie erschaffen hat. Ob ein Mensch böse ist, kann man nur an den Folgen, an den Taten selbst sehen. Das Urteil, ob der Mensch an sich und d.h. aus dem Willen Gottes böse ist, steht allein Gott zu.

Die Mutaziliten lehren mehrheitlich: Gott hat die Macht über das Böse, aber sie sagen nicht, daß er die Macht hat, das Böse zu tun. Sie sind eher bereit, den Machtbereich Gottes einzuengen als seiner Gerechtigkeit Abbruch zu tun. Die Ashariten dagegen fügen alles dem Machtbereich Gottes ein, also gelten ihnen auch die Werke des Menschen als von Gott geschaffen![92]

Das Böse in den Erlösungsreligionen

Bisher haben wir zwei Modelle im Blick auf das Verständnis des Bösen besprochen: Dort das physisch Böse, das im Menschen seinen Ursprung hat, hier das moralisch Böse. Der Satan ist dabei kaum mehr als eine Überhöhung, eine Projektion und eine Verstärkung dessen, was der Mensch schon an sich tut oder tun will. Dennoch sind erste, ins Transzendente reichende Obertöne zu hören.

Mit dem *Buddhismus* betreten wir das Gebiet einer anderen Denkwelt, auch wenn sich im Alltag die allen Religionen zugrunde liegende Basisreligiosität der primären Religionen damit vielfach vermischt. Ansatz und Ziel dieser Erlösungsreligion sind, wie oben beschrieben, grundverschieden von den bisher behandelten. Dort ging es um diese Welt, in der das gemeinsame Leben der Menschen gelingen soll, hier dagegen ausschließlich um das »Jenseits«. Dieses Leben ist nichts als Ort der Bewährung für diejenigen, die den strengen Weg der Erlösung und Abwendung von der Welt noch nicht gehen wollen und gleichsam den »Umweg« über die Wiedergeburten wählen. Die Welt ist unwichtig. Da sie Täuschung, maya, ist, kann sie als böse betrachtet werden, denn sie verleitet den Menschen, an der Täuschung festzuhalten. Den Schleier der maya muß man durchstoßen.

Die Grundvorstellung im *Hinduismus*, der in sich eine hoch komplexe Vielgestalt von Religionen enthält, ist nach den Puranas, daß die Welt von zwei Grundkräften bestimmt wird: dem shakti-Prinzip einer bewußten Schöpferkraft und dem Gedanken eines persönlichen Schöpfergottes. Diese beiden Prinzipien werden als das weibliche und das männliche Prinzip der Schöpfung vorgestellt. Welt gibt es nur im Schöpfungszyklus. Im Werden ist das Vergehen angelegt. Brahmā, Vishnu und Shiva, diese Götterdreiheit birgt in sich die Funktionen, die die Welt in Gang halten, als Schöpfung, Erhaltung und Zerstörung; als die schaffende, die erhalten-

92. Zu Einzelheiten s. H. Stieglecker, *Die Glaubenslehren des Islam*, Paderborn/München/Wien, 1962, 66f. und 133f.

de und die verbrennende Sonne; als Leben, Tod und Wiedergeburt. Das Weltgesetz, der dharma, aber hält die Welt in der Balance, in harmonischer Ordnung. Wenn diese zerstört ist, gerät die Welt aus den Fugen. Dann wird sich Vishnu neu inkarnieren, um das Chaos zu bannen und die dharma-Ordnung wieder herzustellen.

Zwei Kräfte wirken demnach: das Gute und das Böse, oftmals in Gestalten von Göttern oder Dämonen personalisiert. Diese Kräfte wirken im Universum ebenso wie in jedem Menschen. Jeder Mensch muß der guten Kraft Raum geben und gute Taten vollbringen, sonst wird er bestraft. Sich in die dharma-Ordnung zu fügen und beide Kräfte in sich selbst, in der Gemeinschaft und damit auf irgendeine Weise im Kosmos in der Balance zu halten, ist Aufgabe eines jeden Menschen. Aus der dharma- und Kastenordnung auszusteigen, hätte böse Folgen. Dem muß gewehrt werden. Jeder trägt auf seine Weise dazu bei, daß alles in Balance bleibt und Ruhe herrscht. Bricht aber das Chaos aus, kann nur ein Gott es bändigen. Darum die verschiedenen Inkarnationen Vishnus. Krishna ist z. B. die 8. Inkarnation Vishnus, Buddha gilt als die 9., doch die letzte, die 10., der »Kalki-avatar«, steht in diesem Weltzeitalter noch bevor. Wenn der religiöse und moralische Zustand der Welt seinen Tiefpunkt erreicht hat, wird Vishnu auf einem weißen Pferd, kalki, erscheinen und die Ordnung wieder herstellen.

Hier haben wir noch einmal ein anderes Konzept des Bösen vor uns. Das Böse ist von Ewigkeit her da. Es gehört zur Welt, so wie sie ist. Ob das Böse einmal aufhören wird, steht nicht zur Debatte. Ebensowenig wird die Frage beantwortet, ob das Gute stärker sein wird als das Böse. Solange die Welt besteht, gibt es beides. Es ist am einzelnen, der Welt zu entfliehen. Er sucht die Erlösung und findet sie durch ein gutes Leben im Dharma, um dadurch aus dem Kreislauf der Wiedergeburten erlöst zu werden und – so vor allem im Neo-Hinduismus – wieder eins zu werden mit dem Brahman, aus dem sein unzerstörbarer Teil, sein Atman, hervorgegangen ist.

Dieser letzte Gedanke wird jedoch von *Buddha* bestritten. Auch er kennt den Gedanken der Weltzeitalter und des Niederganges. Auch er ist davon überzeugt, daß es in jedem Weltzeitalter einen Buddha (nicht aber eine Inkarnation eines Gottes) geben wird, der das wahre Gesetz der Erlösung lehren wird. Buddha lehrt weder die Ewigkeit der Welt, noch daß sie einen Anfang hat. Das sind Fragen, die nichts zur Erlösung beitragen. »So wie das Meer nur einen Geschmack hat, den des Salzes, so hat meine Lehre auch nur einen Geschmack, den der Erlösung«, sagt er[93] Um die Erlösung, das Freiwerden von den Fesseln der Wiedergeburt geht es allein. Dieses Ziel haben auch die Götter vor Augen, selbst Mara, der Böse, der »Teufel«. Einen Atheismus im strengen Sinn des Wortes lehrt Buddha nicht, wohl aber, daß alle, auch die Götter, dem Kreislauf von Werden, Sterben und Wieder-

93. Vin. C. IX,1,4. Zit. nach A. Bertholet (Hg.) *Religionsgesch. Lesebuch*, H 11, Tübingen 1929, 106.

geborenwerden unterliegen. Nur als Mensch kann man der Erlösung teilhaftig werden. Die Welt wird bei Buddha also am radikalsten abgewertet. Sie bindet den Menschen. Sie gilt damit noch nicht als solche als böse, wie später in der Gnosis, aber sie hat auch keinen Wert. Da der Mensch aber durch ihren Schein verlockt und immer neu seine Begierde nach Lust gereizt wird, muß er sich von ihr befreien. Nur das ist wertvoll, was den Menschen befreit. Alles, aber auch alles ist nach Buddhas Lehre leidhaft, und das heißt, der Vergänglichkeit unterworfen. Allein das Nirvana ist ungeboren, ungeschaffen und nicht der Vergänglichkeit unterworfen. Weil es dieses Unvergängliche, dieses Beständige gibt, gibt es Erlösung.

Wenn es also nur dies eine als Beständiges gibt, was und wo ist dann das Böse? Ein für sich bestehendes Böses gibt es im Buddhismus nicht. Alles ist leidhaft. Leid darf aber nicht mit dem Bösen identifiziert werden, denn es besteht kein Unterschied zwischen Gutem und Schlechtem im Blick auf die Vergänglichkeit. Leidhaft ist gerade auch der schöne Augenblick, den ich festhalten möchte. Das ist aber nicht möglich. Das tiefste Glück ist Zeichen der Leidhaftigkeit der Existenz, denn es läßt schmerzlich Vergänglichkeit spüren. Das Schlimmste und damit das eigentlich Böse ist allein jene Kraft, die uns an der Vergänglichkeit, an allem, was das Leben ausmacht, festklammern läßt. Das ist die Gier, die Gier nach Leben, die Gier nach Glück, Reichtum, Ansehen und Erfolg. Sie ist es, die dafür sorgt, daß wir ans Rad der Wiedergeburt gekettet bleiben.[94] Darum muß man sich von ihr befreien. Man muß sich frei machen von allen Gütern, von allem falschem Streben, von allen Bindungen. Das kann man durch gute Taten, durch Befolgung der Lehre des Buddha, durch Riten, vor allem aber durch Meditation, am besten im mönchischen Leben. Diese guten Taten helfen, das Karma zu verbessern, so daß man nach und nach durch bessere wiedergeburtliche Existenzen schlußendlich das eine große Ziel erreicht, die Befreiung, das Eingehen ins Nirvana. Wie eine Kerze auslöscht, wenn kein Wachs (die Begierde) mehr da ist, die Flamme am Brennen zu halten, so geht man ins Nirvana ein. Wer jedoch dieses hohe Ziel nicht erreicht, sondern durch schlechte Taten sein Karma verschlechtert, kann als Tier, als Gespenst, als böser Geist oder gar als Dämon wiedergeboren werden und den Menschen schaden, was sich nur weiter in einer nach unten gehenden Existenzweise auswirken wirkt. Vom Höllenfeuer und von Höllenpein kann auch der Buddhismus reden. Doch auch das sind nur Durchgangsstadien zur Läuterung, bis endlich das Ziel erreicht ist, das Nirvana.

94. »Es gibt kein Feuer gleich der Leidenschaft, es gibt keinen Dämon gleich dem Hasse, es gibt kein Fangnetz gleich der Verblendung, – es gibt keinen Strom gleich der Gier. Die Gier des sorglos dahinlebenden Menschen wächst wie eine Schlingpflanze; er rennt von Dasein zu Dasein wie ein Affe, der im Walde Früchte sucht. Wen sie bezwingt, die wilde Gier, die Weltlust, dessen Sorgen wachsen empor wie Biranagras.« »Hauet nieder den Wald der Lust, nicht bloß einen Baum.« (Dhp. 216, 251, 1861.) Zit. nach A. Bertholet (Hg.), *Religiongesch. Lesebuch*, a. a. O., 62 f.

In der buddhistischen Volksfrömmigkeit spielt die Furcht vor solchen bösen Geistern eine große Rolle. Kaum ein Haus in Thailand, selbst keine Universität, vor der nicht ein Häuschen steht, da man den guten und bösen Geistern Blumen opfert, um sich vor ihnen zu schützen oder sich ihrer Hilfe zu vergewissern. Auf Buddha selbst werden verschiedene Schutzsutren und -riten zurückgeführt. Auch wenn man sie im elitären Zirkel der europäischen Mönche als Anpassung an das geringere Verständnis des einfachen Volkes interpretiert, die Volksfrömmigkeit wird davon mehr bestimmt als von den höchst abstrakten Lehren, die sich nur den Mönchen in der Unterweisung und in der Meditation erschließen.

Im Buddhismus haben wir ein ganz anderes Konzept vom Bösen vor uns als in den anderen Religionen. Nicht die Dämonen sind das Böse, sie sind nur bemitleidenswerte, in die niedrigste Existenz herabgesunkene Wesen und bedürfen ebenso der Erlösung wie die in unendlich langer und tiefer Glückseligkeit lebenden Götter. Das Böse ist eine Kraft, gleichsam die kosmische Kraft der Illusion, die den Menschen im Schein der Sinne festhält. Sich davon zu befreien und zur letzten Selbstlosigkeit zu gelangen, ist Aufgabe jedweden Lebewesens, ist Aufgabe jedes Menschen. Tausende von Wiedergeburten sind dafür nötig, doch die guten Werke, die man den Mönchen angedeihen läßt, vor allem aber die Worte und das Licht des Buddha, helfen den Menschen, den schmalen und schwer zu gehenden Pfad zu finden und erfolgreich zu begehen, der zur Erlösung führt.

Wir fassen zusammen. Wir haben drei Grundgestalten vom Bösen in den Religionen gefunden, das leiblich-seelisch Böse, das moralisch Böse, das in der Gestalt des Satans ins Übermenschliche personifiziert wird, und das kosmisch Böse. Es sind eben diese drei Dimensionen des Bösen, die Leibniz deutlich von einander in ihrer Qualität unterscheidet[95] und gelegentlich in Dürers Bild »Ritter, Tod und Teufel« festgemacht hat. Es ist das Christentum, das alle drei Aspekte in sich bündelt und damit den Gedanken des Bösen als Sünde wie keine andere Religion fast ins Unerträglich gesteigert hat. So wird man die Lehre von der Erbsünde, die keine andere Religion kennt, interpretieren dürfen. Aber das Christentum gewährt zugleich in der durch Christus gewirkten Sündenvergebung allein aus Gnade, in dem Wirken des Heiligen Geistes, der als der Leben schaffende Geist, der spiritus vivificans, im Glaubensbekenntnis bekannt wird, und in dem Glauben an

95. »Man kann das Übel im metaphysischen, physischen und moralischen Sinne auffassen. Das metaphysische Übel besteht in der einfachen Unvollkommenheit, das physische im Leiden und das moralische in der Sünde. Obwohl nun das physische und moralische Übel nicht notwendig sind, so genügt ihre Möglichkeit auf Grund der ewigen Wahrheiten. Und da diese ungeheure Region der Wahrheiten alle Möglichkeiten umschließt, so muß es unendlich viele mögliche Welten geben, muß das Übel in mehrere von ihnen Eingang finden, und muß die beste von allen Welten es enthalten: hierdurch ist Gott bestimmt worden, das Übel zuzulassen.« Zit. nach G. W. Leibniz, *Die Theodizee*. Übers. von A. Buchenau, 2. Aufl., Hamburg 1968, 110f.

den unkonditional liebenden Gott eine Überwindung des Bösen in allen drei Gestalten, die all unsere Erfahrung, alle Vernunft und alle Religionen übersteigt.

3.4 Der politische Monotheismus des Islam

Der Einheitsgedanke

Will man die Botschaft Mohammeds und den Kern islamischen Glaubens in einem Satz zusammenfassen, so kann man am besten auf einen Vers aus dem Alten Testament zurückgreifen: »Höre, mein Volk, dein Gott ist ein einiger Gott« (Dtn 6,4). In den Worten des Korans: »Mir ward offenbart, euer Gott ist ein einziger Gott« (Sure 41,6).

Gott hat sich Mohammed offenbart, als er sich – wir würden heute sagen: in seiner »midlife crisis« – mehr und mehr vom Geschäftsleben zurückgezogen und dem Gebetsleben hingegeben hatte. Diese Offenbarung überwältigte ihn derart, daß er sich zitternd nur seiner Frau anvertrauen konnte. Chadidja wußte keinen besseren Rat, als zu einem ihrer Verwandten, einem betagten Hanifen, einem Gottsucher und frommen Christen, zu gehen, der sich in den Schriften der Juden und Christen gut auskannte.[96] Waraqa ibn Naufal deutete das Ereignis: »Es ist der *namus*, der Moses offenbart wurde«.[97]

Was immer unter diesem Begriff *namus* zu verstehen ist, für Mohammed und die Seinen war deutlich, daß der Gott der Juden und der Christen sich ihm offenbart hatte als der einzige, wahre Gott und daß er, Mohammed, wie die Propheten, die Gott in vergangenen Zeiten den Menschen geschickt hatte, nun den Arabern gesandt sei, um sie zur Bekehrung zu rufen. Diese Offenbarung brannte sich ihm ein, verwandelte sein Leben, trennte ihn von seiner Umgebung, trennte ihn von dem Kult seiner Väter und zwang ihn, sich neu zu orientieren, bis daß sich alles in seinem Leben und alles in seiner Umgebung auf diesen Gott ausgerichtet hatte und auf ihn eingeschworen war.

»Im Namen Allahs, des Gnädigen, des Barmherzigen.
Sprich: Er ist Allah, der Einzige *(aḥad)*,
Allah, der Undurchdringliche *(samad)*.
Er zeugt nicht und ward nicht gezeugt;
Und keiner ist ihm gleich.«

Die Sure 112 gehört zu den wichtigsten im Koran. Wer sie spricht, bleibt in »aufrichtiger Verehrung«. Einer der schönsten Namen Gottes wird hier genannt: »Der Undurchdringliche«, so nach der Übersetzung von Gardet. In Gott gibt es keinen

96. In der neueren Forschung wird er selbst als »Priester« bezeichnet. Th. Kades, *Die arabischen Bibelübersetzungen im 19. Jahrhundert*, Frankfurt a.M./Berlin 1997, 12.
97. Cf. M. Rodinson, *Mohammed*, Luzern/Frankfurt a.M. 1975, 78. Vgl. Ibn Ishak, *Das Leben des Propheten*, Tübingen 1976, 45.

Riß, keinen Bruch. Wie in eine runde, vollkommen dichte Kugel kann nichts in ihn eindringen. Nichts Hohles ist in ihm. Er ist »wie aus einem Guß«, so wird das Attribut, sein »Name« gern erklärt.[98] Eine Spaltung und Aufteilung ist nicht möglich, wie es in den weiterführenden Zeilen in Polemik gegenüber dem Polytheismus und dem (mißverstandenen) christlichen Trinitätsglauben geäußert wird.[99] Der »höchste Meister« (so eine andere Übersetzung) ist Gott, in ihm gibt es keine Möglichkeit der Aufspaltung, der Aushöhlung, er ist der Eine *(aḥad = hebr. eḥad)*, Einzige, Unvergleichliche, dem nichts hinzugetan werden kann, aber von dem alles kommt. Er ist der absolute Herr, er ist der allmächtige Schöpfer, und als solcher ist er dem Menschen barmherzig.

Wie in der jüdischen Tradition, so erweist Gott auch nach islamischer Lehre seine besondere Barmherzigkeit darin, daß er zum Menschen spricht. Gott ist Sprechender, der Mensch ist Hörender. Gott hat sich seit Urzeiten dem Menschen als Sprechender kundgetan. Ein Urbund wurde mit Adam geschlossen (S 7,172), so daß alle Menschen seit Anbeginn der Zeit Gott kennen können. Doch da sie sich stets von ihm abwandten, hat Gott von Zeit zu Zeit und zu jedem Volk Propheten geschickt und ihnen sein Wort, das eine Wort, offenbart. Bei Gott selbst ist dieses Wort aufbewahrt, doch Botschaften daraus werden immer wieder herabgesandt und von den Propheten schriftlich fixiert, von Moses ebenso wie von Jesus. Wie es nur den einen Gott gibt, so gibt es auch nur ein Modell vom Prophetentum, dem alle Propheten entsprechen. Mohammed ist der letzte in dieser Reihe, und er erfüllt es am vollkommensten. Er ist das »schöne Modell« (S 33,21).[100]

Er ist der Erfüller allen Prophetentums, gerade auch darin, daß er den Willen Gottes nicht nur verkündigte und lebte, sondern auch durchzusetzen wußte als ein vollkommener, weiser Herrscher seiner Gemeinde, so wie vor ihm vor allem Joseph als Prophet der große Staatsmann war (Sure 12). Auch Abraham muß hier genannt werden, der Freund Gottes, mit dem Mohammed sich am stärksten identifizierte, dessen Bild er aber dem seinen am meisten anglich.[101]

Ein ewiger Koran ist bei Gott. Das ist heute orthodoxe Lehre, auch wenn sie sich so noch nicht im Koran und frühen Islam findet. Moses und Jesus offenbarten von diesem Werk Gottes nur Teile, Mohammed aber empfing das ganze Buch. Sein

98. L. Gardet, *Islam*, a. a. O., 50.
99. Zur antitrinitarischen Polemik, die die damalige innerchristliche Auseinandersetzung um den Begriff der »theotokos«, der »Gottesgebärerin« widerspiegelt, s. C. Schedl, *Muhammad und Jesus. Die christologisch relevanten Texte des Koran,* Wien/Freiburg/Basel 1978, 527 ff.
100. Übers. A. Schimmel, »Der Prophet Muhammad als Zentrum des religiösen Lebens im Islam,« in: A. Falaturi/W. Strolz (Hg.), *Glauben an den einen Gott. Menschliche Gotteserfahrung im Christentum und Islam.* Freiburg 1976, 57-84; ebd., 59.
101. Nach der »Himmelsreise« beschrieb Mohammed das Aussehen Abrahams mit den Worten: »Ich hatte noch nie einen Mann gesehen, der mir ähnlicher war als Abraham«. Nach Ibn Ishak, *Das Leben des Propheten*, a. a. O., 85.

Offenbarungswort entspricht vollkommen dem ewigen Wort Gottes, das von Ewigkeit her bei Gott ist. Der Koran als das ewige, unerschaffene Wort Gottes, das Prinzip der Schöpfung schlechthin. Der Koran »enthält den Prototyp aller Schöpfung«, sagt S. H. Nasr. »Er ist das Muster, nach dem alle Dinge gemacht wurden«.[102] Im ewigen Koran sind alle Dinge ontologisch zusammengefaßt, er ist der kosmische Entwurf der Schöpfung, gleichsam Schöpfungsmittler, wie der »Logos« nach christlicher Lehre. Das ganze Wissen der Menschheit ist faktisch in ihm enthalten. Will man die Welt begreifen, muß man den Koran studieren. Er ist das Subjekt, zu dem die Welt und ihre Wissenschaften nur Objekt sein können. Metaphysisches, theoretisches und praktisches Wissen zur Erfassung der physischen und sozialen Welt ist hier greifbar. Daß er auch alles notwendige Wissen für das religiöse und kultische Leben enthält, ist selbstverständlich.

Die wachsende Neigung, den von Mohammed empfangenen Koran mit dem ewigen Koran zu identifizieren, schlägt sich im Prozeß seiner Kanonisierung als zunehmende Konstruktion von Einheit nieder. Während der christliche Kanon sich nicht einem rigorosen Einheitsdenken unterwirft, sondern in bemerkenswerter Offenheit den Pluralismus der Zeugen festhält und gleichsam nur Grenzpfosten aufrichtet, über die hinaus die Vielfalt intolerabel wird[103], reduziert der Islam alle Äußerungen des Korans auf die ipsissima verba Mohammeds. Der zwischen 650 und 656 unter Kalif Uthman festgelegte Korantext scheidet in einem rigorosen Kraftakt die verschiedenen, schon existierenden Versionen aus. Uthman sandte ein »Mutterexemplar« an die wichtigsten Orte des damaligen islamischen Reiches und ließ die anderen Versionen vernichten – ein Befehl, der offensichtlich nicht ausgeführt wurde, so daß bis in unser Jahrhundert hinein verschiedene Versionen existierten.[104] Da der ursprüngliche Text weder diakritische noch Vokalzeichen enthielt, somit der Text verschieden gelesen und interpretiert werden konnte, wurde er unter dem umayyadischen Statthalter des Irak, al-Hadjadj (694-717), entsprechend ergänzt. Es ist wohl nicht zufällig, daß sich gleichzeitig mit der Ausbreitung der Muslimbruderschaft seit 1928 die ägyptische Version durchsetzt, auch der Gebrauch des Koran für persönliche Frömmigkeit (möglicherweise als Gegenreaktion auf den Einfluß der christlichen Mission) sich verbreitet. Überall gilt heute, daß nur der eine, gleiche, unübersetzbare arabische Text in allen Moscheen in aller Welt in gleicher Weise rezitiert werden darf. So stark ist der Einheitsgedanke, daß der Koran diese Vorstellung auch auf den jüdischen und christlichen Kanon projiziert und sich nur die Existenz der *einen* Thora des Mose und des *einen* Evan-

102. S. H. Nasr, *Ideals and Realities of Islam*, London 1976, 56.
103. Vgl. dazu A. M. Ritter, »Die Entstehung des neutestamentlichen Kanon«, in: A. u. J. Assmann (Hg.), *Kanon und Zensur. Archäologie der literarischen Kommunikation II*, München 1987, 93-99. Der Kanon der Großkirche schrieb »Pluralität bewußt fest«, heißt es bei Ritter.
104. Vgl. A.-T. Khoury, *Der Koran Arabisch – Deutsch*, Bd. 1, Gütersloh 1990, 73ff.

geliums Jesu denken kann.[105] Von Muslimen aller Couleur wird heute die Tatsache, daß es vier Evangelien gibt, als Beweis dafür angesehen, daß die Bibel der Christen eine Fälschung ist und nicht dem Geist und der Lehre Jesu entspricht.[106]

Ein Gott, ein Buch und ein Prophet, in dem sich alles Prophetentum vollendet! Dem kann in dieser Weltzeit nur *eine* Gemeinde und *ein* Kultus entsprechen. Wohin immer man kommt, das islamische Freitagsgebet und die Form des Gebetes in der Moschee sind seit Mohammeds Zeiten unverändert: Die gleichen Worte, die gleiche Folge von Waschungen, gleiches Knien und Aufstehen beim Gebet, die eine Sprache, die eine Gebetsrichtung an allen Orten und zu allen Zeiten. Das gleiche Wort des Koran wird gelesen und zitiert. Worte des Koran, Gottes eigenes Wort, gibt man Gott zurück, denn womit kann man sich ihm angemessener nähern, als daß man sein Wort in Händen hat und ihm in Dankbarkeit und Gehorsam erneut entgegenbringt?

Natürlich konnte auch der eine Koran nicht die im Islam angelegte Vielfalt unterdrücken, die mit der Ausbreitung der islamischen Machtsphäre und der »Inkulturation« der islamischen Religion in die verschiedenen Länder und Kulturen zunahm und in der ausufernden Vielfalt der Sunna-Traditionen, der Hadiths aus dem Leben des Propheten und in den verschiedenen Rechtsschulen noch heute existiert. Dennoch wird das Bewußtsein von der Einheit des Islam in solchem Maße durch den gemeinsamen Koran gestärkt, daß es keinen Muslim gibt, der es wagen würde, auch nur ein Jota des Koran in Frage zu stellen. Jedes Wort ist in Lehre und Recht gültig. Das ist der Grund dafür, weshalb Muslime von ihrer Religion her eher eine angeborene Neigung zum Fundamentalismus haben als Christen. Anders aber auch als die christlichen Fundamentalisten hat es niemand im Islam nötig, einen zusätzlichen Kanon zu errichten, um die Normativität und Exklusivität des zu Glaubenden zu fixieren. Ihr Kanon enthält genügend Sanktionskraft, als daß er einer zusätzlichen Verstärkung bedürfte, wie neuere Ereignisse aus der islamischen Welt zur Genüge zeigen.

Überall, wo Religionen einen Kanon festgelegt haben, implantiert er ein Element der Zeitlosigkeit und Zeitenthobenheit. Im Wandel der Zeiten, im Verlauf der Ausbreitung der Religion in andere Länder, Sprachen und Kulturen, trotz der

105. Die Frage muß natürlich gestellt werden, ob Mohammed eventuell mit Christen in Berührung kam, bei denen das Diatessaron Tatians gelesen wurde, denn in der Syrischen Kirche war es noch lange in Gebrauch. Es ist durchaus denkbar, daß dieser Text in den separatistischen Splittergruppen Arabiens, von denen Mohammed seine Kenntnisse des Christentums bezog, noch zu Hause war. In der Forschung ist man meines Wissens bisher dieser Frage nicht nachgegangen. Unterstützt wird diese Überlegung durch eine auf al-Bukhari zurückgehende Tradition, daß das Evangelium in hebräischer (= aramäischer) Sprache geschrieben war. K. Salibi, *Who was Jesus? Conspiracy in Jerusalem*, London/New York 1992, 60.

106. Vgl. dazu auch die Diskussion um das Barnabas-Evangelium: *The Gospel of Barnabas*, ed. and transl. by L. and L. Ragg, Oxford 1907, Repr. Karachi 1972.

Spaltungen und der Entwicklungen vielfältiger Theologien, gibt es mit dem Kanon ein unveränderliches Etwas, das alle Zeitläufte unbeschadet übersteht. An ihm können sich die Gläubigen ausrichten. Ein Kanon verleiht Gewißheit, grenzt alles Fremde aus und formt als Sinn stiftendes Zentrum alle Lebensnormen.[107] Der Islam steigert die Bedeutung des Kanon noch dadurch, daß nach seiner Auffassung der Koran schon von Ewigkeit her bestand und nach ihm die Welt erschaffen wurde. Wieviel mehr muß das Streben der Menschen dahin gehen, die Welt nach dem Koran zu gestalten.[108]

Fraglos entwickelt sich aus dieser Konzentration auf den einen Koran und den einen Kultus auch so etwas wie eine alle Differenzen übergreifende gemeinsame Kultur in der einen *umma* Gottes. Man erkennt in aller Welt die Moschee an ihrer Form, es gibt nur *eine* bilderlose Kunst und *eine* Atmosphäre auf den Bazaren, von Damaskus bis Durban, von Kairo bis nach Indien. Die Gesetze des Zusammenlebens, einschließlich die des Handels sind schließlich im Koran enthalten. Befolgt man sie, befolgt man Gottes ewigen Willen. Das die Einheit spiegelnde Symbol für diesen rigorosen Einheitsgedanken besitzt der Islam in der Ka'aba, jenem schwarzen Kubus in Mekka, dem höchsten Heiligtum, dessen Gründung auf Abraham, ja auf Adam zurückgeführt wird.

Das Staatsprinzip

Nimmt man den Einheitsgedanken des radikalen Monotheismus als Prinzip, wie Mohammed es getan hat, ist es nur konsequent, wenn auch die Dimension des Politischen in diesen Bereich einbezogen wird. Gottes Gemeinde kann nur nach einem Gesetz regiert werden, das mit dem inneren Plan des Koran korrespondiert.

Damit verbindet sich ein wichtiger Unterschied zwischen Islam und Christentum: Für das Christentum ist der Satz Jesu »Gebt dem Kaiser, was des Kaisers ist und Gott, was Gottes ist« (Mt 22,21) grundlegend. Staat und Religion sind zu unterscheiden. Die Christen fanden einen fremdreligiösen Staat vor und fügten sich ihm. Sie haben erst im Laufe der Jahrhunderte lernen müssen, wie man mit Macht umgeht und wie sie christlich zu bewerten und zu beherrschen sei.

Dem Islam dagegen ist das Verhältnis zur Macht in die Wiege gelegt. Staatliches Handeln gehört integral zum religiösen Tun. Mohammeds Gemeindeordnung von Medina[109] amalgamiert im allerfrühesten Stadium die religiöse und politische Ordnung. Schon innerhalb von zwölf Jahren nach dem Auszug aus Mekka sind die politischen Grundlagen des späteren islamischen Reiches gelegt. Nur in einem is-

107. Vgl. J. Assmann, »Viel Stil am Nil? Altägypten und das Problem des hohen Kulturstils«, in: H. U. Gumbrecht/K. L. Pfeifer (Hg.), *Stil. Geschichten und Funktionen eines kulturwissenschaftlichen Diskurselements*, Frankfurt a. M. 1986, 530.
108. Vgl. dazu F. Schuon, *Understanding Islam*, 3. ed., London 1972, 43 ff.
109. Vgl. Ibn Ishâk, *Das Leben des Propheten*, a. a. O., 108-111.

lamischen Gemeinwesen, so die Überzeugung, kann ein Muslim seinen Glauben vollkommen leben. Deshalb regelt der Koran unterschiedslos und gleichzeitig die politische und religiöse Ordnung, und zwar so, daß diese Ordnung intentional für die ganze Welt bestimmt ist. Alles gehört Gott, und ihm kommt alles zu.[110] Der Prophet, der sich selbst nur als Mensch und Diener Gottes verstand, mußte zum Repräsentanten Gottes auf Erden werden, seine Nachfolger Vollstrecker seines Vorbildes, respektive des Wortes Gottes auf Erden. Man nannte sie zu Recht Kalifen, Statthalter. Sie sind Statthalter dessen, dem Gottes Wort letztgültig offenbart wurde, dem Siegel der Propheten, dem Vorbild eines jeden Menschen, der, mit Würde ausgestattet, selbst sich als ein Kalif Gottes verstehen soll.

Die Konsequenzen, die sich aus diesem weltanschaulichen und theologischen Ansatz Mohammeds und seiner Nachfolger für das Verständnis des Staates ergeben, sind weitreichend. Die wichtigsten seien hier zusammengefaßt:

1. Die ganze Welt gehört Gott, ihrem Schöpfer, und muß nach seinem Gesetz regiert werden. Das geschieht schon immer, insofern Gott überall seinen Willen durchsetzt. Doch will dieses Gesetz auch als deutliches Staatsgesetz erkennbar sein. Da das nicht der Fall ist, wird die Welt in zwei Bereiche geschieden, das »Haus des Islam« *(dar al-islam)* und den Bereich der Nicht-Muslime (*dar al-harb* = »Haus des Krieges«). Diese beiden Bereiche stehen nicht statisch nebeneinander, sondern im dynamischen Verhältnis zueinander. Der Bereich der nichtmuslimischen Welt muß zu einem Bereich werden, wo Gottes Gesetz allein gültig ist.

2. Alles Bemühen, das zur Ausweitung der Gültigkeit des Gesetzes Gottes beiträgt, ist *djihad*, Bemühen auf dem Wege Gottes. Religiöses, soziales und politisches Bemühen sind gleichrangig und ungeschieden. Ein nur militärisches Verständnis des *djihad* greift zu kurz. »Gebiet des Krieges« meint nicht, daß die Welt außerhalb des Islams erobert werden, sondern daß alles Streben dazu dienen muß, der ganzen Welt den Frieden Gottes zu bringen und den Krieg zu beseitigen, der solange in der Welt sein wird, bis sie sich dem Willen Gottes unterworfen hat. Auch nach islamischem Recht sind dabei Bündnisse zu halten, mit wem auch im-

110. Auf die dem Christentum grundlegende Unterscheidung von Staat und Religion reagieren selbst moderne Muslime mit Irritation. Sie können sie aus ihrer Tradition nicht verstehen, ja bedauern diese Haltung. Bezeichnend dafür ist z. B. die Äußerung von E. Elshahed: »Die Entwicklungsgeschichte Europas hätte aus islamischer Sicht ganz anders ausgesehen, wenn: a) die Evangelien definitive politische, ökonomische und soziale Systeme oder wenigstens Ansätze dafür beinhaltet hätten; b) die Kirche ihre Macht gegenüber Wissenschaftlern nicht mißbraucht hätte; Europa vom Islam bzw. der islamischen Kultur nicht nur die wissenschaftlichen und rationalen Errungenschaften, sondern auch die religiösen Rahmenbedingungen übernommen hätte«. E. Elshahed, »Worin besteht die Herausforderung des islamischen Fundamentalismus?«, Conc(D) 1992, 239.

mer sie geschlossen werden.[111] Selbstverständlich hat das islamische Recht Übergangsmodalitäten geschaffen und hat sich mit von den Kolonialmächten übernommenen Rechtssystemen verbunden, um den Muslimen außerhalb eines islamischen Staates ein normales, »bürgerliches« Leben zu ermöglichen.

3. Mohammed legte die Grundlagen für den arabischen Nationalstaat. Seine Nachfolger errichteten in atemberaubendem Tempo das islamische Weltreich. Auch wenn im Zuge der Regionalisierung unabhängige Einzelstaaten entstanden sind und die islamische Einheit im Augenblick von einer politischen Verwirklichung weiter entfernt ist denn je, der Einheitsgedanke bleibt dynamisches Prinzip, ist ein Ideal, dem sich kein islamischer Staat ganz entziehen kann. Das hat Nasser ebenso verstanden wie Ghaddafi, Assad ebenso wie Saddam Hussein. Jeder islamische Staat versteht sich letztlich als Übergangsstaat, der auf die größere Einheit hin angelegt ist.

4. Ein absoluter Herrscher ist dem Islam fremd. Der Koran kennt verschiedene negative Vorbilder, z.B. das des Pharao, dem Moses begegnete. Absoluter Herrscher ist allein Gott. Niemand schreibt ihm vor, er aber schreibt jedem Herrscher das Gesetz vor. Den recht geleiteten Herrschern, denen, die sich vom Koran leiten lassen, muß man gehorchen (4,59). Nicht recht geleiteten Herrschern darf man widerstehen. Nach islamischem Recht kann sich ein Muslim gegen seine islamische Regierung wenden, wenn sie sich nach seiner Auffassung nicht an das islamische Recht hält, es mit Füßen tritt oder außer Kraft setzt. Dann kann das »Haus des Friedens« zum »Haus des Krieges« erklärt werden. Radikale Fundamentalisten begründen mit diesem Recht ihren Kampf gegen die Regierungen im Nahen Osten und im Maghreb und rufen zum *»djihad«* auf.[112]

5. Obwohl Mohammed Offenbarungsträger war, hat er sich mit seinen Freunden und Glaubensgenossen stets beraten. Gott selbst befahl es (3,159: »Ziehe sie zu Rate bei deinem Entschluß«). Das Prinzip des *shura* ist einer der großen Rechtsgrundsätze islamischer Staatsauffassung. Jeder Herrscher umgab sich mit Ratgebern. Modernisten interpretieren diesen Grundsatz im Sinne des demokratischen Parlamentarismus. Das ist nicht illegitim, denn die Form der Ratgebung wird im Koran nicht festgelegt. Da sich die Rechtsprechung in islamischen Ländern sehr viel dynamischer als die Religion entwickelte und neue Gegebenheiten inkorporieren oder sich ihnen anpassen konnte, war die Entwicklung verschiedener Staatsformen als solches nur natürlich. Die iranische Verfassung beruft sich auf das *shura*-Prinzip, wenn sie eine parlamentarische Demokratie befürwortet. Auch die saudiarabische Verfassung, die kein Parlament kennt, weiß sich mit glei-

111. Vgl. dazu H. Kruse, *Islamische Völkerrechtslehre*, 2. Aufl., Bochum 1979.

112. Der religiös motivierte Mord am Staatsoberhaupt hat eine lange Tradition im Islam. Vgl. dazu B. Lewis, *Die Assassinen. Zur Tradition des religiösen Mordes im radikalen Islam*, Berlin 1989.

chem Recht auf der Seite des Korans, denn die freie Berufung eines beratenden Kabinetts gilt als legitime Interpretation des *shura*-Prinzips.

6. Wo in islamischen Ländern ein Parlament eingesetzt wird, kann es nicht die gleiche Funktion haben wie in einer westlichen Demokratie. Der Gedanke der Volkssouveranität, der dem Demokratieverständnis zugrunde liegt, ist inakzeptabel. Das Volk ist nicht frei, sich selbst Gesetze zu geben. Der Staat darf sich nicht dem Willen des Volkes beugen, wenn es unkoranisches Gedankengut fordert. Er hat eine andere Aufgabe, er muß »das Gute gebieten und das Böse verwehren« (3,10). Das heißt aber, daß das Parlament letztlich keine souveräne gesetzgebende Instanz sein kann. Es kann im Islam keine souveräne Legislative geben, weil im Koran jedes Gesetz vorgegeben ist, das zum Bestehen eines Staates notwendig ist. Das Parlament kann darum nur »Ausführungsbestimmungen« erlassen, die ihrerseits daran zu prüfen sind, ob sie mit dem Koran übereinstimmen. Die iranische Verfassung hat konsequenterweise einen »Wächterrat« eingesetzt, der genau diese Funktion ausübt und vom *imam* bestimmt wird (Grundsatz 108 und 91).

Was vielfach nur Theorie und Ideal ist – faktisch sind die Verfassungen islamischer Staaten vom französischen und englischen Staatsrecht beeinflußte Mischformen – ist in der Verfassung der Islamischen Republik Iran verwirklicht worden. Hier sind religiöse und politische Grundsätze miteinander verschmolzen. Das spiegelt die Verfassung (Grundsatz 2):

»Die islamische Republik ist eine Ordnung, die auf folgenden Grundsätzen beruht:

1. Die Einzigkeit Gottes (es gibt keinen Gott außer Gott), seine alleinige Entscheidungsbefugnis und Gesetzgebung sowie die Notwendigkeit der Hingabe an seinen Willen;
2. die göttliche Offenbarung und ihre grundlegende Bedeutung für das Formulieren der Gesetze;
3. Wiederauferstehung und ihre maßgebende Rolle beim Entwicklungsprozeß des Menschen hin zu Gott …

Die Islamische Republik beruht auf dem Glaubenssatz an

4. die Gerechtigkeit Gottes in Schöpfung und Gesetzgebung,
5. das Imamat und seine ständige, grundlegende und immerwährende Führungsrolle im Fortbestand der Islamischen Revolution …[113]

Fundamentalistische Interpretationen

Aus diesem islamischen Politikverständnis erklärt sich, warum die sowohl im Christentum als auch im Islam angelegte Option eines religiösen Fundamentalismus im Islam natürlicherweise politische Züge annimmt. Wie im Christentum muß man

113. Zit. nach: Aus Politik und Zeitgeschichte. Beilage zur Wochenzeitung *Das Parlament*, Dez. 1980, 18.

auch im Islam zwischen einem »weichen« und einem »harten«, mithin militant-radikalen Fundamentalismus unterscheiden.[114] Aufgrund der biblisch begründeten Unterscheidung zwischen Staat und Kirche tun sich fundamentalistische Christen schwer, in ein Staatswesen und seine Ordnung militant einzugreifen. Dagegen kann sich der muslimische Fundamentalist aufgrund islamischer Lehre direkter und unumwundener an den Staat wenden und notfalls mit Waffengewalt gegen ihn auftreten, wenn er sich dem Offenbarungswillen Gottes widersetzt. Doch das ist auch im Islam nur der letzte Ausweg. Anfangs sind alle fundamentalistischen Strömungen im Islam dem weichen Fundamentalismus zuzurechnen. Ihre erste Option lautete: Wir sind eine Kulturbewegung und streben eine neue soziale Ordnung an, die die islamische Identität widerspiegelt und dem Wohlsein aller Muslime dient.

Hasan al-Banna (geboren 1906, ermordet 1949) ist der eigentliche Begründer der Muslimbruderschaft. Er war Grundschullehrer, Mitglied eines sufitischen Ordens und durch den modernistischen Reformislam des Muhammad 'Abdu und M. Raschid Rida beeinflußt. Er verbindet intensive Frömmigkeit mit der Suche nach Lösungen für eine moderne Gesellschaft im Nahen Osten, vor allem in Ägypten. 1936 schickt er an den ägyptischen König Faruk und an andere arabische Staatshäupter ein Reformprogramm, das 50 Punkte umfaßt. Es ist aus dem Blickwinkel der kleinen Beamten, Arbeiter und Bauern geschrieben und ruft zu einer Reform an Staat und Gesellschaft auf. Diese Reform soll auf moralischen Werten basieren und zu einem wirtschaftlichen Aufbruch führen. Sie hat ein Staatswesen im Blick, das seine islamische Identität nicht verleugnet. In diesem frühen Programm stehen die islamischen Werte nicht im Vordergrund. Es fällt geradezu auf, wie zurückhaltend typisch islamische Vorschriften behandelt werden. Die Reform soll an erster Stelle die Bildung der unteren Volksschichten fördern und die Verwaltung auf allen Ebenen verbessern, so daß die islamische *umma* wieder dem Fortschritt und Wohl der Menschen vorbildlich dient. Wenn man bedenkt, daß es sich um einen der grundlegenden Texte der heute so berüchtigten und gefürchteten Muslimbruderschaft handelt, ist man über den geradezu naiven Ansatz erstaunt, lächelt über den kleinbürgerlichen Moralkodex, registriert insgesamt, wie hier der Puritanismus in den Islam Einzug hält, und wird sich nicht über die Ähnlichkeit zu den moralischen Forderungen der fundamentalistischen Rechten in den USA wundern.[115]

Auch das Wirtschaftsprogramm, das die »Front Islamique du Salut« (FIS), die Islamischen Heilsfront in Algerien, vor ihrer gewalttätigen Radikalisierung ver-

114. Diese Unterscheidung wird von verschiedenen Autoren vorgeschlagen. Aus psychologischer Sicht besonders überzeugend G. Hole, *Fanatismus. Der Drang zum Extrem und seine psychologischen Wurzeln*, Freiburg 1995, 34f.

115. Deutsche Übersetzung des Textes bei A. Meyer, *Der politische Auftrag des Islam*, Wuppertal 1994, 180-185.

faßte, atmet eine von der frühen Muslimbruderschaft inspirierte bürgerlich-soziale Perspektive.[116] Das Ziel, die Verwirklichung eines Lebens in Gerechtigkeit gemäß den Grundsätzen islamischer Lehre, ist allen fundamentalistischen Gruppen trotz situationsbedingter Unterschiede gleich.

Im Laufe von längeren und eskalierenden Auseinandersetzungen mit islamischen Staatssystemen und Gesellschaften, die den fundamentalistischen Ansatz nicht zu teilen bereit sind, verdichtet sich das ursprüngliche Anliegen einer Reform der Gesellschaft auf wenige Punkte von exemplarisch-symbolischer Bedeutung. Die Frage, ob die aus der islamischen Vergangenheit stammenden Gesetze in der Gegenwart sinnvoll sind und sich in die ökonomischen und politischen Zwänge einer modernen Gesellschaft übersetzen lassen, wird dann nicht mehr gestellt. Die Generalforderung nach der Einführung der *sharia* bleibt eher theoretische Ideologie und wird nur selektiv durchgeführt. Das Auswahlprinzip ist dabei aufschlußreich. Die spezifischen Forderungen sind von symbolischer Bedeutung. Sie sind Zeichen, die wie ein Fanal wirken sollen und das Ganze repräsentieren. Erneut ist das Einheitsprinzip des radikalen Monotheismus erkennbar. Vier Beispiele sollen das verdeutlichen.

Das *Schleiertragen* steht für die kulturelle und moralische Abgrenzung vom Westen. Es dient dazu, die ursprüngliche Ordnung der Trennung und Zuordnung der Geschlechter wiederherzustellen. Dem Mann gehört die Öffentlichkeit.[117] Er ist für die Familie und ihre Ehre zuständig. Er muß die Familie und die Frau versorgen. Das ist seine Pflicht und Ehre. Zugleich muß die Frau im Hause – wo sie im Frauenteil das Sagen hat – dafür sorgen, daß diese Ehre keinen Schaden erleidet. Indem die Frau in der Öffentlichkeit den Schleier trägt, bleibt sie gleichsam zu Hause, denn niemand erkennt sie (bei einer Totalverschleierung) bzw. jeder sieht am Kopftuch, daß man eine verheiratete oder heiratsfähige Frau vor sich hat. Jeder Mann muß Distanz zu ihr halten, andernfalls muß ihr Mann oder Bruder eingreifen und um die Familienehre kämpfen.

Der Schleier grenzt nach außen ab und bindet die Trägerin nach innen an die Familie, an ihren Mann, an die Frauenwelt, an die Religion. Genau das ist sein Sinn. Nicht verschleierte Frauen sind in den Augen der Muslime eine Gefahr, sie repräsentieren das Chaos, das Ungeordnete, das verführerische Böse. Darum das Drängen der Fundamentalisten, diese Sitte zum Gesetz zu erheben![118]

116. Text bei A. Meyer, ebd., 412-423.

117. Vgl. hierzu A. Feldtkeller, *Die »Mutter der Kirchen« im »Haus des Islam«. Gegenseitige Wahrnehumungen von arabischen Christen und Muslimen im West- und Ostjordanland*, Erlangen 1998; T. Sundermeier, *Den Fremden verstehen*, a. a. O., 171 f.

118. Der Schleier ist also ein abgrenzendes, kein integratives Symbol. Da zudem Schleier- bzw. Kopftuchtragen als Gestus der Unterordnung der Frau unter den Mann antiemanzipatorische Konnotationen signalisiert, besteht die Weigerung der Kultusministerin von Baden-Württemberg im Sommer 1998, die muslimische Referendarin in den Staatsdienst zu übernehmen, die auf das Tragen des Kopftuches nicht verzichten wollte, zu Recht, da

Das *Handabhacken*, das selbst von vielen muslimischen Juristen streng abgelehnt wird und in unseren Augen als Beweis für die antimodernistische Neuorientierung der Fundamentalisten schlechthin steht, meint in Wirklichkeit die Abkehr von westlicher Sittenlosigkeit, gegen die das einfache, verläßliche islamische Gemeinschaftsleben ein Bollwerk bilden soll. Die Todesstrafe (die übrigens auch von den meisten protestantischen Fundamentalisten in den USA gefordert wird) und das Handabhacken sind typische Zeichen radikaler Komplexitätsreduktionen: Angesichts komplexer gesellschaftlicher Situationen gibt es kein psychologisches Argumentieren, kein Abwägen der Güter, kein »Vielleicht«, kein »Möglicherweise«, sondern nur ein Entweder-Oder. Handabhacken – das sagt: Bei uns gilt wieder uneingeschränkt die *sharia* und nicht mehr das dekadente, unislamische Recht der Schweiz, Frankreichs oder Englands.

Die Forderung nach Einrichtung islamischer Banken, die das *Zinsverbot* beachten, zielt auf die Abkoppelung von der westlichen Wirtschaft. Daß die Sache selbst nur einen symbolischen Wert hat, wird daran deutlich, daß kein Fundamentalist daran Anstoß nimmt, mit welch geschickter Sprachregelung die Banken der Forderung nachkamen, ohne vom kapitalistischen Profitstreben abzugehen.[119]

Das fundamentalistische *Verbot von Parteien* wendet sich gegen die westliche Demokratie und will die Einheit der *umma* garantieren. In der islamischen Gemeinde soll es keinen grundsätzlichen Gegensatz der Meinungen geben, der durch Parteienstrukturen verfestigt wird. Das im Koran geforderte Prinzip des *shura* muß dagegen eingeführt werden, denn ein diktatorisches Alleinherrschersystem entspricht ebensowenig dem Vorbild Mohammeds.

Die vier Forderungen markieren die vier Ebenen, auf denen man sich gegen den Westen wehrt. Das Schleiertragen steht für die kulturelle Ebene, das Handabhakken für die ethisch-moralische, das Zinsverbot für die wirtschaftliche, das Verbot von Parteien für die politische. Auf allen vier Ebenen will sich der Fundamentalismus vom Westen abwenden und die eigene, aus der Einheit Gottes und des Korans abgeleitete Identität verstärken. Darin besteht der symbolische Wert der Forderungen.

Die Sehnsucht nach überschaubaren, einfachen, eindeutigen Lösungen in einer hochkomplexen Welt ist groß, noch größer aber die Notwendigkeit der sozialen Gerechtigkeit. Die Spannung, die zwischen diesen beiden Polen besteht, gilt es auszuhalten. Der eigentliche Fehler des Fundamentalismus besteht darin, daß er

es den Erziehungsleitsätzen der öffentlich-rechtlichen Schulen widerspricht. Ihrer Anstellung in privaten Schulen dürfte dagegen nichts im Wege stehen.

119. Guthabenzinsen werden als Gewinnbeteiligung, Schuldzinsen als Gebührenkosten deklariert. Vgl. dazu M. D. Ahmed, »Islamischer Fundamentalismus«, in: G. Gehl (Hg.), *Fundamentalismus gegen Weltfriede?*, Weimar 1996, 61-72, bes. 68f. Vgl. zum Problem islamischen Bankenwesens: Ch. Witthöft, *Aussagen der islamischen und christlichen Religionen zum Geld- und Kreditwesen. Vergleich im historischen Kontext und aktuelle Konsequenzen,* unpubl. Dipl. Arbeit, Universität Mannheim 1991.

die Religion zu dem einen Pol hinüberzieht und damit den Weg, der zur Gerechtigkeit führen soll, durch Vereinfachung und radikalen Machtmißbrauch verschließt. Nicht die versprochene Befreiung, sondern noch schärfere Unterdrückung ist die Folge.

Vereinigung oder Einheit. Ein Vergleich

Frithjof Schuon, zum Islam bekehrter Abendländer und einer der sensibelsten Interpreten der islamischen Mystik, macht darauf aufmerksam, daß das Prinzip des Christentums das der Vereinigung sei, im Gegensatz dazu stehe das Einheitsprinzip des Islam.[120] Dieser Hinweis kann uns abschließend zur Klärung des Verhältnisses zwischen beiden »Monotheismen« helfen.

Beide Religionen sind durchdrungen von dem Glauben an den einen Gott, den Schöpfer des Himmels und der Erde, den Gott, der barmherzig und erbarmend ist und dem sich die Menschen in Dankbarkeit und Gehorsam zuwenden. Das sagen Christen und Muslime gleicherweise. Christen und Muslime stehen im Gebet vor demselben Gott und in der gleichen Tradition, die durch den israelitischen Glauben vorgegeben ist. Das haben auch die Väter der Bekenntnisschriften nie bezweifelt.[121] Sie haben im Islam eine häretische Sekte gesehen und sie den Unitariern zugerechnet. Es ist demgegenüber ein Rückschritt, daß wir uns so wenig bemühen, das Christliche im islamischen Glauben zu erkennen und das echt Prophetische bei Mohammed anzuerkennen.[122] Das bedeutet nicht, daß die Unterschiede verwischt werden sollen. Im Gegenteil, es bestehen tiefgreifende Unterschiede im Gottes*bild*, die nicht nur auf Mißverständnissen beruhen. Sie dürfen nicht heruntergespielt werden.

Den christlichen Glauben interessiert nicht die Einheit Gottes an sich, sondern wie Gott sich mit dem Menschen verbindet. Immer geht es um Verbindung. Gott wird Mensch, er verbindet sich im Sohn mit dem Menschen. Der Vater und der Sohn senden den Geist, der sich einen Raum schafft, wo er wirkt, den Leib Christi, die Kirche. Gott wendet sich zur Welt, um die Welt zu sich zurückzuholen, die von ihm abgefallen ist. Gott will den Menschen wieder bei sich haben. Vereinigung – das ist der Weg der Liebe. Gott liebt die Welt und kommt im Sohn zu ihr, so daß die Welt nun ihrerseits im Sohn zu ihm kommen kann. Der Sohn, der Schöpfungsmittler, wird Mittler im Gericht sein, damit die Menschen endgültig mit dem Vater vereinigt werden – ein Gedanke, den der Islam nicht kennt!

Gott wurde Mensch, damit die Menschen werden können, was er ist, heißt es

120. F. Schuon, *Understanding Islam*, a. a. O., 116.
121. *CA* I, Anm.
122. Eine bemerkenswert positive Einstellung nimmt neuerdings B. Klappert ein. Ders., *Abraham eint und unterscheidet,* a. a. O.; vgl. auch R. Leuze, *Christentum und Islam*, Tübingen 1994; A. Wessels, *En allen die geloven Zijn Abrahams geslacht*, Baarn 1989.

seit Irenäus in der orthodoxen Theologie. Das kann kein Muslim sagen. Wer im Islam Gott kennenlernen will, muß sich dem Koran zuwenden und seinen Geboten folgen. Wer im Christentum Gott kennenlernen will, muß sich dem Sohn zuwenden und ihm folgen. Wer im Islam den Menschen kennenlernen will – was letztlich uninteressant und unwichtig ist, da die Gotteskenntnis im Gehorsamsakt das allein Wichtige ist – wendet sich dem Koran zu. Wer nach christlicher Überzeugung den Menschen kennenlernen will, wendet sich diesem und Gott zugleich zu. Wer Gott liebt, liebt den Menschen – und wer den Menschen liebt, liebt Gott. Im Kreuz findet das Christentum darum ein vollkommenes Symbol, nicht nur, weil es auf Jesu Tod hinweist, sondern durch die doppelte Verweisung: Es verbindet Gott und Mensch und Mensch und Mensch miteinander. Die vertikale und die horizontale Beziehung sind nicht auseinanderzudividieren.

Liebe gewährt dem anderen einen Freiraum. So gibt auch der Geist Christi der Welt ihren Freiraum. Er will und soll sie nicht beherrschen (darum ist der Gedanke an einen christlichen Staat letztlich unchristlich), sondern der Geist setzt den Menschen frei, das Gute und Vernünftige zu suchen. Dem Kaiser darf und soll gegeben werden, was ihm gehört. Man darf von zwei Reichen sprechen, dem Reich der Geschöpflichkeit und dem Reich der Liebe. Das eine soll das andere nicht beherrschen, sondern so durchdringen, daß in ihm zu leben lebenswert ist. Dort soll und muß die Vernunft herrschen, denn die Vernunft wird letztlich nie etwas tun, was der Liebe widerspricht – sofern sie durch die Liebe befreite Vernunft ist! Die beste und vernünftigste Staatsform muß gesucht werden. Diejenige ist die beste, die der Freiheit den größten Spielraum läßt, weil Liebe sich nur in Freiheit ganz entfalten kann. Die Menschenrechte sind Ausdruck solchen Freiheitsverständnisses und einer Liebe, die sich in säkulare Formen gekleidet hat.[123]

Das Reich zur Rechten und das Reich zur Linken Gottes stehen sich nicht gegenüber wie »Haus des Islam« und »Haus des Krieges«, wobei das letztere zum ersteren hin überwunden werden muß, weil es die Zweiheit nicht ertragen kann, sondern sie sind in jedem Menschen, in jedem Ort, in jedem Staat zugleich präsent und ermöglichen wahres Menschsein, weil sie das Säkulare, den Bereich des Staates, von der Last befreien, Gottes Willen zum Heil der Menschen durchsetzen zu müssen. Sie befreien die Liebe, sich direkt im Staatswesen konkrete Gestalt geben zu müssen, weil ihr Wesen verleugnet werden würde, wenn Liebe in Gewalt umschlüge.

Islamischer Glaube unterwirft sich dem Einheitsprinzip, christlicher Glaube drängt auf liebende Vereinigung. Doch Christen verleugnen heute dieses Prinzip so stark, daß das Reich des Säkularen zum alles bestimmenden Prinzip geworden ist und die Liebe nicht mehr Gestalt annehmen kann. Das Reich zur Rechten wur-

123. Zum Problem der Menschenrecht im Islam vgl. Ch. Stahmann, *Islamische Menschenrechtskonzepte, Islamische Menschenrechtskonzepte und das Problem sogenannter ›islamischer‹ Menschenrechtsverletzungen in Pakistan seit 1977*, Diss. theol., Heidelberg 1995.

de zum Reich des innerlichen Glaubenslebens. Damit ist das Prinzip der Vereinigung verleugnet.

Wie der Muslim sich dem Wort Gottes zuwendet, das heißt einem Buche, so können die Christen nicht anders, als sich auch dem Worte Gottes zuzuwenden, und das heißt einer Person, Jesus. Das muß ebenso umfassend und radikal sein, wie es der fromme Muslim den Christen auf seine Weise vorlebt. Hier gibt es den heiligen Wetteifer, von dem Lessings »Nathan der Weise« spricht. Dieser Wetteifer – in der ökumenischen Terminologie spricht man von »dialog in community« – muß »menschlich, persönlich, sachgemäß und demütig« sein, wie es auf der Vollversammlung des ÖRK in Uppsala hieß.[124]

Die Konsequenz daraus ist, daß die Christen sich den Muslimen in der ihnen aufgetragenen Weise zuwenden, der Weise der Liebe. Mit dem Koran sind sie der Überzeugung: In Sachen Religion gibt es keinen Zwang (S 5). Für Christen ist Jesus das »schöne Modell«: Er setzte sich so für den Menschen ein, daß er nicht nur *für* ihn, sondern *mit* ihm zusammen starb! Das ist die letztgültige Form der Liebe, an der sich menschliche Liebe immer wird messen müssen. Doch Jesus zeigte auch, wie die »normale«, gleichsam die alltägliche Gestalt der Liebe aussieht: »Wie ihr wollt, daß euch die Leute tun, also tut ihnen gleich auch ihr« (Lk 6,31).

Würde dieser Grundsatz im Verhältnis zu den islamischen Fremden und den islamischen Mitbürgerinnen und -bürgern angewendet, wären zwar nicht alle Probleme gelöst, aber der Freiraum würde geschaffen, in dem man sich gemeinsam der Lösung der Probleme des Zusammenlebens zuwenden könnte. Dann würde der kulturellen Intoleranz der Boden entzogen und echte religiöse Begegnung könnte stattfinden. Die Liebe setzt keine Bedingungen, ehe sie aktiv wird. Sie fordert nicht Toleranz auf der anderen Seite als Vorbedingung für eigenes tolerantes Verhalten. Vielmehr aktiviert sie alle Phantasie, damit der Freiraum groß wird, wo der andere er selbst sein kann. Das Fest besitzt dazu den offensten Raum.[125]

Der Islam kennt aus dem Umkreis der Lehre vom Jüngsten Gericht die Lehre von dem »Zeugnis der Glieder«. Wenn der Mund vor Gott verstummt oder falsches Zeugnis ablegen will, stehen die Glieder des Menschen einzeln auf und legen Zeugnis ab von seinen Taten. Die Christen sind aufgerufen, schon jetzt das »Zeugnis der Glieder« abzulegen, das mehr ist als das Zeugnis des Mundes. Ihr Leben soll die Liebe verwirklichen, die den anderen sucht, um mit ihm zusammen sich den brennenden Aufgaben zu stellen, an denen die Weltgesellschaft zu zerbrechen droht.

124. Zit. nach *ÖR* 1969, 46.

125. Vgl. J. Micksch, *Mit Einwanderern leben. Positionen evangelischer Ausländerarbeit*, Frankfurt a. M. 1984; Europäische Konferenz Justitia et Pax und Ausschuss der Kirchen für Ausländerfragen in Europa, *Ausländer im europäischen Binnenmarkt. Kirchliche Perspektiven*, Frankfurt a. M. 1992; T. Sundermeier, *Den Fremden verstehen*, a. a. O., 145 ff.

III.

Zur Begegnung der Religionen

1. Synkretismus und Inkulturation

Zur Diskussionslage

Die Diskussion um den Synkretismusbegriff scheint kein Ende zu nehmen. Statt daß die Begrifflichkeit einer Klärung nähergebracht wird, scheint sich eine solche Ausweitung in seiner Bedeutung einzuschleichen, daß man fragen muß, ob er die ursprünglich intendierte Sache überhaupt noch trifft. Neuestes Beispiel ist der von V. Drehsen und W. Sparn herausgegebene Sammelband »Im Schmelztiegel der Religionen. Konturen des modernen Synkretismus«[1], in dem unter Rückgriff auf Erasmus und Melanchthon selbst der interkonfessionelle Austausch wieder als Synkretismus bezeichnet wird. Man spricht von einem »hermeneutischen« und einem »sozialen« Synkretismus. Aus einem Begriff, der einen bestimmten interreligiösen Austausch charakterisiert, wird ein interkonfessionelles Kommunikationsmodell entwickelt.[2] Aber wird der Begriff damit nicht überdehnt und so schwammig, daß er unbrauchbar, weil substanzlos geworden ist? Können wir jedoch auf ihn verzichten, wenn es darum geht, die Begegnungsweisen von Religionen zu beschreiben? Wie sind die Phänomene zu benennen, mit denen wir es in den vorangehenden Kapiteln verschiedentlich zu tun hatten, wenn die primäre Religion von einer sekundären überlagert wird und eine Interaktion stattfindet, die höchst subtil und langfristig wirkt, gelegentlich aber auch roh und brutal sein kann? Wie sind die Prozesse zu beschreiben, wenn eine »missionierte« Religion die eindringende neu koloriert, verändert und bereichert? Ist die bisherige Begrifflichkeit, die zwischen Synkretismus und Inkulturation unterscheidet, überholt und ersetzbar? Ich meine nicht. Gerade die bisherigen Beobachtungen bedürfen der klärenden Interpretation. Die Religionswissenschaft kann sich dieser Aufgabe nicht entziehen. Sie muß die terminologische Klärung so weit vorantreiben, daß sie im theologischen Kontext anwendbar bleibt und nicht im Grauschleier pluralistischen Nebels konturenlos wird. Allerdings bedarf es einiger Vorüberlegungen, wenn wir hier weiterkommen wollen, einiger Vorklärungen, um Schneisen zu schlagen durch das Gestrüpp, das inzwischen über den Begriff gewachsen ist. Wir können dabei auf Ergebnisse der bisherigen Diskussion zurückgreifen, auch wenn sie nicht überall Allgemeingut geworden sind und akzeptiert wurden.

1. Gütersloh 1996. Der Band geht auf zwei Bayreuther Kolloquien zurück, die 1992 und 1993 gehalten wurden.
2. So W. Sparn in seinem im übrigen höchst erwägenswerten Beitrag: »›Religionsmengerei?‹ Überlegungen zu einem theologischen Synkretismusbegriff«, in: V. Drehsen/W. Sparn (Hg.), ebd., 255-284.
   Zur Verwendungsvielfalt des Begriffes vgl. zusammenfassend die Übersicht von F. Wagner, ebd., 88.

Die erste Schwierigkeit des Begriffes liegt in seiner doppelten Funktion: Er bezeichnet ein Phänomen, benennt es aber in einer Weise, die sich nicht aus der Sache selbst ergibt, sondern von außen herangetragen ist.[3] Das Phänomen wird von den Betroffenen selbst nie so bezeichnet, sondern ist eine Fremddeutung. Trotz aller Versuche seitens der Religionswissenschaft[4], den Begriff wissenschaftlich-deskriptiv zu verwenden, ist er nicht wertneutral. Als Fremdbestimmung besitzt er normative Bedeutung und sagt etwas über den aus, der ihn gebraucht und wie er ihn anwendet.[5] Synkretisten sind immer die anderen. Es ist jedoch diese Verbindung von deskriptiver Möglichkeit und normativem Implikat, der den Begriff für die Theologie beliebt macht, aber zugleich dazu führt, daß er in der Religionswissenschaft nur mit zusätzlichen Bestimmungen und Absicherungen gebraucht werden kann. Um diese zusätzlichen Bestimmungen zu klären, hatte vor Jahren eine Göttinger Forschungsgruppe die Systemtheorie N. Luhmanns als Interpretationsrahmen herangezogen. Das hat für lange Zeit das Grundmuster zur Rezeption der Synkretismusanalyse ausgemacht. Die Unterscheidung von Synkretismus auf »Systemebene« und auf »Elementebene« schien das angemessene Instrumentarium zum Verständnis des Synkretismusphänomens zu bilden. Was allein zur Erforschung übrig blieb, war, die Elementenebene zu differenzieren und in allen möglichen Verästelungen zu benennen. U. Berner und C. Colpe haben dementsprechend eine ausdifferenzierte Typologie vorgelegt, die alle Eventualfälle abzudecken sich anschickt.[6] Dieses hypertrophe Unternehmen muß die Autoren schließlich selbst skeptisch gemacht haben, denn in späteren Veröffentlichungen sind Tendenzen zur Vereinfachung zu erkennen. Ich meine jedoch, man sollte den ganzen Ansatz hinter sich lassen. Er hat zu lange den Blick in eine falsche Richtung gelenkt und den fälligen Forschungsfortschritt verhindert. Die Mängel des Ansatzes sind inzwischen offensichtlich und von verschiedenen Seiten benannt. 1. Die Religionen sind keine geschlossenen Systeme, sondern prinzipiell offen. Das gilt selbst für die Religionen der Stammesgesellschaften, auch wenn sie noch dieser Interpretation am nächsten kommen. Damit wird fraglich, ob das Systemkonzept überhaupt auf die Dynamik interreligiöser Beziehungen anwendbar ist. 2. Die Systemtheorie setzt feste Identitäten voraus. Doch gerade dieser Kern-

3. Vgl. dazu C. Colpe, »Die Vereinbarkeit historischer und struktureller Bestimmungen des Synkretismus«, in: ders., *Theologie, Ideologie, Religionswissenschaft: Demonstration ihrer Unterscheidung*, a. a. O., 162-185.
4. Vgl. dazu U. Berner, »Synkretismus und Inkulturation«, in: H. P. Siller (Hg.), *Suchbewegungen. Synkretismus, kulturelle Identität und kirchliches Bekenntnis*, Darmstadt 1991, 130-144.
5. Auf die selbstreferentielle Seite des Synkretismusbegriffes hat zu Recht A. Feldtkeller aufmerksam gemacht. A. Feldtkeller, »Der Synkretismus-Begriff im Rahmen einer Theorie von Verhältnisbestimmung zwischen Religionen«, *EvTh* 1992, 224-244.
6. U. Berner, *Untersuchungen zur Verwendung des Synkretismusbegriffes*, Wiesbaden 1982; C. Colpe, Art. »Syncretism«, *Encyclopedia of Religion*, Bd. 14, 1987.

punkt der Bernerschen Analyse muß hinterfragt werden. Zu Recht fragt W. Sparn, wer denn die »Systemidentität einer Religion definiert, und wer im Zweifelsfall darüber befindet. Mit welchen Mitteln, in welchem Verfahren und nach welchen Kriterien fällt diese Instanz ihr Urteil? Oder ist das letztendlich eine Frage der Macht?«[7] Wer könnte es z. B. wagen, die Identität des Christentums im systemtheoretischen Sinne festzulegen? Besteht nicht gerade darin seine Identität, daß sie nicht festgemacht werden kann, sondern nur durch die Relationalität zu seinem Ursprung allein eine Wiedererkennbarkeit ermöglicht, die sich aber nicht in festen Sätzen dingfest machten läßt, es sei den man übernähme mit den Fundamentalisten deren sieben »fundamentals«?! 3. Ein weiterer Pfeiler des Ansatzes trägt nicht das ihm auferlegte Gewicht. So einleuchtend prima vista die Differenz von Systemebene und Elementenebene ist, bei näherem Zusehen löst sie sich auf, da es einen Synkretismus auf Systemebene nicht gibt. Berner gesteht selbst ein, daß es ihn nur selten gebe, aber das einzige von ihm angeführte Beispiel unterminiert seinen Ansatz. Er deklariert die Theologie des afrikanischen Theologen C. H. Nyamiti als Systemsynkretismus, deutet aber den viel zentraleren Gedanken seiner Theologie, nämlich die Übernahme des Ahnenglaubens als Elementensynkretismus.[8] Welche Richtung vor dem Hintergrund dieser systemtheoretischen Unterscheidung eingeschlagen werden kann, macht W. Ustorf deutlich, der die »Rechtfertigung des Kapitalismus aus christlicher Sicht« als Systemsynkretismus bezeichnet.[9]

Doch genug zum Versuch, mit Hilfe der Systemtheorie die Synkretismusdebatte zu strukturieren. Der Versuch ist in meinen Augen gescheitert. Man ist geneigt, den Religionsgeschichtlern zuzurufen: Schuster, bleibt bei euren Leisten. D.h., orientiert euch an den religionsgeschichtlichen Phänomenen selbst und versucht von hier aus, ein Raster zu entwerfen, das uns dem Verstehen näherbringt. Das Verstehen muß dem Urteilen vorangehen. Auch der Synkretismusbegriff muß der Hermeneutik zugeordnet werden, wenn er religionswissenschaftlich sinnvoll sein soll. Erst sekundär darf er normative Obertöne entfalten. Doch wie gehen wir damit um?

Unsere Unterscheidung von primärer und sekundärer Religion und dem in der Geschichte durchgehend zu verzeichnenden Überlagerungsprozeß, dem wir oben verschiedentlich begegnet sind, soll auch jetzt Anleitung geben zu fragen, wie das Phänomen des Synkretismus aus der Perspektive der Innenseite einer Religion zu verstehen ist. D.h., wir müssen gleichzeitig die Frage nach dem Synkretismusverständnis (als Fremdbezeichnung) und dem der Inkulturation (als sich einbürgernde Selbstbezeichnung einer Religion) zu beantworten suchen.

7. W. Sparn, »Religionsmengerei«, in: V. Drehsen/W. Sparn (Hg.), *Im Schmelztiegel der Religionen*, a.a.O., 262.
8. U. Berner, »Synkretismus und Inkulturation«, a.a.O., 137f.
9. W. Ustorf, »Wie über ›Synkretismus‹ reden? Eine Anmerkung aus missionswissenschaftlicher Sicht«, in: H. P. Siller (Hg.), *Suchbewegungen. Synkretismus – kulturelle Identität und kirchliches Bekenntnis*, Darmstadt 1991, 145ff. Der Verweis ebd., 147.

Im folgenden greife ich auf frühere Überlegungen zum Thema zurück, korrigiere und präzisiere sie jedoch.[10]

Der symbiotische Synkretismus

Aus dem Vorhergehenden ergeben sich zwei Konsequenzen, die die Anwendung des Synkretismusbegriffes einschränken: Er sollte nur auf interreligiöse Prozesse angewendet werden und sich an den Phänomenen selbst orientieren. In der hermeneutischen Annäherung an die Phänomene muß dabei der Grundsatz der epoché beachtet werden. D. h. der Begriff muß so lange wie möglich seine deskriptive Kraft bewahren. Der nicht auszuschließende normative Aspekt muß zeitlich so lange wie möglich zurückgestellt werden.

Mit G. Mensching kann man zwei Grundformen des Synkretismus unterscheiden. Ich nenne den ersten den *symbiotischen Synkretismus*. Er beschreibt jenen Prozeß, in dem die primären Religionen durch die ausdifferenzierten, überlegenen Gesellschaften und Religionen, den sekundären Weltreligionen, überlagert und beherrscht werden. Die Religionsgeschichte, so sahen wir[11], verläuft nicht einfach evolutionistisch von der primären zur sekundären Religion, sondern es ist eine Dynamik der Integration zu erkennen. Die sekundäre Religion läßt die primäre zwar hinter sich und sucht sie abzulösen, doch bietet diese weiterhin das Vorverständnis, den Anknüpfungspunkt und Deutungsrahmen, in dem das Neue begriffen werden kann, zumal im Blick auf das rituelle Grundmuster, wie wir sahen. Die Notwendigkeit der Integration in der einen oder anderen Form ist unbestritten, denn die sekundäre Religion erhebt den Anspruch auf das ganze Leben der Gemeinschaft. Sie will Volksreligion werden. Dabei kann sie nicht der Basisreligiosität der primären Religionserfahrung entbehren. Der Anspruch der neuen Religion, die ganze Kultur zu durchsäuern, gelingt um so besser, je angemessener und überzeugender die lokalen Traditionen der vorgegebenen Religionen in das Neue integriert werden. Jede Weltreligion, die darauf angelegt ist, Volksreligion zu werden, ist also per definitionem synkretistisch.

Da dieser Prozeß der Überlagerung der primären Religionen durch Kulturkontakte, Völkerwanderungen, militärische Eroberungen, koloniale Machtausweitung oder im Verlauf weltweiter missionarischer Unternehmungen stattfindet, bleibt er ambivalent. Er ist geprägt durch Abstoßung und Integration, die ihrerseits als einfache Akkommodation oder Direktübernahme des Vorgegebenen mit symbolischer Interpretation stattfinden kann. Diese Integration geschieht vielfach unbewußt aus dem Zusammenleben heraus, oft ist sie charismatisch initiiert und

10. T. Sundermeier, »Synkretismus und Religionsgeschichte«, in: H. P. Siller (Hg.), *Suchbewegungen*, a. a. O., 95-105; ders., »Inkulturation und Synkretismus. Probleme einer Verhältnisbestimmung«, *EvTh* 1992, 192-208.
11. S. o. Kap. I.1.

gelingt intuitiv. An dem weltweiten Phänomen der Neuen Religiösen Bewegungen, die in besonderer Weise den Integrationsprozeß vorantreiben, wird deutlich, wie er unter starkem Rückgriff auf das vorgegebene religiöse und kulturelle Erbe revitalistische Züge annehmen kann, so daß er von außen gesehen als »bedrohliche Form des Synkretismus« angesehen wurde, tatsächlich aber eine Form gekonnter Anpassung ist und als notwendiger Schritt zur Integration beider Religionserfahrungen anzusehen ist.[12]

Der Integrationsprozeß findet auf verschiedenen Ebenen und in unterschiedlicher Intensität statt. Drei sind besonders hervorzuheben, die der Sprache (das schließt das weltanschauliche und theologische »Gedächtnis« ein), die der Riten, was nicht nur das religiöse, sondern im hohen Maße auch das sozial-kulturelle Gedächtnis betrifft,[13] sowie die der Ethik, wodurch das individuelle sowie das kommunale Verhalten verändert wird. Auf der rituellen Ebene und der der Ethik erweisen sich die primären Religionen als am widerstandsfähigsten und die eindringenden, sie überlegenden als am anpassungsfähigsten. Dieser Vorgang läßt sich an den Festen des israelitischen Kalenders ebenso verdeutlichen, wie an dem Festzyklus des Kirchenjahres.

Dieser synkretistische Prozeß ist nicht nur darin ambivalent, daß er im Extremfall zum völligen Untergang der vorgegebenen Religion führt, sondern er ist es auch für die eindringende Religion, insofern die autochthonen religiösen Kräfte sich als stärker erweisen können als die der sie überlagernden. Die unterschiedliche Entwicklung des Hinduismus auf Bali und Sumatra zeigt, daß der Ausgang des Prozesses durchaus offen ist. Während der Hinduismus auf Bali die vorgegebenen Stammesreligionen integrieren konnte, so daß ein unverkennbar eigenständiger, balinesischer Hinduismus mit allen Merkmalen einer lebendigen Volksreligion entstand, die sich im kulturellen und religiösen Bereich bemerkenswert vom indischen Hinduismus unterscheidet[14], hat er in der Batakreligion auf Sumatra zwar

12. Vgl. dazu die unterschiedliche Beurteilung dieser Bewegungen in der Frühzeit mit ihrer Beurteilung in der späteren Forschung, z.B. bei Bengt G. M. Sundkler in der ersten und der zweiten Auflage seines Buches *Bantu Propheten in Südafrika*, Stuttgart 1964 (engl. 2. Aufl. 1961). Ebenso unterschiedlich ist die Bewertung in der frühen Arbeit von M. L. Martin, *The Biblical Concept of Messianism and Messianism in Southern Africa*, Morija 1964, im Vergleich zur Arbeit über den Kimbanguismus: *Kirche ohne Weiße. Simon Kimbangu und seine Millionenkirche im Kongo*, a.a.O., Vgl. auch C. G. Oosthuizen, *Post-Christianity in Africa. A Theological and Anthropological Study*, Stellenbosch 1967, mit Oosthuizens späterem Engagement für diese Bewegungen. Für Lateinamerika vgl. F. Damen, »Sekten«, in: I. Ellacuría/J. Sobrino (Hg.), *Mysterium Liberationis. Grundbegriffe der Befreiung*, Bd. 2, Luzern 1996, 1061-1083.
13. Zum Begriff des kulturellen Gedächtnisses vgl. J. Assmann, *Das kulturelle Gedächtnis*, a.a.O.
14. Vgl. dazu T. Sundermeier/V. Küster (Hg.), *Das schöne Evangelium. Christliche Kunst im balinesischen Kontext*, Nettetal 1991.

Spuren hinterlassen, ist dort aber untergegangen. Auch der Kampf der Propheten Israels gegen die Überfremdung durch die vorgegeben Kulturen und Religionen der ackerbautreibenden kanaanitischen Völker sowie die Übernahme zentraler Vorstellungen im Gottesbild und im priesterlichen Königtum wären hier zu nennen (cf. Gen 14).

Wie die Symbiose von primärer und sekundärer Religion aussieht und welche symbolischen Veränderungen sie bewirkt, soll anhand *buddhistischer Bestattungsriten* in Nordthailand verdeutlicht werden. Diese Riten sind darum für unser Thema so informativ, weil sich die überlagernde sekundäre Religion diametral von der vorgegebenen primären unterscheidet. Der Buddhismus ist eine Religion mit einer sehr expliziten Lehre, die vorgegebene Stammesreligion dagegen kennt keine »regulativen Sätze«, um einen Begriff von D. Ritschl aufzugreifen.[15] Was geschieht nun, wenn solch verschiedene Glaubensweisen aufeinandertreffen?

Wir folgen dem Bericht von S. J. Tambiah aus dem Jahre 1969[16], übergehen aber die den Sozialanthropologen besonders interessierenden Aspekte der Sozialbeziehungen und der Rekonstruktion sozialer Über- und Unterordnungen und beschränken uns auf die religionsgeschichtlich relevanten Aspekte, nämlich die unterschiedliche Interpretation ritueller Einzelzüge durch die Dorfbewohner und buddhistischen Laienjünger, um uns dann der Deutung der Mönche zuzuwenden.

Nach dem Eintreten des Todes wird der Leichnam »gereinigt«, d.h. die Haare werden ihm geschoren, sein Körper wird symbolisch »gebadet«, indem ihm Wasser über Hände und Füße gegossen wird. Er bekommt neue Kleider. Die Familienmitglieder müssen dem Verstorbenen diesen Dienst leisten, denn damit, so heißt es, zollen sie ihm Respekt und bitten ihn um Vergebung. Auf diese Weise wird die Seele des Verstorbenen auf seine Reise zum Himmel vorbereitet, sagt man.

Die Hände und Füße werden zusammengebunden, er wird in Schlafhaltung auf eine Matte gelegt. Ein Geldstück wird ihm in den Mund gelegt. Blumen und Kerzen (jeweils paarweise), aber auch zwei Geldscheine werden ihm in die zur Andachtshaltung zusammengelegten Hände gedrückt, mit denen er den Buddha im Himmel verehren soll. Mit dem Geld aber soll er sich den Weg zum Himmel freikaufen, heißt es.

Während die Schlafmatten im Haus gewöhnlich so gestellt werden, daß der Kopf nach Osten zeigt, wird der Tote mit dem Kopf nach Westen aufgebahrt, denn der »Westen ist die Richtung des Todes«. Die Leiche wird im Zentrum des großen Hauses aufgebahrt, im Schlafzimmer, das sonst tabu ist für jeden Außenstehenden, jetzt aber von allen betreten werden darf. Der Tod verändert die bestehende Ordnung und durchbricht sonst gültige Tabus. In der Nähe des Kopfes werden verschiedene Gegenstände niedergelegt, die der Verstorbene zu Lebzeiten benutzt hat: seine Matratze und seine Schlafdecke, beides wird später mitverbrannt; ein Korb mit Reis und Fisch – »damit die Seele essen

15. D. Ritschl, »Die Erfahrung der Wahrheit. Die Steuerung von Denken und Handeln durch implizite Axiome«, in: ders., *Konzepte. Ökumene, Medizin, Ethik. Gesammelte Aufsätze*, München 1986, 147-166.
16. S. J. Tambiah, *Buddhism and the Spirit Cults in North-East Thailand*, 2. ed., Cambridge/London 1975.

kann«; ein Wasserbehälter – »damit sie trinken kann«; Kleidungsstücke, »die der Verstorbene im Himmel tragen soll«, u. a. m. Die Sitte, die Augen und den Mund des Verstorbenen mit Wachs zu verschließen, erhält eine überraschende Deutung: »Das soll die Hinterbliebenen daran hindern, ihr Interesse am Leben zu verlieren. Denn sie wissen, daß sie schließlich in gleicher Weise sterben werden«.[17]

Während die Frauen die Mahlzeit für die Gäste vorbereiten, gehen die jungen Männer in den Wald und schlagen das Holz für die Kremation. Sie dürfen erst wieder in die Häuser zurückkehren, wenn die Leiche verbrannt ist, sonst, heißt es, würden sie Krankheiten ins Haus holen.

Am späten Vormittag kommen die Mönche und Novizen. Nachdem sie eine Mahlzeit zu sich genommen haben, beginnen sie Sutren zu singen, die die Verdienste des Toten anwachsen und die Folgen seiner bösen Taten mildern sollen. Das Singen ist als solches verdienstvoll und kommt Lebenden und Toten zugute.

Während der Sarg aus dem Haus getragen wird, die Füße stets nach Westen weisend, werden im Haus alle Wassergeräte ausgeleert und die Hausleiter wird umgekehrt hingestellt, ein auffällig inversives Verhalten.

Den Sargträgern werden Kerzen und Blumen ausgeteilt, mit denen sie auf dem Friedhof den Toten ehren, damit sein Geist ihnen kein Harm antut. Mönche führen die Prozession an – in anderen Religionen die Priester, die pontifices, die Pfadmacher, wie sie im lateinischen genannt werden. Die Mönche haben die Stelle der Priester eingenommen, sie »zeigen den Weg zum Himmel«, heißt es jetzt.[18] Unterwegs wird Puffreis auf den Weg gestreut. Er soll die Geister der Verstorbenen anlocken, so daß sie nicht das Dorf belästigen, wird zur Erläuterung gesagt. Am Friedhof, der westlich nahe beim Tempel liegt, warten weitere Mönche, um die Kremation mit ihren Gesängen zu begleiten.

Ehe die Leiche auf dem von den jungen Männern errichteten Holzstapel gelegt wird, bewegt sich die Prozession inversiv zum normalen Ritus dreimal gegen den Uhrzeigersinn um den Holzstapel.

Ein weißes Tuch, mit dem der Sarg ursprünglich zugedeckt war, wird dreimal über den Stapel geworfen und dann den Mönchen gegeben. Während diese ihre Sutren intonieren, gibt man ihnen kleine Geschenke, Betelnüsse, Tabak und Geld. Noch einmal wird der Tote gewaschen, indem etwas Kokosmilch und duftendes Wasser über sein Gesicht und den Körper gegossen wird. Dazu spricht man: »Wenn du wiedergeboren wirst, bring keine Krankheiten mit dir. Du sollst im nächsten Leben keinen Hunger haben, sondern reich sein«.

Bevor die eigentliche Verbrennung beginnt, verlassen die meisten Mönche, denen man noch einmal Geschenke überreicht, den Platz. Nur wenige bleiben zurück und singen und chanten, während das Feuer angezündet wird.

Während das Feuer noch brennt, geht man nach Hause, jedoch nicht ohne vorher noch kurz im Tempel eingekehrt zu sein. Erst danach kann man zu Hause eine Mahlzeit einnehmen. Abends kommen noch einmal die Mönche. Sie singen Abwehrsutren, die den Geist hindern sollen, mit Krankheiten ins Haus zurückzukommen.

17. Ebd., 180.
18. Ebd., 180.

Den drei Tage später beginnenden zweiten Teil der Trauerzeremonien können wir übergehen, da sich sachlich keine neuen Aspekte ergeben.[19]

Wenn wir für einen Augenblick den Bestattungsritus auf seine symbolische Sprache hin anschauen, so fällt auf, daß der Buddhismus im faktischen Ablauf nur durch die Mönche präsent ist. Keines der Details spricht als solches eine buddhistische Sprache, sondern alle sind in der primären Religion beheimatet. Der Großteil der Riten widerspricht geradezu buddhistischer Lehre, was sowohl die Selbstinterpretation der Teilnehmer wie der Vergleich mit Trauerriten anderer Religionen und Völker deutlich macht.[20]

Wir haben es mit einem klassischen »Rite de passage« zu tun, dessen drei Phasen den Gesamtritus strukturieren: die Herausführung des Toten aus dem bisherigen Lebenszusammenhang, der Übergang (Zwischenzustand) und die Einführung in das neue Leben. Daß außer dem Toten auch die Angehörigen des Verstorbenen durch den Tod berührt werden und das soziale Umfeld durch die Riten neu strukturiert wird, läßt sich erkennen, auch wenn wir im folgenden nicht darauf eingehen. Uns interessiert die Symbolsprache des Ritus im Blick auf die impliziten religiösen Überzeugungen. Ich greife ein grundlegendes Symbol heraus, die Inversionen. Sie sind bei Trauerriten in allen Religionen zu entdecken, sind aber besonders in der primären Religionserfahrung zu Hause. Sie machen den Hinterbliebenen deutlich, daß der Tod unübersehbar eingetreten ist. Er kann nicht verleugnet und darf nicht verdrängt werden. Alles ist »upside down«, der Tod kehrt alles um. Er berührt jeden. Er ist nicht der Beginn der Verhältnislosigkeit zum Toten, sondern zunächst einmal der Beginn der intensivsten Beziehung zu ihm. Die Inversionen binden die Lebenden an das Leben der Toten. Bei den Toten nämlich ist alles umgekehrt. Die Ahnen sind weiß, sagen die Schwarzafrikaner. Die Ahnen sind wie dunkle Schatten, sagen die hellhäutigen Griechen. Die Ahnen leben wie wir, aber alles ist bei ihnen umgekehrt; und wenn nicht umgekehrt, so doch anders im Sinne einer Übersteigerung oder Verzerrung des gegenwärtigen Lebens. Die Inversionen machen auf jenes andere Leben aufmerksam und binden die Hinterbliebenen daran.

Die Trauerriten sagen: es gibt ein Leben jenseits des irdischen Lebens. Der Verstorbene soll es erreichen, aber der Weg dorthin ist keine Selbstverständlichkeit. Die Hinterbliebenen und die religiösen Führer der Gruppe müssen ihm dazu verhelfen. In der Sprache des Ahnenglaubens, der hinter den Riten erkennbar ist, heißt das: Die Ahnen sind mächtiger als die Lebenden und zugleich sind sie von diesen abhängig und bedürfen der Gaben, die die Verbindung zwischen den Lebenden und den Toten befestigt.

Fassen wir die Botschaft der Riten in einfachen Sätzen zusammen, wie sie sich aus den Riten selbst und der dörflichen Interpretation ablesen läßt, so können wir das folgende festhalten:

1. Das Leben ist das kostbarste Gut und der ganzen Gemeinschaft gemeinsam anvertraut.

19. Zu weiteren Einzelheiten s. T. Sundermeier, »Implizite Axiome und die Religionsgeschichte.«, a. a. O., 79-92.

20. Vgl. G. Stephenson (Hg.), *Leben und Tod in den Religionen. Symbol und Wirklichkeit*, 2. Aufl., Darmstadt 1980. Darin besonders 250 ff., 285 ff., 317 ff.

2. Es hört mit dem Tode nicht auf.
3. Die Gemeinschaft ist verpflichtet, dem Verstorbenen in das neue Leben zu verhelfen.
4. Diese Hilfe ist zugleich Selbstschutz, denn sie stärkt das eigene Leben.

Als der Buddhismus nach Thailand kam, mußte er sich mit der vorgegebenen primären Religion arrangieren, wenn er der Dorfgemeinschaft ein religiöses Zuhause geben wollte. Die Botschaft, die die Riten vermitteln, widerspricht jedoch in jeder Hinsicht der buddhistischen Lehre. Der Tod ist zwar auch dort Orientierungspunkt von Lehre und Leben, jedoch in anderer Weise als in der primären Religion. Menschsein heißt Leiden, predigte Buddha, Leben hat a priori keinen Sinn in sich selbst. Leben heißt Kranksein, denn Leben ist Vergänglichkeit. »Unbeständig, ihr Mönche, sind die Daseinsfaktoren«.

Während alles unbeständig ist und sich verändert, ist allein das Gesetz der Kausalität konstant und unveränderlich und sorgt dafür, daß jede Tat ihre Frucht bringt zum Guten wie zum Bösen in dieser, in der nächsten oder einer späteren Existenz. Niemand kann für den anderen eintreten, jeder ist ausschließlich seines Glückes oder Unglücks Schmied.

»By oneself is evil done
By oneself is one defiled
By oneself is evil left undone
By oneself alone one is purified
Purity and impurity depend on oneself.
No one purifies another«,

heißt ein bekannter Spruch des Dhammapada.[21]

Der Gegensatz zwischen den beiden Glaubensweisen, die in dem Ritus zusammentreffen, kann kaum größer sein. Hier die Hinwendung zum Leben und dort die Abwendung davon, hier der Wunsch nach Steigerung des Lebens und dort die Überwindung solchen Strebens, hier die Suche nach der Kontinuität des Lebens auch über den Tod hinaus, dort die Sehnsucht zu verlöschen, auch im Jenseits. Hier gibt es Kontinuität zwischen dem Hier und dem Jenseits, dort die radikale Diskontinuität der Person, deren Identität selbst noch geleugnet wird. Allein das Gesetz von Tat und Folge kennt keine Unterbrechung.

Wie sind die beiden Religionserfahrungen nun miteinander ausgekommen und wie haben sie sich gegenseitig beeinflußt?

21. Spruch 165. In der Übersetzung von K. Schmidt wird der Sinn nicht so deutlich:
»Wer selbst Unrecht tut, beschmutzt sich selbst allein.
Wer sich vor Unrecht scheut, der schmückt sich selber fein.
Ihr selbst, kein anderer, macht euch unrein oder rein!»
K. Schmidt, *Sprüche und Lieder* (Buddh. Handbibliothek 4), Konstanz 1954, 27. Der englische Text zit. nach L. de Silva, *Buddhism: Beliefs and Practices*, a. a. O., 75.

Wir können heute den langen Adaptions- und Integrationsprozeß nicht mehr rekonstruieren, sondern nur versuchen, das Ergebnis zu verstehen. Der Buddhismus hat die Symbole neu interpretiert, vor allem jene, die außerhalb des Hauses eine rituelle Bedeutung haben. Die weiße Farbe gilt jetzt als Farbe des Buddhismus und als Zeichen der Reinheit. Die jeweils dreifachen Wiederholungen – die dreifache Umgehung des Holzstoßes, das dreifache Werfen des Tuches – gelten jetzt als Hinweis auf die buddhistischen Trias, Buddha, Dhamma und Sangha. Die Blumenopfer sollen der Verehrung des Buddha dienen, und der Puffreis verdeutlicht den Kreislauf der Wiedergeburt: »Wer stirbt, wird niemals als dieselbe Person wiedergeboren. Auch der Puffreis kann nicht mehr wachsen«.[22] Die Inversionen werden auf den Kreislauf der Wiedergeburt bezogen und als frommer Wunsch interpretiert: »Möge der Verstorbene in menschlicher Gestalt wiedergeboren werden; möge der Tote wiedergeboren werden und Frau und Kinder haben; möge er im nächsten Leben einen guten Weg gehen«.[23]

Riten sind die Konstanten einer Religion, haben wir gesagt, die Symbolinterpretationen die Varianten. Das ist hier evident. Der Kern beider Glaubensweisen wird davon zunächst nicht berührt. Auch die Präsenz der Mönche hat darauf prima vista keinen Einfluß. Sie zeigen dem Toten den guten Weg zur Wiedergeburt, sagt man, wenn sie dem Leichenzug vorangehen. Dennoch sind hier erste Adaptionserscheinungen zu erkennen. Das Ziel des Mönches ist das Nirvana, die Nichtmehr-Wiedergeburt. Davon ist bei dieser Beerdigung keine Rede. Es geht um das Leben nach dem Tode. Nach der (sekundären) buddhistischen Interpretation geht es um eine günstige Wiedergeburt, nach der traditionalen Vorstellung dagegen um das Leben im Jenseits. Daß das Jenseits der »Himmel« sein kann, darin treffen sich beide Vorstellungen, wobei der Himmel in buddhistischer Lehre nur Durchgangsstadium für eine weitere Wiedergeburt ist, da man nur als Mensch das endgültige Verlöschen, das Nirvana erreichen kann. Ein solches Fernziel hat allein der Mönch vor Augen.

Der Trauerritus spiegelt deutlich die gestaffelte Ethik des Buddhismus wider: Der Mönch will ins Nirvana, der Laie nur in den Himmel kommen. Für das erste Ziel muß man ins Kloster gehen und aller Welt entsagen, für das näher liegende Ziel, in den Himmel zu kommen oder eine günstige Wiedergeburt zu haben, genügt es, die Riten zu befolgen. Daß dabei die zentrale Anatta-Lehre verloren geht oder zumindest beiseite geschoben wird und die Vorstellung vom Weiterleben der Seele ungebrochen tradiert und mit dem Reinkarnationsgedanken verbunden wird, verursacht dem westlichen Forscher Schwierigkeiten, ein Mönch aber kann damit leben, weil er weiß, daß die reine Lehre allemal nur für Fortgeschrittene bestimmt ist. Dem Laien darf man sich mit einer einfacheren Lehre anpassen, wie das schon Buddha selbst getan hat. Zu den Laien sprach er vom

22. Tambiah, *Buddhism and the Spirit Cults*, a. a. O., 183.
23. Ebd., 183 f.

rituellen und vor allem vom ethischen Verhalten, wohl wissend, daß dies nur zu einer besseren Existenzform, nicht aber zur Erlösung führen wird. Auf dieser Ebene also können sich vorbuddhistische und buddhistische Lebensanschauung in überraschender Harmonie treffen: Beide wollen dem Verstorbenen zu einer weiteren und möglichst besseren Existenz verhelfen. Dabei wird jedoch deutlich, daß die primäre Religion mit ihrem ausgeprägten Lebenswillen der stärkere Motor ist, andererseits erweist sich der Buddhismus als bemerkenswert adaptionsfähig, indem er die andere Religion als Übergangsstufe zu seiner eigenen letzten Erkenntnis einordnen kann.

In den primären Religionen dienen die Beerdigungsriten dem Zweck, dem Verstorbenen den Übergang ins Totenreich zu ermöglichen. Wer nicht geziemend rituell beerdigt wird, wird zum bösen Geist, zum Gespenst. Diese Vorstellung ist in der Interpretation der thailändischen Laien noch zu erkennen. Indem man den Verstorbenen ordentlich beerdigt, hilft man ihm, ein gutes Leben im Jenseits führen zu können. Indem man ihn buddhistisch beerdigt und ihm die Gelegenheit gibt, sich an selbstloser Verdienstübertragung zu freuen, verbessert man sein Karma, so lautet die neue Interpretation. Die Furcht, daß der Tote zu einem Gespenst werden kann, ist die Brücke, auf der sich beide Glaubensweisen treffen. Die Brücke wurde im Lauf der Zeit so ausgebaut, daß die dogmatischen Spitzfindigkeiten verloren gingen und ein breiter ritueller Gegenverkehr stattfinden konnte, bei dem beide Religionen schließlich zu einer Synthese verschmolzen, wobei der Buddhismus auf der Ebene des Ritus mehr von seinem Selbstverständnis hat aufgeben müssen, was er jedoch auf der höheren Ebene mönchischer Einsicht wieder korrigieren kann. Der Lebensbegriff des vorbuddhistischen Ritus hat sich als Regulativ durchgesetzt, das auch die expliziten Axiome buddhistischer Religion noch steuert. Es wäre falsch zu behaupten, der Buddhismus wäre nur ein Firnis über der vorgegebenen Religion. Nein, er ist tief in den Dörfern beheimatet. Er hat das Vorgegebene besiegt, aber der Sieger ist zugleich auch der Besiegte.

Der synthetische Synkretismus

Von dem symbiotischen Synkretismus ist der *synthetische Synkretismus* zu unterscheiden, der vor allem im städtischen Bereich ausdifferenzierter Gesellschaften stattfindet. Hier ist die Mehrzahl der vielfach erforschten synkretistischen Phänomene der hellenistischen Welt einzuordnen, die in der Parallelisierung der Götter, der Theokrasie, ein besonderes Kennzeichen hatten. Die Motive für diesen Synkretismus sind je nach Zeiten und Gesellschaften unterschiedlich, wie im Hellenismus und im römischen Imperium zu beobachten ist. Letzteres hatte ein Machtinteresse daran, die unterworfenen Staaten zu integrieren, wobei die religiöse Integration die politische erleichtern sollte. Der vorhellenistische Synkretismus hatte eher ein merkantiles Interesse, denn nur dort, wo die Vergleichbarkeit der verschiedenen Götter festgestellt war, konnten Handels- und andere Verträge geschlossen werden.[24] Merkantile Interessen konnten mit politischen abwechseln. Aber es gab auch »subversive« Motive. C. Colpe zählt dazu die Gnosis und ordnet sie dem »linken« Spektrum des Synkretismus zu.[25] Dem merkantilen Zeitgeist rechnet heute F. Wagner nicht ganz zu Unrecht die synkretistische Strömung der Esoterik und dem sich pluralistisch gerierenden New-Age-Geist zu.[26] Doch auch hier sind »subversive« Obertöne nicht zu überhören, insofern sich offensichtlich ein Protest gegen die festgefügten Institutionen der vorherrschenden Religionen zu Worte meldet. Wir leben in einer Zeit, in der das religiöse Warenangebot ubiquitär präsent und keine Instanz vorhanden ist, die es selektiert und für alle verbindlich bündelt, wie das im Mittelalter die römische Kirche tat und in späterer Zeit die Landeskirchen noch relativ autoritativ vermochten. Für den modernen Menschen ist nur noch der Wunsch nach Selbstbestimmung verbindlich, auch im religiösen Bereich. Ein echter symbiotischer Synkretismus kann dabei nicht wachsen, weil es sich nur um zufällige Selektionen handelt, die kaum auf Dauer angelegt sind, sondern mit einer neuen Gefühls- und Informationslage wechseln. Die Künstlichkeit dieses synthetischen Synkretismus ist unübersehbar. Den Begriff der »Bricollage« auf diese Synthese anzuwenden, ist einleuchtend und kann die Sache klären.[27] Auch wenn diese Gestalt des modernen synthetischen Synkretismus sich in einer permanent pubertierenden Experimentierphase zu befinden scheint, gilt für ihn grundsätzlich dasselbe wie für den symbiotischen Synkretismus: daß er auf Dauer angelegt ist. Dafür ist die Bahai-Religion ein deutliches Beispiel. In ihr wurden bewußt und mit gezielter Selektion Elemente verschiedener Religionen unter der Vorherrschaft des islamischen Symbolfeldes zu einer neuen Religion verbunden. Ähnliches gilt für die älteren der Neuen Religionen Japans, die hier typologisch einzuordnen sind.[28]

Das hier verhandelte Problem des Synkretismus ist für das Christentum nicht erst ein Phänomen der Neuzeit, sondern gehört wesentlich zur Verbreitung des Evangeliums bei der ersten Überschreitung der jüdischen Sprach- und Kulturbarriere in den hellenistischen und römischen Kulturraum. Jede Übersetzung in eine andere Sprache, jede Transformation einer Religion in einen anderen religiösen Kontext hinein, bringt eine Veränderung der Denk- und Ausdrucksstrukturen

24. Vgl. dazu J. Assmann, *Translating Gods: Religion as a Factor of Cultural (Un)Translatability of Cultures,* a. a. O., 25-96.
25. C. Colpe, »Die Vereinbarkeit historischer und struktureller Bestimmung des Synkretismus«, in: ders., *Theologie, Ideologie, Religionswissenschaft,* a. a. O., 184.
26. In: V. Drehsen/W. Sparn (Hg.), *Im Schmelztiegel der Religionen*, a. a. O., 75.
27. So I.-M. Greverus, »Prinzip Collage«, in: H. P. Siller, *Suchbewegungen*, a. a. O., 18-30; dies., *Neues Zeitalter oder verkehrte Welt. Anthropologie als Kritik*, Darmstadt 1990.
28. Noch immer lesbar: W. Kohler, *Die Lotus-Lehre und die modernen Religionen in Japan*, Zürich 1962. Zu einer der neueren »Sekten« vgl. M. Repp, *Aum Shinrikyō. Ein Kapitel krimineller Religionsgeschichte*, Marburg 1997. Dort weitere Literatur.

mit sich.[29] Das gilt für alle Religionen, die sich aus der engen Bindung an einen Stamm oder ein Volk lösen, die Grenzen zu anderen Völkern überschreiten und diese missionieren, sei es langsam oder gewaltsam. Der Buddhismus ist davon ebensowenig ausgenommen wie das Christentum und der Islam. Sie alle unterliegen diesem Prozeß und haben im frühesten Stadium des Übergangs in eine andere Kultur eine Art »Formungsphase« hinter sich, in der die Neuformulierung ihres Grundbestands zur Veränderung führte. Alle drei haben sich aufgrund dieser Veränderungen eine Gestalt gegeben, die kanonische Geltung bekam und sich im Recht und den kanonisch geltenden Riten und Texten niederschlug. Es war gerade die frühe Zeit der inneren Auseinandersetzung mit anderen Religionen, Philosophien und Kulturen, die die Kanonbildung auf allen drei Ebenen vorantrieb. Was konnte übernommen, was adaptiert werden, und was durfte in keinem Fall in die neue Religion eindringen und mußte, wo es schon übernommen war, wieder abgestoßen werden? Mit diesen Fragen mußten sich die Führer der Religionen in der ersten Konsolidierungsphase und Zeit der Identitätssuche und -befestigung auseinandersetzen. Diese Phase wurde gelegentlich als »synkretistisches Interim« bezeichnet.[30] Diese Deutung wurde von mir, aber auch von anderen Forschern übernommen. Doch ist sie korrekt? Und wie wird dieses interreligiöse Arrangement der Frühzeit von den anderen Religionen wahrgenommen und beurteilt? Zwar kennen die anderen Religionen Abirrungen und Reformbewegungen in ihrer Geschichte, aber es ist auffällig, daß es eine vergleichbare Diskussion, wie sie im Christentum zur Sache geführt wird, weder im Islam noch im Buddhismus gibt. Die Kanonizität der Riten und Texte liegt so fest, daß man mit ihrer Hilfe mit Gewißheit und Überzeugung Häresien bestimmen und aburteilen kann. Weder ist dort eine historisch-kritische Hinterfragung der Frühzeit entwickelt, die eine historisch unangreifbare Urzelle der Religion rekonstruiert und zum Maßstab erhebt, noch werden spätere Inkulturationen als solche gewürdigt und beurteilt, noch scheint ein Problembewußtsein dafür vorhanden zu sein.

Auf dieses in Sri Lanka durch die enge Symbiose des Buddhismus mit dem Hinduismus vor Augen liegende Problem von mir angesprochen, reagierten führende Buddhisten nur mit einem Achselzucken. Für sie war der Volksbuddhismus magisch verfremdet. Solange die Möchsgemeinde korrekt lebt und den Kanon korrekt tradiert, muß sich niemand um populistische Abirrungen kümmern. Das Problem wird hier gemäß der hierarchischen Ordnung gelöst, bzw. gar nicht erst in den Blick genommen: Die Reinen behalten die reine Lehre. Die anderen haben

29. Vgl. dazu A. Feldtkeller, *Identitätssuche des syrischen Urchristentums. Mission, Inkulturation und Pluralität im ältesten Heidenchristentum*, Göttingen 1993.
30. So H.-W. Gensichen in Anlehnung an eine Formulierung von H. Thielicke. H.-W. Gensichen, »›Einheimische‹ Theologie und ökumenische Verantwortung«, in: ders./G. Rosenkranz/G. F. Vicedom (Hg.), *Theologische Stimmen aus Asien, Afrika und Lateinamerika*, Bd. 1, München 1965, 15ff., ebd., 17.

allemal einen langen Weg der Wiedergeburten vor sich. Eine religiöse Herausforderung, die »theologisch« anzunehmen ist, wird nicht gesehen.

Bei einem Essen zum Fastenbrechen in Kairo fragte ich vor einiger Zeit (1996) eine Reihe frommer muslimischer Gelehrter und Politiker (unter ihnen der damalige Dekan der theologischen Fakultät sowie Prof. Tantawi, heute Sheikh der ältesten und angesehensten islamischen Universität, der Al-Azhar), ob es einen Unterschied zwischen einem arabischen, einem ägyptischen und marokkanischen Islam gebe und wie sie ihn beurteilten. Zur ersten Frage gab es allgemeine Zustimmung, und ein reger Austausch unter den Gesprächsteilnehmern begann. Details und Ansichten wurden ausgetauscht. Doch wie die Unterschiede zu beurteilen seien, war ein Problem, über das man bisher nicht nachgedacht hatte. Daß es ein brennendes Problem werden würde, schloß man nicht aus. Dabei war deutlich, daß man es eher juristisch als theologisch angehen würde, was im Rahmen des islamischen Denkens nur konsequent wäre.

Der theologische Aspekt

Die Ausgangslage im Blick auf die Beurteilung des Problems ist für das Christentum von fundamental anderer Natur. Der Satz des Paulus, daß er in seinem missionarischen Einsatz den »Juden ein Jude und den Griechen ein Grieche« geworden sei (1 Kor 29, 20), ist ja nicht einfach eine kommunikationstechnische Anweisung für Missionare, sondern von theologisch grundlegender Bedeutung und findet im Inkarnationsgeschehen seine letzte Begründung. Auch wenn das der Kirche nicht immer bewußt war, die Probleme der Identitätssuche der Urgemeinde wiederholten sich bei jeder neuen Grenzüberschreitung der Kirche in eine andere Kultur, Sprache und Religion. Vielfach wurde das Problem im Kontext machtpolitischer Konstellation imperial gelöst, man denke an die Missionierung Lateinamerikas, doch der Weg nach Asien schärfte das Problembewußtsein, wie der Ritenstreit im 16. und 17. Jh. zeigt. In der neueren Missionswissenschaft spiegelt die Diskussion um die Begriffe Akkomodation, Assimilation, Transformation – so auf katholischer Seite – und Indigenisierung und Kontextualisierung – so auf protestantischer Seite – noch einmal ein neues Problembewußtsein wieder, das nach dem II. Vatikanum unter dem Stichwort »Inkulturation« eine neue Qualität und ökumenische Rezeption gefunden hat.[31] »Wie der Logos eine konkret menschliche Natur annahm und als dieser konkrete Mensch eine Offenbarung Gottes wurde, soll sich auch die Botschaft Jesu in einer jeweils neuen Kultur ›inkarnieren‹, d.h. eine neue Gestalt annehmen, ... die dem jeweiligen Volk angemessen ist, auf eine neue Weise Offenbarung der allerbarmenden Liebe Gottes

31. Vgl. dazu V. Küster, *Theologie im Kontext*, Nettetal 1995.

sein«, interpretiert ökumenisch konsensfähig K. Müller den Inkulturationsvorgang.[32]

Der Vielschichtigkeit der theologischen und missionsmethodischen Konsequenzen dieses Ansatzes brauchen wir nicht weiter nachzugehen, sondern müssen uns dem Problem der Verhältnisbestimmung von Inkulturation und Synkretismus stellen. Handelt es sich um eine Überschneidung zweier Problemkreise, wie ich in einem früheren Aufsatz gemeint habe[33], besonders zwischen dem symbiotischen Synkretismus und der Inkulturation, oder müssen wir anders urteilen? Der Gedanke eines »synkretistischen Interims« legt ja eine andere Möglichkeit nahe: Die Übergangsphase, in der sich die Urkirche aus der jüdischen Kultur löste und sich in die hellenistisch-römische begab, war so etwas wie eine Entkleidung und Neueinkleidung der Kirche. Mehr noch, hier rang die Kirche um ihre Identität, wobei der Ausgang völlig offen war, welche Kräfte dominieren und wie stark der Abnabelungsprozeß von den bisherigen Bindungen und der Orientierung an der Thora sein würde. Wie stark sind die außerchristlichen Religionen, und welches Gewicht wird ihr Einfluß haben?

Wir haben bisher den Synkretismusbegriff soweit wie möglich deskriptiv verwendet. Im theologischen Bereich, mit dem wir es jetzt zu tun haben, ist er nicht wertneutral. Er deutet Unterscheidungen an, impliziert Wertungen und wird je nach theologischer Herkunft und Prägung selten positiv, meistens negativ und als »Kampfbegriff« gegen andere verwendet.[34] Das notwendige Gespräch mit anderen Kulturen und Religionen wäre so lange als synkretistisches Interim und somit als Bedrohung anzusehen, als die Identität der Kirche noch gefährdet und sie ihrer selbst noch nicht sicher ist. Hat sie jedoch im Prozeß der selektiven Abstoßung und Aufnahme des Fremden ihre Unverwechselbarkeit erreicht, wird man bald nicht mehr wissen, wie stark nichtchristliches Gut zum eigenen geworden ist. Im Lauf der Zeit wird gerade Fremdes gern als das Ureigene angesehen. Die Rechtsgestalt der römisch-katholischen Kirche, die Gestaltungen verschiedener Riten, die Heiligenverehrung, Bräuche zum Osterfest in der griechisch-orthodoxen Kirche, Weihnachtsbräuche in den nordischen Ländern und vieles mehr könnte hier genannt werden. Sie alle waren ursprünglich Fremdkörper, die die Identität des Evangeliums verdunkeln konnten und gelten dennoch heute als Kennzeichen der Kirche. Könnte die Schlußfolgerung aus unseren Überlegungen folgendermaßen lauten: Solange die Identität der Kirche durch fremdreligiöse Elemente bedroht

32. K. Müller, Art. »Inkulturation«, in: *Lexikon missionstheologischer Grundbegriffe*, Berlin 1987, 178; vgl. weiter P. Turkson/F. Wijsen (Hg.), *Inculturation*, Kampen 1994.
33. »Inkulturation und Synkretismus«, a. a. O., 202.
34. Vgl. R. Hummel, »Reizwort Synkretismus«, in: *Materialdienst EZW* 1986, 252-259; P. Beyerhaus/I. E. von Padberg (Hg.), *Eine Welt – Eine Religion? Die synkretistische Bedrohung unseres Glaubens im Zeichen von New Age*, 2. Aufl., Asslar 1989.

ist, sprechen wir von einem Synkretismus, hört die Bedrohung jedoch auf, weil das Fremde zum Eigenen geworden ist, sprechen wir von Inkulturation!?

Die Unterscheidung von Synkretismus und Inkulturation mit der zeitlichen Differenz zu erklären, bleibt jedoch unbefriedigend, denn dadurch wird verschleiert, daß es sich in beiden Fällen um ein und denselben Vorgang handelt. Wir können nicht von einem »Interim« sprechen und sachlich zwischen einem synkretistischen und einem inkulturativen Vorgang unterscheiden. Die Differenz liegt nicht in der Sache, sondern beim Betrachter. Im ersten Falle handelt es sich um eine religionswissenschaftliche Fremdbestimmung und ein theologisches Urteil, im andern Falle um eine Selbstdefinition, die von innen aus der eigenen Perspektive gefällt wird. Der selbstreferentielle Charakter des Synkretismusbegriffes, auf den oben aufmerksam gemacht wurde, kommt hier zum Tragen. Der Begriff kann im theologischen Kontext nicht wertneutral gebraucht werden. Wer einen engen Offenbarungsbegriff vertritt, wird den Synkretismusvorwurf vom Christentum fernhalten wollen und ihn negativ besetzen, wer einen weiteren vertritt, wird ihn umformen und dem Inkulturationsbegriff annähern, so daß beides letztlich nicht mehr unterscheidbar ist (M. M. Thomas, W. Pannenberg, R. Panikkar u. a.).[35]

Daß es sich tatsächlich um einen Perspektivenwechsel handelt, wir gleichsam dieselbe Sache wie eine Münze von zwei Seiten betrachten, will ich an einem Beispiel aus der Kunst erläutern. In meinem Arbeitszimmer in der Universität Heidelberg hängt ein Bild des balinesischen Künstlers N. Darsane (geb. 1939), das den Titel trägt »Krishna-Christus«. Darsane ist in einer hinduistischen Familie aufgewachsen und zusammen mit einem Prinzen aus dem Königshaus in allen traditionellen Künsten der künstlerisch so reichen Kultur Balis erzogen. Er beherrscht die Kunst des Schattenspiels, der traditionellen Tänze, der Musik und der balinesischen Malerei. Auf der Kunstschule in Java erweiterte er Techniken und Malstil. Als er Christ wurde, wurde er von seiner Familie ausgestoßen. Er konnte seine in der reformierten Tradition verwurzelten Kirche nur mühsam davon überzeugen, sich dem Reichtum indigener Kunst zu öffnen. Ganz im traditionellen Schattenrißstil wird Krishna auf dem Bild als König und Gott gezeichnet. Doch vor ihn schieben sich mehrfach gleiche und ähnliche Gesichter, bis im Vordergrund in der traditionellen hinduistischen Farbe der Götter, grau, Christus erscheint und tanzend wie Shiva das Licht der Sonne erschafft. Die Differenz zu einem hinduistischen Bild ist prima vista kaum zu erkennen. Christus könnte durchaus wie Krishna als Avatar Vishnus gelten. Krishnafrömmigkeit und Christusfrömmigkeit gehen bruchlos ineinander über, wäre nicht unten im Bild Christus noch einmal gemalt, nun in Menschenform und -farbe. Er, wie auch die beiden Frauen, Maria und Martha, tanzen, wie es die balinesische Kunst gebietet, wenn Wichtiges kommuniziert werden soll. Das gepredigte Wort kommt einem Befehl gleich, der Tanz aber hat

35. Daß die genannten Autoren eher den symbiotischen als den synthetischen Synkretismus im Blick haben, scheint mir evident zu sein.

einen einladenden Charakter: »Kommet her zu mir ...«, tanzt Christus. Und er tanzt seine Botschaft, in der beide, Maria und Martha, in ihrer unterschiedlichen Frömmigkeit als Karma-Yoga und Bhakti-Yoga, als aufopferungsvolle Tat und als hingebende, hörende Liebe in gleicher Weise Platz haben.

Christus ist der Schöpfer, aber nicht der Vernichter der Welt wie Shiva, denn sein Kosmos wird von seiner Liebe gestaltet und nimmt unter der Hand des Künstlers die Gestalt eines kosmischen Herzens an. Nyoman Darsane wurde Christ, doch mit seinem Körper, sagt er, ist er noch immer Hindu. Sein Denken, sein Erkenntnisvermögen ist davon bestimmt. Das kann nicht anders sein. Aber gerade mit dieser Herkunft dringt er immer tiefer in das Christusgeheimnis ein und versucht, seinem Glauben einen balinesischen Ausdruck zu verleihen. Seinen ursprünglichen religiösen Hintergrund, den Krishnaglauben, kann und will Darsane nicht verleugnen. Dieser alte Glaube ist nicht nur Hintergrund, sondern ein erkenntnistheoretisches Instrument, auf den der neue Glaube gespannt ist. Das gibt seinem Glauben, seinen Bildern den unverwechselbaren einheimischen Klang.[36]

Wenn ich die Aufmerksamkeit von Studierenden oder auswärtigen Besuchern auf das Bild lenke, ruft es zunächst Befremden hervor, was nicht allein mit der ungewöhnlichen grau-blauen Farbe zu erklären ist, die, außer indische Christen, niemanden anspricht, weil diese Farbe in der traditionellen christlichen Ikonographie nicht vorkommt. Ebenso fremd wie die Symbolsprache der Farbe ist die doppelte Darstellung des Christus, als ewiger Logos, durch den die Welt erschaffen wurde, und als der historische Jesus, der auf dem Fuß des ewigen Immanuel tanzend spricht und nicht als autoritativer Lehrer Distanz zu den Hörerinnen hält.

Das Befremden wird jedoch nach wenigen Worten der Einführung in das Bild durch eine doppelte Reaktion abgelöst: Die einen lehnen das Bild aus theologischen Gründen ab. Ihr Urteil wird in meiner Gegenwart nur zögerlich ausgesprochen: Das ist reiner Synkretismus! Für die anderen, die mit christlicher Kunst in der Dritten Welt vertraut sind und sich mit dem Problem einer kontextuellen Theologie befaßt haben, ist das Bild ein Beispiel gelungener Inkulturation.

Die Frage, welches Urteil korrekt ist, ist nicht vom Bild abhängig und findet seine Begründung nicht im Gegenstand des Bildes. Im Betrachter, so hat uns die semiotische Kunstinterpretation gelehrt, kommt das Bild zum Ziel. Es ist der Betrachter, der das Bild zum synkretistischen oder inkulturierten Kunstwerk werden läßt. Er urteilt, und zwar einmal als jemand, der von seinem kirchlichen Hintergrund geprägt ist und entweder keinen Platz hat für neue theologische Einsichten, die aus der Begegnung mit einer anderen Religion stammen, oder als jemand, der den Perspektivenwechsel vollziehen kann und das Kunstwerk mit den Augen der

36. Zur balinesischen Kunst und zu N. Darsane vgl. T. Sundermeier/V. Küster (Hg.), *Das schöne Evangelium,* a. a. O.; U. Beyer, *Bali – Der Morgen der Welt. Evangelium und Kirche auf Bali,* Frankfurt a. M. 1998.

anderen zu betrachten imstande ist und die theologische Innovation zu würdigen weiß.

Das Bild ist aus einer dichten, biographisch bedingten Symbiose von Hinduismus und Christentum entstanden. Beide Elemente sind für das Bild bestimmend. Darum ist das Urteil »Synkretismus« oder »Inkulturation« nicht wahr oder falsch, richtig oder zutreffend, sondern ist in höchst prägnanter Weise selbstreferentiell. Es sagt etwas über den jeweiligen Betrachter aus und legt Aspekte seines theologischen Denkens und seiner Biographie frei![37]

37. Wie aktuell und umstritten das Problem in der ökumenischen Diskussion ist, macht der Vortrag von Frau Chung auf der Vollversammlung des ÖRK in Canberra (1991) deutlich, der einerseits als gelungene Inkulturation gepriesen, andererseits als schamloser Synkretismus verteufelt wurde. Zur Diskussion vgl. T. Sundermeier, *Inkulturation und Synkretismus*, a. a. O., besonders 202-209. Zu H. K. Chung s. D. Strahm, *Vom Rand in die Mitte. Christologie aus der Sicht von Frauen in Asien, Afrika und Lateinamerika*, Luzern 1997, 118-141.

2. Toleranz und Intoleranz, unzertrennbare Schwestern

Um das Toleranzproblem ist es in der religionswissenschaftlichen Forschung zur Zeit still geworden. Es scheint so, daß G. Menschings Monographie »Toleranz und Wahrheit in der Religion«[1] die religionsgeschichtlichen Erkenntnisse so sinnvoll zusammengefaßt hat, daß es darnach keiner weiteren Problematisierung bedurfte. Allein das Toleranzverständnis des Islam wurde aus naheliegenden aktuellen Gründen verschiedentlich behandelt, allen voran von A. Khoury.[2]

Doch auch die Theologie hat sich dem Problem kaum mehr gestellt, nachdem sich die Zunft auf dem Europäischen Theologenkongreß in Wien 1981 ausführlich mit dem Thema beschäftigt hatte. Darnach erschienen zwar verschiedene Lexika-Artikel, welche die bisherige Forschung historisch zutreffend und systematisch überzeugend summiert,[3] doch neue Erkenntnisse sucht man vergebens. Das mag damit zusammenhängen, daß von der Religionswissenschaft keine neuen Impulse ausgegangen sind. Ganz anders sieht das Bild bei den Pädagogen und Kulturwissenschaftlern aus. Unter der Federführung von A. Wierlacher wurden hier neue Dimensionen für die Forschung erschlossen, denen nachzugehen sich lohnt.[4] Toleranz wird hier verstanden als eine »hermeneutische Kategorie«, als »Komplexitätskategorie«, sie dient der »Ordnung des (interkulturellen) Verhaltens«, konstituiert »Spielräume« und hilft im »Erkenntnismodus«, Distanz zu wahren.[5]

Wir wollen im folgenden das Thema Toleranz nicht aus kulturwissenschaftlicher, sondern aus religionswissenschaftlicher Perspektive in drei Schritten angehen und fragen zuerst nach den religionsgeschichtlichen Gründen für den engen Zusammenhang von Toleranz und Intoleranz, um uns dann eine Übersicht

1. G. Mensching, *Toleranz und Wahrheit in der Religion*, neu herausgegeben von U. Tworuschka, Weimar/Halle 1996 (zuerst erschienen 1956).
2. A. Khoury, *Toleranz im Islam*, München/Mainz 1980 u. ö.
3. T. Rendtorff (Hg.), *Glaube und Toleranz. Das theologische Erbe der Aufklärung*, Gütersloh 1982. G. Sauter, Art. »Toleranz«, *EKL*, Bd. 4, 909-912. K. Schreiner/G. Besier, »Toleranz«, in: *Geschichtliche Grundbegriffe. Historisches Lexikon zur politisch-sozialen Sprache in Deutschland*, Bd 6, 1990, 445-605.
4. Vgl. vor allem den die bisherige kulturwissenschaftliche Forschung zusammenfassenden Band: A. Wierlacher (Hg.), *Kulturthema Toleranz. Zur Grundlegung einer interdisziplinären und interkulturellen Toleranzforschung*, München 1996 (Lit.). Vgl. auch J. Lähnemann (Hg.), *Weltreligionen und Friedenserziehung. Wege zur Toleranz. Schwerpunkt: Christentum – Islam. Referate und Ergebnisse des Nürnberger Forums 1988*, Hamburg 1989.
5. A. Wierlacher, *Kulturthema Toleranz,* a. a. O., 71 ff. Toleranz als »Handlungskategorie« wird u. a. verstanden »als friedenstiftende Rechtsfigur, als Ordnungsbegriff und Lebensprinzip des modernen Verfassungsstaates, als Kategorie ökonomischer Zweckmäßigkeit, als Kommunikations- und Wahrnehmungskategorie … als Orientierungswert und Erziehungsziel.«, ebd., 64.

darüber zu verschaffen, ob aus dieser Perspektive die bisherigen Urteile über tolerante respektive intolerante Religionen zutreffend sind. In einem dritten Teil sollen praktische Konsequenzen gezogen werden.

Religionsgeschichtliche Gründe für den Zusammenhang von Toleranz und Intoleranz

Wir knüpfen bei der Erschließung des Toleranzsbegriffes als Kategorie der Religionswissenschaft bei G. Mensching an und fragen, ob sich nicht aus unserer mehrfach verhandelten grundlegenden Unterscheidung zwischen »primärer« und »sekundärer« Religion neue Perspektiven für das Verständnis von Toleranz ergeben. Menschings phänomenologische Einteilung in »formale« und »inhaltliche« Toleranz, die in der Literatur fast durchgehend übernommen wurde, orientiert sich an den römischen Rechtsverhältnissen. Dort macht sie Sinn und konnte deshalb so unproblematisch auf unser abendländisches Toleranzverständnis und -verhalten übertragen werden. In ihrer universalen Ausweitung greift sie jedoch zu kurz. Hier muß eine deutliche Korrektur angebracht werden.[6] Zu wenig Beachtung hat Menschings Unterscheidung von »äußerer« und »innerer« Toleranz gefunden. Sie ist jedoch von fundamentaler Bedeutung für das Verständnis von Toleranz als einer Relationskategorie. Die Differenz von »Toleranz nach außen« und »Toleranz nach innen«, wie ich sie nennen möchte, muß jedoch näher bestimmt und genauer qualifiziert werden, als es bei Mensching geschieht, denn nur so wird der unauflösliche Zusammenhang von Toleranz und Intoleranz, der in der Forschung nicht genügend thematisiert wurde, erkennbar. Toleranz ist ohne Intoleranz nicht zu haben. Toleranz benennt kein absolutes Verhalten, sondern definiert Orientierungen am anderen, am Nächsten und am Fremden und bestimmt das Verhalten ihnen gegenüber. Relationalität und Alterität sind die Grundpfeiler, auf denen die unterschiedlichen, aber untrennbaren Schwestern Toleranz und Intoleranz ihr Haus gebaut haben.

Wie aber sind nun Toleranz und Intoleranz in den Religionen miteinander verbunden? Gibt es Grundmodelle der Zuordnung, und wie sind sie zu bewerten? Um das näher zu bestimmen, gehe ich von der Grunddifferenz zwischen »primärer« und »sekundärer Religion« aus, auf die verschiedentlich verwiesen wurde, die das religiös-ethische Verhalten und die jeweilige Religionserfahrung bis heute bestimmt. Kleingesellschaften, ob nun in Afrika, Asien oder im Europa der Frühzeit konnten in einer klimatisch feindlichen Umwelt nur überleben, wenn sie nach in-

6. Erste Anfragen sind zu finden bei P. Hacker, »Religiöse Toleranz und Intoleranz.« *Saec* 1954, 167-179 und U. Berner, »Toleranz und Intoleranz in den nichtchristlichen Religionen«, in: P. Segl (Hg.), *Die Anfänge der Inquisition im Mittelalter. Mit einem Ausblick auf das 20. Jahrhundert und einen Beitrag über religiöse Intoleranz im nichtchristlichen Bereich*, Köln 1993, 269-284.

nen ein dichtes Band der Zusammengehörigkeit flochten. Menschsein ist hier nur in der Gemeinschaft möglich. Sie schließt auch die Transzendenz ein. Welt- und Transzendenzerfahrung gehen ineinander über. Weltzeit und religiöse Zeit wechseln sich ab und rhythmisieren das Leben. Durch die gleiche Abstammung, die gleiche Sprache, das gleiche Weltbild und das gleiche Ethos wird das dichte Netz vielfältiger Sozialbeziehungen geknüpft, die den Zusammenhalt garantieren. Der Lebensraum bestimmt die Gültigkeit der Kultur, die Grenzen des Landes sind auch die Grenzen der Religion. Wer nicht zum Stamm gehört, hat an ihr keinen Teil. Nur durch einen solennen Ritus kann der Sklave, die fremde Frau oder der fremde Mann in den Stamm inkorporiert werden, und nur nach Generationen werden ihre Nachkommen als gleichwertig angesehen werden. Da die Stammesreligionen keine Glaubenslehren und -bekenntnisse kennen, sondern sich in Ritus und Ethik Gestalt geben, kann es keine Lehrdifferenzen geben. Die Frage nach der »Wahrheit« der Religion stellt sich nicht. Ihre Wirklichkeit ist mit der des In-der-Welt-Seins gegeben. Selbstverständlich findet ein Austausch mit anderen Stämmen und Völkern statt, sei es durch Händler, durch Kriege, durch Bündnisse, durch Völkerwanderungen. Die Glaubenstraditionen werden durch Erzählungen und Riten tradiert. Neues Erzählen der Mythen, neues Interpretieren der Riten ist erlaubt und sinnvoll. Übernahme von Vorstellungen, auch die der Gottesnamen anderer Stämme, wird toleriert, wenn man sich davon Vorteile verspricht. Dagegen achtet man streng auf die Einhaltung der Ethik und der damit verbundenen Etikette. Beides ist in gleicher Weise wichtig. Gesellschaften sind immer ein geordnetes Ganzes, unstrukturierte Gesellschaften gibt es nicht. Das gilt auch für akephale Gesellschaften. Ihre Ethik drückt sich im Verhalten aus, aber auch im Respektieren der Position der Menschen, die wiederum durch Kleidung und Symbole in Form von Tätowierungen, Schmuck und Zeichen erkennbar ist.

Etikette ist mehr als äußere Form, sie ist Teil der religiös geprägten Ethik. Sie prägt und kennzeichnet den inneren Menschen. Hier gilt das Äußere mehr als das Innere.[7] Etikette ist zur Statik geronnene Ethik, gleichsam ihre liturgische Kleidung und bedient sich zahlreicher Symbole. Diese sprechen, sie ziehen Grenzen, markieren Zugehörigkeit und Ausschluß, verstärken Identität und Fremdheit. Deviantes Verhalten in der Etikette zeigt an, daß die Ordnung durcheinander gerät und ein soziales Chaos droht. Wenn Männer Frauenkleider tragen, zeigen sie ihre Verkehrtheit an, es sei denn, es ist rituell geboten. Es wäre Anmaßung, die schärfstens bestraft würde, trügen Sklaven oder Fremde die Insignien des Häuptlings. Unverheiratete dürfen nicht die Kleidung von Verheirateten tragen, und Initiierte

7. Der »innere Mensch« im Sinne der Moderne ist religionsgeschichtlich gesehen eine Sonderform, die im alten Israel entstanden und durch das Christentum weltweite religiöse Geltung bekommen hat, wenn auch nicht im staatlichen und sozialen Bereich. Vgl. dazu J. Assmann/T. Sundermeier (Hg.), *Schuld, Gewissen und Person. Studien zur Geschichte des inneren Menschen*, Gütersloh 1997. S. oben Kap. II.3.1.

werden alles tun, daß man sie als solche erkennt und nicht mit Nichtinitiierten verwechselt. Kastenlose in Indien sind schon von Ferne an ihrer Kleidung zu erkennen. Sie dürfen keine Sandalen, ihre Frauen keine Blusen tragen und nur angeschlagene Krüge dürfen sie zum Wasserholen benutzen. Es sind diese Symbole, die die Angehörigen höherer Kasten davor schützen, sich nicht mit ihnen zu verunreinigen. Die Etikette zeigt die hierarchische Ordnung der Gesellschaft an und muß deshalb ebenso eingehalten werden wie die Ethik, die ihre Grundlage ist und sie stabilisiert. Deviante Kleidung wird in den Stammesgesellschaften ebensowenig toleriert wie unsoziales Verhalten und Übertretungen der Ordnung der Alten. Dagegen gibt es keinerlei Sanktionen im Blick auf deviante Glaubensvorstellungen, während abweichendes rituelles Verhalten nicht toleriert wird. Doch damit befinden wir uns schon im Bereich des Religionsvollzuges, also der Ethik und Etikette.

Anders verhält es sich mit dem Übertritt zu einer anderen Religion. Sie ist in den Stammesgesellschaften nicht möglich, es sei denn man schließt sich einer anderen Gesellschaft durch Heirat oder als Kriegsgefangener rituell an. Wer durch Konversion zu einer neuen Religion übertritt, schließt sich automatisch aus dem eigenen Stammesverband aus. Die Sanktionen greifen unmittelbar, wenn nicht der Häuptling selbst übertritt und mit ihm der ganze Stamm konvertiert. In einem solchen Fall werden Ethik und Etikette (muslimische oder europäische Kleidung, muslimischer oder abendländischer Häuser- und Kirchbau) von der neuen Religion bestimmt.

Die kurze Übersicht zeigt, daß die einfache Unterscheidung zwischen formaler und inhaltlicher Toleranz völlig unzureichend ist und nicht greift. Vielmehr muß Toleranz dreifach unterteilt werden als Toleranz in Glaubensdingen, in der Ethik und der Etikette. Offene Toleranz in Glaubensvorstellungen ist in den primären Religionen streng gekoppelt mit einer harten Intoleranz in Fragen der Ethik und der Etikette.

Bisher haben wir uns nur mit der Toleranz und Intoleranz *nach innen* beschäftigt. Wie aber sieht es mit der Toleranz *nach außen* aus? Ohne hier auf das unterschiedliche Verhalten gegenüber den Fremden als Händler, als Feinde oder als verbündete Nachbarn näher einzugehen, ist folgendes Grundmuster zu erkennen: Die Toleranz in Glaubensdingen überträgt man selbstverständlich auch auf den Fremden, solange er nicht die eigene Religion und ihre Riten verletzt. Religionserfahrung ist so eng mit der Stammeswirklichkeit verknüpft, daß des anderen Religion als solche ganz einfach nicht in den Blick kommt. Wo man jedoch, wie im römischen Reich, das andere Volk als Volk in den eigenen Machtbereich inkorporiert, muß auch die andere Religion als Religion registriert und inkorporiert werden. Die Mechanismen dafür sind vielfältig. Das Muster der glaubensmäßigen Toleranz der primären Religion, die fast an Gleichgültigkeit grenzt, wird dabei beibehalten, aber auch das der ethischen Intoleranz, wenn auch in abgestufter Weise. Der Händler hat in den Stammesreligionen keine eigenen Rechte, ebensowenig der Gast, der kommt und geht. Ein gewisser Freiraum wird beiden zugestanden, in keinem Fall aber dürfen sie die Sitten und Gewohnheiten des Gastlandes verletzen, auch wenn von ihnen ihre Einhaltung nicht erwartet wird, ja nicht erwartet werden kann, da ihnen die rituelle Teilnahme an der Religion des Gastlandes faktisch verwehrt ist.[8] Dem Fremden, der außerhalb des eigenen Stammeslandes und der Religion lebt, wird auch in Sachen Ethik und Etikette volle Toleranz gewährt. Doch auch hier ist zu fragen, ob es sich nicht letztlich um ein gleichgültiges Verhalten handelt. Der Fremde außerhalb geht dem Bewohner im eigenen Lebensraum nichts an, wenn er nicht vorab und prinzipiell als Feind eingestuft wird.

Das alles verändert sich grundlegend, wenn die Religion sich von den Volks- und Stammesbindungen trennt wie in den sekundären Religionen. Sie wollen die Menschen aus der vorgegebenen Religion lösen und erwarten von ihnen eine Entscheidung zu ihren Gunsten. Der Mensch wird durch sie individualisiert, aber zugleich in eine neue, weltweite Gemeinschaft eingeführt, die für ihre Botschaft universale Gültigkeit beansprucht. Die neue Religion ist missionarisch von ihrem Ansatz her und hat in der Lehre ihr Zentrum. J. Assmann, der unsere Unterscheidung von primärer und sekundärer Religion aufgreift,[9] charakterisiert die auf einen Stifter zurückgehende sekundäre Religion geradezu als »Gegenreligion«, denn sie ist gegen die vorgegebene entworfen, unterscheidet sich von ihr und deklariert sie als falsch und unwahr, oftmals als »Heidentum«.[10] Damit steht das Toleranzproblem unter ganz anderen Vorzeichen ins Haus und erhält eine neue Qualität. Wenn es um Wahrheit und Lüge geht, um Heil und Verderben, um Segen und Fluch, je nachdem, ob man der neuen Religion angehört oder nicht, dann ist Intoleranz der neuen Religion inhärent. Diese Haltung muß nicht immer auf den Stifter selbst zurückgehen wie bei Echnaton und Zarathustra, wird aber in dem Moment akut, wo die neue religiöse Bewegung zur Religion gerinnt. Beim Christentum markiert das Auftreten des Petrus in der Öffentlichkeit den Umschlag: »Es ist in keinem anderen Heil« deklariert er und ruft zur Umkehr und das heißt zur Entscheidung auf für die neue Religion (Apg 4). Intoleranz nach außen ist angesagt. Zwar steht am Anfang aller Stifterreligionen die Vielfalt, denn eine einheitliche Lehre gibt es zunächst nicht. Das Charisma des Stifters inspiriert die Anhänger und entläßt immer neue Interpretationen seiner Lehre und Person. Das gilt auch für Mohammed. Solange die Vielfalt nicht die Einheit der neuen Ge-

8. Zum Status des Fremden und zum Gastrecht vgl. T. Sundermeier, *Den Fremden verstehen*, a. a. O., 97 ff.
9. J. Assmann, *Ägypten. Eine Sinngeschichte*, a. a. O.; ders., *Moses der Ägypter,* a. a. O.
10. Ders., *Ägypten,* a. a. O., 18 ff. Zu Unrecht sieht Assmann diese Antihaltung im Monotheismus begründet. Auch der Buddhismus ist eine Gegenreligion, wenn auch ohne solch scharfe Konturen und ohne den dualistischen Ansatz, wie er nicht nur in der Moses-Religion und seiner »Vorgängerreligion«, der des Echnaton, sondern vor allem im Zoroasmus von Anfang an zu finden ist. Vgl. oben Kap. II.3.3.

meinschaft und ihre Lehre gefährdet, gibt sich die neue Religion nach innen tolerant. Wo die Vielfalt aber ausufert und die Einheit in Frage stellt, wächst zugleich mit der Kanonisierung der Texte die Intoleranz nach innen, die im ethischen und rituellen Bereich von Anfang an gegeben ist. Es ist ja nicht nur die neue Lehre, die die Anhänger der sekundären Religion von der früheren Religion unterscheidet, sondern die neue Ethik dient viel entscheidender der Distinktion.

Das gilt auch für die Toleranz im Blick auf die Etikette. Hier herrscht, so will es für die meisten sekundären Religionen scheinen, anfangs eine große Toleranzbreite. Doch im Prozeß der Ausbreitung, im Überschreiten der bisherigen Religionsgrenzen findet eine Adaption, eine Inkulturation statt, ein intensiver Austausch zwischen der neuen Religion und der vorgegebenen Kultur. Jede sekundäre Religion tendiert dahin, »Volksreligion« zu werden, d.h. die ganze Gemeinschaft religiös, ethisch und kulturell zu durchdringen. Das verschärft die Intoleranzmechanismen, nach außen wie nach innen. Eine abgestufte Toleranz, sowohl in der Ethik wie der Lehre gibt es dagegen für diejenigen, auf die man angewiesen ist, wie z.B. die christlichen Beamten im frühen Islam. Für sie gibt es Sonderregelungen. Der Islam hat im Blick auf die Schriftreligionen diesem »Händlermodell« der abgestuften Toleranz religiöse Dignität verliehen. In verschiedenen Variationen können wir dieses Grundmuster jedoch auch in den anderen Weltreligionen entdecken. Je größer sie ihre Macht entfalten können und je deutlicher religiöser und herrschaftlicher Bereich zusammenfallen, um so intoleranter wird die Haltung den anderen gegenüber, besonders dann, wenn die religiöse oder die politische Einheit und Macht gefährdet sind.[11]

Gibt es tolerante Religionen?

Wie sind nun die Religionen unter diesen religionsgeschichtlichen Perspektiven in ihrem Toleranzverhalten zu beurteilen? In der Antwort auf diese Frage kann es sich im folgenden nur darum handeln, Grundlinien in dem dichten Geflecht der Religionen und ihrem Toleranzverhalten anzudeuten. Eine breitere Darstellung bedürfte auch weiterer Forschungen. Bei unserer Übersicht muß man jedoch im Blick behalten, daß die sekundären Religionen bei ihrer Inkulturation in die vorgegebene Kultur des fremdreligiösen Landes sich notwendigerweise mit der primären Religion arrangieren müssen, wobei der Ausgang durchaus offen ist, welche Religion die Oberhand gewinnt. Oftmals ist der »Sieger« langfristig der »Besiegte«, wie wir in verschiedenen Ländern sehen können. In jedem Falle verändert sich die Religion in solcher Symbiose, was sich auch auf das Toleranzverhalten auswirkt.

Am deutlichsten läßt sich der Übergang vom Toleranzverhalten einer primären

11. Zum Problem der Differenz im Feld politischer Toleranz vgl. M. Walzer, *Über Toleranz. Von der Zivilisierung der Differenz*, Hamburg 1998.

Religion zu dem einer sekundären an der *jüdischen Religion* verfolgen. Die abrahamitische Familienreligion weist, soweit sie uns noch zugänglich ist,[12] das typische Toleranzverhalten einer Stammesreligion auf. Ihr eignet die strenge Bindung an die eigene, unmissionarische Religion,[13] die sich anderen Völkern und ihrer Religion gegenüber tolerant verhält, symbiotisch mit ihnen zusammen lebt und Gedankengut von ihnen übernehmen kann, bis hin zur gelegentlichen Übernahme des anderen Gottesnamens und seiner rituellen Verehrung. Die religiöse Familienbindung umschließt das ethische Verhalten, wobei wir über die Etikette keine Informationen besitzen. Davon unterscheidet sich die mosaische Religion fundamental, wann immer die historische Verortung anzusetzen ist. Sie lebt von der Distinktion, im Gottesglauben und der Gottesverehrung (Bilderverbot), in der durch die prophetische Kritik geradezu dualistisch geprägten Ethik, sowie in der Etikette, wie man am Kultus und besonders an der Sabbatbegehung erkennen kann. Hier wird strengste Intoleranz nach innen geübt, doch nach außen herrscht, abgesehen von der Prophetenkritik an den Völkern, weitestgehend Toleranz, wenn nicht Gleichgültigkeit. Die scharfe monotheistische Intoleranz des Echnaton gegenüber dem Polytheismus findet hier ihre neue Ausprägung und wird in der babylonischen Gefangenschaft noch einmal vertieft und verschärft (vgl. Deuterojesaja). Einen Vergleich Jahwes mit anderen Göttern hat Israel nicht zugelassen und eine »Übersetzung« nie toleriert. Der Jahwe-Name war und ist unübersetzbar. Israels Religion lebt von der Unterscheidung, die sich ihren tiefsten Ausdruck im Erwählungsbewußtsein gegeben hat. Einen missionarischen Anspruch hat Israel jedoch nur für kurze Zeit vertreten, insofern richtet sich seine Intoleranz stets nach innen. Nach außen herrscht eine Haltung vor, die man kaum Toleranz nennen kann. Vielmehr ist es die aus den primären Religionen her bekannte Gleichgültigkeit.

Das frühe *Christentum* hat diese prophetische Intoleranz geerbt. Es entschränkte darüber hinaus seinen Wahrheitsanspruch und beanspruchte für ihn universale Gültigkeit. Auch das Christentum lebte von der Unterscheidung, hat sich aber auf seinem Weg durch die Völkerwelt den unterschiedlichsten Kulturen zugewandt, sie selektiv adaptiert und dadurch sich selbst in seinem Verhalten dem Fremden gegenüber verändert. Daß sich aus seiner Lehre, die auf das Verhalten Jesu und die Rechtfertigungslehre des Paulus zurückgreift, ein spezifisches Toleranzverhalten ergibt oder ergeben kann, ist vielfach gesehen[14] und muß hier nicht weiter aus-

12. Vgl. dazu R. Albertz, *Persönliche Frömmigkeit und offizielle Religion*, Stuttgart 1978; ders. *Religionsgeschichte Israels in alttestamentlicher Zeit*, a. a. O.
13. Erst in der späteren rabbinischen Literatur und im Islam wird Abraham als eifernder Missionar dargestellt. Vgl. K.-J. Kuschel, *Streit um Abraham*, a. a. O., 87 ff., 178 ff.
14. Vgl. dazu P. Althaus, »Toleranz und Intoleranz des Glaubens«, in: ders., *Theologische Aufsätze*, Bd. 2, Gütersloh 1935, 104-120; E. Wolf, »Toleranz nach evangelischem Verständnis«, in: ders. *Peregrinatio II*, München 1965, 284–299; G. Sauter, Art. »Toleranz«, a. a. O.; C. Colpe, »Formen der Intoleranz. Altkirchliche Autoren und die antipagane Polemik«,

geführt werden. Aus unserer religionsgeschichtlichen Perspektive ist es jedoch interessant zu sehen, daß sich mit der Reformation und der Konstituierung des Landesherrlichen Kirchenregiments Aspekte der primären Religionen, die sich in der katholischen Kirche bis zum Vaticanum II stets durchgehalten haben,[15] auch in den reformatorischen Kirchen durchsetzen. Der Grundsatz *cuius regio eius religio* spiegelt dieses Muster. Nach außen ist man gegenüber der anderen Religion (= Konfession) tolerant, übt aber nach innen in den ethischen Fragen, der Etikette, aber auch in Glaubensdingen Intoleranz, was in dieser Hinsicht eine Verschärfung gegenüber dem Grundverhalten der primären Religion darstellt. In der Aufklärung setzt sich dagegen das Toleranzverhalten der primären Religionen wieder durch, denn nun wird die Glaubensüberzeugung der freiheitlichen Entscheidung des einzelnen überlassen. In Glaubensdingen übt die Aufklärung Toleranz, verlagert aber um so deutlicher die Grenzen der Toleranz in die Ethik und Etikette, wie man an den aufgeklärtesten Herrschern sehen kann.

Der *Islam* gilt vielen als die intoleranteste Religion. Das ist nur bedingt richtig. Zunächst ist festzustellen, daß er nur das Toleranzverhalten festschreibt, das vom Judentum und Christentum übernommen wurde. Darin war er gegenüber dem Christentum toleranter, daß er den monotheistischen Religionen einen begrenzten Freiraum schuf, gleichsam den Freiraum, den in den Stammesreligionen die Händler hatten. Nur den »Heiden« gegenüber verhielt er sich intolerant, wenn sie sich nicht freiwillig bekehren wollten. Der Grundsatz, daß es in Glaubensdingen keinen Zwang geben dürfe, den das Vaticanum II neu zum Grundpfeiler katholischer Toleranzüberzeugung gemacht hat, ist immer koranischer Grundsatz gewesen (S 2,256). Anders als Christentum und Judentum hat sich der Islam durch Aufklärung nicht und durch andere neuzeitliche Einflüsse nur begrenzt verändern lassen. Da der kanonische Text des Koran zugleich unumstößlicher Rechtskodex ist, läßt er in dieser Hinsicht nur begrenzt Raum für Veränderungen zu. Diese Haltung verschärft sich noch, wo der Islam nicht nur die Idealvorstellung des islamischen Staates vor Augen, sondern auch verwirklicht hat oder die Möglichkeit zu seiner Verwirklichung in greifbarer Nähe zu liegen scheint.[16] Hier verdichtet sich das Toleranz- respektive Intoleranzverhalten von primärer und sekundärer Religion dreifach. Die vom Monotheismus beherrschte Lehre ist kanonisch festgelegt und läßt keine Varianz zu, sie besitzt universale Gültigkeit und verlangt danach, in einem islamischen Staat gelebt zu werden. In diesem Staat – darin ganz dem Stam-

in: R. Kampling/B. Schlegelberger (Hg.), *Wahrnehmung des Fremden. Christentum und andere Religionen*, Berlin 1996, 87-123.

15. Vgl. G. Siefer, »Toleranz – eine gefährliche Tugend?«, in: B. H. L.-W. Hamer (Hg.) *Damit wir beieinander bleiben.* (FS H. E. Hamer), Frankfurt a. M. 1998, 233-248.
16. Vgl. zusammenfassend A.-T. Khoury, Art. »Toleranz«, *Islam-Lexikon*, Bd. 3, Freiburg/Basel/Wien 1991, 718ff.; ders., *Toleranz im Islam*, a. a. O.; A. Noth, »Möglichkeiten und Grenzen islamischer Toleranz«, *Saec.* 1978, 190-204; C. Colpe, »Toleranz im Islam«, in: ders., *Problem Islam*, 2. Aufl., Weinheim 1994, 160-197.

mesdenken noch immer ähnlich – kann es nur einen Kultus, eine Ethik und eine von der Religion bestimmte Etikette geben. Welche Bedeutung gerade letztere als Zeichen der Ergebenheit und Frömmigkeit hat, macht die Diskussion um das Tragen von Kopftüchern deutlich. Sie macht auch uns in unserer Zeit bewußt, welche Kraft in Symbolen liegt, die immer beides sind, Identitäts- und Ausgrenzungsmerkmale in einem. Diese dreifach bestimmte Intoleranz gilt vor allem nach innen für die eigenen Mitglieder. Die Lockerung im Blick auf andere monotheistische Religionen, die als Schutzbefohlene toleriert werden, ist nichts anderes als eine religiöse Festschreibung des »Händlermodells«, wie es uns in den Stammesreligionen begegnet ist.

Dieser gestaffelten Intoleranz nach innen entspricht eine gestaffelte Toleranz nach außen. An dem Grundsatz, daß der Islam als die allein wahre Religion in der ganzen Welt Gültigkeit besitzen muß, wird kein Muslim rütteln. Doch ist es nicht an dem Menschen, den Islam zur einzigen Religion in der Welt zu machen, sondern das ist in Gottes Ratschluß und Vorsehung beschlossen und sein Werk. Der einzelne Muslim muß zwar in seiner Umgebung durch sein Vorbild, durch Tat und Wort für den Islam werben, doch sollte er keine Gewalt zur Bekehrung anwenden. Umgekehrt darf er sich nach der Überzeugung verschiedener Rechtsschulen der andersreligiösen Umgebung friedlich einfügen, wenn man ihn in seiner Religionsausübung unbehelligt läßt. Fühlt sich der Islam jedoch bedroht und wird ein islamischer Staat angegriffen, darf und muß der »djihad«, der »heilige Krieg«, ausgerufen werden. Er ist reiner Verteidigungskrieg und darf nach islamischer Rechtsauffassung niemals als Angriffskrieg geführt werden.

Der *Buddhismus* gilt vielen als die toleranteste Religion. Kriege sind von ihm nur dann ausgegangen, wenn er sich mit vorgegebenen Stammesreligionen zu einer Nationalreligion und mit staatlichen Interessen verband oder sich bedroht fühlte (Birma, Thailand, Sri Lanka, Japan). Kriegerisch ist diese Religion nicht, scharfe Distinktionen zu anderen Religionen zu ziehen, liegt ihr fern, dennoch ist die allseitig bekannte Friedfertigkeit anderen Religionen gegenüber nur die Kehrseite einer erstaunlichen Indifferenz ihnen gegenüber. Man interessiert sich ganz einfach nicht für sie, auch wenn heute in führenden buddhistischen Kreisen das Interesse am interreligiösen Dialog wächst.[17] Diese der Gleichgültigkeit nahekommenden Toleranz in Sachen Glaubensüberzeugung hat ihren Grund in der für die Buddhisten universal gültigen Überzeugung, daß ihr Weg der letztgültige und einzige ist, den jeder letztendlich nach unendlichen vielen Wiedergeburten einschlagen muß und wird, wenn er Erleuchtung und ewige Erlösung erreichen will. Daß es die Möglichkeit der Erlösung auch außerhalb des Buddhismus gibt, wird nicht ausgeschlossen. Doch auch unwissentlich hat der Erlösungssucher dann für sich den Weg des Buddha gefunden. Mit anderen Worten, der Buddha-Weg ist ein absoluter Weg. Der Buddhismus vertritt eine absolute Wahrheit, die für alle Lebe-

17. M. von Brück/W. Lai, *Buddhismus und Christentum*, a. a. O.

wesen und in allen Weltzeitaltern Gültigkeit besitzt. Das sagt auch das viel beschworene und selbst in Schulbüchern so oft zitierte, jedoch nicht Toleranz verbreitende, sondern polemisch gemeinte Gleichnis von den Blindgeborenen. Die Blinden fassen auf Befehl des Königs einen Elefanten an, und jeder hält den Teil für den ganzen Elefanten, den er gerade berührt. Das Gleichnis sagt nicht, daß alle Religionen ein Stück Wahrheit vertreten und, statt sich gegenseitig zu bekämpfen, friedlich zusammenkommen sollen, um aus ihren Teilwahrheiten die ganze Wahrheit zusammenzufügen. Vielmehr sagt es, daß die Blinden blind sind und die Unwahrheit sagen, wenn sie die Teilwahrheit als die ganze ausgeben. Der einzige, der die ganze Wahrheit kennt, ist der König, und der war über diesen Streit der Blinden »höchlichst ergötzt«! »Blind und augenlos erkennen sie nicht, worauf es ankommt und worauf es nicht ankommt; *sie erkennen nicht die Wahrheit* und was nicht die Wahrheit ist«, heißt es am Schluß des Gleichnisses.[18] Wie alle sekundären Stifterreligionen ist auch der Buddhismus im Blick auf die Lehre intolerant. Doch diese Intoleranz wird nicht nach außen intolerant verbreitet, sondern die Mission geschieht mit friedlichen Mitteln, wofür der Dalai Lama in unserer Zeit das klarste und medienwirksam höchst überzeugende Beispiel bietet.

Der Buddhismus ist in seinem Ursprung und Kern eine mönchische Religion. In ihr gelten die Regeln der Ethik und Etikette in gleich strenger Weise. Die Nichtbeachtung der fundamentalen Gebote führt zum Ausschluß aus dem Kloster. Wie strikt auf die Etikette Wert gelegt wird, zeigt schon die erste Begegnung Buddhas mit seinen früheren Asketengenossen und Freunden nach seiner Erleuchtung. »Avuso«, Freund, reden ihn die früheren Genossen an. Doch der Buddha richtet unmittelbar die Schranken der Etikette auf: »Sprecht nicht, ihr Mönche, den Vollendeten mit seinem Namen an und redet ihn nicht an ›mein Freund‹«.[19]

Klöster entsprechen, soziologisch gesehen, kleinen Stammeseinheiten. Darum überrascht es nicht, daß der strikten Intoleranz nach innen eine weiträumige Toleranz nach außen entspricht. Das ist in der Lehre begründet, die in unendlich langen Zeiträumen denkt und davon überzeugt ist, daß sich so oder so die Wahrheit Buddhas überall und in jedem einzelnen Lebewesen durchsetzen wird.

Der *Hinduismus* ist ein Ensemble von Religionen. Ihn in wenigen Strichen im Blick auf sein Toleranzverhalten nachzuzeichnen, ist ein kühnes Unterfangen.

18. *Udāna* VI, *4. kursiv* von mir. Der Text fährt fort: »In Unkenntnis dessen, worauf es ankommt und worauf es nicht ankommt, und in Unkenntnis der Wahrheit und dessen, was nicht die Wahrheit ist, schlagen und verletzen sich diese zänkischen, hadernden, in Streit geratenen (Leute) gegenseitig mit scharfen Worten ...«. Zit. nach G. Mensching, *Buddhistische Geisterwelt. Vom historischen Buddha zum Lamaismus*, Wiesbaden o. J., 38-52, ebd., 41 f. Der Buddha kennt die ganze Wahrheit. Nur im Wissen um die ganze Wahrheit kann das Gleichnis erzählt werden. So zu Recht jetzt auch W. Härle, »Aus dem Heiligen Geist. Positioneller Pluralismus als christliche Konsequenz«, *ZdZ.LM* 1/1998, 21, 24.

19. *Mahavagga* I,6. Zit. nach G. Mensching, *Leben und Legende der Religionsstifter*, Darmstadt/Baden-Baden o. J., 242.

Keine Aussage, die nicht durch ihr Gegenteil konterkariert werden könnte! Dennoch können wir ihn in unserm Zusammenhang nicht übergehen, da er als Musterbeispiel religiöser Toleranz gilt, jedenfalls soweit es den Neohinduismus betrifft, den die Europäer meistens vor Augen haben, wenn vom Hinduismus heute die Rede ist. Daß die Geschichte durchaus ein Bild von sich widersprechenden Religionen bildet, und sich Shivaismus und Vishnuismus heftig bekämpft haben,[20] daß Gandhi von einem fanatischen Hindu wegen seiner toleranten Haltung gegenüber dem Islam ermordet wurde und nach der Ermordung Indira Gandhis Tausende Sikhs von aufgebrachten Hindus verfolgt wurden, wird dabei zwar nicht übersehen, aber selten dem Hinduismus selbst zur Last gelegt. Das uns gegenwärtige Bild faßt J. Gonda zutreffend so zusammen: »Ob man Idolverehrer, Atheist, Anhänger dieser oder jener Lehrmeinung ist – die große hinduistische Gemeinschaft schließt niemanden seiner Überzeugung wegen aus«.[21] Es wäre jedoch falsch, in dieses Bild hinduistischen Toleranzverhaltens das abendländische Verständnis von aktiver Toleranz einzutragen, denn von einer Gleichberechtigung der verschiedenen Glaubensüberzeugungen, deren Fremdheit und Andersheit aktiv toleriert, d.h. »erduldet« werden, kann keine Rede sein. Sie werden vielmehr aufgrund der Advaita Philosophie in das eigene System inkorporiert. Toleranz heißt hier Anerkennung durch interpretative Inklusion. Das ist im Blick auf das tatsächliche religiöse Toleranzverhalten sehr viel und entspricht in der Grundhaltung dem von anderen polytheistischen und kosmotheologischen Religionen, die nicht auf Distinktion aus sind, sondern auf Kooperation, Vergleichbarkeit und Übersetzbarkeit. Diese tolerante Weite ist jedoch gepaart mit einem engmaschigen intoleranten Sozialsystem, das Ethik und Etikette in solch einem Maße bestimmt, daß darüber das Glaubenssystem geradezu belanglos erscheint. Der uns bekannte Brahmanismus mit seinem Reichtum an theologischen Texten und Traditionen ist nur den oberen Kasten zugänglich. Den Kastenlosen, den Dalits ist nicht einmal der Zugang zu den Tempeln offen, von den sozialen Stufungen im Dorf und den rigiden, religiös sanktionierten Trennungsmechanismen ganz zu schweigen. Der Hinduismus gibt sich tolerant, soweit es die Glaubensweisen betrifft, doch sobald das Kastensystem berührt wird, reagiert er äußerst intolerant. Ethik und Etikette sind festgelegt. Ihre Befolgung bestimmt über Heil und Befreiung, genauer: über den Aufstieg in eine bessere Wiedergeburt oder deren Abstieg. Wie hart, gnadenlos und besonders für Frauen dehumanisierend diese ethische Intoleranz ist, wird der außerindischen Öffentlichkeit erst neuerdings durch die Dalit-Literatur bekannt.[22] Nach der Lek-

20. Vgl. dazu P. Hacker, *Religiöse Toleranz und Intoleranz,* a.a.O.; U. Berner, *Toleranz und Intoleranz in den nicht christlichen Religionen*, a.a.O.
21. J. Gonda, *Die Religionen Indiens I. Veda und älterer Hinduismus*, Stuttgart 1960, 344.
22. Vgl. dazu V. Devasahayam (Hg.), *Frontiers of Dalit Theology*, a.a.O.; *Gerechtigkeit für die Unberührbaren. Beiträge zur indischen Dalit-Theologie*, Evangelisches Missionswerk in Deutschland – EMW (Weltmission heute 15) Hamburg 1995.

türe solcher Texte aus dem Munde von Dalit-Frauen wird man nicht mehr leichtzüngig vom Hinduismus als einer vorbildlich toleranten Religion sprechen können.

In dem allen aber, so muß abschließend festgehalten werden, lebt der Hinduismus, der ursprünglich ausschließlich an indischen Grund und Boden gebunden war und erst durch den Neohinduismus reformerisch und missionarisch die indischen Grenzen überschreitend sich ausbreitete, das Toleranzmuster, wie wir es aus den primären Religionen kennen: Toleranz in Glaubensweisen nach innen und außen, rigorose Intoleranz in Sachen Ethik und Etikette nach innen. Die Ethik der anderen Religionen berühren ihn nicht, da der Hinduismus den Verkehr mit Nichthindus, *mlecchas* genannt, verbietet. Diese Toleranz nach außen kann man in Anlehnung an P. Hacker am besten als »passive Toleranz« charakterisieren.[23]

Toleranz und Intoleranz heute

Die hier erarbeiteten Perspektiven dienen nicht nur als Schlüssel, um fremde Religionen und ihr Toleranzverhalten verständlich zu machen, sondern sind auch für die Analyse der Toleranz in unserer Gesellschaft relevant. Wie stark wir noch heute von dem Toleranzmuster primärer Religionen bestimmt sind, macht ein Blick auf die Familie deutlich. Familien sind Kleingesellschaften in nuce: Man spricht die gleiche Sprache und kann auch durch Andeutungen miteinander kommunizieren, lebt im gleichen sozialen Umfeld und Lebensraum und kennt das symbolische Verhalten aller und kann es interpretieren. Die ersten Spannungen entstehen, wenn die Heranwachsenden das Lebensmuster nicht länger beibehalten wollen und in Etikette und Kleidung – die bekanntlich in sich ein Symbolensemble schlechthin ist und sehr viel über den Träger aussagt und über das, was er der Außenwelt mitteilen oder vor ihr verbergen will – ausscheren. Über Glaubensvorstellungen wird bei uns kaum mehr gestritten. In dieser Hinsicht ist man tolerant, die eigentlichen Auseinandersetzungen finden über Fragen der Etikette und der Ethik statt. Das galt jedenfalls bis in die späten 60er Jahre, als die studentische Revolution bis dahin gültige Tabus brach und die Individualisierung des Geschmacks und des ethischen Verhaltens bis in den familiären, intimen Lebensbereich trug. Bis dahin herrschte in unseren bürgerlichen Normalfamilien der Grundsatz, daß man in Glaubensdingen aufgeklärt und tolerant ist, sowohl nach

23. »Gegenüber den Mlecchas schreiben nun die Hindu – Gesetzbücher strenge *passive Intoleranz* vor. Passive Intoleranz heißt: Es wird nicht gefordert, daß der Befolger fremder Sitten und fremden Glaubens aktiv beeinträchtigt werde, aber der menschliche Verkehr mit ihnen ist verboten. Man sollte z. B. mit Mlecchas nicht sprechen, ihre Länder – außer auf Pilgerfahrten – nicht besuchen und ihre Sprache nicht studieren; Berührung mit Mlecchas wird der mit Parias gleichgestellt«. P. Hacker, *Religiöse Toleranz und Intoleranz*, a. a. O., 171.

außen wie innen, doch deviantes Verhalten in Lebensstil und Sprache streng sanktioniert – das klassische Grundmuster der Stammesgesellschaften und -religionen.

Es ist jedoch notwendig, eine wichtige Veränderung zu beachten. Wenn in einer Gesellschaft das Bewußtsein für Individualität wächst und die Religionszugehörigkeit in die individuelle Entscheidung verlagert und Religion in die Privatsphäre abgedrängt wird, wie bei uns in der Neuzeit, verändert sich das Toleranzproblem. Aus der religiösen Wahrheitsfrage wird ein Freiheitsproblem.[24] Die Gründe dafür müssen wir kennen, denn sie helfen uns nicht nur, das Toleranzverhalten in seiner religionsgeschichtlichen Genese besser einzuordnen, sondern auch die gegenwärtige Toleranzproblematik im interkulturellen Austausch besser zu verstehen und adäquater angehen zu können. In der Begegnung mit den Fremden treffen nicht nur verschiedene Kulturen und Religionen aufeinander, sondern auch verschiedene Grundmodelle von Toleranz. Toleranz ist keine Universalkategorie, die zu allen Zeiten und an allen Orten dasselbe meint und von allen in gleicher Weise verstanden wird. Die wichtigsten drei Grundvoraussetzungen unseres Toleranzverständnisses werden selten geteilt, daß nämlich 1. der einzelne die gleiche Würde besitzt wie die Gruppe selbst; daß 2. Religion eine Angelegenheit des einzelnen und jeder seinem Gewissen verantwortlich ist; daß 3. die Glaubensüberzeugung etwas mit Wahrheit zu tun hat, die zu anderen Wahrheiten in Konkurrenz steht und vom ethischen und rituellen und d. h. vom Sozialverhalten getrennt werden kann. Diese Grundsätze sind nicht in den primären Religionen zu Hause, sondern gehören zum Bereich der sekundären.

Um das zu verdeutlichen, sei zum Vergleich noch einmal das Beispiel der Familie herangezogen. Wo die Religion zentrale Lebensmitte ist, wie z.B. in einer von der Erweckungsfrömmigkeit oder vom Islam geprägten Familie, erkennen wir das von der sekundären Religion geprägte Toleranzmuster wieder. Hier wird deviantes ethisches Verhalten nicht toleriert, ebensowenig eine Gleichgültigkeit der eigenen Religion gegenüber, noch anderen Glaubensvorstellungen gegenüber oder gar ein Religionswechsel. Uns mag das als fundamentalistische Intoleranz erscheinen. Doch solch eine Etikettierung verkennt das Wesen der sekundären Religion. In den muslimischen Familien der zweiten Generation ist jedoch ebenso eine Veränderung in Richtung auf das Toleranzverhalten primärer Religionen zu erkennen, wie in vom Neopietismus geprägten Familien. In den zentralen Dingen der Religion gibt man den Individualisierungstendenzen der jungen Menschen nach, insistiert aber auf den Konsens in Fragen der Ethik und Etikette, da beides den Zusammenhalt der Familie nach außen hin demonstriert. Was für Außenstehende

24. Auf diesen Umschlag macht zu Recht A. Wierlacher in seinem Aufsatz »Aktive Toleranz«, in: *Kulturthema Toleranz,* a.a.O., 66, aufmerksam, ohne daß er den Gründen dafür nachgeht. Die müssen wir aber benennen, um die Toleranzprobleme unserer Zeit religionsgeschichtlich genauer einordnen zu können. Vgl. auch J. Moltmann, »Toleranz lernen. Der Pluralismus an Kulturen braucht den Dialog der Religionen«, *EK* 1998, 86-89.

noch immer als ein intolerantes Verhalten aussehen mag, ist in Wirklichkeit für die Betroffenen ein tiefgreifender Toleranzfortschritt.

Während wir uns bisher vor allem auf das Toleranz-Intoleranzverhalten nach innen im eigenen sozialen Umfeld konzentriert haben, da es in den primären Religionen im Vordergrund steht, hat es die Intoleranz nach außen vor allem mit Fremderfahrung zu tun. Religiöse und kulturelle Fremdheit gehen oft Hand in Hand und verstärken die Intoleranz, ohne daß eine Gesetzmäßigkeit festzustellen ist. Intoleranz verstärkt Fremdheitserfahrung, wie umgekehrt Erfahrungen des Fremden Intoleranzgefühle potenzieren. Intoleranz erschwert, ja verhindert Annäherung, während Toleranz ihre Vorbedingung ist, ohne die Alterität aufzuheben. Fremdheit ist wie Toleranz ein Relationsbegriff. Ebenso wie Toleranz und Intoleranz sich gegenseitig bedingen und verstärken, bedingen und konstituieren sich Fremdheit und Identität. Erst in der Begegnung mit dem anderen, dem Fremden, wird man sich seiner Identität bewußt. Es ist die Trennlinie, die beide konstituiert. Trennen wir einen Raum durch eine Mauer, so erstellen wir zwei Räume, wobei die Außenseite der einen Wand die Innenseite der anderen Wand und des ihr zugehörigen Raumes bildet, und umgekehrt. Erst die Trennung, die bleibende Differenz ermöglicht Identität, bewirkt Zusammengehörigkeit, ohne daß es zur Verschmelzung kommt. »Frontstruktur« nennt der japanische Religionsphilosoph und Theologe S. Yagi die Zwischenwand und deutet damit an, daß diese Wand als Grenze zwischen mir und dem Fremden etwas Abweisendes und gleichzeitig Verbindendes hat, so wie die Front eines Hauses oder der Stirn immer Kommunikationssymbol ist, positiv wie negativ.[25]

Toleranz hebt die Fremdheit des anderen nicht auf, sondern beachtet die Grenze zum anderen. Nur so ist Verstehen möglich, das zum Respekt führt. Um dieses Ziel zu erreichen, sind zwei Schritte nötig. Den ersten nenne ich *Wahrnehmung in Distanz*. Toleranz erweist sich darin als Grundlage zum Verstehen, daß sie Grenzen beachtet, die des Gegenübers und die eigenen. Verlust der Grenzen heißt Identitätsverlust. Die Grenzen sind aber nicht starr, sondern beweglich und so durchlässig, daß ein osmotischer Austausch beginnt. Wo der stattfindet, hebt der Prozeß des Verstehens an. Aus der Wahrnehmung in Distanz wird ein Transfer. Er führt zur *Respektierung des anderen*. Das ist der zweite Schritt im Begegnungsmodell aktiver Toleranz. »Respekt« hat als ethische Haltung eine enge Beziehung zu dem der »Anerkennung«, der in der gegenwärtigen Ethikdiskussion eine nicht unwichtige Rolle spielt. A. Wierlacher sieht in ihm eine wichtige Komponente von Toleranz.[26] Respekt und Anerkennung gehören zusammen, sind aber nicht iden-

25. S. Yagi, *Die Frontstruktur als Brücke vom buddhistischen zum christlichen Denken*, München 1988. Zum Problemzusammenhang vgl. T. Sundermeier, *Den Fremden verstehen*, a.a.O., 130ff.

26. Vgl. A. Honneth, *Kampf um Anerkennung. Zur moralischen Grammatik sozialer Konflikte*, Frankfurt a.M. 1992; C. Taylor, *Multikulturalismus und die Politik der Anerkennung*,

tisch. *Anerkennung* hat es mit Ordnung zu tun, mit der Ordnung, in der sich der andere zu Hause fühlt. Kultur, Recht, Moral, ja auch die Religion sind Ordnungssysteme, die in der Fremdbegegnung wahrgenommen und ernst genommen werden müssen. *Respekt* hat dagegen etwas eher Subjektives an sich und schließt Offenheit für Neues ein. Respekt kennt noch etwas von dem Staunen über das Besondere des anderen, vermag auch Unansehnliches wahrzunehmen und darin Schönheit zu entdecken. Anerkennung schließt noch ein wenig Kampf gegen das Irritierende und Fremdartige ein, das als feindlich empfunden wird. Anerkennung hat das Feindschaftsgefühl in sich überwunden, Respekt staunt über Analogien. Wer zu staunen vermag, sucht nicht vorschnell nach Harmonie und Ausgleich, sondern erträgt auch Dissonanzen. Im Erstaunen halten sich Distanz und Nähe die Waage. Respekt überwindet das Gegeneinander und sucht das Miteinander.

Dieser Umschlag vom Gegeneinander zum Miteinander kennzeichnet den Übergang zur *konstruktiven Toleranz.*[27] Mit einem Beispiel soll das abschließend verdeutlicht werden. Es stammt von dem Psychologen M. Wertheimer, das er vor Jahren ausführlich analysiert hat.[28] Zwei Jungen spielen Federball, wobei der ältere so geschickt spielt, daß der jüngere chancenlos bleibt und bald alle Lust am Spiel verliert. Der ältere möchte gern weiterspielen und schlägt deshalb vor, die Spielregeln zu verändern. Man solle einfach den Ball sooft hin und her schlagen wie möglich, ohne daß er zu Boden fällt. Schon bald kommt das Spiel wieder in Gang. Das hat seinen Grund nicht nur darin, daß die Spielregeln verändert wurden, sondern vor allem darin, daß der ältere Junge sich veränderte. Er hat gemerkt, daß er das Spiel nicht gegen den anderen spielen kann, sondern nur mit ihm. Er nahm sich aus dem Mittelpunkt heraus. Nun steht nicht mehr der Spieler, sondern das Spiel im Mittelpunkt.[29] Der Junge hat gelernt, sich zurückzustellen, das Eigeninteresse zurückzunehmen und neu zu fokussieren. Er stellt sich auf das Interesse des jüngeren ein und sucht nach einem gemeinsamen Nenner. So werden aus Konkurrenten Partner. Es war der Perspektivenwechsel, der das ermöglichte. Der ältere hat die Gefühle und die Perspektive des schwächeren Anderen wahrgenommen und in seine Überlegungen einbezogen. Das hat das Spiel gelingen lassen.

Konstruktive Toleranz folgt diesem Beispiel. Sie führt zum Verstehen und Respektieren der Andersheit des anderen.

Frankfurt a.M. 1993; A. Wierlacher, *Aktive Toleranz*, a.a.O., 65 f.; A. Margalit, *Politik der Würde. Über Achtung und Verachtung,* Berlin 1997.

27. Den Begriff übernehme ich von H. Ringeling. Vgl. ders., »Aggression und Toleranz als Problem religiöser Gesinnung«, *ZEE* 1976, 300-311.
28. M. Wertheimer, *Produktives Denken*, 2. Aufl., Frankfurt a.M. 1964.
29. »Das Spiel selbst, seine Ganzeigenschaften und Forderungen, (wurde) zum Mittelpunkt. Weder er noch der andere war nun Mittelpunkt, beide werden im Hinblick auf das Spiel gesehen«. M. Wertheimer, ebd., 154.

3. Faszination und Abwehr: Aspekte interreligiöser Hermeneutik*

Wir sind eine multikulturelle Gesellschaft geworden, in der die anderen Religionen einen festen Platz haben. Diese Feststellung, vor wenigen Jahren politisch noch höchst umstritten, ist zur Binsenwahrheit geworden. Doch wie damit umzugehen und wie die anderen Religionen zu bewerten sind, darüber Übereinstimmung zu erzielen, sind wir noch weit entfernt. Aus dem weiten Problemfeld soll im folgenden nicht die theologische Herausforderung aufgegriffen werden, sondern die viel elementarere nach der Möglichkeit *interreligiösen* Verstehens überhaupt. Dies Problem ist deutlich von dem des *interkulturellen* Verstehens zu unterscheiden, muß aber in einen kulturanalytischen Rahmen gestellt werden. Es war eine Illusion der früheren Forschung zu glauben, daß sich Religionen als solche treffen und in einen theologischen Diskurs unmittelbar eintreten können, so daß ein Ringen über die letzte Wahrheit beginnt, wie es sich R. Otto erhoffte. Jeder Angehörige einer Religion ist immer zugleich Vertreter der Kultur seines Volkes und kann auch in Glaubensdingen nicht davon absehen. Das ist uns heute schärfer bewußt als Generationen vor uns, wie die Inkulturationsdebatte gezeigt hat. Deshalb fragen wir zuerst nach den Begegnungsweisen von Kulturen und Religionen, um zu sehen, ob bestimmte Modelle der Begegnung das Verstehen fördern oder behindern. In einem zweiten Abschnitt sollen Forscher zur Sprache kommen, die sich auf durchaus untypische Weise den anderen Religionen genähert und den notwendigen Perspektivenwechsel vollzogen haben. Sie suchten die andere Religion von innen heraus zu verstehen. Dabei interessiert vor allem, welches die inneren Voraussetzungen dafür sind, so daß wir in einem dritten Teil die Konsequenzen ziehen und konkrete hermeneutische Schritte benennen, die zum Verstehen der fremden Religion führen können.

Grundmodelle des Kultur- und Religionskontaktes

Wir können drei Grundhaltungen im Kulturkontakt und -austausch unterscheiden. Auch wenn sie sich bei uns erst im Beginn der Neuzeit, seit der Entdeckung Lateinamerikas besonders ausgeprägt finden, sie sind im Umgang der Völker miteinander längst angelegt und tief in der Ethik der primären Religionen verankert.

* Diesem Kapitel liegt ein akademischer Festvortrag zugrunde, der am 27. November 1996 in der Aula der Philipps-Universität, Marburg, anläßlich des 85. Geburtstags von C.-H. Ratschow gehalten wurde. Ich habe ihn im Blick auf die Gesamtperspektive dieses Buches überarbeitet.

1. Das *Alteritätsmodell.* Die fremden Völker und ihre Kulturen werden als das »Draußen« angesehen, als das Fremde, als das Feindliche, mit dem man herzlich wenig zu tun haben will. Man schaut auf sie herab. Durch die Distinktion wird das Selbstwertgefühl gestärkt. Die Griechen nannten die anderen Völker und Kulturen »barbarisch« und prägten damit den bis heute im Abendland gültigen Ausdruck für das Fremde, von dem man sich abgrenzen will. Die Andersheit ruft Abwehr hervor. Sie wirkt als Bedrohung, sie signalisiert Gefahr. Das gilt auch für die Religionen. In den Stammesgesellschaften ist Kulturkontakt zugleich Religionskontakt. Der hat jedoch kein besonderes Gewicht, da die Religion nur in der jeweiligen Ethnie Gültigkeit besitzt. Bei Eroberungen werden die anderen Völker nicht gezwungen, sich der Religion der Eroberer anzuschließen, es sei denn, sie werden in den Stamm sozial integriert. Das kann durch rituelle Übernahme in die neue Gesellschaft geschehen, wie wir gesehen haben, was eine Übernahme in die Religion einschließt, wie oberflächlich, selektiv und partiell das auch immer geschehen mag. Das Bestehen einer zweiten Religion neben der eigenen ist unter den Bedingungen einer Kleingesellschaft nicht möglich.

Anders sieht es aus, wenn missionarische Weltreligionen sich begegnen oder eine Weltreligion eine Stammesreligion okkupiert. Hier ist Distinktion wichtigstes Kennzeichen des Auftretens. Die Angehörigen anderer, fremder Religionen werden abgestempelt, sie gelten als »Heiden«. Heide ist man nicht, Heide wird man durch die anderen. Das alte Israel ist für diese Haltung ein klassisches Beispiel. Die Unsichtbarkeit des eigenen Gottes wird propagiert, das Gottesbild der anderen wird zerstört oder – so in späterer Zeit – lächerlich gemacht (vgl. Ps 115,4-7; Jes 44,12-17).[1] Das Christentum als eine Stifterreligion hat dieses Erbe vom Judentum als seiner Mutterreligion übernommen. Die Polemik des Paulus gegen die fremden Religionen in den Korintherbriefen hat hier ihren Ursprung. Sich auf die andere Religion einzulassen, sie objektiv wahrzunehmen oder gar sich um ein Verstehen zu bemühen, ist in dieser Haltung nicht angelegt.

2. Das *Gleichheitsmodell.* Stämme und Völker könnten nicht miteinander auskommen und auf irgendeine Weise ein friedliches Zusammenleben gestalten, wenn es nicht statt der Fremdheit, Andersheit und Feindschaft auch das Bewußtsein von Gleichheit oder Zusammengehörigkeit gäbe. In jenen Kleingesellschaften, die ihre Stammesmitglieder allein als »Menschen« bezeichnen und damit alle anderen von dieser Benennung ausschließen, kann jedoch Gemeinsamkeit mit anderen Völkern über den Mythos vom gleichen Ursprung gewonnen werden, wobei die Ursprungserzählungen die Differenzen und Spaltungen ebenso begründen wie mögliche Bündnisse und Koalitionen. Die Religionen bilden dabei kein Hindernis für Kommunikation und Austausch, da sie nicht in einem Konkurrenzverhältnis zueinander stehen. Im Gegenteil, ein wechselseitiger Austausch kann stattfinden,

1. Vgl. dazu J. Assmann, »Heiden: Der religiöse Unterschied«, *Merkur* 1995, 957-962.

eine Art religiöser Akkulturationsprozeß, der vor allem unter extremen ökonomischen Bedingungen (Dürre und Hungersnot) notwendig ist oder durch Stammesüberlagerungen bewirkt wird, wenn Ackerbauvölker von nomadischen Viehzüchtern beherrscht werden und diese sich dem Ackerbau zuwenden. Symbiotische Synkretismen (s. o. Kap. III.1) entstehen, die keinerlei Unruhe verursachen. Wechselseitige rituelle Partizipation ist möglich. Die verschiedenen Gottheiten werden miteinander verglichen, als identisch erklärt, was wiederum bei den Händlern einen Warenaustausch erleichtert und politische Bündnisse ermöglicht, die nur im Namen eines Gottes geschlossen werden können. Der Göttervergleich der Antike hat hier seinen Ursprung. Im Hellenismus führte das zu einer offenen Toleranz, oftmals gepaart mit echtem philosophischen Interesse an den anderen Religionen, die allerdings dann ganz im Rahmen des eigenen Systems interpretiert wurden (vgl. Plutarch).[2] Das frühe Israel der Königszeit kann als weiteres Paradigma genannt werden: Der Prozeß der Inkulturation und Übernahme ritueller Begehungen aus der vorgegebenen ackerbautreibenden Kultur und Religion geschieht langsam und wie von selbst. Sobald jedoch die eigene religiöse Identität, wie in der späten Königszeit, bedroht ist, wird die das Zusammenleben ermöglichende Gleichheitsvorstellung der Religionen in Frage gestellt und unter prophetischem Einfluß die Alterität und Unvereinbarkeit herausgekehrt.

Die Frage, ob diese Grundhaltung das Interesse an der anderen Religion fördert und ein Verstehen der anderen Kultur ermöglicht, ja notwendig macht, muß zunächst verneint werden. Die andere Kultur und Religion wird am eigenen Maßstab gemessen. Sie werden nicht in ihrer Andersheit zur Kenntnis genommen, sondern gleichsam über den Kamm der eigenen Weltanschauung geschoren. Dennoch bietet dieses Begegnungsmodell Raum für einen toleranten Pluralismus, der echte Begegnung möglich macht, auch wenn man dabei im eigenen religiösen oder philosophischen System das Maß aller Dinge zu besitzen meint.

3. Das *Komplementaritätsmodell.* Das Gleichheitsmodell ist die Brücke zur dritten Begegnungsweise, die ich das Komplementaritäts- oder auch »Händlermodell« nenne (s. o. Kap. III.2). Hier ist die Faszination treibendes Motiv für das Interesse am Fremden. Die andere Kultur und Religion stellt das zur Verfügung, was der eigenen fehlt. Man braucht die Ergänzung. Die Händler sind in allen Kulturen diejenigen, die den Austausch zwischen den Völkern bewerkstelligen. Sie genießen Gastrecht, aber müssen in einem Ghetto leben und dürfen sich nicht mit der einheimischen Bevölkerung mischen. Sie wecken das Verlangen nach dem, was fehlt und befriedigen es. Die Begegnung soll bereichern, Defizite ausfüllen.

Das gilt auch für die Religion. Die andere Religion fasziniert. Sie hat etwas, was man in der eigenen vermißt. So wählt man aus und übernimmt das Besondere und

2. Vgl. dazu J. Assmann, *Translating Gods*, a. a. O., 25-36.

Attraktive. Damit wird die andere Religion zugleich neutralisiert, denn indem man sich das Beste der anderen Religion aneignet, immunisiert man sich gegenüber ihrem Ganzheitsanspruch. Man bietet ihr nur ein begrenztes Gastrecht. So wird ein schiedlich-friedliches Zusammenleben ohne Konkurrenzgefahr möglich, ohne daß man sich ernsthaft um ein Verstehen bemühen muß. Für dieses Vorgehen ist der Islam das beste Beispiel: Er bietet den ihm verwandten »Buchreligionen« ein gesondertes Existenzrecht in den eigenen Mauern, macht aber den *wechselseitigen* Austausch unmöglich.

Keines der drei Begegnungsmodelle führt zu einem echten Verstehen der anderen Religion. Das Gleichheitsmodell fördert zwar das Interesse an der anderen Religion, doch nur insofern, als es die Neugier zur Wissenserweiterung befriedigt. Man hat ein eigenes System und in dieses hinein werden die anderen Religionen interpretiert. Sie bilden keine echte Herausforderung, da sie gleichwertig sind. Man weiß letztlich schon im voraus, was des »Pudels Kern« ist. Der Übergang zum Komplementaritätsmodell ist fließend, denn es geht um eine selektive Übernahme in der Begegnung der Religionen. Man kann sich nicht wirklich in Frage gestellt fühlen, da man Offenheit signalisiert und am wirklich Fremden allemal nicht interessiert ist.

Das Alteritätsmodell steht Pate bei der Begegnung von primärer und sekundärer Religion, da die überlagernde Religion nicht mit der Stammesgesellschaft identisch ist und nicht mit ihr konform geht. Die sekundäre Religion liebt das Wandern, sie will ihren Wirkungsbereich erweitern, sowohl in die Tiefe wie in die Ferne. Die Begegnung mit anderen Religionen ist ihr inhärent. Doch da sie sich als neugestiftete Religion von den anderen absetzt, sei es, daß sie Bestehendes reformieren oder daß sie Neues bringen will, fühlt sie sich ihnen überlegen. Sie lebt von der Distinktion. Die stille Hoffnung, daß sich im Alteritätsmodell Türen zum Verstehen anderer Religionen öffnen, muß von Anfang an gedämpft werden. Wer etwas Neues, Alternatives bringt, muß sich absetzen. Abgrenzung ist zentrales Instrumentarium missionarischen Vorgehens. Im Gleichheitsmodell kann es eigentlich keine Mission geben, denn die Wahrheitsfrage steht nicht zur Debatte. Das ist hier anders. Zarathustra hat es als erster und am schärfsten formuliert: Die anderen dienen der Lüge! (s. o. Kap. III.3.3) Die eigene Religion allein besitzt die Wahrheit, die andere wird der Lüge geziehen. Die Heilsfrage, die in den primären Religionen und dem Gleichheitsmodell praktisch nicht gestellt wird, bekommt zentrale Bedeutung. Das Heil ist nur in dieser neuen Religion zu finden. Die Lügenanbeter sind verloren, jetzt und in alle Ewigkeit. Ein meines Wissens in der Religionsgeschichte bis dahin nicht gekannter Heilsdualismus setzt sich durch und prägt das Denken und Handeln. Durch den Zoroasmus dringt er langsam in die anderen sekundären Religionen ein und verändert sie. Im NT findet das seinen Niederschlag in dem (möglicherweise nicht) paulinischen Text in 2 Kor 6,14-18: »Was hat das Licht für Gemeinschaft mit der Finsternis? Wie stimmt Christus mit Belial?« Wer so fragt, muß sich nicht verstehend der anderen Religion nähern.

Sein Urteil liegt fest. Im radikalen Alteritätsmodell ist kein Platz für eine interreligiöse Hermeneutik.

Doch ist das nicht das ganze Bild vom Christentum.

Das Bild verändert sich bei anderen Autoren des NT, wobei besonders auf Lukas zu verweisen ist. Apg 17, aber auch schon Apg 10 zeigen, wie weit der Verfasser im Gespräch mit der anderen Religion geht. Paulus nimmt auf dem Aeropag in Athen intensiv die andere Religion und Geistigkeit wahr. Die Weise, wie er wichtige Gedanken von ihnen aufgreift und nicht nur in der Predigt verarbeitet, sondern in seine Lehre hineinnimmt, verrät eine andere Haltung als sie uns aus 2 Kor 6 entgegenschlägt. Gewiß, hier wird die andere Religion noch nicht mit den Augen der Betroffenen wahrgenommen, die Türen zum Verstehen sind aber weiter offen als in anderen Begegnungstexten des NT.

Dennoch spiegeln letztlich alle drei Begegnungsmodelle die Verschlossenheit der Kulturen und Religionen voreinander wider. Ein wirkliches Interesse an der anderen Religion eröffnen sie nicht. Man schließt sich ab oder ist der anderen Religion gegenüber gleichgültig oder nähert sich ihr neugierig, da sie das Gleiche sagt, was man glaubt, und sie bestätigt das oder – so die dritte Option – man bedient sich ihrer wie in einem Supermarkt, um sich zu bereichern und zu vervollkommnen. In der Postmoderne sind die anderen Religionen, deren Faszination man sich aussetzt, nur der Spiegel, durch den man zu sich selbst finden will. Auch das ist nur eine Variante des Komplementaritätsmodells.

Missionarisch-existentielle Begegnung

Auch wenn das Ergebnis der ersten Durchsicht negativ ist, wir gehen es, gleichsam gegen den Strich lesend, noch einmal durch und fragen, ob sich nicht im Einzelfall noch ein anderes Bild ergibt. Es ist die tatsächliche Begegnung mit den anderen Religionen, die den Menschen verändert, gerade auch den Missionar.

Nun können wir bei der Spurensuche nicht einen Gang durch die Jahrhunderte machen, so interessante Ergebnisse sie sowohl in der alten Kirche, im Mittelalter wie in der Missionsgeschichte der frühen Neuzeit haben könnte, sondern wenden uns der Gegenwart zu. Zuvor aber werfen wir noch einen Blick auf die Geistesgeschichte des 18. und 19. Jahrhunderts, denn hier ist ein deutliches Interesse an den anderen Religionen zu entdecken. Daß sie auch das Denken der Missionare und Religionswissenschaftler bis in die Moderne prägten, ist Grund genug, uns ihnen – wie kurz auch immer – zuzuwenden.

Drei Denker sind hier vor allem zu nennen, G. W. Leibniz, F. W. Hegel und G. Herder. Alle drei bekunden Interesse an den anderen Religionen, wenn auch mit unterschiedlichen Intentionen. *Leibniz* meint, in China die natürliche Religion zu finden. Hier sei sie in größerer Reinheit erhalten als in der griechischen Antike.[3] Daß Leibniz die chinesischen Texte einseitig interpretiert, ja, so pressen muß, daß sie seinen Vorstellungen entsprechen und er so etwas wie die Urform christlicher Trinitätsvorstellungen in China entdecken kann, zeigt, wie sehr er von seinen Interessen geleitet ist und sie durch seine Forschung untermauern möchte. Er will die Chinamission begründen, damit die Chinamissionare die chinesische Religion wieder zu ihrer Eigentlichkeit zurückführen, denn sie verstehen nach seiner Meinung die altchinesischen Texte besser als die Chinesen selbst.

Hegel hat nach dem Urteil R. Leuzes sich mehr als alle anderen seiner Zeitgenossen in die Welt der anderen Religionen eingelesen und die ihm zugänglichen Quellen studiert. Dennoch ist es bemerkenswert zu sehen, wie er sich durch sein Vorurteil hat leiten und blind machen lassen. Nur die Religionen werden von ihm wirklich wahrgenommen, die in sein religionsphilosophisches Schema passen und das Zu-sich-kommen des absoluten Geistes widerspiegeln. Dabei müssen sowohl die Stammesreligionen außen vor bleiben, da ihnen der Begriff »Religion« gar nicht erst zuerkannt werden kann, als auch der Islam, weil es eine nachchristliche Religionsstiftung und -entwicklung nicht geben darf, kommt doch im Christentum der Geist zu sich selbst.[4] Ein echtes Verstehen der anderen Religion findet nicht statt.

Derjenige, der am intensivsten die anderen Religionen in ihrer Eigenart zur Kenntnis genommen hat, ist *Herder*. Er ist weit davon entfernt, eine zielgerichtete Entwicklung bzw. den Erziehungsgedanken in die Betrachtung der Religionen einzubringen, der die zeitgenössische Philosophie beherrscht. Er ist vielmehr davon überzeugt, daß die ursprüngliche Religion »groß und edel« gewesen und auch heute noch bei den Naturvölkern zu finden sei. Nur »schade ist's, daß unsere Reisebeobachtungen so wenig von Menschenkennern und von Weisen geschehen, und geschrieben werden«.[5] Herder mißtraut den Urteilen der Beobachter, denn »ein vorgefaßtes Urteil von Irrtümern und Wahrheiten macht blind; jene sehe ich um zu widerlegen, diese um sie anzunehmen; einerlei Zaubernebel macht jene zu Götzenbildern, die ich zerschlage, diese zu solchen, die ich anbete«.[6] Herder interpretiert die Besonderheiten der Religionen als Ausdruck der Verschiedenheiten des Geistes der Völker. Da er »alle Religionen zuerst als Phänomen der Natur« ansieht[7], kann eine Wertung der Religionen nur auf dem Gebiet der Ethik erfolgen. Darin erweist sich Herder als Kind der Aufklärung. Dennoch unterscheidet er sich in seiner Vorurteilslosigkeit und warmen Empathie, den jeweiligen Geist der Kultur und Religion der Völker zu erfassen, weit von seinen Zeitgenossen und

3. Vgl. dazu C. D. Zanger, *Welt und Konversation. Die theologische Begründung der Mission bei Gottfried Wilhelm Leibniz*, Zürich 1973, 191 ff.
4. Den Grund, warum Hegel den Islam nicht bespricht, hat Leuze nicht genügend erkannt. Vgl. R. Leuze, *Die außerchristlichen Religionen bei Hegel*, a. a. O. Zum Islam, ebd., 240 f.
5. G. Herder, *Fragment »Über die verschiedenen Religionen«* (1766), Ausgabe B. Suphan, Sämtliche Werke, Bd. 3., Hildesheim 1967, 147.
6. Ebd., 145.
7. Ebd., 146.

kommt zu überraschend einfühlsamen Darstellungen der verschiedenen Religionen, sowie bemerkenswert positiven Urteilen, einschließlich des Islam.[8]

Wir machen einen Sprung in die Gegenwart und fragen, welche Gruppe von Forschern es war, die sich, vielleicht im Sinne Herders, auf die Begegnung mit der anderen Religion eingelassen hat und diese von innen heraus zu verstehen suchte, so daß sie eine andere Einstellung zu den anderen Religionen gewonnen haben.

Das auch für mich überraschende Ergebnis einer ersten Durchsicht lautet: Die Religionswissenschaftler scheiden hier aus. Sie waren bis etwa in die Mitte dieses Jahrhunderts Schreibtisch-Gelehrte, fleißige Sammler, die sich um Texte kümmerten, aber kein Interesse an der tatsächlichen Begegnung hatten. Frazers Ausruf auf die Frage, ob er den »Eingeborenen« begegnet sei, ist deutlich und spricht für die Haltung vieler: »But heaven forbid!«. Die Religionsgeschichtler waren Textinterpreten und Theoretiker, die das von anderen gesammelte Material in ein umfassendes Theoriesystem einordneten[9]. Das hatte oftmals einen antichristlichen Akzent, weil eine Reihe von ihnen ehemalige Theologen waren und als »Apostaten« sich dem Rationalismus zuwandten, bzw. sich dem Wahrheitsanspruch der Religionen gegenüber neutral verhalten wollten oder eine neue Ideologie entwickelten.[10] Erst unter dem Einfluß von B. Malinowski und der Social Anthropology, bei der der innere Perspektivenwechsel zum Forscherethos gehört, hat sich in neuerer Zeit und nach dem 2. Weltkrieg die Forderung nach Teilnahme und eigener Beobachtung durchgesetzt.

Die wirklich einfühlsamen Darstellungen, die aus unmittelbarer Nähe und direktem Erleben der anderen Religion geschrieben sind und beides, Objektivität und verstehende Nähe zu den anderen Religionen widerspiegeln, stammen fast ausschließlich aus der Feder von Missionaren. Der Satz Heinrich Fricks hat mehr Recht auf seiner Seite, als ich selbst ursprünglich glauben mochte. Er schreibt: »Die selbstlose Versenkung in fremdes Wesen, die vor allem verstehen, dann auch helfen, nie verdammen will, geht ja leise durch die ganze Missionsgeschichte hindurch. Schon erste Ahnungen bei Luther deuteten in diese Richtung: Religionswissenschaft, Studium des Fremden als Weg und Brücke zu ihm hin«.[11] Die religionsgeschichtlichen Darstellungen von verschiedenen Missionaren haben ein Niveau, das in Inhalt und Dichte erst in der Mitte dieses Jahrhunderts von Sozial-

8. Überraschend ist die negative Beurteilung des Buddhismus, besonders seiner lamaistischen Version! Vgl. dazu: G. Herder, *Ideen zur Philosophie der Geschichte der Menschheit* (1787), Ausgabe B. Suphan, Sämtliche Werke, Bd. 14, Hildesheim 1967, 20. Über den Islam, ebd., 437 f.
9. Vgl. dazu F. Gölz, *Der primitive Mensch und seine Religion*, a. a. O.
10. Wie z. B. W. Hauer. Vgl. dazu R. Flasche, »Religionsmodell und Erkenntnisprinzipien der Religionswissenschaft in der Weimarer Zeit«, in: H. Cancik (Hg.), *Religions- und Geistesgeschichte der Weimarer Republik*, Düsseldorf 1982, 261-276.
11. H. Frick, *Die evangelische Mission*, Bonn/Leipzig 1922, 336.

anthropologen eingeholt wird. Daß einige von ihnen von Herder beeinflußt waren, wird nicht überraschen. Namen wie B. Gutmann, D. Westermann, J. Ittmann, G. Asmus, H. A. Junod, um nur einige Afrikamissionare zu nennen, haben in der Forschung einen unverwechselbaren Klang. Ihre Arbeiten zu den Stammesreligionen sind in ihrer Weise zu Klassikern geworden. Für die betroffenen Stämme sind sie oft die einzige Quelle, sich ihrer Vergangenheit zu erinnern und ihrer Tradition gewiß zu bleiben.[12]

Erinnert sei auch an die »Genealogie der malebarischen Götter« des ersten evangelischen Missionars, B. Ziegenbalg von der Dänisch-Halleschen Mission, aus dem Jahre 1713, die allerdings erst 150 Jahre später, 1867, verkürzt veröffentlicht wurde.[13]

Daß es nicht nur aus kolonialistischer Feder, sondern auch aus missionarischer höchst einseitige und tendenzielle Darstellungen gab, die dem Zweck dienten, das Licht der westlichen Zivilisation und des Evangeliums um so heller strahlen zu lassen, ist zu bekannt, als daß es uns weiter beschäftigen müßte. Wichtiger ist zu sehen, aus welchen Motiven die Missionare die andere Religion zu verstehen suchten und welche Bedeutung die Begegnung für sie selbst hatte. Nur so können wir auf Hilfe bei unserer hermeneutischen Spurensuche hoffen.

Ich greife den Japanmissionar *Wilhelm Gundert* heraus, einen Cousin von Hermann Hesse, dem dieser den zweiten Teil des *Siddharta* widmete, und stelle ihn exemplarisch dar. Aus seiner Feder stammen grundlegende Arbeiten zur japanischen Religionsgeschichte. 1880 in Stuttgart geboren, wuchs Gundert im schwäbischen Pietismus auf, der ihn tief prägte. Sein Großvater, Hermann Gundert, war ein bekannter Indienmissionar gewesen, seine beiden Eltern waren in Indien geboren. Missionsatmosphäre bestimmte sein Elternhaus. Eine Schrift von Uchimura Kanzo zur Nicht-Kirche-Bewegung in Japan beeindruckte ihn tief. Er übersetzte und publizierte sie. Als freier Missionar ging er 1906 nach Japan, unterstützt von einem Freundeskreis, der eigens für seine Arbeit gegründet wurde. »Japan für Jesus« hieß sein Freundesblatt, das über seine Arbeit berichtete und präzise ausdrückte, worum es ihm ging: Er wollte nicht die Kirche (die Nicht-Kirche-Bewegung des Uchimura ließ sich gut mit dem individualistischen Pietismus schwäbischer Prägung verbinden), sondern Christus verkündigen. Der Glaube an Jesus

12. Vgl. dazu J. Triebel (Hg.), *Der Missionar als Forscher. Beiträge christlicher Missionare zur Erforschung fremder Kulturen und Religionen*, Gütersloh 1988.

13. 1791 war sie, ohne daß der Verfasser genannt wurde, in Preußen von einem unbekannten Herausgeber publiziert worden, jedoch in solch veränderter Fassung, daß aus der ursprünglichen Schrift ein »humanistisches Werk der Aufklärung« entstand, das nur noch wenig Gemeinsamkeit mit der ursprünglichen Fassung und seiner religionsgeschichtlichen Zuverlässigkeit aufwies. Vgl. dazu D. Jeyaraj, *Inkulturation in Tranquebar*, Erlangen 1996. Jeyaraj hat nicht nur die Originalschrift von Ziegenbalg wiederentdeckt, sondern als Tamile auch die Bedeutung dieser Arbeit für die Erforschung tamilischer Religion herausgestellt, ebd., 119ff.

war in seinen Augen die neue und richtige alternative Religion für die Japaner. Doch je mehr sich Gundert in die japanische Sprache, in die japanische Geistigkeit und Religiosität vertiefte und tiefgläubige Buddhisten aus der Amida-Sekte kennenlernte, entstanden Zweifel an seiner Mission. Bald war er seiner Sache so unsicher, daß er die privat finanzierte Missionsarbeit verließ und sich als Leiter des japanisch-deutschen Kulturinstituts in Tokyo anstellen ließ. Er wandte sich mehr und mehr dem Buddhismus zu, von dem er 1926 sagte, er habe »im ostasiatischen Mahayana-Buddhismus ... die beste, umfassendste und tiefste gedankliche Fundierung und Erkenntnis« gefunden, die ihm »das eigene Leben gebracht« habe.[14] Trotz dieser Hinwendung zum Buddhismus hat er gelegentlich in der deutschen Kirche in Tokyo gepredigt. Ein Lehrstuhl für Japanologie in Hamburg war die Krönung seiner wissenschaftlichen Laufbahn. Er wurde Rektor der Universität, braun eingefärbt. Nach dem Krieg wandte er sich unter dem Einfluß von Rilkes Gedichten langsam wieder dem christlichen Glauben zu und fand zur einfachen Jesusfrömmigkeit seiner Jugend zurück. Der Einsatz in der Friedensbewegung kennzeichnet die Jahre der Emeritierung, die im übrigen mit der Übertragung asiatischer Gedichte literarisch erfüllt war und besonders durch die Übersetzung und Kommentierung der von allen Kennern der Materie als unübersetzbar gehaltenen Sammlung der Zen Koans des Bi-yän-lu. Sie war die Krönung seines Lebenswerkes und hat ihm hohe japanische Preise und Ehrungen eingetragen und ist gerade darin so bedeutsam und bemerkenswert[15], daß sie empathisch und von innen heraus den Geist des Zen in der deutschen Sprache zu erfassen sucht und zugleich in den Erläuterungen die Faszination widerspiegelt, die von diesen Texten ausgeht, ohne daß Gundert verschweigt, daß er als Christ beides, die Nähe und die Differenz zum christlichen Glauben kennt und zum Ausdruck bringt. »Diese Männer haben Gott«, konnte Gundert von den Meistern des Bi-yän-lu sagen.[16] Aber zugleich weiß er, daß der Unterschied zu Christus nicht übersehen werden darf, auch wenn gemeinsame mystische Grunderfahrungen in beiden Religionen erkennbar sind. Er fragt sehr vorsichtig, ob nicht der Buddha der Zukunft, Maitreya, Jesus Christus näher steht als der historische Buddha.[17]

Wir verzichten auf weitere Einzelheiten und fragen, in welches Muster der Begegnungsmodelle Gundert einzufügen ist. Sein Ausgangspunkt ist das Alteritätsmodell, doch schwenkt er mehr und mehr in das Gleichheitsmodell ein und geht so stark darin auf, daß er zu der anderen Religion überwechselt, um dann doch noch

14. Zum Ganzen vgl. die bisher unpublizierte Dissertation von M. Himmelmann, *Missionarische Rückenansichten. Wilhelm Gundert und Werner Kohler in ihrer Begegnung mit Japan und seinen Religionen*, Diss. theol., Heidelberg 1992. Vgl. auch ders., »Im Dialog mit Japan. Wilhelm Gundert und Werner Kohler«, *ZM* 1996, 169-193, das Zitat ebd., 176.
15. Nach Himmelmann war Gundert offenbar der erste Deutsche, der in Japan schon in den 20er Jahren intensiv an Zen-Übungen teilnahm.
16. Bei Himmelmann, *Missionarische Rückenansichten*, ebd., 187.
17. *Bi-yän-lu*, verdeutlicht und erläutert von W. Gundert, München 1977, Bd. III, 122ff., 124.

einmal beim Alteritätsmodell sein Zuhause zu finden, in das er nun die Erfahrungen einbringt, die er in der anderen Religion gemacht hat. Das macht seine Interpretation der Zen-Religiosität so überzeugend. Es ist die Mischung beider Modelle, des Gleichheits- und Alteritätsmodells der Begegnung, das offenbar wirkliches Verstehen ermöglicht.

Diese Mischung beider Modelle begegnet uns immer in der einen oder anderen Form bei den Missionaren, die sich verstehend auf die andere Religion eingelassen haben. Das gilt für Richard Wilhelm, den Schwiegersohn Blumhardts, für den großen Chinamissionar E. Faber, den Chaggamissionar und -forscher B. Gutmann, aber auch für W. Kohler, den ehemaligen Japanmissionar und späteren Religions- und Missionswissenschaftler in Berlin und Mainz. Weitere Namen könnten genannt werden. Sie alle fühlten sich gesandt und waren Missionare, alle erlebten eine echte Begegnung, wenn nicht so etwas wie eine Bekehrung zu der anderen Religion, und doch blieben sie – vielleicht mit Ausnahme von Richard Wilhelm – ihrem christlichen Glauben treu, wenn auch oft in veränderter Form. Es war gerade die Bindung an den eigenen Glauben, der ihnen den Weg zu den anderen öffnete. In der Begegnung entdeckten sie ein Stück »Gleichheit« mit der anderen Religion. Worin die besteht, ist nicht auf einen Nenner zu bringen. Für den einen ist es die Entdeckung eines gemeinsamen mystischen Urgrundes[18], für andere, wie etwa E. Faber, sind es die gemeinsamen ethischen Strukturen. Für den dritten, wie z. B. W. Kohler, aber auch für den Japaner Takizawa Katsumi, waren es die Aussagen des frühen und besonders die des späten Barth, die ihnen die Freiheit gaben, sich auf die andere Religion einzulassen und in ihr ein Stückchen der Wirklichkeit zu erfahren, die Karl Barth das Mitsein des ewigen Immanuel mit den Menschen nennt. Lutherische Theologen, u. a. von Herder beeinflußt, entdeckten in den Stammesreligionen gültige Ordnungen, die sie als urtümliche Schöpfungsordnungen respektieren und in der Kirche bewahren wollten.

In mancher Hinsicht müßte auch C.-H. Ratschow hier eingeordnet werden, der aufgrund phänomenologischer Forschung die anderen Religionen zu verstehen sucht und einen analogen Ursprung in jeder Religion entdeckt, nämlich das Hervortreten des Gottes, der den Ursprung der Religion fügt. Das gibt uns in seinen Augen das Recht zur Analogisierung der Religionen und zwingt uns, die dort erfahrene Gotteswirklichkeit und den religiösen Respons des Menschen in den dogmatischen Diskurs einzubeziehen.[19]

Nur wo beides da ist, die tiefe Faszination durch eine andere Religion und die

18. Vgl. hierzu auch R. Otto, der in der christlichen und indischen Mystik »zunächst eine seltsame Übereinstimmung in den Urmotiven seelischen Erfahrens« wahrnahm, aber zugleich betonte, die »mannigfachen typischen BESONDERUNGEN zu erfassen«. R. Otto, *West-östliche Mystik. Vergleich und Unterscheidung zur Wesensdeutung,* Gotha 1926, V.

19. C.-H. Ratschow, *Die Religionen*, a. a. O.; vgl. weiter *Religionen, Religiosität und christlicher Glaube. Eine Studie*, 3. Aufl., Gütersloh 1993

feste Verwurzelung in der eigenen, kommt es zum Verstehen. Wer ein Vorverständnis für die Sache der Religion durch die Bindung an die eigene Religion mitbringt und zugleich die andere nicht als der seinen ähnlich oder gleich ansieht, sondern sich auf sie in ihrer Fremdheit und Andersartigkeit einläßt, kann ihren Sinn entdecken, so daß Verstehen beginnt. Wer jedoch die Gleichheit der Religionen glaubt und immer schon weiß, wie ähnlich sie einander sind, der verfehlt den Zugang. Voreingenommenheit, wie positiv sie sich auch zur anderen Religion stellt, macht letztlich blind, wie schon Herder hellsichtig feststellte.

Ist es nun die Mischung aus diesen zwei Begegnungsmodellen, dem Alteritäts- und Gleichheitsmodell, die zu einem positiven Verstehensergebnis führt, oder kann auch die Verbindung von dem Komplementaritäts- und dem Gleichheitsmodell in gleicher Weise Verstehen ermöglichen? Ohne die Antwort detailliert zu begründen, kann nach meinen Kenntnissen als vorläufige Hypothese folgende Regel aufgestellt werden: Die Mischung aus Alteritäts- und Gleichheitsmodell ist eher im Protestantismus zu Hause, während im katholischen Bereich aus dogmatischen Gründen die Mischung aus Komplementaritäts- und Gleichheitsmodell zur Annäherung an die fremde Religion führt. Die »Bantu-Philosophie« von Pater Placide Tempels[20] wäre hier als markantes Beispiel zu nennen. Mit thomistischen Kategorien hat er die Logik afrikanischer Stammesreligionen in solch überzeugender Weise erschlossen, daß sein Buch wie selten eines interdisziplinär rezipiert wurde und innovativ sowohl auf die Religionswissenschaft als auch die sozialanthropologische Forschung wirkte.

Exkurs: Die Sicht der anderen Religionen

Ehe wir uns der nun anstehenden Frage zuwenden, ob solches Gelingen, die andere Religion zu verstehen, sich methodisch aufschlüsseln läßt, oder ob das allein von der Intuition des einzelnen abhängt und damit nicht übertragbar und erlernbar ist, wollen wir einen kurzen Blick auf die anderen Religionen werfen und sehen, ob bei ihnen das Verstehen fremder Religionen zentraler angesiedelt ist und besser gelingt als im Christentum. Die Antwort ist, soweit ich die Literatur überblicke, negativ: Von sehr wenigen Ausnahmen abgesehen, besteht bei ihnen kein Interesse an den fremden Religionen, geschweige das Bedürfnis, sie *von innen heraus* zu verstehen. Sie werden, wenn überhaupt, nur unter apologetischen Vorzeichen dargestellt. Im Islam gibt es aus neuerer Zeit kaum ein Buch, das objektiv den islamischen Leser in das Wesen des christlichen Glaubens einführt, auch wenn das Interesse an den anderen Religionen aus welchen Gründen auch immer zu wachsen scheint.[21] In neuster Zeit hat das »Royal Institute for Inter-Faith Studies«

20. Heidelberg 1956.
21. Vgl. dazu J. Waardenburg, »Muslimisches Interesse an anderen Religionen im soziopolitischen Kontext des 20. Jahrhunderts«, in: Ch. Elsas/H. G. Kippenberg (Hg.), *Loyalitäts-*

in Amman ein solches Buch herausgegeben. Mitglieder der Königlichen Akademie verteilten es bei einer Dialogtagung zwischen Vertretern der Akademie und der EKD in Loccum im Jahr 1996. Doch das Manuskript ist von einem Christen verfaßt. Immerhin bedeutet es einen signifikanten Fortschritt, daß ein Muslim für dieses Buch seinen Namen hergegeben und es in arabischer Sprache publiziert hat. Der Islam als solcher ist nicht an einer korrekten Kenntnis der beiden anderen Buchreligionen interessiert. Alles, was man über sie wissen muß, ist im Koran enthalten. In seinen Augen ist es gefährlich, sich dem Christentum auszusetzen. Seine Faszination ist groß und damit die Versuchung überzutreten. Nichtwissen dient als Schutzwall.

Ähnliches gilt vom Buddhismus. Eine Sonderrolle nehmen die philosophischen Annäherungen an das Christentum seitens der Kyotoschule in Japan ein und die an der Praxis orientierten Begegnungen von Mönchen der mahayanistischen und der katholischen Tradition. Hier dominiert das Gleichheitsmodell so stark, daß die Begegnung einer Suche nach Übereinstimmungen mit dem Ziel entspricht, komplementär die eigenen Erfahrungen zu ergänzen und zu bereichern.[22]

Dem Komplementaritätsmodell sind m. E. auch die Bemühungen der Neohinduisten zuzurechnen, die sich intensiv mit dem Christentum beschäftigt haben, ihm sich aber nur so weit öffneten, wie es in das eigene System eingebaut werden konnte. Das diente der Bereicherung, aber zugleich auch der Immunisierung ihres Glaubens gegenüber der christlichen Herausforderung.[23]

Ich fasse das Ergebnis unserer bisherigen Überlegungen mit einem Gedicht des hintergründigen Chr. Morgenstern zusammen.[24]

Der Lattenzaun

Es war einmal ein Lattenzaun,
mit Zwischenraum, hindurchzuschaun.

Ein Architekt, der dieses sah,
stand eines Abends plötzlich da –

Und nahm den Zwischenraum heraus
und baute draus ein großes Haus –

konflikte in der Religionsgeschichte (FS C. Colpe), Würzburg 1990, 140-152. A. T. Khoury/L. Hagemann, *Christentum und Christen im Denken zeitgenössischer Muslime*, Altenberge 1986.

22. Vgl. dazu Shunichi Takanayagi, »›Jesus‹ among Contemporary Thinkers in Japan«, in: *Wege der Theologie: an der Schwelle zum 3. Jahrtausend* (FS H. Waldenfels), Paderborn 1996, 717-724; M. von Brück/W. Lai, *Buddhismus und Christentum,* a. a. O.
23. Vgl. M. M. Thomas, *Christus im neuen Indien. Reformhinduismus und Christentum*, Göttingen 1989; W. W. Emilson, *Violence and Atonement*, Frankfurt a.M./New York 1994.
24. Ch. Morgenstern, *Sämtliche Galgenlieder*, Zürich 1992, 64.

Der Zaun indessen stand ganz dumm,
mit Latten ohne was herum.

Ein Anblick gräßlich und gemein,
drum zog ihn der Senat auch ein.

Der Architekt jedoch entfloh
nach Afri- od Ameriko.

Dieses kleine Gedicht drückt in unnachahmlicher und höchst präziser Weise aus, worum es geht: Nur wo der Abstand zwischen den Latten (sprich: Religionen) bewahrt, der Zwischenraum nicht herausgenommen und entfernt wird, und kein Architekt (sprich: ein Vertreter der New Age-Theologie, einer mystisch oder pluralistisch infizierten Religionstheologie) kommt, um daraus ein gemeinsames Haus der Religionen zu bauen – es werden nur Luftschlösser daraus – nur dort, wo die Latten/Religionen in ihrer Distanz und Zuordnung, in ihrer Differenz und Zusammengehörigkeit respektiert werden, ist die Voraussetzung für das Verstehen gegeben. Wer die Differenz nicht beachtet, der kann getrost nach Amerika gehen und in Los Angeles ins Meer religiöser Beliebigkeit eintauchen und untergehen.

Hermeneutische Stufen

Welche methodischen Konsequenzen ziehen wir aus unseren Überlegungen für eine interreligiöse Hermeneutik?

1. Alles Verstehen beginnt damit, daß ich die andere Religion wirklich als andere, fremde Religion wahrnehme und respektiere. Alle psychologischen Anstrengungen, wie sie neuerdings en vogue sind, die das Fremde als das mir Eigene und nur Verdrängte ansehen, haben hier keinen Platz. Ebensowenig eine wie auch immer begründete Annäherung, die das Gleiche und Ähnliche entdecken will. Husserls Fehler, dessen phänomenologischer Erfassung des Anderen wir in der Religionsphänomenologie so viel verdanken, darf nicht wiederholt werden. Denn wie viele andere beginnt auch er mit dem »Mir-Eigenen«: »Ich beginne damit, diesen Erfahrungshorizont von allem Fremden überhaupt abstrakt zu befreien … wir abstrahieren von allem *Fremdgeistigen* als dem, was hier am fraglichen *Fremden* seinen spezifischen Sinn ermöglicht«, heißt es in seinen Cartesianischen Meditationen.[25] Nein, auf der ersten Stufe der Annäherung an die andere Religion muß deren Alterität wahrgenommen und beachtet werden. Der erste Schritt erfordert Distanz. Es geht hier um eine sachliche Wahrnehmung und Beschreibung der Phänomene, so wie man in der kunstgeschichtlichen Interpretation Wert darauf legt,

25. E. Husserl, *Cartesianische Meditationen und Pariser Vorträge*, Haag 1950, 126f. Zum Ganzen vgl. B. Waldenfels, »Erfahrung des Fremden in Husserls Phänomenologie«, in: E. W. Orth (Hg.), *Profile der Phänomenologie. Zum 50. Todestag von Edmund Husserl*, Freiburg/München 1989, 39-62.

zuerst die Phänomenebene so objektiv wie möglich zu erfassen, d.h. urteils- und vorurteilsfrei. G. van der Leeuw hat für diese Haltung den Begriff der »epoché« von Husserl übernommen, d.h. sich jeden Urteils zu enthalten. Er machte jedoch den schwerwiegenden Fehler, die spezifischen kulturellen und sozialen Kontexte der Phänomene auszuklammern. Die transzendentale Reduktion Husserls hat ihn dazu verleitet, weshalb in neuerer Zeit die Religionsphänomenologie überhaupt in Verruf gekommen ist.[26] So berechtigt diese Kritik ist, man darf das Kind nicht mit dem Bade ausschütten.

2. Auf der zweiten Stufe der hermeneutischen Annäherung an die fremde Religion gilt es eben dies nachzuholen. Die aus der Distanz genau wahrgenommenen und erfaßten Phänomene müssen auf der zweiten Ebene (der Zeichenebene) in ihrem eigenen, besonderen Kontext beschrieben werden. Das kann nur durch eine *teilnehmende Beobachtung* geschehen, eine methodische Forderung, die in der ethnologischen Forschung heute zur Selbstverständlichkeit geworden ist, aber auch für die religionswissenschaftliche Erfassung der fremden Religionen zur conditio sine qua non erhoben werden muß. Wer tiefer in eine andere Religion eindringen will, muß an ihren Riten teilnehmen, denn Riten sind die Architektur einer Religion. Ihre Zeichen müssen wahrgenommen werden, wiederum so objektiv wie möglich, aber nun doch auch mit Sympathie und dem Willen, von der Zeichenebene immer tiefer in die der Symbolik einzudringen.

3. Die Symbolik einer Religion, ihrer Riten, ihrer Lehren, ihrer Vergemeinschaftungspraxis muß auf der dritten, der Symbolebene begriffen werden. Das ist nur möglich, wenn man sich auf die andere Religion einläßt und sich ihrer Faszination aussetzt – jedenfalls für einen Moment. Nun geht es nicht mehr nur um teilnehmende Beobachtung, sondern um »teilnehmende Erfahrung«, von der E. Herms gelegentlich gesprochen hat. Der Bereich des Erlebens ist auf dieser Stufe angesprochen. Die Textinterpretation gehört ebenfalls dazu. Jetzt dürfen, ja, müssen Vergleiche gezogen werden. Durch vergleichende Textinterpretation erschließen sich die Symbole, und durch den Vergleich, der Analogie und Differenz festhält, werden sie versteh- und rezipierbar, wird Kommunikation möglich. Wie bei der Interpretation eines Kunstwerkes geht es auf dieser dritten Stufe um den Sinn. Hier muß das Ganze der Religion erfaßt und ihre innere Logik erschlossen werden, und zwar von innen heraus. Die andere Religion wird, so weit irgend möglich, aus der Perspektive des anderen wahrgenommen. Daß sich hier Grenzen ergeben, ist unumstritten. Doch zu früh zu resignieren, hieße, den Verstehensprozeß vorzeitig abzubrechen. Allerdings ist die Perspektive der anderen nicht das einzige gültige Kriterium, wie wir aus der Ethnologie, aber auch durch die Semio-

26. Vgl. dazu auch H.G. Kippenberg, »Diskursive Religionswissenschaft«, a.a.O., 9-28; G. von der Leeuw, *Phänomenologie der Religion*, a.a.O., 772. Vgl. insgesamt zu van der Leeuw: J. Hermelink, *Verstehen und Bezeugen. Der theologische Ertrag der Phänomenologie der Religion von Gerardus van der Leeuw*, München 1960, bes. 102ff.

tik wissen. Es kann nicht allein darum gehen, wie es lange Zeit Ziel der Textinterpretation war, die Intention des Textes mit den Augen des Autors zu erfassen. Die betroffenen Mitglieder einer Ethnie sind nicht die einzige authentische Interpretation ihrer rituellen Begehungen. Der Vergleich kann Dimensionen der Symbolik erschließen, die den Teilnehmern nicht bewußt sind und aus dem Vergessen neu hervorgeholt werden müssen. Daß ein Künstler nicht immer der richtige und beste Interpret seines Kunstwerkes ist, wissen wir, aber es sollte ebensowenig ohne ihn gehen, wie ohne die Interpretation der Angehörigen der betroffenen Religion. Sie müssen sich in der externen Darstellung wiederfinden können und darin ernst genommen fühlen.[27]

4. Während mit dieser dritten Stufe die kunstgeschichtliche Interpretation, aber auch die rein religionswissenschaftliche Erfassung einer anderen Religion zum Abschluß kommt[28], müssen wir ebenso wie in der interkulturellen Hermeneutik eine vierte Stufe betreten, die Relevanzebene. Hier trennen sich die Wege der interkulturellen und der interreligiösen Hermeneutik! Jene fordert auf dieser Ebene die Tugend des Respektes und ihr Ziel ist es, das Zusammenleben der unterschiedlichen Kulturen und der von ihnen geprägten Menschen zu ermöglichen, wobei jeder er selbst bleiben kann und dennoch bereit ist, von den anderen zu lernen und im Zusammenleben der Menschen Hilfe zu leisten.[29] In der inter*religiösen* Hermeneutik geht es auf der Relevanzebene um etwas anderes. Der eigentliche Wendepunkt des Verstehens beginnt nämlich erst hier, wenn die andere Religion, auf die ich mich mit Sympathie und Empathie eingelassen habe, mir zur Versuchung wird. Das hat schon vor langer Zeit W. Freytag als Kriterium des Verstehens der anderen Religion angeführt. Das haben die oben genannten Forscher vorgelebt und die Grenze zur anderen Religion endgültig oder für lange Zeit überschritten und sich ihr angeschlossen. Auch wenn dieser letzte Schritt keine Endgültigkeit besitzen muß, für einen Augenblick jedenfalls darf und soll die Distanz zur anderen Religion aufgehoben werden. Dabei geht es um mehr als bei der teilnehmenden Beobachtung, wo ich, nach einem schönen Bilde von K. Cragg, bei einem Moscheebesuch meine christlichen Schuhe ausziehe.[30] Auf dieser Ebene ist vielmehr die eigene bisherige religiöse Existenz in Frage gestellt und herausgefordert. In der interkulturellen Hermeneutik geht es an dieser Stelle um ästhetische

27. Ähnlich P. Antes, »Theologie und Religionswissenschaft. Methodische Anmerkungen zu Nähe und Distanz«, in: *Wege der Theologie: an der Schwelle zum 3. Jahrtausend* (FS H. Waldenfels), Paderborn 1996, 313-324, ebd., 315.
28. Vgl. zum Ganzen E. Panofsky, »Zum Problem der Beschreibung und Inhaltsdeutung von Werken der bildenden Kunst.« *Logos* 1932, 103-119. Die Methode von Panofsky ist, wenn oft auch mit Modifikation in der Ikonographie, weitgehend übernommen worden. Vgl. R. van Straten, *Einführung in die Ikonographie*, Berlin 1989.
29. Das habe ich in meiner interkulturellen Hermeneutik *Den Fremden verstehen*, a.a.O., 155ff. und 183ff., ausführlich dargestellt.
30. K. Cragg, *Sandals at the Mosque*, London 1959.

und um ethische Fragen, die die gemeinsame Lebensbewältigung betreffen, hier dagegen wird die *Wahrheitsfrage* gestellt. Alles, was meinen Glauben bestimmt, steht auf dem Prüfstand. Jetzt wird die andere Religion zum Anruf, zur Anfrage an den eigenen Glauben, zum Aufruf, sich zu entscheiden, wohin man gehört.

Nun könnte man fragen, ob der Bogen der Hermeneutik nicht überspannt wird, wenn solche Forderungen an sie gestellt werden. Andere Religionen erwarten in der interreligiösen Begegnung solch einen Schritt nicht, noch ermutigen sie dazu. Im Gegenteil, die limitische Funktion religiöser Symbole besteht gerade darin, die Anhänger der eigenen Religion vor dem Fremden zu bewahren und sie vor ungewünschter Beeinflussung zu schützen und den Austausch zu erschweren, wie wir gesehen haben. Hier stoßen wir auf eine Besonderheit der christlichen Religion. Weil sie ihrem Wesen nach missionarisch ist, läßt sie sich von der Liebe leiten. Liebe aber will verstehen. Sie kann nicht anders. Sie muß sich auf den anderen einlassen, auch wenn sie sich dabei riskiert. Und noch etwas anderes gilt, worauf C.-H. Ratschow zu Recht hingewiesen hat: Der christliche Glaube ist wesentlich angefochtener Glaube.[31] Angesichts der unerforschlichen Wirklichkeit Gottes und angesichts der Wirklichkeit unserer Lebenswelt und der anderen Religionen ist christlicher Glaube immer angefochtener Glaube. Das macht seine Verletzlichkeit, seine Verwundbarkeit[32] aus. Aber wir dürfen darin auch seine Stärke sehen. Zum Wesen des christlichen Glaubens gehört seine kenotische Struktur (Phil 2). Er muß sich entäußern, will er er selbst sein, und sich bis zum äußersten auf eine andere Religion einlassen. Mit Paulus zu sprechen, den Juden ein Jude und den »Heiden ein Heide« werden. Hier ist der Grund dafür zu finden, warum es ausgerechnet Missionare waren, die die verstehende Religionsforschung so weit vorangetrieben haben und die anderen Religionen von innen heraus zu verstehen suchten und sie so darstellten, daß ihren Lesern gelegentlich Zweifel kamen, ob man angesichts der Schönheit und Tiefe der beschriebenen Religion überhaupt noch als Missionar auftreten könne. Mir ist diese Frage nach Vorträgen über afrikanische und andere Religionen oft gestellt worden. Ich freute mich darüber, weil ich empfand, daß in einem solchen Moment die Begegnung der Religionen eine wichtige Stufe erreicht hat. Es geht in der Mission, in der Begegnung der Kirche mit anderen Religionen, nicht um die Begegnung von einer überlegenen mit einer minderwertigen Religion, auch dann nicht, wenn die sekundäre Religion auf eine primäre trifft, sondern um Wahrheit. Die Beantwortung der Wahrheitsfrage jedoch kann nur im Horizont des Verstehens geschehen. Den Raum des Verstehens zu schaffen, dem dient die interreligiöse Hermeneutik und ermöglicht damit, daß der Dialog und das wechselseitige Zeugnis von der Wahrheit, die man glaubt und die das eigene Leben bestimmt, rein und lauter geschieht, so daß in der Begegnung, mit R. Otto zu sprechen, nicht »politische Systeme, nicht wirtschaftliche

31. C.-H. Ratschow, *Der angefochtene Glaube*, 5. Aufl., Gütersloh 1983.
32. Vgl. H.-J. Margull, »Verwundbarkeit. Bemerkungen zum Dialog«, *EvTh* 1974, 410-420.

Gruppen, nicht soziale Interessen, ... gegeneinander aufstehen«, sondern endlich »Geist auf Geist, Ideal auf Ideal, Erlebnis auf Erlebnis trifft, es jeder ohne Hülle sagen muß, was er Tiefstes, was Echtes hat, und ob er was hat«.[33]

Faszination und Abwehr habe ich diese Kapitel überschrieben. Im Verlauf der hermeneutischen Suchbewegungen, durch die Entdeckung der Mischung zweier Begegnungsweisen, des Alteritäts- und Gleichheitsmodells, als Voraussetzung echten interreligiösen Verstehens und durch die Umsetzung dieser Erkenntnis in hermeneutische Stufen ist deutlich geworden, daß die im hermeneutischen Prozeß erstellten Analogien zwischen dem Christentum und den anderen Religionen unvermutet ein ganz anderes Gewicht bekommen, als sie sie in einer Religionsphänomenologie besitzen, wo sie, wie wir bei van der Leeuw gesehen haben, viel zu früh auf die ersten Verstehensebene gezogen und dort eingebracht werden. Jetzt sind sie nämlich eine Anfrage, die in den dogmatischen Diskurs aufgenommen werden muß. Die interreligiöse Hermeneutik ist nur Wegbereiterin. Es wird endlich Zeit, daß die Dogmatiker den vorbereiteten Weg auch beschreiten.

33. R. Otto, *Vishnu-Narayana*, Jena 1917, 155.

IV.

Zur Wissenschaft von der Religion

1. Zum Verhältnis von Religionswissenschaft und Theologie*

Aus systematisch-theologischer Sicht

1. Die Faktoren sind bekannt, die im deutschsprachigen evangelisch-theologischen Bereich das Verhältnis von Religionswissenschaft und Theologie getrübt haben, ja, den Verkehr zwischen beiden Wissenschaften in vieler Hinsicht zum Stillstand haben kommen lassen. Da ist einerseits die religionsgeschichtliche Schule, die auf dem Höhepunkt ihres Einflusses durch v. Harnacks Rektoratsrede im Jahre 1901 »Die Aufgabe der theologischen Fakultäten und die allgemeine Religionsgeschichte« zwar dafür gesorgt hat, daß die Theologie als Wissenschaft nicht in die Religionswissenschaft überführt wurde, andererseits es aber auch verhinderte, daß in Berlin – in der Folge jedoch nicht nur dort – ein religionsgeschichtlicher Lehrstuhl der theologischen Fakultät eingegliedert wurde. Harnack wollte nicht, daß Theologen auf religionswissenschaftlichem Gebiet zu Dilettanten würden. Das Ergebnis war, daß die Vertreter der Religionsgeschichte in die philosophischen Fakultäten abwanderten, oder, wo das nicht geschah, das Fach von anderen Lehrstuhlinhabern, vornehmlich von Alttestamentlern, wahrgenommen wurde.[1]

Der tiefer liegende Grund, daß ausgerechnet die religionsgeschichtliche Schule zur Entfremdung von Theologie und Religionswissenschaft beigetragen hat, liegt in ihrem systematischen Ansatz, wie er in Harnacks Rede, dann aber auch in dem zwei Monate später gehaltenen Vortrag von E. Troeltsch »Die Absolutheit des Christentums und die Religionsgeschichte« erkennbar wird, der Harnacks Thesen rezipierte. Trotz aller Distanz zu Hegel kommt man letztlich nicht aus dessen Geschichtskonstruktion heraus.

Zwar wird nicht mehr mit Hegelscher Gewißheit vorgetragen, daß das Christentum Konvergenzpunkt aller Religionen im absoluten und geschichtlich endgülti-

* Teile dieses Kapitels wurden im *Jahrbuch für Biblische Theologie*, Bd. 10, Neukirchen-Vluyn 1995, 189-206 veröffentlicht.

1. A. v. Harnack, *Die Aufgabe der theologischen Fakultäten und die allgemeine Religionsgeschichte*, 1901. Vgl. dazu das Vorwort von E. Troeltsch, *Die Absolutheit des Christentums und die Religionsgeschichte*, Tübingen/Leipzig 1902; vgl. zum Ganzen C. Colpe, »Bemerkungen zu Adolf v. Harnacks Einschätzung der Disziplin ›Allgemeine Religionsgeschichte‹«, *NZSTh* 1964, 51 ff.; G. Rosenkranz, *Religionsgeschichte und Theologie*, München 1964, 11 ff. Zum Ganzen vgl. G. Lanzkowski (Hg.) *Selbstverständnis und Wesen der Religionswissenschaft*, Darmstadt 1974; S. Hjelde, *Die Religionswissenschaft und das Christentum. Eine historische Untersuchung über das Verhältnis von Religionswissenschaft und Theologie*, Leiden/New York 1994; H. Wrogemann, *Mission und Religion in der Systematischen Theologie der Gegenwart*, Göttingen 1997; A. Michaels (Hg.), *Klassiker der Religionswissenschaft. Von Friedrich Schleiermacher bis Mircea Eliade*, München 1997.

gen Sinn sei – die historische Methode läßt solche Aussagen nicht zu – doch in einen relativ endgültigen Sinn kann man diese Behauptung aufgrund des gegenwärtigen (damaligen) Wissens und der religionsgeschichtlich-kulturellen Forschungsergebnisse weiterhin aufrechterhalten.

Der erste Weltkrieg und in seinem Gefolge die Dialektische Theologie haben dieses im ganzen doch imposante Geschichtsgebäude des geistigen Großbürgertums der wilhelminischen Ära zerschlagen: Die Dialektische Theologie riß in ihre prophetische Kritik die abendländische Kultur und das Christentum mit hinein, zerschlug das Selbstwertgefühl und nahm der Theologie jede Möglichkeit, sich im Rahmen und im Konzert der anderen Religionen neu zu besinnen. Wenn, nach dem frühen K. Barth, jede Religion »der konzentrierte Ausdruck des menschlichen Unglaubens, d.h. die dem Glauben gerade entgegengesetzte Haltung und Handlung« (KD I, 2,330) ist, dann muß das Gespräch zwischen der Theologie und der Religionswissenschaft abbrechen. Diese Konsequenz ist unvermeidbar, auch wenn Karl Barth, was oft übersehen wird, in seiner Kritik an erster Stelle das Christentum gemeint hat und als Religion hinterfragte. Sobald die Sonne, Christus, scheint, verdunkeln alle Sterne, verliert der Mond sein Licht. Religionen leben auf der der Sonne abgewandten Seite der Erde. Sie sind nicht Gegenstand dogmatischer Reflexion. Die Religionen kommen in KD I-III nicht wirklich in den Blick.[2] Wendet man sich dennoch als Theologe der Religionswissenschaft zu, dann wird sie in diesem Kontext als »Evangelische Religionskunde« betrieben werden müssen. Sie arbeitet zwar mit den gleichen Mitteln wie die profane Religionswissenschaft – das nicht getan zu haben, darf man ihren Vertretern nicht vorwerfen – das Ziel bleibt aber die »Religionsmessung« (Mensching) in solch hohem Maße, daß ihre Ergebnisse von ihrem Ende her von der schwesterlichen Fachwissenschaft angezweifelt werden müssen.

Trotz des prophetischen Kahlschlages seitens der Dialektischen Theologie ist das Verhältnis der Theologie zur Religionswissenschaft nicht in allen Wissenszweigen abgebrochen. In den exegetischen Fächern gab es durchaus mehr als nur einen »kleinen Grenzverkehr« (G. Rosenkranz). Dort hat die Religionswissenschaft das Terrain, das sie auf systematischem Gebiet verloren hatte, durch die historisch-kritische Methode in vollem Maße wiedergewonnen.[3] Auch wenn bis heute – fraglos aufgrund systematischer Defizite – nicht geklärt ist, welcher Stellenwert letztendlich dem religionsgeschichtlichen Vergleich in der Exegese zukommt, das Gesamt-

2. Das hat zu Recht K. Nürnberger herausgearbeitet: *Glaube und Religion bei K. Barth: Analyse und Kritik der Verhältnisbestimmung zwischen dem christlichen Glauben und den anderen Religionen in §17 der ›Kirchlichen Dogmatik‹ Karl Barths*, Diss. theol., Marburg 1967. Vgl. auch R. Bernhardt, *Der Absolutheitsanspruch des Christentums. Von der Aufklärung bis zur Pluralistischen Religionstheologie*, Gütersloh 1990, 149ff.
3. Vgl. dazu den von U. Mann besorgten Sammelband: *Theologie und Religionswissenschaft. Der gegenwärtige Stand ihrer Forschungsergebnisse und Aufgaben im Hinblick auf ihr gegenseitiges Verhältnis*, Darmstadt 1973.

konzept des »Theologischen Wörterbuches« (begr. von Kittel) zeigt, daß zwischen der Religionswissenschaft als historischer Methode und der Exegese als historisch-kritischer Methode eine enge, nicht mehr hinterfragte Kooperation besteht, die sich nach beiden Seiten hin fruchtbar ausgewirkt hat.

Im AT ist dieses harmonische Miteinander jedoch durch R. Albertz aufgestört worden, als er seine »Religionsgeschichte Israels« als Alternative zu einer Theologie des AT deklarierte. Das hat nicht nur zu einer heftigen Kontroverse geführt,[4] sondern auch zu einer Besinnung auf die Bedeutung der religionsgeschichtlichen Forschung für das Verstehen des AT,[5] wie auch zu einer Methodendiskussion der religionsgeschichtlichen Forschung.[6]

2. Im folgenden geht es uns um die Verhältnisbestimmung der Religionswissenschaft zur Systematischen Theologie als jener Wissenschaft, die sich über das Ganze der Theologie Rechenschaft gibt und sie im Zusammenhang der gesamten Weltwirklichkeit bedenkt.

Die geistesgeschichtliche Lage nach dem Zweiten Weltkrieg, der Neuaufbruch der Ökumene, das Ende des Kolonialismus und die Frontenverschiebung innerhalb der Welt der Religionen konnten die Systematische Theologie nicht unberührt lassen. Ob sich daraus ein neues Verhältnis zur Religionswissenschaft ergeben hat, gilt es zu prüfen. Dabei sei zunächst vorausgeschickt, daß sich Theologie und Religionswissenschaft als selbständige, voneinander unabhängig existierende Wissenschaften so etabliert haben, daß niemand ihre jeweilige Eigenständigkeit in Frage stellen wird. Daß darin auf irgendeine Weise auch eine Fernwirkung der Dialektischen Theologie zu erkennen ist, wird man feststellen und positiv verbuchen können.[7] Man kann füglich, um den kleinsten gemeinsamen Nenner zu nehmen, von »Partnern« sprechen, wobei das eigentliche Problem jedoch darin besteht, wie bei aller Konvergenz der »formal identischen Sinnsysteme« die Partnerschaft zu bestimmen ist.[8] Das Problem wird dadurch komplizierter, daß das Verhältnis aus der Sicht der Systematischen Theologie entsprechend den unterschiedlichen dogmatischen Ansätzen jeweils anders aussieht, denn Definition, Ort und Relevanz dessen, was unter »Religion« verstanden wird, beeinflußt auch das Verhältnis zur Religionswissenschaft. Jede Definition schließt implizit oder explizit den Entwurf oder die Vorstellung einer »Theologie der Religionen«

4. Vgl. dazu das *Jahrbuch für Biblische Theologie,* Bd. 10, 1995.
5. Cf. W. H. Schmidt, »Einsichten und Aufgaben alttestamentlicher Theologie und Hermeneutik«, *VuF* 1998, 60-75, bes. 64 ff.; ders., *Alttestamentlicher Glaube*, 8. Aufl., Neukirchen 1996, § 1.
6. Vgl. H. P. Müller, »Alttestamentliche Theologie und Religionswissenschaft«, in: Ders. *Glauben, Denken und Hoffen. Alttestamentliche Botschaften in den Auseinandersetzungen unserer Zeit*, Münster 1998, 249-260.
7. Vgl. dazu W. Holsten, »Zum Verhältnis von Religionsgeschichte und Theologie«, in: K. Rudolph (Hg.), *Festschrift Walter Baetke*, Weimar 1966, 191-209.
8. Vgl. U. Tworuschka, »Partner auf getrennten Wegen«, *LM* 1975, 191 ff.

ein. Auch die Nichtbeachtung der Religionen impliziert ein Urteil, ob dies gewollt ist oder nicht.

Wir wenden uns noch einmal Karl Barth zu. Gemäß seiner dialektischen Methode, das Negative in einem späteren Argumentationsgang erneut positiv aufzunehmen und modifiziert, erweitert, zum Eigentlichen gebracht, in sein System einzubauen, muß er sich in der Christologie noch einmal dem Problem der Religion stellen. Im ersten Durchgang, so sahen wir, sind die Religionen nach Barth der Versuch des Menschen, sich gegenüber Gott zu behaupten. Sie fallen alle, einschließlich des Christentums, unter das Gericht Gottes. Nur wo das Licht Christi akzeptiert wird, wie es in der christlichen Religion geschieht, kann sie gerechtfertigt und geheiligt werden. Sie lebt von nun an »von Gnade durch Gnade«. Die Frage muß gestellt werden, ob das prinzipiell auch in einer anderen Religion geschehen und sie in gleicher Weise wie das Christentum gerechtfertigt werden kann. In KD IV, 3 greift Barth das Sonnengleichnis noch einmal auf: Jesus, das Licht des Lebens.

Hieß es zuerst (im Rahmen pneumatologischer Ausführung!), daß alle Lichter verdunkeln, wenn das Licht des neuen Tages scheint, so gelangt Barth nun aufgrund des Osterereignisses, das objektiv ein neues, universal gültiges Licht in die Welt gebracht hat, zu der Aussage: Überall, wo es Licht gibt, sind sie Reflex dieses einen Lichtes. Innerhalb der Kirche, die von diesem Licht direkt lebt, ist das selbstverständlich. Aber da die Universalität des Lichtes Christi ontologisch nicht eingegrenzt werden kann, muß es heißen: »Sollte es etwa – was gewiß nicht von vornherein zu bestreiten ist – auch da draußen wirklich leuchtende Lichter des Lebens, wahres Wort Gottes geben, so ist es allein auch da draußen dieses Wort, so leuchten jene Lichter auf da draußen, weil und indem auch da sein – kein anderes Licht als sein Licht leuchtet« (KD IV, 3,1,107).

Es gibt außerhalb der Kirche also auch wahres Wort Gottes, ja, »in ihrer Weise auch reale Offenbarungen« (ebd.), nur können sie niemals das eine Wort, die eine Offenbarung ersetzen, sondern werden ontisch ermöglicht durch das ontologisch vorgegebene Wort und Licht, Jesus Christus, in dem immer und unmittelbar Gott selbst spricht.[9] Wiederum im Rahmen pneumatologischer Bestimmungen (diesmal geht es um die Kirche) werden die Konsequenzen im Blick auf die Anhänger anderer Religionen gezogen: Sie sind »virtuelle«, »potentielle« Christen, wenn auch zur Zeit noch durch Unwissenheit und den status extra muros gekennzeich-

9. Schon in *KD* IV, 2,305 heißt es: »Jesus ist auch ihr (d.h. der Nichtchristen) Herr und Haupt und also sind … objektiv sie auch die Seinigen, Sein Eigentum und eben darauf de jure anzusprechen … Es ist dieser ontologische Zusammenhang zwischen dem Menschen Jesus einerseits und allen anderen andererseits … der Rechtsgrund des Kerygmas.« »Die Kirche … hat es in jedem Menschen, gewiß noch nicht aktuell, wohl aber doch virtuell, potentiell mit einem Christen, mit einem christianus designatus … zu tun« (*KD* IV, 3,927).

net. Dieser status ist jedoch das Uneigentliche, Unreale, dagegen das Eigentliche und Reale, das Dynamische und sie Bestimmende ist die tatsächliche Veränderung ihres Seins durch den universalen Bund Gottes und das Recht seiner Liebe, mit der er sie liebt.[10] Die Konsequenzen, die sich aus der dialektischen Aufhebung der Negativbestimmung von »Religion« ergeben, hat Barth selbst nicht mehr gezogen. Den Maßstab, nach dem er nun Wahrheit und das Gute, Gottes Wort und Offenbarung im Lichte Christi bei den anderen Religionen findet, sucht man in seiner Dogmatik vergebens. Mündlich soll er gelegentlich den Wunsch geäußert haben, von der Religionsgeschichte aus die Dogmatik neu zu konzipieren. Wie immer es sich damit verhalten mag, aus seiner doppelten Bestimmung von Religion lassen sich verschiedene Konsequenzen für das Verhältnis von Theologie und Religionswissenschaft ziehen, wie man bei seinen Schülern und Freunden sehen kann. Die einen nehmen die Religionen nicht zur Kenntnis (O. Weber) und sehen in ihnen weiterhin den Versuch des Menschen, Gott zu manipulieren (H. J. Kraus)[11], oder man geht pragmatisch und nicht mehr prinzipiell vor und verhandelt das Problem der Fremdreligionen nur als Problem der Begegnung von Religionen und sucht nach einem neuen Dialog-Modell. Genau an der Stelle, wo Barth in KD IV, 3 das Problem der Religion neu aufnimmt, nämlich in der anthropologischen Bestimmung dessen, dem das christliche Zeugnis gilt, verhandelt J. Molt-

10. Anmerkungsweise sei darauf hingewiesen, daß sich K. Barth in diesen Ausführungen in hohem Maße Vorstellungen nähert, die innerhalb der römisch-katholischen Theologie vertreten werden. Barth hat das – mit dem nötigen und ihm eigenen Humor – natürlich selbst festgestellt und auf Tertullians Vorstellungen von der *anima naturaliter christiana* verwiesen (*KD* IV, 3,564). Doch auch mit Überzeugungen K. Rahners und seiner Schüler konvergieren sie, wenn diese davon sprechen, daß das Christusereignis die Welt real verändert und ein »übernatürliches Existential« geschaffen hat, das jeden Menschen so verändert, daß er in die Dimension des Heils positiv aufgenommen ist und in ihr lebt, auch wenn er sich dessen nicht bewußt ist. – Vgl. dazu auch E. Jüngel, »Extra Christum nulla salus – als Grundsatz natürlicher Theologie?«, in: E. Klinger (Hg.), *Christentum innerhalb und außerhalb der Kirche*, Freiburg 1976, 122ff. Wie stark das Lichtergleichnis K. Barth mit anderen, ihm in anderer Hinsicht recht fern stehenden Theologen verbindet, zeigt das folgende Beispiel: »Christus ist ... die Quelle des Heils für alle Welt. Um Christus, den einen Heilsbringer, gibt es einen näheren, sichtbar umgrenzten Lichtkreis und einen ferneren; eine Zone, da Christus ... gekannt ... verehrt und geliebt wird – und eine Zone, wo die Wasser der Erkenntnis und Gnade in Fülle fließen und wo, kraft solcher Segnungen, die ›Gerechten blühen wie Bäume an den Wasserbächen‹ – und eine fernere Zone, wo sie nur spärlich Nahrung finden in wasserarmem Lande, aber nicht selten eine herbe Schönheit haben mit kostbaren Früchten der Gottes- und Nächstenliebe.« O. Karrer, *Das Religiöse in der Menschheit und im Christentum*, Frankfurt a.M. 1934, 245, zit. nach W. Bühlmann, »Die Theologie der nichtchristlichen Religionen als oekumenisches Problem«, in: J. L. Leuba/H. Stirnimann (Hg.), *Freiheit in der Begegnung*, Stuttgart 1969, 453ff., ebd., 455. Hier sind Aussagen des II. Vaticanum bis ins Detail vorweggenommen.
11. O. Weber, *Grundlagen der Dogmatik*, I/II, 2. Aufl. 1959; H. J. Kraus, *Reich Gottes: Reich der Freiheit. Grundriß Systematischer Theologie*, Neukirchen-Vluyn 1975.

mann in seiner Ekklesiologie das Thema und nennt das Christentum den »kritischen Katalysator unter den Weltreligionen«.[12] Moltmann bleibt in der Linie Barths, wenn er die Möglichkeit a n d e u t e t, daß alle Religionen Wahrheit haben. In welcher Weise sie Wahrheit haben, wird nicht ausgeführt, weil das prinzipiell nur im jeweiligen Dialog erschlossen werden kann.

Der einzige, der konsequent den Ansatz K. Barths in der Missionswissenschaft weiterverfolgt, ist W. Kohler, und, wenn ich es recht sehe, in der Religionsgeschichte C. Colpe. Kohler schreibt 1967: »Gute Theologie unterscheidet sich darin von schlechter, daß sie bei aller Ausgerichtetheit auf ihren Herrn die Freiheit hat, ihn nicht nur in den verschiedensten Gestalten und Mißgestalten der Kirche zu erkennen, sondern auch mitten in der Welt der Religionen«.[13] Bei Barth gibt es im Verhältnis zur Offenbarung keine Präferenz der Religionen gegenüber anderen Erscheinungen menschlicher Kultur. In den anderen Religionen wird man nicht mehr und nicht weniger die Stimme des guten Hirten hören können als in den Erscheinungen des politischen und sozialen Zusammenlebens. Auf die säkularen, politischen Propheten ist in gleicher Weise zu hören wie auf die außerchristlichen, religiösen Propheten, wenn man sich auf Barths Argumentationsweise einläßt. Kohler scheint das zu spüren, wenn er den oben zitierten Satz zu Ende führt: »... den Atheismus einbeschlossen«!

Die Konsequenzen, die sich daraus für die Verhältnisbestimmung von Theologie und Religionswissenschaft ergeben, sind immens. C. Colpe hat das mit sicherem Gespür schon in seiner Göttinger Antrittsvorlesung (1964) erkannt, wenn auch nur mehr beiläufig erwähnt, in seinem Aufsatz »Drängt die Religionsgeschichte nach einer Summe?« aber das Problem intensiv aufgegriffen.[14]

Die Barthsche Dogmatik gewährt nach seiner Ansicht wie keine andere Theologie der Religionsgeschichte den größten Freiraum, gerade weil sie die völlige Trennung der aus der Offenbarung herkommenden theologischen von der religionsgeschichtlichen Fragestellung vollzieht. Diese ist frei, je nach Problem und Problemlage ihre Methode zu wechseln, weil sie unter keinerlei Legitimierungs- und (theologischem) Leistungszwang steht. Sie wird in die Freiheit der säkularen

12. J. Moltmann, *Kirche in der Kraft des Geistes. Ein Beitrag zur messianischen Ekklesiologie*, München 1975, 180f. Den Begriff und damit die Sache nimmt er von H. Küng auf, der ihn gerade in Kritik an dem Entwurf Moltmanns prägt! H. Küng, »Die Religionen als Frage an die Theologie des Kreuzes.« *EvTh* 1973, 401ff. Leicht und an einigen Stellen in aufschlußreicher Weise verändert noch einmal aufgenommen in: ders., *Christsein heute*, 2. Aufl. 1974, 102ff. Zu Moltmann vgl. H. Wrogemann, *Mission und Religion*, a.a.O., 196-224.

13. W. Kohler, »Theologie und Religion«, in: *Unterwegs zum Verstehen der Religionen. Gesammelte Aufsätze*, hg. von A. Feldtkeller, Frankfurt a.M./New York 1998, 97-105; ebd., 103; vgl. ders., »Unterwegs zu einer Theologie der Religionen«, ebd., 106-109.

14. C. Colpe, *Theologie, Ideologie, Religionswissenschaft*, a.a.O., 251-277, vgl. vor allem das Nachwort ebd., 275-277.

Forschung entlassen. Soweit die positive Seite. Man muß jedoch über Colpe hinaus auch auf die anderen Konsequenzen hinweisen. Die Religionswissenschaft wird nun ganz in das Orchester der Humanwissenschaften eingereiht, eine besondere Affinität zwischen Theologie und Religionswissenschaft gibt es nicht mehr.

Bei Barth und den in seinem Umkreis bezogenen Positionen hält sich bei aller eigenständigen Weiterentwicklung letztendlich die Position Calvins durch. Für ihn war Religion nicht Offenbarungsträgerin. Die Religionen greifen in ihrem Bemühen, sich Gott zu nähern, immer zu kurz. Niemals und nirgends kommt es zur vollen und reifen Gotteserkenntnis. Religion ist bei Calvin eine indifferente Größe, die nur dann herausgehoben wird, wenn sich die Offenbarung ihrer annimmt. Religion bekommt bei Calvin ihre Würde dadurch, »daß sie von der Offenbarung in sich aufgenommen und zu ihrer Gestalt gemacht wird«. Indem K. Barth Calvins Position so umschreibt (KD I, 2,310), faßt er seine eigene Überzeugung in nuce zusammen.

Das Bild der Verhältnisbestimmung von Religionswissenschaft und Theologie verändert sich vollständig, wenn wir uns der *lutherischen* Tradition zuwenden. Es ist überraschend, feststellen zu müssen, daß sich an dieser Stelle die konfessionellen Unterschiede konstant durchhalten. Luther hatte die Religionen in den Bereich des Gesetzes eingeordnet und sie ausschließlich an der Rechtfertigungslehre gemessen. In den Religionen zeigt sich der Mensch als *homo justificator*, als einer, der sich die vor Gott geltende Gerechtigkeit selbst schaffen will. Hier ist kein Unterschied zwischen dem römischen Katholizismus, dem Islam und den Schwärmern (Mohammed wird nach den schmalkaldischen Artikeln zu den Enthusiasten gerechnet, S.A. VIII, 25ff.). Sie alle verwerfen das Wort Gottes als *verbum externum* und richten die Eigengerechtigkeit auf.

Im Gefolge Schleiermachers und als Schüler von P. Althaus spricht C.-H. Ratschow nicht von einer allgemeinen Offenbarung, die der speziellen vorangeht, sondern von tatsächlich geschehenden Offenbarungen in den verschiedenen Religionen. Es gibt dort Gottesbegegnungen, wie es Begegnung mit Gott immer und überall im Leben geben kann. Gott zeigt sich dem Menschen. Religion ist nicht das eigenmächtige Tun des Menschen, sondern alle Religionen leben davon, daß das Göttliche hervortritt. Doch welcher Gott begegnet dem Menschen in seiner Existenz? Darauf gibt jede Religion von ihrem eigenen Zentrum her eine Antwort. Der Christ kann es nur deuten als das Hervortreten des sich verbergenden Gottes, der darin sein Herr- und Richtersein bekundet. In strenger Entgegensetzung zu Barth, der nicht anerkennen kann, daß es neben dem einen Wort Gottes noch das »Wort eines mit dem Deus revelatus … nur in unauflöslichem Widerspruch identischen deus absconditus« (KD IV, 3,111) gibt, behauptet Ratschow eben dies. Der *deus in vita* ist Gott der Schöpfer, dessen Abscondität sein Herrsein erweist. Gott geht in die Geschehens-Eigentümlichkeiten ein, er ist im Tun-Ergehen-Zusammenhang präsent, er ist als Grund alles Seienden auch seine Grenze und damit sein Ziel. Wo sich der Mensch diesem Hervortreten der Gottheit stellt, entsteht und lebt Religion. Der Kultus ist die Institutionalisierung des Hervortretens der Gottheit. Er wiederholt das kontingente Ereignis. Dieses Ereignis ist dem Menschen Gericht, doch wo der Mensch sich ihm stellt und es akzeptiert, wird Gott im Gericht zum Gott, der zum Heil präsent ist. Die Verheißungszusage Jesu überholt die verborgene Präsenz, macht sie erkennbar als Zusage, als Evangelium, als Offenbarung.[15]

Ratschow treibt die Parallelisierung zwischen Christentum und den anderen Religionen sehr weit voran, stellt aber, trotz aller Strukturgleichheit, einen fundamentalen Unterschied fest. Das Werk des Menschen folgt in der christlichen Religion dem Heil, während es in den nichtchristlichen Religionen dem Heil vorangeht. Nur im Christentum dringt der Mensch aufgrund der Verheißungszusage durch die ambivalente und nicht eindeutig zu fixierende Gotteserfahrung im Leben zu dem Gott hindurch, der sich in Liebe ihm zusagt. Die Frage, ob dieser Unterschied aufgrund phänomenologischer Erhebung festgestellt wurde oder ob sich hier nicht dogmatische Einsicht durchsetzt, wird wohl im zweiten Sinne beantwortet werden müssen. Doch soll man sich dessen nicht zu gewiß sein. Ratschow selbst argumentiert jedenfalls nicht allein von seinen dogmatischen Voraussetzungen aus, sondern hat sich wie kaum ein anderer Dogmatiker auf das Gespräch und die Herausforderung der Religionen eingelassen. Weil die Gottheit, so seine Überzeugung, im Weltbezug des Menschen hervortritt und der Mensch darauf im Leben antwortet, muß der Dogmatiker in seiner Existenzanalyse des Menschen die Forschungsergebnisse der Religionswissenschaftler aufgreifen. Im Gespräch mit ihnen erschließt sich die ganze Breite der Lebensmöglichkeiten unter dem Anspruch der Gottheit, und das heißt für den Dogmatiker: unter dem Anspruch des Gesetzes.

Ratschow weiß, daß jede Religion aus dem eigenen Metazentrum heraus verstanden werden muß. Darum zielt das Gespräch mit der Religionswissenschaft nicht so sehr auf den phänomenologischen Vergleich von Einzelerscheinungen, sondern ist der Versuch, bis dahin vorzustoßen, wo die Begegnung des Menschen mit der Gottheit stattfindet. Das Gespräch mit der Religionswissenschaft ist also kein Gespräch zwischen voraussetzungslos arbeitenden Wissenschaftlern, vielmehr werden die Voraussetzungen intensiv in das Gespräch eingebracht. Nur so erfährt man die Tiefe der Eigenständigkeit der Religion. Religionsgespräche als Gespräche über den Existenzvollzug des *homo religiosus* sind zugleich Gespräche über den *deus revelandus*.[16]

15. C.-H. Ratschow, »Gott, der verborgene Richter«, in: *Gasteiner Gespräche der Luth. Bischofskonferenz*, Hamburg 1971, 100ff.; ders., *Der christliche Glaube und die Religionen*, Berlin 1967, 88ff.; ders., *Die Religionen*, a.a.O.; vgl. K. Nürnberger, »Systematisch-theologische Lösungsversuche zum Problem der anderen Religionen und ihre missionsmethodischen Konsequenzen«, *NZSTh* 1970, 13ff.
16. Da wir hier nur exemplarisch vorgehen können, bleiben verwandte, wenn auch gewichtige

Was folgt aus diesem Ansatz für das Verhältnis von Theologie und Religionswissenschaft? H.-W. Gensichen hat gelegentlich[17] das Verhältnis der beiden Wissenschaften mit zwei Brennpunkten einer Ellipse verglichen. Das ist nicht generell, wohl aber für die hier besprochenen Theologen und ihren dogmatischen Ansatz zutreffend. Der Theologe und der Religionswissenschaftler haben es mit einem jeweils eigenen und eigenständigen Gegenstand zu tun, doch in der Forschung und ihrer Methodik sind sie aufeinander angewiesen. Sie bedürfen der Distanz, weil nur so gegenseitige Ergänzung in der Erschließung der Weltwirklichkeit stattfinden kann. Nur so kann erschlossen werden, was Religion ist, wie sie in der Anthropologie verankert und wie in ihr Transzendenzerfahrung möglich ist.

Auf W. Pannenbergs Entwurf der Theologie einer Religionsgeschichte sei abschließend eingegangen, weil sie noch ein anderes Modell der Verhältnisbestimmung von Religionswissenschaft und Theologie impliziert. Wir können das sehr kurz tun, weil Pannenbergs systematisches Programm nicht nur vielfach verhandelt, sondern auch von Religionswissenschaftlern zur Genüge kritisch gewürdigt wurde.[18] Auch Pannenberg sucht die Bestimmung des Menschen zur Religion im Wesen des Menschen selbst zu begründen. Nach ihm ist Religion jedoch nicht Zeichen und Lebensraum des mit sich selbst nicht identischen, sich verfehlenden und verlierenden Menschen (Althaus/Ratschow) oder der Bestimmungsort und Orientierungsrahmen der umfassenden Weltwirklichkeit des Menschen (Ebeling/Tillich), sondern jene Grundgegebenheit, da der Mensch sich selbst auf Zukunft hin transzendiert, um antizipatorisch das von jenseits seiner selbst auf ihn Zukommende zu verwirklichen. Da die Gotteswirklichkeit nicht nur angesagt, sondern in der Geschichte als Religionsgeschichte aufgewiesen werden kann, muß diese als umfassende Dimension von Geschichte überhaupt interpretiert werden, in der nicht nur Offenbarung geschieht, sondern die selbst Offenbarung ist. Im Christusgeschehen ist diese Geschichte schon antizipatorisch zu ihrem Ende gekommen. Religionsgeschichte nach Christus, so kompliziert, vielschichtig und dialektisch sie verlaufen mag, ist letztlich nur Erfüllungsgeschichte, Offenbarwerden Gottes. Das aufzuweisen ist Aufgabe der religionsgeschichtlichen Wissenschaft (Religionssoziologie, -psychologie, -phänomenologie haben dabei den Rang von Hilfswissenschaften), die somit als theologische Wissenschaft definiert werden muß.[19] Da damit nicht die Identität von Religionswissenschaft und Theologie ausgesagt werden soll, bedeutet die Aufwertung der Religionswissenschaft zur theologischen Fun-

Entwürfe wie die von G. Ebeling und P. Tillich unberücksichtigt. Vgl. dazu H. Wrogemann, *Mission und Religion*, a. a. O., 105 ff.

17. H.-W. Gensichen, »Religionswissenschaft und Theologie«, in: G. Picht/E. Rudolph, *Theologie – was ist das?*, Stuttgart/Berlin 1977, 107 ff.
18. Vgl. z. B. U. Tworuschka/D. Zillessen (Hg.), *Thema Weltreligionen*, Göttingen 1977, 5 ff. bes. 19 f.; H. Wrogemann, *Mission und Religion*, a. a. O., 147 ff.
19. W. Pannenberg, *Wissenschaftstheorie und Theologie*, a. a. O., 361 ff.

damentaldisziplin zugleich ihre tiefe Erniedrigung. Sie wird erneut zur *ancilla theologiae.*[20]

Bei Pannenberg wird noch einmal das Problem Troeltschs und der religionsgeschichtlichen Schule mit aller Dringlichkeit gestellt und einer neuen Lösung entgegengeführt. Das Verhältnis von Theologie und Religionswissenschaft stellt sich dann als das von zwei konzentrischen Kreisen dar, wobei der äußere, umfassendere Kreis die Religionswissenschaft, der engere die Theologie andeutet. Diese Kreise sind jedoch so aufeinander bezogen, daß ihre Horizonte verschmelzen können, so daß Religionsgeschichte und Theologie identisch werden oder die Theologie zur umfassenderen Wissenschaft wird, die in sich die Religionswissenschaft als eine von ihr zu differenzierende Spezialwissenschaft begreift (v. Harnack). Die Struktur bleibt dabei erhalten, die Verwandtschaft der Systeme bleibt sichtbar, auch wenn damit inhaltlich konträre Positionen vertreten werden können.

Fassen wir unsere Übersicht zusammen, so ergeben sich drei Modelle der Verhältnisbestimmung von Theologie und Religionswissenschaft, die sich wie folgt graphisch darstellen lassen.

1. Religionswissenschaft und Theologie sind zwei völlig nebeneinander arbeitende Disziplinen. Die eine Wissenschaft lebt vom Wort Gottes, von der durch das Wort geschehenden Offenbarung. Die andere muß als eine Humanwissenschaft neben anderen angesehen werden. Ihre Beziehung zueinander kann je nach Gegenstand und Interessenlage intensiver sein oder loser. Die Variationen stellen keine Änderung der Grundbeziehung dar. K. Barth und die durch die reformierte Tradition beeinflußte Theologie sind hier einzuordnen.

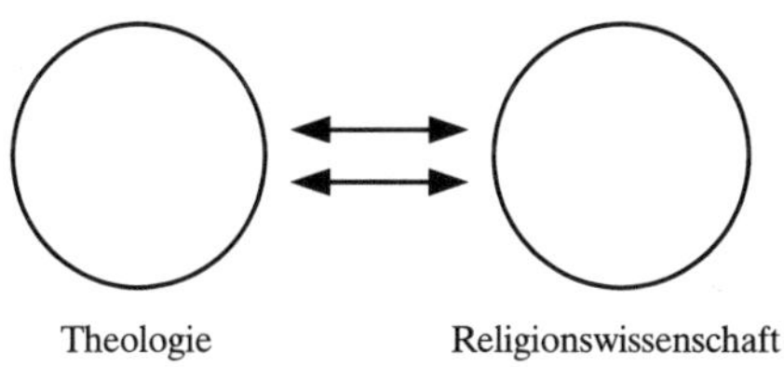

Abb. 3

2. Religionswissenschaft und Theologie verhalten sich wie zwei sich überschneidende Kreise zueinander. Auch hier handelt die Religionswissenschaft vom »Tun des Menschen in seiner Beziehung zu Gott«, um v.d. Leeuws bekannte Formulierung aufzugreifen.[21] Sie ist sich dabei bewußt, daß dieses Tun des Menschen Reaktion auf einen vorhergehenden Einbruch der Transzendenz ist. Gemeinsames

20. Daß sie sich gegen diese Umarmung seitens der Theologie wehrt, ist nur zu verständlich. Vgl. dazu H.-W. Gensichen, *Glaube für die Welt*, Gütersloh 1971, 226f.; U. Tworuschka, *Partner auf getrennten Wegen*, a. a. O., 191 f.

21. G. van der Leeuw, *Phänomenologie der Religion*, a. a. O., 3.

Bezugsfeld beider Wissenschaften ist der Mensch, wie er durch Religionserfahrung in seiner Existenz bestimmt wird. Mit anderen Worten, das Gesetz und sein Umfeld sind der gemeinsame Grund beider Wissenschaften. Die durch die lutherische Tradition bestimmten Theologen sind weitgehend hier anzusiedeln. Außer den genannten P. Althaus, C.-H. Ratschow und G. Ebeling wären hier W. Joest und W. Trillhaas zu nennen.[22]

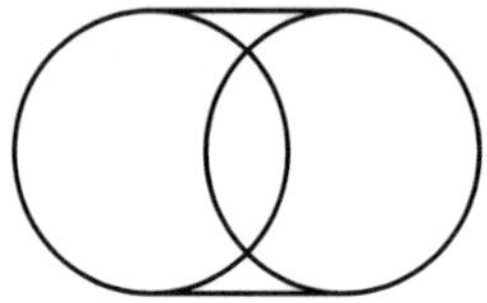

Theologie Religionswissenschaft

Abb. 4

3. P. Tillich steht auf der Grenze zum letzten Modell, denn für ihn handelt die Religionswissenschaft nicht nur vom Menschen, sondern wendet sich der »Gegenwart des Geistes und der Antizipation des Neuen Seins in den Religionen« zu.[23] Wo Religionswissenschaft vom »Tun Gottes« handelt (v.d. Leeuw), wird sie zur Theologie; jedenfalls wird sie so eng in deren Aufgabenbereich hineingezogen, daß sich beide Wissenschaften wie zwei konzentrische Kreise zueinander verhalten. Bei allen Unterschieden ist hier ebenso die religionsgeschichtliche Schule einzuordnen wie der offenbarungsgeschichtliche Entwurf W. Pannenbergs, wie auch, wenn ich es richtig sehe, verschiedene katholische Entwürfe. Aspekte des Dialogprogrammes des Ökumenischen Rates der Kirchen deuten in die gleiche Richtung.

M. E. muß auch der Ansatz von E. Herms[24] hier eingeordnet werden, auch wenn er in mancher Hinsicht dem ersten Modell zuzuordnen ist. Für Herms ist die Theo-

22. W. Trillhaas, *Religionsphilosophie*, Berlin/New York, 1972; ders., *Dogmatik*, 2. Aufl., Berlin 1972; W. Joest, *Fundamentaltheologie. Theologische Grundlagen- und Methodenprobleme*, Stuttgart 1974.
23. P. Tillich, *Systematische Theologie III*, Stuttgart 1966, 167.
24. Vgl. ders., »Theologie und Religionswissenschaft«, Inst. Romand d'Hermeneutique et de Systematique, Neuchâtel 1998, 65-87. Seine vier Leitthemen lauten:
1. »Das Verhältnis Theologie/Religionswissenschaft muß vor dem Hintergrund der Wende von der ›Geistes-‹ zur ›Kulturwissenschaft‹ bestimmt werden. Voraussetzung dafür ist eine Verständigung über die Begriffe Philosophie, Weltanschauung, Religion.«
2. »Theologie ist Religionswissenschaft, und zwar in exemplarischer Gestalt Religionswissenschaft als Kulturwissenschaft.»3. »Nicht alle Religionswissenschaft ist Theologie. Aber alle Religionswissenschaft ist positional und praxisbezogen.«
4. »Die Unterhaltung anderer religionswissenschaftlicher Studiengänge neben der Theologie bemißt sich aus den Bedürfnissen der religiös/weltanschaulichen Kultur einer Gesellschaft.«, ebd., 65, 70, 77, 82.

logie Religionswissenschaft (vgl. A. v. Harnack), die neben der Philosophie als Kulturwissenschaft zu verstehen ist, aber eben »in exemplarischer Gestalt«. Damit nimmt sie in unserem Kulturbereich eine herausgehobene Stellung ein und hat in sachlicher und materieller Hinsicht die Qualität einer Leitdisziplin. Aber ist sie dann wirklich noch auf die Religionswissenschaft angewiesen? Wird sie bei ihm nicht zu einem donum super additum degradiert, auf das man im Theologiestudium letztlich auch verzichten kann?

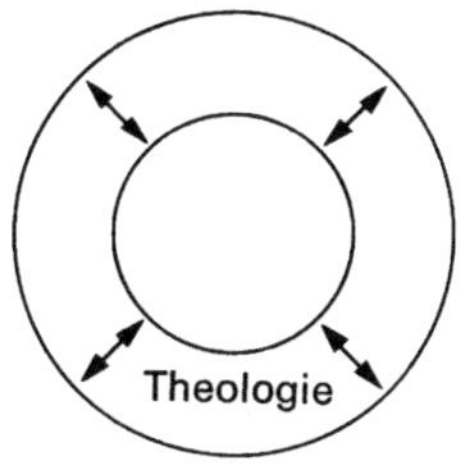

Religionswissenschaft

Abb. 5

Ob es eine weitere Verhältnisbestimmung gibt, ist später zu klären. Vorerst müssen wir uns der Frage zuwenden, wie Religionswissenschaftler das Verhältnis zur Theologie bestimmen, um uns dann in einem Exkurs dem heiklen Problemfeld Religionswissenschaften und Missionare zuzuwenden.

Aus religionswissenschaftlicher Sicht

Das Verhältnis von Theologie und Religionswissenschaft aus religionswissenschaftlicher Sicht ist komplexer und schwieriger zu umreißen als aus theologischer Perspektive. Das hat einen zweifachen Grund: Viele Religionswissenschaftler sind (ehemalige) Theologen. Einige haben das Verhältnis zu ihrer »ersten Liebe« aufgegeben und sich ganz der Religionswissenschaft gewidmet. Katholische Kollegen mußten dieses Fach aus kirchenrechtlichen Gründen aufgeben und wurden der neuen Disziplin zugeteilt. Eine weitere Gruppe verbindet in ihrem Lehrstuhl die Religionswissenschaft mit der Theologie. Andere wieder sind als Religionswissenschaftler an einer theologischen Fakultät tätig und müssen hier ihren Platz finden, obwohl sie sich von ihrer Überzeugung her liebend gern woanders unterbrächten. Der zweite Grund liegt in der Methodenvielfalt, die noch immer die Religionswissenschaft kennzeichnet. Möglicherweise bedingt sich beides: Aus der Theologie mit ihren sicheren, sowohl auf protestantischer als auch auf katholischer Seite erprobten Methodengewißheit herausgestoßen, findet man sich auf unsicherem Gelände wieder und flüchtet sich in eine der bewährten Methoden der Geschichtswissenschaft, der Soziologie oder Psychologie und neuerdings der Ethnologie.

Wie kompliziert das Verhältnis aus biographischer Sicht auch immer ist, einige

Grundmodelle der Verhältnisbestimmung von Religionswissenschaft und Theologie lassen sich dennoch skizzieren:

1. Parallel zur Verhältnisbestimmung aus theologischer Sicht gibt es auch aus religionswissenschaftlicher Sicht eine »getrennt-harmonische« Zuordnung. Religionswissenschaft und Theologie werden hier als verwandte Wissenschaften angesehen, die getrennte, aber aufeinander bezogene Forschungsgegenstände haben und sich deshalb in einem fruchtbaren Austausch befinden. Berührungsängste gibt es nicht. Man ist sich seiner Sache sicher und sucht den Kontakt. Der gemeinsame Forschungsgegenstand ist die Religion, die hier als eine Sache sui generis verstanden wird, die mit eigenen Methoden erforscht werden muß, ohne daß die benachbarten Wissenschaften auszuschließen sind.[25]

Eine enge Zusammenarbeit praktizieren auch jene Religionswissenschaftler, die sich konfessionell-kirchlich gebunden fühlen, ja ihre religionswissenschaftliche Arbeit in den (apologetischen) Dienst ihrer Kirche stellen. Unter diese Kategorie fallen auf protestantischer Seite Autoren der »evangelischen Religionskunde« (wie z. B. G. Rosenkranz), auf katholischer Seite sind es Wissenschaftler, die sich dem weiten Raum verpflichtet fühlen, den das II. Vaticanum ihrer Arbeit öffnete und den zu nutzen aller Grund besteht. Apologetische Obertöne sind hier zu hören.[26] Das muß sich nicht auf die wissenschaftliche Qualität auswirken und wird vor allem dort bedeutsam, wo man sich über die reine religionswissenschaftliche Basis- und Kärrnerarbeit hinausgehend um eine Theologie der Religionen bemüht. Neben H.-R. Schlette wäre H. Bürkle[27] hier zu nennen, aber auch – wenn auch mit anderer Intention arbeitend – W. C. Smith und C. Colpe.[28] Während sich Colpe dagegen wehrt, mit religionswissenschaftlichen Mitteln eine Theologie der Religionsgeschichte zu entwerfen, sucht Smith ganz im Gegenteil, die Einheit der

25. Vgl. hierzu G. Lanczkowski, *Einführung in die Religionswissenschaft*, Darmstadt 1980, 60 ff.; F. Stolz, *Grundzüge der Religionswissenschaft*, Göttingen 1988; Ch. Elsas (Hg.), *Religion,* a. a. O.; ders., »Religionsgeschichte und Theologie der Religionen«, in: B. Köhler (Hg.), *Religion und Wahrheit. Religionsgeschichtliche Studien* (FS G. Wießner), Wiesbaden 1998, 3-11. Auch H. J. Klimkeit wäre hier zu nennen, wie neben seinen Publikationen seine problemlose Mitarbeit bei der Herausgabe der TRE zeigt, und einige seiner Schüler, G. Ahn, W. Gantke.
26. Vgl. M. Fuß, aber auch die Arbeiten von Hasenhüttl wären hier zu nennen.
27. H. Bürkle, *Einführung in die Theologie der Religionen*, Darmstadt 1977; H. R. Schlette, *Einführung in das Studium der Religionen,* Freiburg 1977.
28. W. C. Smith, vgl. u. a. ders., »Menschlicher Glaube – Das gemeinsame Zentrum aller religiösen Traditionen«, in: R. Bernhardt (Hg.), *Horizontüberschreitung. Die pluralistische Theologie der Religionen*, Gütersloh 1991, 156 ff. Zu Smith vgl. M. Welker, »›Einheit der Religionsgeschichte‹ und ›universales Selbstbewußtsein‹ – zur gegenwärtigen Suche nach Leitbegriffen im Dialog zwischen Theologie und Religionswissenschaft.« *EvTh* 1988, 3-18; E. J. Hughes, *Wilfred Cantwell Smith. A Theology for the World*, London 1986; A. Grünschloß, *Religionswissenschaft als Welt-Theologie. Wilfred Cantwell Smiths Interreligiöse Hermeneutik*, Göttingen 1994.

Religionen zu erspähen und die Religionen untereinander dialogfähig zu machen. Daß die Nähe zur Theologie gerade die Objektivität in der Erforschung der anderen Religionen freisetzt und Verstehen erleichtert, könnte vielfach belegt werden. Jede andere Behauptung ist von tiefen Vorurteilen begründet.[29] Dennoch wird gerade diese Gruppe von Wissenschaftlern von denen ins Visier genommen, die für eine radikale Trennung der beiden Disziplinen eintreten.

2. Ehe wir uns ihnen ausführlicher zuwenden, muß zuvor eine Gruppe von Religionswissenschaftlern genannt werden, die ihre Wissenschaft nahe an die Theologie heranrücken, ja gelegentlich sie mit ihr identifizieren.

Die Vertreter dieser Gruppe gehen fast durchgehend von der Einheit der Religionen aus, die hinter der Vielfalt ihrer Erscheinungen nicht nur postuliert, sondern auch aufgewiesen werden kann. Durch die Erfassung der religiösen Phänomene wird der Sinn von Religion gedeutet und erkannt, ihr Wesen sichtbar. Religionswissenschaft tendiert hier dazu, selbst zur Theologie zu werden. F. Heiler zieht diese Konsequenz[30], andere jedoch wollen die Grenze von der einen zur anderen Wissenschaft gewahrt wissen. Die Nähe zur Theologie aber ist einer der Gründe, warum die Religionsphänomenologie (mit ihren Vertretern R. Otto, N. Söderblom, G. van der Leeuw, F. Heiler, auch J. Waardenburg) so scharf angegriffen wurde und der phänomenologische Ansatz zeitweise ganz aus der Religionswissenschaft eliminiert werden sollte.

3. Die Vorwürfe gegen die Vernetzung von Theologie und Religionswissenschaft auf seiten derer, die die radikale Trennung beider Disziplinen propagieren, sind oftmals harsch, leidenschaftlich und unter dem Mantel der Objektivität selten fair. Ich greife einen der objektivsten heraus und folge seinen Argumenten.[31] H.-J. Greschat listet vier Unterschiede auf:

29. Darauf hat C. Colpe zu Recht verschiedentlich hingewiesen, *Theologie, Ideologie, Religionswissenschaft*, a.a.O., 16ff., 36f.

30. Vgl. F. Heiler, *Erscheinungsformen und Wesen der Religion*, a.a.O. »Alle Religionswissenschaft ist letztlich Theologie«, ebd., 17.

31. H.-J. Greschat, *Was ist Religionswissenschaft?*, Stuttgart/Berlin 1988, 129ff.; ders., »Wie unterscheiden sich Religionswissenschaftler von Theologen?«, *ZMR* 1980, 259-267. Greschat ist von Haus aus Theologe und war bis zu seiner Pensionierung Mitglied der theologischen Fakultät in Marburg. Vgl. vor allem K. Rudolph, *Die Religionsgeschichte an der Leipziger Universität und die Entwicklung der Religionswissenschaft. Ein Beitrag zur Wissenschaftsgeschichte und zum Problem der Religionswissenschaft*, Berlin 1962. Rudolph führt das leidenschaftlichste Plädoyer für eine Trennung und für die Zuordnung der Religionswissenschaft zur philosophischen Fakultät, obwohl er später selbst einen Ruf an eine theologische Fakultät angenommen hat. Seine Voreingenommenheiten sind bei C. Colpe, *Theologie, Ideologie, Religionswissenschaft*, a.a.O., 36f., Anm. 21, zusammengetragen, der sein »Raisonnement« zu Recht schlichtweg »kurzschlüssig« nennt. Vgl. zur Sache auch F. Stolz, »Theologie und Religionswissenschaft – Das Eigene und das Fremde«, in: J. Ohlemacher/H. Schmidt (Hg.), *Grundlagen evangelischer Religionspädagogik*, Göttingen 1988, 163-182.

a) Der Religionswissenschaftler erforscht fremde Religionen, der Theologe immer die eigene. Dieser ist seiner Kirche verpflichtet und muß »das eigene Glaubensgut schützen und mehren«, jener ist keinem »Rechenschaft schuldig«.[32] Der implizite Vorwurf lautet: der Theologe kann die notwendige Objektivität bei der Erforschung einer anderen Religion nicht durchhalten.

b) Das wirkt sich auf das Forschungsmotiv aus. »Man kann sich leicht ausmalen ... wie ein Systematiker sich für den muslimischen Gottesbegriff interessiert ...«.[33] Er wird im Vergleich immer das eigene Glaubenssystem als maßgebend voraussetzen. Religionswissenschaftler dagegen »sind frei, fremden Glauben voraussetzungslos zu erforschen«.[34]

c) Der Theologe kann nicht anders, als sein Netz auszuwerfen, das von seiner Dogmatik geknüpft ist, der Religionswissenschaftler jedoch entwickelt seine Forschungsmethoden an der fremden Religion selbst und zeigt sich variabel und anpassungsfähig.

d) Theologen fragen nach der Wahrheit einer Religion und wollen Wahres von Lüge unterscheiden, sie wollen im besten Fall dialogisieren. Der Religionswissenschaftler aber will allein den Forschungsgegenstand objektiv und richtig darstellen. Die fremde, nicht die eigene Religion ist die »Norm«.

Wenn auch in ein freundlicheres Gewand gehüllt, so werden hier die gleichen Vorurteile wiederholt, die schon C. Colpe bei K. Rudolph kritisiert. Es ist bemerkenswert, wie hier ein Religionswissenschaftler, der seine angebliche Objektivität hervorkehrt, gegenüber der theologischen Zunft von Vorurteilen sich leiten läßt und zu solch tiefgreifenden Fehlurteilen kommt.

Wie ist die Darstellung z. B. des islamischen Gottesbegriffes bei einem Dogmatiker wie R. Leuze zu beurteilen? Unterscheidet sich die Darstellung wirklich so von der eines Islamwissenschaftlers wie J. van Ess?[35] Kennzeichnet es nicht gerade die Arbeiten von K. Cragg, daß sie den Islam in einer Tiefe verstehen, wie es selten islamischen Selbstdarstellungen, die für Abendländer bestimmt sind, gelingt?

Mit jedem Satz macht Greschat deutlich, daß es eine voraussetzungslose Wissenschaft nicht gibt und der Religionswissenschaftler in gleicher Weise Voraussetzungen unterworfen ist wie der Theologe, nur eben anderen.[36] Dieser ist sich seiner Voraussetzungen bewußt, bei dem Religionswissenschaftler scheinen sie

32. H.-J. Greschat, *Was ist Religionswissenschaft?*, a. a. O., 129.
33. H.-J. Greschat, *Wie unterscheiden sich Religionswissenschaftler von Theologen?*, a. a. O., 263.
34. H.-J. Greschat, *Was ist Religionswissenschaft?*, a. a. O., 130.
35. Vgl. R. Leuze, *Christentum und Islam*, a. a. O.; J. van Ess, »Der Name Gottes im Islam«, in: H. v. Stietencron (Hg.), *Der Name Gottes*, Düsseldorf 1975, 156-175.
36. Daß die Religionswissenschaftler ebenso wie die Theologen ihre Methoden reflektieren und bloßlegen müssen, fordert zu Recht E. Herms, »Theologie und Religionswissenschaft«, a. a. O., 81. Schließlich ist die Religionswissenschaft »wie die Theologie an ein kulturgeschichtlich gewachsenes, vorwissenschaftliches Wirklichkeitsverständnis gebun-

ungeklärt bleiben zu dürfen. Unreflektiert sind sie oft besonders wirksam. Gerade der angeblich voraussetzungslose Religionswissenschaftler erweist sich im Zweifelsfall, so zu Recht Colpe, als »Humanist« oder »Mystiker«[37], und entpuppt sich bei näherem Zusehen als »Kryptotheologe«. Das wird besonders deutlich, wenn er die eigene Religion darstellt. Er vertritt dann meistens eine liberale, gelegentlich »freisinnige« Theologie, und propagiert dies als objektive Darstellung. Wie »normativ« er dabei vorgeht, wird dann sichtbar, wenn er seine Sicht mit leidenschaftlichem Sendungsbewußtsein vorträgt. Einem »Prophetiesyndrom«[38] unterliegen diese Forscher allemal.

Aufschlußreich und für unser Thema von äußerstem Belang ist Greschats Hinweis auf die Methodenfrage (Punkt 3 und 4). Auch wenn es unter dieser Gruppe von Wissenschaftlern durchaus nicht einhellige Meinung ist, man müsse die »Binnenperspektive« einer Religion wahrnehmen[39], was im Blick auf die eigene Religion aus den genannten Vorurteilen auch nicht erstrebenswert wäre, so sind die methodischen Konsequenzen dieses Ansatzes doch einschneidend.

Das wird besonders deutlich in der Zurückweisung der Religionsphänomenologie.[40] Dabei geht es nicht nur um eine zu Recht geführte Kritik an den Einseitigkeiten der Phänomenologie, die die Geschichte und den Kontext religiöser Phänomene zu wenig beachtete, sondern um ihre prinzipielle Verwerfung. Sie gilt als »verkappte Theologie«, Ergebnisse ihrer Arbeit seien neue »überkonfessionelle Konfessionen«, sie nähme remythologisierende Positionen ein. Eine »empirische, mit historischen, philologischen und sozialwissenschaftlichen Methoden arbeitende Wissenschaft« könne sich solch unwissenschaftliche, sprich, phänomenologische Seitensprünge nicht leisten, die dürfe man der Theologie überlassen.[41] Das heißt aber, daß mit der Phänomenologie die Sinnfrage, zentral für jede Religion, hinfällt, denn sie ist nicht am Forschungsgegenstand als solchem abzulesen. Damit wird ein wesentlicher Aspekt von Religion, ihr Sinn und der Wahrheitsanspruch ihres Systems, in der religionswissenschaftlichen Forschung ausgeklammert. Die

den. Es gehört zu ihrer wissenschaftlichen Diszipliniertheit, diese Gebundenheit offenzulegen.«

37. C. Colpe, *Theologie, Ideologie, Religionswissenschaft*, a. a. O., 37.
38. Das hat R. Flasche überzeugend dargestellt. Vgl. ders., *Religionsmodell und Erkenntnisprinzipien der Religionswissenschaft in der Weimarer Zeit*, a. a. O., 261-276, ebd., 262. Vgl. weiter S. Hjelde, *Religionswissenschaft*, a. a. O.
39. Z. B. B. Gladigow, in: H. Cancik (Hg.), *Handbuch religionswissenschaftlicher Grundbegriffe*, Bd. 1, Stuttgart 1988, 35 f.; F. Stolz, *Theologie und Religionswissenschaft*, a. a. O., 170 f.
40. Vgl. vor allem P. van Baaren/H. J. W. Drijvers (Hg.), *Religion, Culture and Methodology*, a. a. O.; H. G. Kippenberg, »Diskursive Religionswissenschaft«, a. a. O.; H. Zinser, »Religionsphänomenologie«, in: H. Cancik (Hg.), *Handbuch religionswissenschaftl. Grundbegriffe*, Bd. 1, 308 f.
41. H. Zinser, ebd.

empirische Sozialwissenschaft beherrscht das Feld und verdrängt selbst die »verstehende Soziologie«.[42] Es geht angeblich um die »richtige Darstellung« einer Religion, nicht um ihr Verstehen; es geht um Wissens- nicht Erkenntniserweiterung, um Religionskritik im Gewande einer Ideologiekritik. Die Gültigkeit religiöser Aussagen steht nicht zur Debatte, auch nicht innerhalb eines bestehenden religiösen Systems, sondern seine Regeln und ihre Wirkung. Der an der Religion Beteiligte will sich aus seinem religiösen Zusammenhang lösen und zum Beobachter werden, der Beobachter darf seinerseits die Rolle des anderen zeitweise einnehmen. Nicht Engagement, sondern Austausch von Rollen, Analyse der Sprechakte, soziale Dekodierung von Symbolen, nicht ihre Transzendierung und die Explikation des ihnen zugrunde liegenden Wertesystems, sondern ein Diskurs zur Erhebung sozialer Bestände ist angesagt, zu denen auch die Religion gehört, die deshalb so formal wie möglich definiert werden muß.[43]

42. Vgl. H. G. Kippenbergs Polemik gegen P. L. Berger: H. G. Kippenberg, *Magie. Die sozialwissenschaftliche Kontroverse über das Verstehen fremden Denkens,* Frankfurt a.M. 1978, 11. Ich will ausdrücklich hinzufügen, daß das Pendel nach diesem Extremausschlag zur Zeit wieder zurückschwingt und diese Forschergruppe nicht mehr repräsentativ für die Religionswissenschaft als ganze ist. Vgl. dazu J. Waardenburg, *Religionen und Religion*, Berlin/New York 1986, 241 ff., 250 ff.; C. Colpe, »Zur Neubegründung einer Phänomenologie der Religionen und der Religion«, in: H. Zinser (Hg.), *Religionswissenschaft. Eine Einführung*, Berlin 1988, 131-154; Ch. Elsas, »Interreligiöser Dialog mit Außen- und Innensicht zu Bild und Wort: Personalisierung in der Religionswissenschaft«, in: H.-M. Barth/Ch. Elsas (Hg.), *Bild und Bildlosigkeit, Beiträge zum interreligiösen Dialog*, Hamburg 1994, 177-189. Vgl. weiter die ausführliche Diskussion dieses Problems bei W. Gantke, *Der umstrittene Begriff des Heiligen. Eine problemorientierte religionswissenschaftliche Untersuchung*, unpubl. Habil.-Schrift, Bonn 1993; H.-J. Klimkeit (Hg.), *Vergleichen und Verstehen in der Religionswissenschaft*, Wiesbaden 1997; Thomas A. Idinopulos/Edward A. Yonan (Hg.), *The Sacred and its Scholars*, Leiden/New York 1996. Mit Zustimmung zitiere ich H. P. Müller: »Als törichte Schwester der exakten Religions*geschichte* erscheint die immer ein wenig künstlerisch verfahrende Religions*phänomenologie* nur dann, wenn über den geschichtlich bedingten Variablen menschlicher Religiosität deren offenbar biologisch bedingte Konstante aus dem Auge gelassen wird, eine Konstante, die einen eigentümlichen, nicht weiter reduzierbaren Wirklichkeitszugang darstellt. Ohne Religionsphänomenologie, die *die* komplexe Religion in *den* historischen und gegenwärtigen Religionen bezeichnet, könnte die Religionsgeschichte nicht einmal sagen, wovon sie die Geschichte ist, geschweige denn einen Eigenwert des Religiösen gegenüber den es bedingenden Instanzen darlegen.« H. P. Müller, »Alttestamentliche Theologie und Religionswissenschaft«, a. a. O., 255.

43. Welche Auswirkungen solche »kalte«, »antidogmatische« Religionswissenschaft in pädagogischer Hinsicht hat, beschreibt aus dem englischen Erfahrungshintergrund S. Shepherd, »Religion in einer multikulturellen Schule – Erfahrungen aus England«, in: J. Lähnemann (Hg.), *Kulturbegegnung in Schule und Studium. Türken-Deutsche, Muslime-Christen. Ein Symposion,* Hamburg 1983, 171-182. Shepherd selbst plädiert für einen »phänomenologischen« Standpunkt, d.h. »sich in die Gedankenwelt der Gläubigen einzufühlen, ihre Gedankengänge womöglich nachzuvollziehen …«, ebd., 175.

4. Mit fließenden Übergängen zu der besprochenen Gruppe zeichnet sich neuerdings in der Religionswissenschaft eine Aufwertung des Theologiebegriffes ab. Die Religion wird zwar ihres umfassenden Anspruches beraubt und statt dessen dem kulturellen Gesamtgefüge einer Gesellschaft ein- und untergeordnet, aber dem inneren Sinn einer Religion, ihrem spezifischen, unverwechselbaren Wertekodex wird neue Aufmerksamkeit geschenkt. »Theologie« ist dann nicht mehr das Proprium der christlichen Religion, was ja auch historisch unzutreffend ist, sondern jeder Religion immanent, sei es implizit oder explizit, denn sie reflektiert das Verhältnis von Mensch und Gottheit. Die Theologie, soweit sie besondere Träger dazu legitimiert, »bewertet die disparaten Einzelaussagen überlieferter religiöser Erfahrung« und fügt sie in ein »konsistentes gedankliches System«.[44] Für den Religionswissenschaftler, der den Spuren der Theologie folgt, ja folgen muß, wenn er das Ganze einer Religion zur Darstellung bringen will, ergibt sich daraus ein Perspektivenwechsel. Er muß die immanente Sichtweise einer Religion nachzuvollziehen versuchen. Das verändert die Darstellung der betroffenen Religion. Auch wenn der Forscher nicht ihr Prediger sein kann noch will, da er die Wahrheitsfrage nicht stellt, so muß er doch die Plausibilitätsstrukturen einer Religion verstehen und vermitteln, ihre Gültigkeit für die jeweilige Kultur im Religionsvergleich aufweisen und sie in das interkulturelle Gespräch einbringen. Ohne daß damit die historisch-diachrone Betrachtungsweise aufgegeben wird, die synchrone Orientierung wird notwendig, die Phänomenologie aufgewertet. Die rein deskriptive, szientistische Sprache kann dabei gelegentlich in assertorische, hymnisch-prä-

Einen Tiefpunkt im Gespräch zwischen Religionswissenschaft und Theologie stellt der Aufsatz von A. Moenikes, »Zum Verhältnis zwischen Religionswissenschaft und Theologie«, *ZRGG* 1997, 193-207, dar, sowohl in sachlicher wie in methodischer Hinsicht. Schon die Definition, »Theologie ist die Wissenschaft von Gott« (Gott ist das Objekt der Theologie, ebd., 193), würde in keinem theologischen Proseminar durchgehen und kann auch bei Außenstehenden nicht toleriert werden. Man kann nicht so tun, als ob es Schleiermacher nicht gegeben habe (*Kurze Darstellung des theologischen Studiums zum Behuf einleitender Vorlesungen*, 3. Aufl. 1910, §§1 und 2), und sollte kennen, worüber man schreibt! Doch auch Moenikes Methodik ist unakzeptabel. Er geht wie ein Bildhauer vor: Alles was nicht zu dem Bild paßt, das er sich von der jeweiligen Disziplin macht, wird herausgeschlagen. Da er die Religionswissenschaft als »empirische« Wissenschaft versteht (Was für einen Empiriebegriff verwendet Moenikes?), die Mathematik, Religionsphilosophie und Theologie aber als »deduktive«, bleiben innerhalb der Theologie nur wenige Zweige übrig. Exegese, Kirchen- und Theologiegeschichte gehören als empirische(!) Fächer zur Religionswissenschaft, nur die »Dogmatik« und »Moraltheologie« bleiben als »nicht-empirische, deduktive« Wissenschaften der Theologie erhalten (ebd., 207). Kommentar überflüssig!

44. H. von Stietencron, »Gedanken zur Theologie«, in: ders. (Hg.), *Theologen und Theologie in verschiedenen Kulturkreisen*, Düsseldorf 1986, 9ff., ebd., 12. Das ist ganz im Sinne Schleiermachers (*Kurze Darstellung des theologischen Studiums,* ebd.) gedacht und formuliert.

dikative Sprache übergehen, die Deskription sogar zum »theologischen Text« werden, wie H. Cancik überzeugend an Walter F. Ottos Werk aufgezeigt hat[45], ohne daß der religionswissenschaftliche Rahmen wesentlich überschritten wird.

Unter den Forschern, die den Theologiebegriff zentral in die religionswissenschaftliche Forschung einbeziehen, wäre hier an herausragender Stelle J. Assmann zu nennen. Es ist nicht zufällig, daß sein Ägyptenbuch den Untertitel »Theologie und Frömmigkeit einer frühen Hochkultur« trägt.[46] Aus kulturvergleichender Perspektive wird bei ihm der Übergang von impliziter zu expliziter Theologie entfaltet (diese Unterscheidung ist ihm wichtig), diachrone mit synchroner Perspektivität verbunden, die disparaten Einzeltexte untereinander vernetzt, die religiösen Erfahrungen gesammelt, geordnet und das implizite System einer »konstellativen Theologie«, wie er es nennt, entfaltet, d.h. einer Theologie, die das Wesen der Götter aus ihren Bezügen zu anderen Göttern und zu den Menschen bestimmt. Hier wird nicht soziologisch-funktionalistisch gedacht, sondern ein theologischer »Diskurs« entfaltet, der sich ausdrücklich von dem gesellschaftspolitischen Kommunikationsbegriff von Habermas unterscheidet und darunter »Ausarbeitung und Tradierung von Wissen im Rahmen von Institutionen« (hier Priestertum und Tempelverwaltung) versteht.[47] Wie ungemein fruchtbar solch eine theologische Entfaltung ägyptischer Religion für die exegetische Arbeit ebenso wie für den interkulturellen Austausch und die religionswissenschaftliche Komparatistik ist, muß nicht weiter ausgeführt werden und ist durch andere Publikationen von J. Assmann genügend unter Beweis gestellt.[48]

Exkurs: Das besondere Verhältnis zur Missionswissenschaft

Zumindest in einem Exkurs müssen wir auch einen Blick auf das spannungsvolle Verhältnis von Missions- und Religionswissenschaft werfen. Hier wird gelegentlich ein Konflikt erkennbar, den eine Reihe von Wissenschaftlern in ihrer eigenen Person austragen müssen, weil sie entweder als Religionswissenschaftler auf einen Lehrstuhl in einer theologischen Fakultät berufen sind, der beides umfaßt, oder als Missionswissenschaftler beide Disziplinen vertreten sollen.

Ehe wir die sich daraus ergebenden möglichen Modelle der Zuordnung eruieren, soll die Bedeutung der Missionare für die religionswissenschaftliche Forschung umrissen werden.

45. H. Cancik, »Die Götter Griechenlands, 1929. Walter F. Otto als Religionswissenschaftler und Theologie am Ende der Weimarer Republik I.«, in: H. von Stietencron, *Theologen und Theologien in verschiedenen Kulturkreisen,* Düsseldorf 1986, 214-238, ebd., 217.
46. J. Assmann, *Ägypten. Theologie und Frömmigkeit einer Hochkultur*, a. a. O., 1984.
47. Ebd., 52.
48. Vgl. besonders J. Assmann, *Ma'at. Gerechtigkeit und Unsterblichkeit im Alten Ägypten*, a. a. O.

Die Missionare waren von Beginn der neuzeitlichen christlichen Mission Pioniere religionswissenschaftlicher Forschung. Es begann mit B. Ziegenbalg (1682-1719), dem ersten protestantischen Missionar, dessen Erforschung indischer Sprachen und Religionen eine Pionierleistung allerhöchsten Grades darstellt. Gewiß, selbstlos und um ihrer selbst willen wurde die Forschung nicht betrieben, weder von ihm noch von den anderen großen Pionieren, wie z. B. Matteo Ricci und Robert de Nobili auf katholischer Seite.[49] Das kann auch nicht verwundern, denn die Idee einer zweckfreien Wissenschaft ist ein moderner Gedanke und kommt erst im 19. Jahrhundert auf. Man darf diese Forderung also nicht an die frühen Missionare stellen, von denen sich viele trotz aller apologetischen Abzweckungen vorbehaltlos den fremden Religionen zuwandten. Mit den Menschen, zu denen sie gesandt waren, wollten sie kommunizieren können, deswegen erforschten sie ihre Sprache, und um sie zu verstehen, erforschten sie ihre Religion und Kultur.

Auf diese Weise sind die Missionare weltweit zu Bewahrern sonst verloren gegangener religiöser Traditionen der Religionen geworden. Das gilt besonders im Blick auf die Stammesreligionen. Indem die Missionare die jeweilige Volks- und Stammessprache erforschten, sie zu Schriftsprachen machten, sammelten sie deren oralen, religiösen und kulturellen Überlieferungen und retteten sie vor dem Vergessen.

Damit wurden sie zu Brückenbauern zwischen der abendländischen und den überseeischen Kulturen und Religionen. Es waren die Berichte, Texteditionen, sprachwissenschaftlichen Arbeiten der Missionare, die dem Abendland den Zugang zu den primalen sowie den Hochkulturen Asiens eröffneten. Der Einfluß auf die säkularen Wissenschaften war dabei bedeutend. Die Begegnung G. W. von Leibniz (1646-1716) in Rom mit den jesuitischen Chinamissionaren (besonders mit Grimaldi) und die Begründung der Akademie der Wissenschaften in Berlin, die ausdrücklich den Austausch zwischen Europa und China fördern sollte, muß in diesem Zusammenhang erwähnt werden.[50]

Für das 19. Jahrhundert schreibt A. F. Walls im Blick auf England:

»When Robert Morrison was appointed a missionary to China in 1807, the entire Chinese resources of British academic libraries consisted of one manuscript in the British Museum and one in the Royal Society, and not a person in Britain read or spoke Chinese. When Morrison returned on his first and only furlough (now the translator of the Bible and author of a massive Chinese dictionary), he took steps to establish an Oriental philological institute. Missionaries such as James Legge, the greatest English-speaking sinologist of the nineteenth century, and J. N. Farquhar, who did so much to interpret

49. Eine erste Aufarbeitung dieses Themas, das dringend weiterer Erforschung bedarf, bietet J. Triebel (Hg.), *Der Missionar als Forscher. Beiträge christlicher Missionare zur Erforschung fremder Kulturen und Religionen*, a. a. O.

50. Vgl. F. R. Merkel, *G. W. von Leibniz und die China-Mission*, Leipzig 1920. Vgl. auch H.-W. Gensichen, *Invitatio ad Fraternitatem*, a. a. O., 511.

Indian literature in the twentieth, helped to open up the West to classical religious, philosophical, and historical texts of Asia«.[51]

Was Walls über England schreibt, gilt auch für andere europäische Länder.

Eine Brückenfunktion nahmen die Missionare jedoch auch im Blick auf die überseeischen Kulturen und Religionen insofern wahr, als sie diese nicht nur mit dem christlichen Glauben, sondern auch mit europäischer Kultur und Zivilisation konfrontierten, als deren Vertreter sie angesehen wurden. Westliche Technik, das westliche Erziehungssystem, westliche Medizin und naturwissenschaftliche Forschungsmethoden wurden von ihnen in die außereuropäische Welt eingeführt. Matteo Ricci (1552-1610) sei hier ausdrücklich genannt.[52] Die Gründungen bedeutender Universitäten in Asien und Afrika gehen vielfach auf missionarische Initiative zurück.

Daß die Missionare im 19. Jahrhundert im aufkommenden Konfessionalismus (oft gegen ihren Willen) Wegbereiter des Kolonialismus geworden sind, ist bekannt und muß hier nicht weiter ausgeführt werden. Es sollte jedoch festgehalten werden, daß diejenigen, die sich intensiv mit den anderen Religionen und Kulturen beschäftigt und ihre innere Würde als erste begriffen hatten, oftmals Sand im Getriebe des sich ausbreitenden Kolonialismus gewesen sind. Hier besteht eine bemerkenswerte Parallelität zur Ethnologie und Sozialanthropologie, die als Kolonialwissenschaft begann, sich jedoch zum Sprecher einheimischer Kulturen emanzipierte.[53]

Missionare waren für religionsgeschichtliche und ethnologische Forschungen nicht ausgebildet. Sie mußten sich methodisch selbst am Gegenstand schulen. Der Nachteil schloß bemerkenswerte Vorteile ein: Sie kannten die Sprache, sie lebten mit den Menschen und konnten die positiven wie negativen Implikationen einer Religion aus nächster Nähe beobachten, erleben und über Jahre hindurch verfolgen. Auch wenn sie aus heutiger Sicht vieles übersehen oder falsch interpretierten, sie preßten ihren Gegenstand nicht in ein vorgefaßtes soziologisches oder psychologisches Deutungsmuster, sondern als solche, die selbst durch ihren Glauben in ihrer Berufung bestimmt waren, brachten sie eine wichtige Verstehensvor-

51. A. F. Walls, »The Critical Significance of Mission Studies«, *Int. Bull. of Missionary Research* 1991, 146-155, ebd., 149.
52. Zu M. Ricci vgl. W. K. Müller, »Matteo Riccis Beitrag zur Kenntnis der Religionen Chinas«, in: J. Triebel (Hg.), *Der Missionar als Forscher*, Gütersloh 1988, 130-154. Zu E. Faber, dem ehemaligen rheinischen Chinamissionar, vgl. Yi Huang, *Der deutsche Einfluß auf die Entwicklung des chinesischen Bildungswesens von 1871-1918*, Frankfurt a. M./New York 1994, 102-137.
53. Zu diesem Problem vgl. den engagierten Aufsatz von S. van der Geest, der zugleich das hier verhandelte Problem im Blick auf das Verhältnis von Missionaren und Ethnologen behandelt. S. van der Geest, »Ethnologen und Missionare – Brüder unter der Haut«, *ZM* 1993, 26-37. Vgl. dazu auch die Antwort von U. Luig, »Wider die Stereotypen. Erwiderung auf den Beitrag von Sjaak van der Geest«, *ZM* 1993, 228-232.

aussetzung mit, nämlich die Offenheit für Transzendenzerfahrungen und die Wahrnehmung von ethischem Verhalten, das religiös zu bestimmen und nicht nur gesellschaftlich bedingt ist.

In dieser Form der intensiven Teilnahme sind sie letztendlich auch vorbildlich geworden für Forschungsmethoden der neueren Sozialanthropologie, aber auch der Religionswissenschaft, insofern sich beide aus dem Milieu einer Schreibtischwissenschaft befreit haben.[54]

Während viele fundamentalistisch denkende oder streng konfessionell geprägte Missionare die anderen Religionen als dunkle Folie ihrer eigenen Verkündigung oder als auszurottende teuflische Verblendung betrachteten, wurde für andere die Begegnung mit der fremden Religion und Kultur zu einer Herausforderung, der sie sich stellten und die sie und ihre Theologie veränderten. Wie sie in ihrer Person den interreligiösen Dialog lebten, förderten und forderten sie das Entstehen einheimischer Theologien.

Verschiedentlich führte die Identifikation mit der fremden Religion und Kultur zur Aufgabe des Missionarsberufs und zum Übertritt in die andere Kultur, wie wir oben gesehen haben (Kap. III.3). Ein Übertritt in die andere Religion ist nur selten geschehen, eher entwickelten die betroffenen Missionare ein neues Religionsverständnis und eine Religionstheologie, in der sie die Einheit der fremden mit der eigenen Religion auf höherer Ebene auszusagen versuchten.[55]

Der Überblick macht deutlich, wenn sich der Missionar als Forscher auf die andere Religion einläßt, dann geht es ihm nicht mehr nur um die objektive Erfassung und Darstellung, sondern er will die andere Religion von innen heraus verstehen. Die hermeneutische Frage ist ihm zentral. Er hat den Rollenwechsel gelernt. Vor der Moschee zieht er die christlichen Schuhe aus, um ein Bild von K. Cragg zu gebrauchen.[56] Anders als es die Professionalität von einem Religionswissenschaftler verlangt, läßt er sich, wenn er die Sache, der er sein Leben widmet, ernst nimmt, durch die Begegnung verändern. Die christlichen Schuhe passen manchmal nach dem Moscheebesuch nicht mehr so recht. Da er, von wenigen Ausnahmen abgesehen, unter den Angehörigen der anderen Religion gelebt hat, ihre Sprache kennt und den fremdreligiösen Lebensvollzug, ist er »vor Ort« zum Spezialisten geworden. Die Wahrheitsfrage klammert er jedoch nicht aus, was, ent-

54. Es wäre einer besonderen Nachforschung wert, einmal festzustellen, wie viele ethnologische und religionswissenschaftliche Dissertationen dadurch entstanden sind, daß die Forscher a) bei Missionaren ihren Forschungsstandort fanden und durch sie in die fremde Gesellschaft eingeführt wurden; und b) wie viele Dissertationen zum großen Teil aus nichtpubliziertem Material eines Missionars schöpfen und dadurch c) dessen eigene Publikation oder Promotion verhinderten. Zu c) kenne ich allein zwei Fälle.

55. Hier wäre C. Smith zu nennen. Ebenso M. von Brück, *Einheit der Wirklichkeit. Gott, Gotteserfahrung und Meditation im hinduistisch-christlichen Dialog*, 2. Aufl., München 1987.

56. K. Cragg, *Sandals at the Mosque*, a. a. O.

gegen allen Behauptungen mancher Religionswissenschaftler, kein Hindernis für das Verstehen sein muß.[57] Im Gegenteil, weil es ihm um die Wahrheit geht, bezeugt er Respekt vor dem Wahrheitsanspruch der anderen Religion. Das Verstehen beginnt für ihn, wenn die andere Religion ihm zur Versuchung geworden ist, um ein oft zitiertes Wort von W. Freytag anzuführen. »Eine andere Religion kann man nur im Ernstnehmen ihres ›Absolutheitsanspruches‹ zu verstehen beginnen«, sagt H.-J. Margull.[58] Es ist nicht zufällig, daß es Missionswissenschaftler waren, die den heutigen Dialog der Religionen auf der Ebene der Ökumene initiierten.[59]

Welche Modelle der Zuordnung beider Wissenschaftszweige sind zu erkennen und wie läßt sich die Spannung zwischen den beiden Wissenschaften so gestalten, daß sie nicht lähmend wirkt, sondern kreative Kräfte freisetzt? Fünf Zuordnungen sind erkennbar, die sich zum Teil mit den oben beschriebenen decken.

1. Das Selbstverständnis des Missionswissenschaftlers beeinflußt auch sein Verhältnis zur Religionswissenschaft. Wo die Missionswissenschaft der praktischen Theologie zugeordnet wird, also der Ausbildung von Missionaren dient, wie es z.B. W. Pannenberg in seiner Wissenschaftstheorie vorschlägt, entsteht kaum ein ernsthaftes Problem. Religionswissenschaft dient hier der Information. Sie wird funktionalisiert und soll der besseren Kommunikation missionarischer Verkündigung dienen. Die Missionswissenschaft ist äußerer Rahmen der Religionswissenschaft, diese hilft, den inneren Kreis mit Informationen zu füllen.

2. Ein eher dualistisches Modell entsteht dort, wo der Missionswissenschaftler ein konfessionalistisches, wenn nicht fundamentalistisches Missionsverständnis vertritt und Mission ausschließlich der Ausbreitung des eigenen Glaubens dient. Eine echte Berührung zwischen den beiden Wissenschaften findet nicht statt. Sie sind im besten Falle parallel nebeneinander arbeitende Disziplinen. Es gibt kaum Zusammenarbeit, eher herrschen Berührungsängste vor.

3. Eine ähnlich extreme Verhältnisbestimmung ergibt sich, wenn der ehemalige Missionar und jetzige Religionswissenschaftler sich so mit der anderen Religion identifiziert, daß er den Missionsgedanken, wie immer er auch konzipiert sei, ganz aufgibt. Er wird dann als reiner Religionswissenschaftler zum Spezialisten z.B. im Rahmen der Japanologie, Indologie o.ä. und für eine Religion allein zuständig sein.

Der Bezug zur missionarischen Vergangenheit und Missionswissenschaft kann sich dann in zwei verschiedene Richtungen hin auswirken.

a) Der Wissenschaftler läßt seine missionarische Prägung vollständig hinter sich und schneidet alle Verbindungen ab. Hier wäre z.B. der Indologe J. W. Hauer

57. Vgl. dazu z.B. die große Studie von H. Balz zu den Bakossi in Kamerun. H. Balz, *Where the Faith has to Live. Studies in Bakossi Society and Religion*, Bd. I u. II, Berlin 1995.
58. H.-J. Margull, *Zeugnis und Dialog. Ausgewählte Schriften*, Hamburg 1992, 304.
59. Vgl. H.-J. Margull/S. Samartha (Hg.), *Dialog mit anderen Religionen*, Frankfurt a.M. 1972.

(Tübingen)[60] zu nennen, aber auch der Schwiegersohn von Blumhardt, R. Wilhelm, der frühere Chinamissionar und spätere Sinologe.[61]

b) Der ehemalige Missionar siedelt sich zwar im säkularwissenschaftlichen Bereich an, doch die innere Bindung an die Religion, das tiefe Bemühen, die anderen Menschen in ihrer Religion zu verstehen, der hermeneutische Eros, bis zum Kern der anderen Religion vorzudringen und Brücken zur eigenen Religion und Kultur zu schlagen, dieser ganze Bereich wird nicht vergessen und wirkt sich positiv für die eigene Fachwissenschaft aus. W. Gundert, der frühere Japanmissionar, ist für diese Verhältnisbestimmung, wie wir sahen (Kap. III.3.), ein besonders herausragendes Beispiel.

Der Konflikt zwischen den beiden Wissenschaftszweigen wird hier ausgehalten. Sie werden nicht durch Integration aufgelöst oder gegeneinander ausgespielt, sondern die Spannung wird kreativ umgesetzt zur Bereicherung und Befruchtung beider.

4. H.-W. Gensichen hat, wie wir sahen, die Zuordnung von Religionswissenschaft und Theologie mit einer Ellipse verglichen, die zwei Brennpunkte hat. Die beiden Wissenschaften stehen in enger Beziehung zueinander, ohne sich wirklich zu überschneiden. Mir scheint, daß diese Zuordnung von Religionswissenschaft und Theologie, respektive Missionswissenschaft als viertes Modell unseres Themas genannt werden muß. Es wird von einer Reihe von Missionswissenschaftlern in ihrer Person und ihrem Lehrstuhl und Lehrangebot verwirklicht. H.-W. Gensichen wäre selbst an erster Stelle als Vertreter dieses Modells zu nennen. Ihm wie vielen anderen ist die Religionswissenschaft erst sekundär auf dem Missionsfeld zugewachsen. »Vor Ort« wurden er wie andere zu religionsgeschichtlichen Fachwissenschaftlern und betreiben nun beide Wissenschaftszweige unabhängig voneinander mit gebührender Objektivität. Aber sie bringen sie in fruchtbaren Kontakt, wo sich die Gebiete überschneiden oder die eine Wissenschaft zum Verstehen bestimmter Probleme innerhalb des anderen Zweiges notwendig ist, wie z. B. bei der Interpretation einheimischer Theologien und Kirchentümer. Fraglos ist dies das harmonischste Modell. Von Konflikten ist hier nicht mehr die Rede, eher von Partnerschaft, weil man weiß, daß beide Wissenschaftszweige aufeinander angewiesen sind und sich gegenseitig Zubringerdienste leisten. Die Zucht und Objektivität der Wissenschaft machen diese Partnerschaft möglich.

60. Zu J. W. Hauer s. R. Flasche, »Religionsmodell und Erkenntnisprinzipien der Religionswissenschaft in der Weimarer Zeit«, a. a. O.

61. Eine Darstellung seiner Arbeit, seines Missions- und Religionsverständnisses ist ein dringendes Desiderat, das aber offenbar daran scheitert, daß die Blumhardts allem Vernehmen nach die Briefe R. Wilhelms vernichtet haben. Zu R. Wilhelm s. Ch. Blumhardt, *Christus in der Welt. Briefe an Richard Wilhelm*, hg. v. A. Rich, Zürich 1958.

Aus der Sicht einer Religionswissenschaft im theologischen Kontext

Sind mit den bisherigen Modellen die Möglichkeiten der Zuordnung von Theologie und Religionswissenschaft, wie wir sie oben beschrieben haben, erschöpft? Gibt es darüber hinaus ein Modell, das die Wahrheitsmomente der genannten Modelle auf irgendeine Weise integriert und zugleich ihre Schwächen vermeidet? Das Unbefriedigende an den genannten Modellen besteht ja darin, daß sie aus der Sicht der Theologie entworfen sind und zu sehr die dogmatische Handschrift des jeweiligen theologischen Gesamtentwurfes widerspiegeln. Können sich Religionswissenschaftler in einem dieser Häuser wiederfinden? Und vor allem: Sind die nichtchristlichen Religionen in ihrem eigenen Bezugssystem genügend ernst genommen?[62] Jede Religion ist von ihrem Zentrum her in sich eigenständig. Da Religionswissenschaft ihrerseits ein Kind abendländischer Wissenschaftsgeschichte ist, kann sie ihren Ursprung in der christlichen Theologie nie ganz verleugnen. Die Verhältnisbestimmung von Theologie und Religionswissenschaft wird etwas von der Last dieser Geschichte immer mit sich führen.

Der zweite unbefriedigende Aspekt der bisherigen Entwürfe liegt darin, daß ein Allgemeinbegriff von Religion verwandt wird, der den Zugang zu den gelebten Religionen eher hindert als fördert. Diesen Allgemeinbegriff zu überwinden, dazu bedarf es der Religionswissenschaft selbst.[63] Die Verhältnisbestimmung darf nicht aus einem dogmatischen Entwurf heraus allein geleistet werden, sondern muß korrelativ mit den Erkenntnissen der Religionswissenschaft erarbeitet werden, wobei selbstverständlich impliziert ist, daß auch diese nicht voraussetzungslos arbeitet.[64]

Wie können wir den Religionsbegriff seiner Allgemeinheit entkleiden, ohne daß ihm das Verbindende und Verbindliche entzogen wird? Der richtige Hinweis Schleiermachers, daß es Religion nur in den Religionen gibt, verschiebt das Pro-

62. Diese Anfrage stellt H.-W. Gensichen, »Tendenzen der Religionswissenschaft«, in: H. Siemens/H.-R. Reuter (Hg.), *Theologie als Wissenschaft in der Gesellschaft*, Göttingen 1970, 28ff., ebd., 36., zu Recht an W. Pannenbergs offenbarungsgeschichtlichen Entwurf, doch gilt sie mutandis auch den anderen Entwürfen dieses Modells. Pannenbergs Antwort (*Wissenschaftstheorie und Theologie*, a.a.O., 369) bleibt unbefriedigend. Seine Ausführungen über eine Theologie der Religionsgeschichte sagen sehr viel aus über seine eigene Theologie und damit über ein bestimmtes Verständnis vom Christentum, aber wenig über die anderen Religionen, die sich kaum in ihnen wiederfinden können.
63. Vgl. dazu H. von Stietencron, »Der Begriff der Religion in der Religionswissenschaft«, a.a.O.; s. weiter dazu die Diskussion, ebd., 138-158.
64. Ich bin geneigt, an dieser Stelle an ein Wort M. Kählers zu erinnern und auf die Aufgabenbestimmung der Religionswissenschaft im Blick auf die Theologie anzuwenden: »Jetzt gewinnt der Gattungsbegriff seine allherrschende Bedeutung, deren sich zu entschlagen selbst Schleiermacher nicht vermochte. Unter diesem Bann steht die Religionsvergleichung bis heute und mit ihr die Theologie, soweit sie sich dem Zauber dieser modernen Losung nicht zu entziehen vermag. Diesen Bann zu brechen, das vermag die Religionswissenschaft« (bei Kähler heißt es: »... das vermag die evgl. Mission«), *Schriften zur Christologie und Mission*, München 1971, 196.

blem, ohne es zu lösen. Worin besteht das alle Religionen Verbindende, das sie prägt und in ihrer Geschichte bestimmt?

Der Alttestamentler C. Westermann hat in seinem Aufsatz »Die Zukunft der Religionen«[65] Religion in ihrem Wesen dahingehend unterteilt, daß er drei Kreise in der Religion unterscheidet, den inneren, der die persönliche Frömmigkeit bezeichnet, den mittleren der konkreten Religionsgestalt und den äußeren, der das allen Gemeinsame umfaßt. Diesen Bereich findet er z. B. im AT in der Urgeschichte reflektiert. Dieser Kreis von Religion bezieht sich auf die Welt der Arbeit, die soziale Welt, kurz den Menschen als Geschöpf und die Welt als gegliederte Schöpfung. Diese Gliederung der Welt und also auch der Welt der Religionen kommt von Gott und steht unter seinem Segen.

Westermanns Differenzierung des Religionsbegriffes berührt sich eng mit der oben (Kap. I.) vorgenommenen Unterscheidung von »primärer« und »sekundärer Religionserfahrung«. Die primäre Religionserfahrung entspricht in vielem dem äußeren Kreis der Religion bei Westermann, die sekundäre dem mittleren. Das Gemeinsame in allen Religionen ist nicht durch eine phänomenologische Beschreibung bestimmter gleicher Erscheinungsformen in den Religionen zu gewinnen, auch nicht aufgrund eines aus der Abstraktion gewonnenen Begriffes von Religion oder einer wie auch immer zu definierenden Bezogenheit auf Transzendenz, sondern aufgrund des jeweiligen gemeinsamen, geschichtlich greifbaren religiösen Erbes, das in den Stammesreligionen noch heute am klarsten erkennbar und in den verschiedenen Religionen nicht als »Überrest«, sondern als Basiserfahrung und -gestaltung weiterhin präsent ist.[66] Indem die primäre Religionserfahrung, die auf Lebenssteigerung und -bewahrung zielt und sich an dem Jahres- und Lebenszyklus des Menschen orientiert, die sekundäre Religionserfahrung (der Religionsstifter, Propheten und Reformer) durchdringt und durch sie überhöht und verändert wird, gibt sich die Religion ihre Gestalt als jeweilige besondere Volksreligion. Jede Weltreligion hat als Volksreligion Elemente beider Religionserfahrungen in sich aufgenommen und zu einer neuen Religion geformt. Religionsgeschichtliche Forschung an diesem Sachverhalt ist dann immer beides, »innertheologische« Erforschung der jeweiligen Religion und interreligiöse Forschung an der allen gemeinsamen Basis religiöser Erfahrung und religiöser Formen. Dabei wird sich die primäre Religionserfahrung in vieler Hinsicht als die Konstante erweisen, die das Verbindende mit den anderen Religionen darstellt, während die sekundären Religionserfahrungen das Eigentümliche und Besondere und damit das Trennende ausmachen.[67]

65. C. Westermann, »Die Zukunft der Religionen«, in: T. Sundermeier u. a. (Hg.), *Fides pro mundi vita. Missionstheologie heute* (FS H. W. Gensichen), Gütersloh 1980, 151 ff.
66. Vgl. dazu auch A. Feldtkeller, »Verlangt der gesellschaftliche Pluralismus nach einer ›pluralistischen‹ Religionstheologie?«, *EvTh* 1998, 445-460.
67. Vgl. Westermann, »Die Zukunft der Religionen«, a. a. O., 157. Cf. oben Kap. I.1.

Religionswissenschaft und Theologie driften bei diesem Ansatz nicht völlig auseinander, können aber auch nicht zusammenfallen. Es läßt sich ein gemeinsamer Ausgangspunkt feststellen, ihr gemeinsamer Weg ist breiter geworden. Im Blick auf die verschiedenen Religionen kann eine gemeinsame religionsgeschichtliche Basis festgestellt werden, einem konturlosen religiösen Vielerlei wird zugleich gewehrt. Religionsgeschichte ist wirkliche Geschichte, sie verflüchtigt sich nicht in Phänomenologie, ohne daß sich zwischen den beiden Zweigen der Religionswissenschaft ein Graben auftun muß.

Die gemeinsame Basis kann von jeder Religion aus dem eigenen Zentrum heraus angegangen und interpretiert werden. Im christlichen Glauben wird man, mit Schleiermacher zu sprechen, sagen, daß die Religionen nicht ohne »göttliche Kausalität« und eine »auf das Heil der Menschen abzweckende und es fördernde Wirksamkeit« sind.[68] Da ich im Sinne der heute gebräuchlichen Unterscheidung von »Heil« und »Wohl« Schleiermacher im zweiten Sinne interpretieren möchte, kann ich C. Westermann zustimmen, wenn er sagt, daß im Entstehen der Religionen »der Segen des Schöpfers« mitgewirkt hat.[69]

Im Bereich der christlichen Religion ist die Erforschung der gemeinsamen Basis und ihrer Aufnahme in die sekundäre Religion beides zugleich, theologische und religionsgeschichtliche Forschung. Eine Aufteilung im Sinne der Erforschung des »Tuns des Menschen« und ein Nachsinnen über das »Tun Gottes«, wie sie van der Leeuw unterschied, ist auf dieser Ebene unangemessen. Die Erkenntnis der Religionssoziologie, daß die Religion die gesellschaftliche Funktion hat, Menschen zu stabilisieren und in die Gemeinschaft zu integrieren, mag hier mit Recht aufgegriffen werden, denn im Rahmen der primären Religionserfahrung (die in Kleingesellschaften ihren »Sitz im Leben« hat), stärkt Religion tatsächlich das Gleichgewicht der gesamtgesellschaftlichen Kräfte und dient dem Wohl der jeweiligen Gruppe. Die Reaktion des Menschen auf Dysäquilibriumserfahrung zu erforschen, Dysfunktionalität auf den Begriff zu bringen, ist religionsgeschichtliche Arbeit, doch befindet man sich damit zugleich im Bereich der theologischen Anthropologie. Hier ist in der Tat »der aufgeschlagene Atlas, dem wir entnehmen, welches die Grundgegebenheiten und die entscheidenden Fragen menschlichen Zusammenlebens sind«.[70] Theologisch gesprochen: Wir befinden uns im Bereich des ersten Glaubensartikels. Religionsgeschichtliche Arbeit darf in d i e s e m Rahmen als fundamental-theologische Arbeit qualifiziert werden. Hier wird die Dimension der Schöpfung und des Menschseins zum Gegenstand der Forschung,

68. F. Schleiermacher, *Der Christliche Glaube*, Bd. 1, Berlin 1960, § 10.
69. Vgl. hierzu H. Wrogemann, »Überlegungen zur trinitarischen Begründung der Mission«, in: *ZM* 1997, 151-165, ebd., 160ff., wo er die Unterscheidung Westermanns aufgreift und missionstheologisch fruchtbar macht.
70. K. Schwarzwäller, *Die Wissenschaft von der Torheit. Evangelische Theologie im Schnittpunkt von christlichem Glauben und kritischer Vernunft*, Berlin 1976, 266.

aber damit zugleich auch die des »rational nicht Zugänglichen«, nämlich der als Macht sich darstellenden Natur[71] und die Dimension des Heiligen, das alle primäre Religionserfahrung durchdringt und die Stammesgesellschaften strukturiert. In und mit der Erforschung der Religionsgeschichte wird auch die Frage nach Gott dem Schöpfer neu angegangen. Die religionsgeschichtlich-anthropologische Fragestellung gewinnt dann eine Dimension, die sich in viele Bereiche der Theologie hin auswirkt, wie die der Ethik und der Praktischen Theologie.[72]

Die Frage jedoch, ob und wie und in welchen Religionen Gottes endgültige Offenbarung geschieht, wo im Leben und in welcher Religion über ewiges Heil und das Gericht entschieden wird, wann und wo wir Offenbarungshandeln als H e i l s handeln im Unterschied zum segensvollen, bewahrenden Tun Gottes im vitalen Bereich erkennen können, diese Frage zu beantworten gehört nicht mehr in den Bereich der Religionswissenschaft. Es ist Aufgabe der Dogmatik, darauf eine gewißmachende und Wahrheit benennende Antwort zu geben. Hier muß der Religionsvergleich, hier muß die Religionsphänomenologie zurücktreten. Täten sie es nicht, würde die Religionswissenschaft ihre Grenzen und ihre Kompetenz überschreiten.

Eine graphische Darstellung dieses Ansatzes müßte zwei Ellipsen mit einem gemeinsamen Brennpunkt zeichnen. Im Modell gesprochen: Religionswissenschaft und Theologie können nicht wie zwei Wissenschaften völlig unabhängig nebeneinander arbeiten, haben aber ihren jeweils eigenen Freiraum der Forschung. Die eine Wissenschaft ist nicht Fundamentalwissenschaft der anderen, wohl aber haben sie eine gemeinsame Basis. Ihr gemeinsamer Forschungsraum ist groß, jedoch nicht deckungsgleich.

71. Vgl. dazu die Antwort von G. Picht auf H.-W. Gensichens Vortrag in: Picht/Rudolph (Hg.), *Theologie – was ist das?* Stuttgart/Berlin 1977, 127ff. und ebd., 133 den Hinweis auf Schellings These, daß Religionen Phänomene der Natur seien.

72. Vgl. die Erforschung der Trauerriten, Symbole etc. Was in außerdeutschen theologischen Abhandlungen schon lange Praxis ist, Erkenntnisse der Sozialanthropologie aufzugreifen, setzt sich im deutschsprachigen evangelischen Bereich nur langsam durch. Doch vgl. die rühmliche Ausnahme: W. Jetter, *Symbol und Ritual. Anthropologische Elemente im Gottesdienst*, Göttingen 1978. Die Sache wird sinnvoll vertreten von H. Bürkle, »Das Christentum vor seiner universalen Aufgabe. Thesen zum interreligiösen Dialog«, *ThPr* 1980, 62ff. Vgl. auch die von der VELKD und Arnoldshainer Konferenz herausgegebene Studie *Religionen, Religiosität und christlicher Glaube*, a.a.O., bes. 125ff.

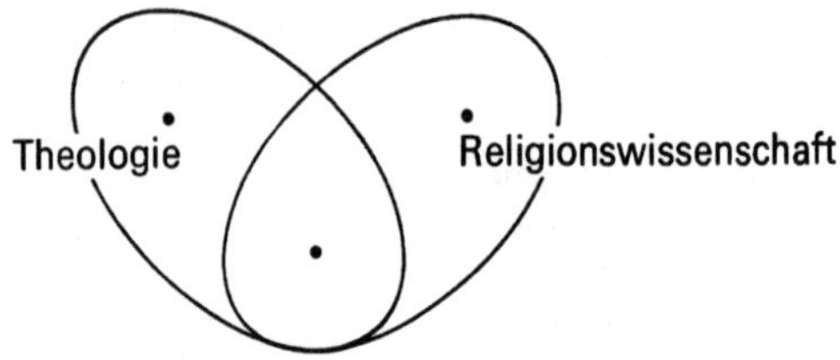

Abb. 6

Die beiden Wissenschaften sind nicht zwei verschiedene Zweige mit je eigenem Zentrum, deren Zusammengehörigkeit nur darin besteht, daß sich die Forschungsgebiete überschneiden. Die Gemeinsamkeit ist größer. Sie haben den gleichen Ausgangspunkt, die gleiche Basis und dann ein weites Feld gemeinsamer Forschung. Die gemeinsame Basis: Die in allen Religionen zu findende primäre Religionserfahrung, und das heißt, der von der Natur und der Gesellschaft umschlossene Mensch in der Begegnung mit der Transzendenz, mit dem Göttlichen, die Heil als vitales, stets bedrohtes Wohlsein, als Segen erfahrbar macht.

2. Zur Bedeutung des Faches Religions- und Missionswissenschaft für das Studium der Evangelischen Theologie und die kirchliche Praxis

Wir haben einen langen Weg hinter uns. Wir sind von den Erfahrungen von Religionen bei uns heute ausgegangen. Wir haben zu verstehen versucht, wie Religion nicht nur in der Vergangenheit, sondern weltweit und bis heute sich aufdrängt und den Menschen teilnehmen läßt an dem, was Sinn macht und was er nicht erzwingen noch sich selbst zusprechen kann, nämlich Transzendenzerfahrung. Die geschieht nicht im leeren Raum und bleibt nicht ohne Respons seitens des Menschen. Sie hat ihren Ort, will Gestalt annehmen, sie sucht die Wiederholung und drängt auf ethische Gestaltung. Auch wenn dieser letzte Aspekt nicht explizit diskutiert wurde, er war immer implizit präsent.

Die Transzendenzerfahrung sucht das konkrete Gegenüber. Der Mensch will nicht ins Leere sprechen, er will beten, loben. Gott ist sein Gegenüber. Ihn zu begreifen, ist zentrales Movens jeder Religion, unter welchem Namen, unter welcher Vorstellung und Verdrängung das immer geschieht. Das festzustellen, hat nichts mit Vereinnahmung zu tun, wie wir gesehen haben, sondern entspricht der inneren Dynamik jeder Religionsgestaltung, wo immer sie zu finden ist. Ihr nachzugehen, aber auch die religiösen Fehler und Perversionen zu erfassen, gehört zentral zu den Forschungsaufgaben einer Religionswissenschaft im theologischen Kontext. Darin dient sie zugleich der Weltdeutung und leistet zusammen mit anderen Wissenschaften und den theologischen Disziplinen ihren Beitrag, daß das Haus der ›oikumene‹, die Welt der Menschen ein ›oikos‹, ein bewohnbares Haus, wird und bleibt.

Dies zu bedenken und in seinen vielfältigen Facetten zu erforschen und zu beschreiben, ist das nicht auch die Aufgabe jeder Religionswissenschaft, wo immer sie gelehrt wird? Ihrer engen Verbindung zur Theologie sollte sie sich stets bewußt sein. So wichtig und richtig die Emanzipationsbestrebungen waren, sich aus der theologischen Umklammerung zu befreien, den Rahmen pubertierenden Verhaltens sollte sie inzwischen verlassen können. Es ist heute an der Zeit, die Verbindungen wieder enger zu knüpfen. Beide Seiten können davon nur profitieren. Eine Religionswissenschaft jedoch, die im Rahmen einer theologischen Fakultät etabliert ist, sollte naturgemäß nicht nur keine Berührungsängste haben, sondern aus Erfahrung wissen, wie fruchtbar der interdisziplinäre Austausch für beide Seiten ist. Er kann und muß weiter ausgebaut werden. Neue Aufgabenfelder werden sich dabei eröffnen. Daß sie bei diesem Austausch gelegentlich Hilfsdienste für die Systematik leistet, sollte die Religionswissenschaft nicht bekümmern. Hat nicht jede theologische Disziplin solch eine dienende Funktion im Konzert theologischer Wissensvermittlung? Doch was wie Hilfsdienst aussehen mag, ist letztendlich mehr. Es geht nicht um eine Wissensanreicherung der traditionellen theologischen Disziplinen (im historischen Bereich ist es das sicherlich), sondern im Gespräch mit der Systematik und den praktischen Theologen um eine neue Fermentierung der Dogmatik, um deren Neuausrichtung von innen heraus. Das kann nur im Austausch geleistet werden.

Solch ein Austausch darf nicht allein auf der fachwissenschaftlichen Ebene, sondern muß schon im Studium selbst stattfinden. Dazu bedarf es der Verankerung in den Lehrplänen der Examensordnungen. Das hatte seiner Zeit die von der Arnoldshainer Konferenz und von der EKD eingesetzte theologische Kommission gefordert.[1] Doch bisher gab es darauf von Seiten der Kirchen wenig Resonanz. Angesichts der immer restriktiver werdenden Studiumsvorschriften bleibt nur wenig Spielraum für zusätzliche Fächer, und das Interesse am Belegen religions- und missionswissenschaftlicher Vorlesungen und Seminare nimmt proportional zu ihrer Prüfungsrelevanz ab. Was nicht in den Ordnungen festgelegt ist, wagen Studierende sich kaum mehr zu erarbeiten, wenn Prozentzahlen hinter dem Komma zukünftig bestimmen, ob man noch eine Chance auf einen Ausbildungsplatz im Vikariat und Referendariat hat oder nicht. Da Kirchen und Universitäten zur Zeit die Prüfungsordnungen für das Theologiestudium den Vorgaben der Ministerien und der veränderten Studienbedingungen anpassen müssen, sollen die folgenden Vorschläge ein Beitrag sein, diese Diskussion voranzutreiben.

Die Religionswissenschaft ist an den theologischen Fakultäten nicht nur aus personellen, sondern auch aus Sachgründen, wie wir gesehen haben, eng mit der Missionswissenschaft (und oft auch mit der Ökumenik) verbunden. Der Ausrichtung und Befähigung der Kirche zur Begegnung mit den ihr sozial, kulturell und religiös Fremden dienen beide Disziplinen in gleich intensiver, wenn auch unterschiedlicher Ausrichtung.

Die Gemischte Kommission, die sich aus Vertretern der Kirchen und der Fakultäten zusammensetzt, hat einen Rahmenplan zur Neuordnung des Studiums vorgelegt, der von den Kirchenleitungen nach ihren Vorstellungen und Zielsetzungen verändert, angenommen und in die Praxis umgesetzt werden muß.

Der Rahmenplan ist von verschiedenen Seiten kritisiert worden. Die Kritik bezieht sich im Wesentlichen auf zwei Aspekte: Die Praxis erhält gegenüber den früheren Studienordnungen einen geringeren Stellenwert, und inhaltlich ist eine Horizontverengung großen Ausmaßes zu erkennen. Man konzentriert sich auf klassische und binnenkirchliche Probleme und verkennt damit die eigentlichen Herausforderungen, die auf uns zukommen. Hier muß gegengesteuert werden, will die Kirche nicht im reinen Provinzialismus zur ekklesiogenen Stammesreligion verkümmern.

Die folgende thetische Zusammenfassung will auf das Problem aufmerksam

1. Vgl. *Religionen, Religiosität und christlicher Glaube*, a. a. O., 131 f.

machen und zeigen, inwieweit gerade das Fach Religions- und Missionswissenschaft Wege aus dieser Gefahr weisen könnte, ein Fach, das durch den Rahmenplan noch mehr als bisher an den Rand des Theologiestudiums gedrängt zu werden droht. Dennoch ist Spielraum genug vorhanden, seitens der Kirchen diesem Trend entgegenzusteuern.[2]

I. Die *Religionswissenschaft* wird innerhalb der Theologie als theologisches Fach verstanden und gelehrt. Das heißt jedoch nicht, daß im apologetischen Sinn eine Art evangelische Religionskunde gelehrt werden soll. Die Desavouierung des Religionsbegriffs durch Karl Barth hat die Kirche in der Wahrnehmung der Gefahren gestärkt, die von der Ideologie des Dritten Reiches ausgingen. So wichtig der Ansatz damals war, so sehr hat er nach dem zweiten Weltkrieg die Begegnung mit den Religionen und die theologische Auseinandersetzung mit dem Phänomen »Religion« verhindert. Hier ist ein großer Nachholbedarf entstanden.

Auf die wachsende Gegenwart der Weltreligionen in Nachbarschaft und Schule, in Wirtschaft und Politik werden Theologiestudierende bisher in der Regel nicht vorbereitet, weder kognitiv, seelsorgerlich und didaktisch, noch missionarisch. Was Begegnung, was Dialog und was Zeugnis im Verhältnis zu den anderen Religionen ist, muß dringend Teil des verpflichtenden Lehrplans für das Theologiestudium werden. Sonst wird auch die Chance vertan, durch die Begegnung mit einer anderen Religion zu einem neuen und vertieften christlichen Selbstverständnis zu finden.

Nicht nur die Kenntnis von und die Begegnung mit einer der Weltreligionen (Islam, Hinduismus, Buddhismus) sind im Studium vonnöten, sondern auch die Auseinandersetzung mit dem, was oben die »primäre Religionserfahrung« genannt wurde – jene religiöse Weltbewältigung, in der es um Leben, Heilung und Ganzheit mit spirituellen Mitteln geht, die dem unmittelbaren Welt- und Naturerleben entstammen. Die primäre Religionserfahrung ist nicht nur in den sogenannten neuen »Sekten« lebendig, sondern greift über die Esoterik tief in das persönliche Glaubensleben vieler Gemeindeglieder ein. Die Bedeutung dieses Phänomens wurde bisher weder in der Religionswissenschaft noch in der Theologie angemessen wahrgenommen. Auch die mehrfach erwähnte Studie »Religion, Religiosität und christlicher Glaube«, die dieses Phänomen als im Menschen begründete »Religiosität« negativ etikettiert, greift hier zu kurz. In Forschung und

2. Sowohl die Badische wie die Evangelische Kirche von Hessen-Nassau gehen hier neuerdings vorbildlich andere Wege. In der Nordelbischen und der Kirche in Sachsen-Anhalt hat das Fach schon lange Prüfungsrelevanz im 1. Theologischen Examen. Der oft gemachte Einwand, das Fach Religions- und Missionswissenschaft könne nicht zum Prüfungsfach erhoben werden, da es nicht an allen Fakultäten angeboten werde, ist nicht stichhaltig. Eine unlängst erstellte Übersicht hat gezeigt, daß es an allen evangelisch-theologischen Fakultäten zwar nicht überall umfassend, wohl aber in der einen oder anderen Form angeboten wird, und sei es durch Lehraufträge.

Lehre besteht ein erheblicher Nachholbedarf. Haben wir es hier mit Sinn oder Unsinn, Leben oder Verführung, mit notwendiger Ergänzung von Defiziterfahrung oder mit Scharlatanerie zu tun? Wir brauchen Kriterien zur Unterscheidung der Geister – auch für den Umgang mit primärer Religionserfahrung innerhalb der Kirchen.

Auf die Frage nach dem Sinn der (sekundären) Weltreligionen, ihrem Wahrheitsanspruch und ihrem Verhältnis zum Christentum gehen die vorhandenen dogmatischen Lehrbücher nicht genügend ein. Die bisherigen, schematisch bis zum Überdruß wiederholten Kürzel »Inklusivismus«, »Exklusivismus« oder »Pluralismus« werden der komplexen Verhältnisbestimmung von christlichem Glauben und anderen Religionen nicht entfernt gerecht. Die Zusammenarbeit von Religionswissenschaft und Dogmatik muß neue Perspektiven eröffnen, um die Symbolsprache unseres Glaubens an den dreieinigen Gott im Blick auf die anderen Religionen und ihren Wahrheitsanspruch neu zu erschließen. Um nur einige Aspekte zu nennen:

- Wie regiert und erhält Gott die Menschen? Auch durch die Religionen?
- Wie ist Christus, das »Licht vom Licht«, als das »Licht, das alle Welt erleuchtet« in den anderen Religionen wirksam?
- Was bedeutet das Epitheton »vivificans« im Nicänum für das Wirken des Geistes außerhalb der Mauern der Kirche? In der Esoterik? In den anderen Religionen?

II. *Missionswissenschaft* ist die Wissenschaft von der Begegnung der Kirche mit den ihr sozial, kulturell und religiös Fremden, d. h. sie ist an den Grenzen der Kirche angesiedelt. Sie deutet und interpretiert den Kontakt der Kirche an ihren Grenzen mit denen, die außerhalb der Kirche leben. Was bedeutet es dabei für das Sein der Kirche, daß ihr zugesprochen wird, »Licht der Welt« und »Salz der Erde« (Mt. 5) zu sein? Wie bestimmt die Kirche ihre Außenbeziehungen, die doch letztlich von den Ausstrahlungen nach innen nicht zu trennen sind, zumal nicht in einer pluralistischen Gesellschaft, wie sie das frühe Christentum vorfand und in der wir leben,[3] und wie sorgt sie dafür, daß sie sachgemäß durchdacht werden? Die Mission ist so etwas wie die Außenhaut der Kirche. Ohne sie müßte die Kirche sterben. Auch Kirchen können an Sklerodermitis sterben.

Die Ansiedlung der Missionswissenschaft auf dieser Schnittstelle weist ihr eine doppelte Aufgabe zu: eine hermeneutische (das Verstehen des Fremden) und eine kommunikative (die Kommunikation des eigenen Glaubens). Die erstgenannte Aufgabe siedelt sie bei der Systematischen Theologie an, die zweite weist sie auch in den Bereich der Praktischen Theologie.

Mit ihrer Bemühung, den anderen, den Fremden in seinem Selbstverständnis zu verstehen, dient die Missionswissenschaft der kirchlichen Praxis. Die seelsorger-

3. Vgl. dazu M. Welker, »Missionarische Existenz heute«, *EvTh* 1998, 413-424.

liche Tätigkeit ist zunehmend darauf angewiesen, nicht nur den nahen und bekannten Menschen der nächsten Umgebung zu verstehen, sondern auch den mir fern stehenden, der von einer anderen Kultur und Religion geprägt ist.

Auf der anderen Seite übt die Missionswissenschaft die essentielle kirchliche Aufgabe ein, Rechenschaft abzulegen von der Hoffnung, die in uns ist (1 Petr 3,15), und zwar gerade vor jenen, denen diese Botschaft fremd ist und die ihr gegenüber möglicherweise eine feindliche Haltung einnehmen. Auch darin radikalisiert die Missionswissenschaft den Erfahrungshorizont, in den die Prediger heute mehr und mehr in der eigenen Gemeinde gestellt sind. Radikalisierung heißt dabei jedoch nicht nur eine quantitative Ausweitung, sondern impliziert einen qualitativen Sprung, weil zu der Religionsfremdheit die kulturelle Differenz hinzukommt.

Die Kirchen der Dritten Welt leben, erleben und durchdenken ihre Situation als Minderheit in fremdreligiöser Umgebung und bewältigen sie theologisch – eine Situation, auf die wir auch bei uns zugehen. Die Missionswissenschaft hat die Aufgabe, diese Erfahrungen zu uns hin zu vermitteln. Sie dient dem ökumenischen »Blutaustausch« der Kirchen. Den haben wir nötig, um den zukünftigen Aufgaben gerecht werden zu können.

In dem allen reflektiert die Missionswissenschaft das Kirchesein in der Welt – weltweit. In dieser Aufgabe werden die Grenzen zur Ökumenik fließend, ohne daß die unterschiedlichen Akzentsetzungen vergessen werden dürfen: Dort der Brückenschlag zu Kirchen anderer konfessioneller Prägung und die Suche nach Formen der Gemeinschaft und Einheit, hier der Brückenschlag zu Kirchen, die wesentlich von anderen Kulturen und anderen sozialen Verhältnissen geprägt sind und die kulturell different bleiben wollen und sollen. Hinzu kommt, daß zum Verstehen der Theologien der Dritten Welt religionsgeschichtliche Kenntnisse der verschiedenen kirchlichen Situationen Voraussetzung sind. Der Mangel an solchen Kenntnissen führt zu vielen Mißinterpretationen dieser Theologien durch Ökumeniker.

III. *Zusammengehörigkeit von Religions- und Missionswissenschaft.* Die bisher angeführten Aspekte zeigen bereits, wie eng Religionswissenschaft und Missionswissenschaft miteinander verschränkt sind: Keine von beiden kann beschrieben werden, ohne auf die andere zu verweisen. Deshalb empfiehlt es sich, sie im Lehrplan des Theologiestudiums als kombiniertes Fach anzubieten.

Die Kombination von Missions- und Religionswissenschaft erinnert die Theologie daran, die Herausforderung durch die Religionen in ihrer Bedeutung gerade für die Moderne zu bedenken. Die Missionswissenschaft kann die Religionswissenschaft daran hindern, sich in eine rein historische Retrospektive zurückzuziehen und ihre theologische Grundierung zu vergessen. Sie sorgt dafür, daß die Religionswissenschaft sich nicht in das Ghetto angeblich neutraler Wissenschaft einkapselt, sondern am Dialog der Religionen als sachlich geboten und notwendig teilnimmt.

Insofern die Religionswissenschaft nicht als Dienerin der exegetischen Fächer allein der Wissenssammlung und -vermehrung vergangener Kulturen und Religionen dient, hat sie wie die Missionswissenschaft im Rahmen der Theologie eine hermeneutische Aufgabe. Sie übt den Blickwechsel und das Verstehen des Fremden ein.[4] Den anderen in seiner Religion so zu verstehen, wie er sich selbst versteht und sieht, ist eine der Kernaufgaben der Religionswissenschaft im theologischen Kontext.

Umgekehrt erinnert die Religionswissenschaft die Theologie mittels der Missionswissenschaft daran, daß die historischen Wurzeln der Kirche tief in der Religionsgeschichte eingesenkt sind und sie nicht für sich, sondern um der Menschen in den anderen Religionen willen und mit ihnen besteht.

Indem die Religions- und Missionswissenschaft Kirche und Theologie in die Begegnung mit den ihr Fremden führt, dient sie zugleich der evangelischen Identitätsfindung der Studierenden, denn der Dialog führt dazu, erneut und vertieft »aufs Wort zu merken« und nach dem eigenen Selbstverständnis zu fragen.

Beide, Missionswissenschaft und Religionswissenschaft sorgen also dafür, daß die Kirche nicht dem Blick nach rückwärts verhaftet bleibt und daß die Theologie nicht nach innen gekehrt und provinziell wird. In der Aufarbeitung zeitgemäßer Probleme nimmt das Fach eine zentrale Stellung ein. Da die Religions- und Missionswissenschaft an den Schnittstellen von Kirche und Theologie zum Außen ihrer selbst angesiedelt ist, sorgt sie dafür, daß deren Horizonte offen bleiben. Wollen Kirche und Theologie zukünftig ihrer Aufgabe gerecht werden, muß das Fach Religions- und Missionswissenschaft aus seiner Stellung am Rande des theologischen Curriculums für besonders Interessierte herausgeführt und unter die Kernfächer des Theologiestudiums eingereiht werden. Unter den gegenwärtigen und zukünftigen Strukturbedingungen des Theologiestudiums ist dies nur sinnvoll möglich, wenn es zum Prüfungsfach im ersten Theologischen Examen wird.

4. Vgl. dazu A. Wierlacher (Hg.), Kulturthema Fremdheit. Leitbegriffe und Problemfelder kulturwissenschaftlicher Fremdheitsforschung, München 1993; T. Sundermeier, Den Fremden verstehen, a. a. O.

Literaturverzeichnis

Ahn, G., »›Monotheismus‹ – ›Polytheismus‹. Grenzen und Möglichkeiten einer Klassifikation von Gottesvorstellungen«, in: M. Dietrich/O. Loretz (Hg.), *Mesopotamica – Ugaritica – Biblica* (FS K. Bergerhof), Neukirchen-Vluyn 1993, 1-24.

Ahmed, M. D., »Islamischer Fundamentalismus«, in: G. Gehl (Hg.), *Fundamentalismus gegen Weltfriede?*, Weimar 1996, 61-72.

Albertz, R., *Persönliche Frömmigkeit und offizielle Religion. Religionsinterner Pluralismus in Israel und Babylon*, Stuttgart 1978.

–, *Religionsgeschichte Israels in alttestamentlicher Zeit*, 2 Bde., Göttingen 1992.

Althaus, P., »Toleranz und Intoleranz des Glaubens«, in: ders., *Theologische Aufsätze*, Bd. 2, Gütersloh 1935, 104-120.

Andrae, T., *Islamische Mystiker*, Stuttgart 1960.

Antes, P., »Theologie und Religionswissenschaft. Methodische Anmerkungen zu Nähe und Distanz«, in: *Wege der Theologie: an der Schwelle zum 3. Jahrtausend* (FS H. Waldenfels), Paderborn 1996, 313-314.

Assmann, A. u. J. (Hg.), *Kanon und Zensur. Archäologie der literarischen Kommunikation II*, München 1987.

Assmann, J., *Ägypten. Eine Sinngeschichte*, München/Wien 1996.

–, *Ägypten. Theologie und Frömmigkeit einer frühen Hochkultur*, Stuttgart u. a. 1984.

–, *Das kulturelle Gedächtnis. Schrift, Erinnerung und politische Identität in frühen Hochkulturen*, München 1992.

–, »Der schöne Tag. Sinnlichkeit und Vergänglichkeit im altägyptischen Fest«, in: ders., *Stein und Zeit. Mensch und Gesellschaft im alten Ägypten*, München 1991, 200-237.

–, »Der zweidimensionale Mensch: Das Fest als Medium des kollektiven Gedächtnisses.« In: ders. (Hg.), *Das Fest und das Heilige. Religiöse Kontrapunkte zur Alltagswelt*, Gütersloh 1991.

–, Heiden: »Der religiöse Unterschied«, *Merkur* 1995, 957-962.

–, *Ma'at. Gerechtigkeit und Unsterblichkeit im alten Ägypten*, München 1990.

–, *Moses, der Ägypter. Entzifferung einer Gedächtnisspur*, Stuttgart 1998.

–, *Monotheismus und Kosmotheismus. Ägyptische Formen des »Denkens des Einen« und ihre europäische Rezeptionsgeschichte. Sitzungsberichte der Heidelberger Akademie der Wissenschaften*, Heidelberg 1993.

–, *Stein und Zeit. Mensch und Gesellschaft im alten Ägypten*, München 1991.

–, »Translating Gods: Religion as a Factor of Cultural (Un)translatability«, in: S. Budick/W. Iser (Hg.), *The Translatability of Cultures. Figurations of the Space Between*, Stanford/Cal. 1996, 25-36.

–, »Viel Stil am Nil? Altägypten und das Problem des hohen Kulturstils«, in: H. U. Gumbrecht/K. L. Pfeifer (Hg.), *Stil. Geschichten und Funktionen eines kulturwissenschaftlichen Diskurselements*, Frankfurt a. M. 1986, 519-537.

–/D. Harth (Hg.), *Kultur und Konflikt*, Frankfurt a. M. 1990.

–/T. Sundermeier (Hg.), *Die Erfindung des inneren Menschen*, Gütersloh 1993.

–/T. Sundermeier (Hg.), *Schuld, Gewissen und Person. Studien zur Geschichte des inneren Menschen*, Gütersloh 1997.

– (Hg.), *Das Fest und das Heilige. Religiöse Kontrapunkte zur Alltagswelt*, Gütersloh 1991.

Auffahrt, Chr., »Finis terrae, finis mundi. Geographie und Zeit im Weltbild mittelalterlicher

Apokalyptik«, in: D. Zeller (Hg.), *Religion im Wandel der Kosmologien*, Frankfurt a. M./ New York 1999, 203-216.

Aus Politik und Zeitgeschichte. Beilage zur Wochenzeitung *Das Parlament*, Dez. 1980, 20.

Ausländer im europäischen Binnenmarkt. Kirchliche Perspektiven. Europäische Konferenz Justitia et Pax und Ausschuss der Kirchen für Ausländerfragen in Europa, Frankfurt a. M. 1992.

Baaren, P. van /H. J. W. Drijvers (Hg.), *Religion, Culture and Methodology*, Den Haag 1973.

Balz, H., *Where the Faith has to Live. Studies in Bakossi Society and Religion*, 2 Bde., Berlin 1995.

Bammel, F., Art. »Erlösungsreligionen«, *RGG*, 3. Aufl., II, 599 f.

–/H.-J. Kraus/P. Vielhauer/C. Andresen, Art. »Erlösung I–IV«, *RGG*, 3. Aufl., II, 583-594.

Barth, H.-M./Ch. Elsas (Hg.), *Bild- und Bildlosigkeit, Beiträge zum interreligiösen Dialog*, Hamburg 1994.

Barth, K., *Der Christ in der Gesellschaft*, Würzburg 1920.

–, *Kirchliche Dogmatik*, Bd I,1 – IV,3, Zürich 1932 ff.

Baudy, G. J., »Hierarchie oder: Die Verteilung des Fleisches«, in: B. Gladigow/H. J. Kippenberg (Hg.), *Neue Ansätze in der Religionswissenschaft*, München 1983, 131-174.

Baur, J., »Die Unausweichlichkeit des Religiösen und die Unableitbarkeit des Evangeliums«, in: H. Breit/K.-D. Nörenberg (Hg.), *Religionskritik als theologische Herausforderung*, München 1972, 88-107.

Bechert, H. (Hg.), *Buddhism in Ceylon and Studies in Religious Syncretism in Buddhist Countries* (Symposium zur Buddhismusforschung I), Göttingen 1978.

–, »On the Popular Religion of the Sinhalese«, in: ders. (Hg.), *Buddhism in Ceylon and Studies in Religious Syncretism in Buddhist Countries* (Symposium zur Buddhismusforschung I), Göttingen 1978, 217-233.

Berglund, A.-I., *Zulu Thought Patterns and Symbolism*, London 1975.

Berner, U., »Synkretismus und Inkulturation«, in: H. P. Siller (Hg.), *Suchbewegungen: Synkretismus, kulturelle Identität und kirchliches Bekenntnis*, Darmstadt 1991, 130-144.

–, »Toleranz und Intoleranz in den nichtchristlichen Religionen«, in: P. Segel (Hg.), *Die Anfänge der Inquisition im Mittelalter. Mit einem Ausblick auf das 20. Jahrhundert und einem Beitrag über religiöse Intoleranz im nichtchristlichen Bereich*, Köln 1993, 269-284.

–, *Untersuchungen zur Verwendung des Synkretismusbegriffes*, Wiesbaden 1982.

Bernhardt, R., *Der Absolutheitsanspruch des Christentums von der Aufklärung bis zur Pluralistischen Religionstheologie*, Gütersloh 1990.

– (Hg.), *Horizontüberschreitung. Die pluralistische Theologie der Religionen*, Gütersloh 1991.

Bertholet, A. (Hg.), *Religionsgeschichtliches Lesebuch*, Tübingen 1926 ff.

Betz, O. (Hg.), *Zugänge zur religiösen Erfahrung*, Düsseldorf 1980.

Beyer, U., *Bali – Der Morgen der Welt. Evangelium und Kirche auf Bali*, Frankfurt 1998.

Beyerhaus, P./I. E. von Padberg (Hg.), *Eine Welt – Eine Religion? Die synkretistische Bedrohung unseres Glaubens im Zeichen von New Age*, 2. Aufl., Asslar 1989.

Blumhardt, Chr., *Christus in der Welt. Briefe an Richard Wilhelm*, hg. v. A. Rich, Zürich 1958.

Brandt, S., *Opfer als Gedächtnis. Zur Kritik und Neukonstituierung theologischer Rede vom Opfer*, unpubl. Habil. Schrift, Heidelberg 1997.

Breit, H./K.-D. Nörenberg (Hg.), *Religionskritik als theologische Herausforderung*, München 1972.

Breitenbach, C., *Versöhnung. Eine Studie zur paulinischen Soteriologie*, Neukirchen-Vluyn 1989.

Brincker, H., *Wörterbuch und kurzgefaßte Grammatik des Otji-Herero*, Leipzig 1886.
Brück, M. von, *Buddhismus und Christentum. Geschichte, Konfrontation, Dialog*, München 1997.
–, *Einheit der Wirklichkeit. Gott, Gotteserfahrung und Meditation im hinduistisch-christlichen Dialog*, 2. Aufl., München 1987.
Brunner, H., »Vom Wesen des Polytheismus und seinem Wahrheitsgehalt«, Univ. 1974, 597 ff.
Bubner, R., »Ästhetisierung der Lebenswelt«, in: W. Haug/R. Warning (Hg.), *Das Fest*, München 1989, 652-662.
Buddhaghosa, *Der Weg zur Reinheit. Vissuddhi-Magga*, 3. Aufl., Konstanz 1975.
Budick, S./W. Iser (Hg.), *The Translatability of Cultures: Figurations of the Space Between*, Stanford/Cal. 1996.
Bühlmann, W., »Die Theologie der nichtchristlichen Religionen als oekumenisches Problem«, in: J. L. Leuba/H. Stirnimann (Hg.), *Freiheit in der Begegnung. Zwischenbilanz des oekumenischen Dialogs*, Stuttgart 1969, 453-478.
Buri, F., *Der Buddha-Christus als der Herr des wahren Selbst. Die Religionsphilosophie der Kyoto-Schule und das Christentum*, Bern 1982.
Burkert, A. W., *Anthropologie des religiösen Opfers: die Sakralisierung der Gewalt*, München 1983.
–, *Creation of the Sacred. Tracks of Biology in Early Religion*, Cambridge/Mass. 1996.
–, »Fitness oder Opium? Die Fragestellung der Soziobiologie im Bereich alter Religionen«, in: F. Stolz (Hg.), *Homo naturaliter religiosus. Gehört Religion notwendig zum Mensch-Sein?* Bern/Frankfurt a. M./New York 1997, 13-38.
–, *Griechische Religion der archaischen und der klassischen Epoche*, Stuttgart u. a. 1977.
–, *Homo necans. Interpretationen altgriechischer Opferriten und Mythen*, Berlin/New York 1972.
–, *Wilder Ursprung. Opferritual und Mythos bei den Griechen*, München 1990.
Bürkle, H. »Das Christentum vor seiner universalen Aufgabe. Thesen zum interreligiösen Dialog«, *ThPr* 1980, 62 ff.
–, *Einführung in die Theologie der Religionen*, Darmstadt 1977.
Burt, F., *Der Buddha Christus als der Herr des wahren Selbst. Die Religionsphilosophie der Kyoto-Schule und das Christentum*, Bern 1982.
Busia, K. A., »The Ashanti«, in: D. Forde (Hg.), *African Worlds. Studies in the cosmological ideas and social values of African people*, London 1954, 190-209.

Cancik, H. (Hg.), *Religions- und Geistesgeschichte der Weimarer Republik*, Düsseldorf 1982.
–, »Die Götter Griechenlands, 1929 – Walter F. Otto als Religionswissenschaftler und Theologie am Ende der Weimarer Republik I«, in: H. von Stietencron (Hg.), *Theologen und Theologien in verschiedenen Kulturkreisen*, Düsseldorf 1986, 214-238.
Chung, C. H., »Auf den Spuren eines langen Traumes«, in: L. M. Russek, *In den Gärten der Mütter*, Freiburg 1990, 52-107.
–, »›Han-pu-ri‹: Doing Theology from Korean Women's Perspektive.« *ER* 1988, 27-36.
–, »Komm, heiliger Geist – erneure die ganze Schöpfung.« *JK* 1991, 130-137.
–, »›Opium oder Keim der Revolution?‹ Schamanismus: Frauenorientierte Volksreligiosität in Korea.« *Conc(D)* 1988, 393-398.
–, *Struggle to be the Sun again: Introducing Asian Women's Theology*, Maryknoll 1990.
Collet, G. (Hg.), *Theologie der Dritten Welt. EATWOT als Herausforderung westlicher Theologie und Kirche*, Immensee 1990.

Colpe, C., »Bemerkungen zu Adolf v. Harnacks Einschätzung der Disziplin ›Allgemeine Religionsgeschichte‹«, *NZSTh* 1964, 51 ff.

–, »Erlösungsreligion«, in: H. Cancik (Hg.), *Handbuch religionswissenschaftlicher Grundbegriffe;* Bd. II, Stuttgart 1988, 323-329.

–, »Formen der Intoleranz. Altkirchliche Autoren und die antipagane Polemik«, in: R. Kampling/B. Schlegelberger (Hg.), *Wahrnehmung des Fremden. Christentum und andere Religionen*, Berlin 1996, 87-123.

–, »Syncretism«, in: *Encyclopedia of Religion*, Bd. 14, 1987, 218-227.

–, *Theologie, Ideologie, Religionswissenschaft. Demonstration ihrer Unterscheidung*, München 1980.

–, »Toleranz im Islam«, in: ders., *Problem Islam*, 2. Aufl., Weinheim 1994, 160-197.

–, »Zur Neubegründung einer Phänomenologie der Religionen und der Religion«, in: H. Zinser (Hg.), *Religionswissenschaft. Eine Einführung*, Berlin 1988, 131-154.

Conze, E., *Der Buddhismus*, 5. Aufl., Stuttgart 1974.

Cox, H., *Das Fest der Narren*, München 1969.

Cragg, K., *Sandals at the Mosque. Christian Presence amid Islam*, London 1959.

Croatto, J. S., *Die Bibel gehört den Armen. Perspektiven einer befreiungstheologischen Hermeneutik*, München 1989.

Dallmann, H.-U., *Die funktionale Systemtheorie Niklas Luhmanns und ihre theologische Rezeption*, Diss. theol., Heidelberg 1988.

Damen, F., »Sekten«, in: I. Ellacuria/J. Sobrino (Hg.), *Mysterium Libertionis. Grundbegriffe der Befreiung,* Bd. 2, Luzern 1996.

Danquah, J. B., *The Akan Doctrine of God*, 3. ed., London 1968.

Das Totenbuch des Islam, Bern/München 1981.

De Silva, L., *Buddhism: beliefs and practices in Sri Lanka*, Colombo 1974.

–, *Mit Buddha und Christus auf dem Weg,* Freiburg 1998 (*Why belief in God*, Colombo 1980).

Dehn, U. M., *Die geschichtliche Perspektive des japanischen Buddhismus: das Beispiel der Uehara Senroku*, Ammersbek 1995.

Devasahayam, v. (Hg.), *Frontiers of Dalit Theology*, Madras 1997.

Dharmasiri, G., *A Buddhist Critique of the Christian Concept of God*, Colambo 1974.

Dickson, K. A./P. Ellingworth (Hg.), *Biblical Relevation and African Beliefs*, London 1969.

Die Bagavadgida, Übersetzung K. Mylius, 3. Aufl., Leipzig 1980.

Douglas, M., *Ritual, Tabu und Körpersymbolik. Sozialanthropologische Studien in Industriegesellschaft und Stammeskultur*, Frankfurt a. M. 1981 (engl. 1970).

Drehsen, V./W. Sparn (Hg.) *Im Schmelztiegel der Religionen. Konturen des modernen Synkretismus*, Gütersloh 1996.

Drews, A. (Hg.), *Hegels Religionsphilosophie*, Jena/Leipzig 1905.

Driver, T. F., *The Magic of Ritual: Our Need for Liberation Rites that Transform our lives and Our Communities*, San Francisco 1991.

Düwel, K., »Die Umschreibungen für ›Gott‹ in der altnordischen Dichtung«, in: M. Krauss/J. Lundbeck (Hg.), *Die vielen Namen Gottes* (FS G. Heinz-Mohr), Stuttgart 1974, 65-74.

Dupré, W., *Religion in Primitive Culture. A Study in Ethnophilosophy*, The Hague/Amsterdam 1975.

Durkheim, E., *The Elementary Forms of the Religious Life*, 3. ed. London 1968.

Ebach, J., »Babel und Bibel oder: Das ›Heidnische‹ im Alten Testament«, in: R. Faber/

R. Schlesier, *Die Restauration der Götter: Antike Religion und Neo-Paganismus*, Würzburg 1986, 26-44.
–, *Ursprung und Ziel. Erinnerte Zukunft und erhoffte Vergangenheit*, Neukirchen-Vluyn 1986.
Ebeling, G., *Dogmatik des christlichen Glaubens II*, Tübingen 1979.
–, »Schrift und Erfahrung als Quelle theologischer Aussagen«, *ZThK* 1978, 99-116.
–, *Wort und Glaube*, Bd. 3, Tübingen 1975.
Edinopulos, D. H. A./Yonan, E. A., *The Sacred and its Scholars. Comparative Methodologies for the Study of Primary Religious Data*, Leiden/New York/Köln 1996.
Eliade, M., *Die Religionen und das Heilige. Elemente der Religionsgeschichte*, Frankfurt a. M. 1986.
Elsas, Ch., »Interreligiöser Dialog mit Außen- und Innensicht zu Bild und Wort: Personalisierung in der Religionswissenschaft«, in: H.-M. Barth/Ch. Elsas (Hg.), *Bild und Bildlosigkeit, Beiträge zum interreligiösen Dialog*, Hamburg 1994, 177-189.
–, »Religionsgeschichte und Theologie der Religionen«, in: B. Köhler (Hg.), *Religion und Wahrheit. Religionsgeschichtliche Studien* (FS G. Wießner), Wiesbaden 1998, 3-11.
– (Hg.), *Religion. Ein Jahrhundert theologischer, philosophischer, soziologischer und psychologischer Interpretationsansätze*, hg. und eingeleitet von Ch. Elsas, München 1975.
Elshahed, E., »Worin besteht die Herausforderung des islamischen Fundamentalismus?«, *Conc(D)* 1992, 237-242.
Emilson, W. W., *Violence and Atonement*, Frankfurt a. M./New York 1994.
Ess, J. van, »Der Name Gottes im Islam«, in: H. v. Stietencron (Hg.), *Der Name Gottes*, Düsseldorf 1975, 156-175.
Evans-Pritchard, E. E., *Hexerei, Orakel und Magie bei den Zande*, Frankfurt a. M. 1978.
–, *Nuer Religion*, Oxford 1956.
Evers, H. D., *Monks, Priests and Peasants. A Study of Buddhism and Social Structure in Central Ceylon*, Leiden 1972.
Ezeanya, S. N., »God, Spirits and the Spirit World«, in: K. A. Dickson/P. Ellingworth (Hg.), *Biblical Revelation and African Beliefs*, London 1969, 30-46.

Faber, R., *Die Restauration der Götter. Antike und Neo-Paganismus*, Würzburg 1986.
Faust, E., *Pax Christi et pax Caesaris: Religionsgeschichtliche, traditionsgeschichtliche und sozialgeschichtliche Studien zum Epheserbrief* (Diss. theol., Heidelberg 1992), Göttingen 1993.
Feldtkeller, A., »Der Synkretismus-Begriff im Rahmen einer Theorie von Verhältnisbestimmungen zwischen Religionen«, *EvTh* 1992, 224-245.
–, *Die ›Mutter der Kirchen‹ im ›Haus des Islam‹. Gegenseitige Wahrnehmungen von arabischen Christen und Muslimen im West- und Ost-jordanland*. Erlangen 1998.
–, *Identitätssuche des syrischen Urchristentums. Mission, Inkulturation und Pluralität im ältesten Heidenchristentum*, Göttingen 1993.
–, »Verlangt der gesellschaftliche Pluralismus nach einer ›pluralistischen Religionstheologie‹«, *EvTh* 1998, 446-461.
Flasche, R., *Die Religionswissenschaft Joachim Wachs*, Berlin/New York 1978.
–, »Religionsmodell und Erkenntnisprinzipien der Religionswissenschaft in der Weimarer Zeit«, in: H. Cancik (Hg.), *Religions- und Geistesgeschichte der Weimarer Republik*, Düsseldorf 1982, 261-276.
Forde, D. (Hg.), *African Worlds. Studies and the Cosmological Ideas and Social Values of African Peoples*, 4. ed., London/New York 1963.
Frick, H., *Die evangelische Mission*, Bonn/Leipzig 1922.

Fuß, M., »Buddha und Maria. Dynmische Leere als Ikone des Dialogs«, *StMiss* 1994, 211-244.
–, *Buddhavacana and Dei verbum. A phenomenological and theological comparison of scriptural inspiration in the Saddharmapundarika sutra and in the christian tradition*, Leiden 1991.
–, »Die Familie der Wahrheiten. Fragmentarische Skizze zu einer Theologie der Religionen«, in: *Wege der Theologie an der Schwelle zum dritten Jahrtausend*, (FS H. Waldenfels) hg. v. G. Risse 1996, 381-393.

Gantke, W., *Der umstrittene Begriff des Heiligen. Eine problemorientierte religionswissenschaftliche Untersuchung*, unpubl. Habil.-Schrift, Bonn 1993.
Gardet, L., *Islam*, Köln 1968.
Gehl, G. (Hg.), *Fundamentalismus gegen Weltfriede?*, Weimar 1996.
Geiger, M. u. W., *Pali Dhamma, vornehmlich in der kanonischen Literatur*, München 1920.
Gennep, A. van, *Übergangsriten (Les rites de passage)*, Frankfurt a. M. 1986.
Gensichen, H.-W., »›Einheimische‹ Theologie und ökumenische Verantwortung«, in: ders./G. Rosenkranz/G. F. Vicedom (Hg.), *Theologische Stimmen aus Asien, Afrika und Lateinamerika*, Bd. 1, München 1965, 15-31.
–, *Glaube für die Welt*, Gütersloh 1971.
–, *Invitatio ad Fraternitatem. 75 Jahre Deutsche Gesellschaft für Missionswissenschaft (1918-1993)*, Münster 1993.
–, »Religionswissenschaft und Theologie«, in: G. Picht/E. Rudolph (Hg.), *Theologie – Was ist das?*, Stuttgart/Berlin 1977, 107-137.
–, »Tendenzen der Religionswissenschaft«, in: H. Siemens/H.-R. Reuter (Hg.), *Theologie als Wissenschaft in der Gesellschaft*, Göttingen 1970.
–, *Weltreligionen und Weltfriede*, Göttingen 1985.
Gerechtigkeit für die Unberührbaren. Beiträge zur Dalit-Theologie. Evangelisches Missionswerk in Deutschland – EMW (Weltmission heute 15), Hamburg 1995.
Girard, R., »Mimentische Theorie und Theologie«, in: J. Niewadomski/W. Palaver (Hg.), *Vom Fleisch und Segen der Sündenböcke* (FS R. Schwager), Thaur 1995, 15-29.
Gladigow, B., »Gottesvorstellungen«, in: H. Cancik (Hg.), *Handbuch religionswissenschaftlicher Grundbegriffe*, Bd. I, Stuttgart 1988, 32-49.
–, »Polytheismus. Akzente, Perspektiven und Optionen der Forschung«, *ZfR* 1997, 59-77.
–/H. G. Kippenberg (Hg.), *Neue Ansätze in der Religionswissenschaft*, München 1983.
Glasenapp, H. von, *Buddhism and Christianity*, Kandy 1963.
–, *Buddhismus und Gottesidee. Die buddhistischen Lehren von den überweltlichen Wesen und Mächten und ihre religionsgeschichtlichen Parallelen*, Mainz 1954.
–, *Entwicklungsstufen des indischen Denkens. Untersuchungen über die Philosophie der Brahmanen und Buddhisten*, Halle 1940.
Gölz, F., *Der primitive Mensch und seine Religion*, Gütersloh 1963.
Gombrich, R. F., *Precept and Practice. Traditional Buddhism in the Rural Highlands of Ceylon*, Oxford 1971.
Gonda, J., *Die Religionen Indiens I. Veda und älterer Hinduismus*, Stuttgart 1960.
Goodenough, E., *A Historian of Religion Tries to Define Religion*, Zygon 1967.
Goppelt, L., »Versöhnung durch Christus«, in: ders., *Christologie und Ethik. Aufsätze zum NT*, Göttingen 1968, 146-164.
Greschat, H.-J., *Was ist Religionswissenschaft?*, Stuttgart/Berlin 1988.
–, »Wie unterscheiden sich Religionswissenschaftler von Theologen?«, *ZMR* 1980, 259-267.

Greverus, I.-M., *Neues Zeitalter oder verkehrte Welt. Anthropologie als Kritik*, Darmstadt 1990.
–, »Prinzip Collage«, in: H. P. Siller (Hg.), *Suchbewegungen. Synkretismus – kulturelle Identität und kirchliches Bekenntnis*, Darmstadt 1991, 18-30.
Grünschloß, A., *Religionswissenschaft als Welt-Theologie. Wilfred Cantwell Smiths Interreligiöse Hermeneutik*, Göttingen 1994.
Gumbrecht, H. U./K. L. Pfeifer (Hg.), *Stil. Geschichten und Funktionen eines kulturwissenschaftlichen Diskurselements*, Frankfurt a. M. 1986.
Gundert, W., *Bi-yän-lu, verdeutscht und erläutert*, Bd. III, München 1977.

Hacker, P., Religiöse Toleranz und Intoleranz, *Saec* 1954, 167-179.
Hahn, A., »Soziologische Relevanzen des Stilbegriffs«, in: H. U. Gumbrecht/K. L. Pfeiffer (Hg.), *Stil. Geschichten und Funktionen eines kulturwissenschaftlichen Diskurselements*, Frankfurt a. M. 1986, 603-611.
Hahn, F., »Streit um ›Versöhnung‹«, *VF* 36/2, 1991, 55-64.
Handke, P., *Die Innenwelt der Außenwelt der Innenwelt*, 9. Aufl., Frankfurt a. M. 1979.
Harjula, R., *God and the Sun in Meru Thought*, Helsinki 1969.
Härle, W., »Aus dem Heiligen Geist. Positioneller Pluralismus als christliche Konsequenz«, *ZdZ.LM* 1/1998, 21-24.
–, *Dogmatik*, Berlin/New York 1995.
Harnack, A. von, *Die Aufgabe der theologischen Fakultäten und die allgemeine Religionsgeschichte*, Berlin 1901.
Hartwich, W.-D., »Christlicher Monotheismus und Germanische Theologie. Schöpfungsmythen in der mittelalterlichen Literatur und ihre politisch-kosmologische Funktion«, *ZRGG* 1996, 39-67.
Häselbarth, H., *Die Auferstehung der Toten in Afrika. Eine theologische Deutung der Todesriten der Mamabolo in Nordtransvaal*, Gütersloh 1972.
Hasselmann, N. (Hg.), *Gottes Wirken in seiner Welt. Zur Diskussion um die Zweireichelehre*, 2 Bde., Hamburg 1980.
Haug, W./R. Warning (Hg.), *Das Fest*, München 1989.
Heiler, F., *Das Gebet. Eine religionsgeschichtliche und religionspsychologische Untersuchung*, 4. Aufl., München 1921.
–, *Erscheinungsformen und Wesen der Religion*, Stuttgart 1961.
Heim, W., »Religiöses Familienbrauchtum. Ein volkskirchlicher Beitrag zur Theologie der Vertrautheit.« *Conc(D)* 1979, 55-58.
Herder, G., *Fragment »Über die verschiedenen Religionen«* (1766), Ausgabe B. Suphan, Sämtliche Werke, Bd. 3. , Hildesheim 1967, 145-148.
–, *Ideen zur Philosophie der Geschichte der Menschheit* (1787), Ausgabe B. Suphan, Sämtliche Werke, Bd. 14., Hildesheim 1967.
Hermelink, J., *Verstehen und Bezeugen. Der theologische Ertrag der Phänomenologie der Religion von Gerardus van der Leeuw*, München 1960.
Herms, E., »Erfahrung«, *EKL*, Bd. 1, 1067-1077.
Herskovits, M. J., *Anthropology and cultural change. Two lectures delivered on invitation of the committee for Academic Interests of the University of South Africa, on August 20 and 21 1957*, Pretoria 1957.
Hick, J./Paul F. Knitter, *The Myth of Christian Uniqueness. Toward a Pluralistic Theology of Religions*, New York 1987.

Himmelmann, M., »Im Dialog mit Japan. Wilhelm Gundert und Werner Kohler«, *ZM* 1996, 169-193.

–, *Missionarische Rückenansichten, Wilhelm Gundert und Werner Kohler in ihrer Begegnung mit Japan und seinen Religionen*, unpubl. Diss. theol., Heidelberg 1992.

Hjelde, S., *Die Religionswissenschaft und das Christentum. Eine historische Untersuchung über das Verhältnis von Religionswissenschaft und Theologie*, Leiden/New York 1994.

Hoffmann, E. L., *Die Grundgedanken des Buddhismus und ihr Verhältnis zur Gottesidee*, München 1920.

Hoffmann, M., *Der Islam als Alternative*, 2. Aufl., München 1993.

Hölderlin, »Der Tod des Empedokles. 1. Fassung«, in: ders.: *Werke*, Berlin/Darmstadt 1960, 653 ff.

Hole, G., *Fanatismus. Der Drang zum Extrem und seine psychologischen Wurzeln*, Freiburg 1995.

Holsten, W., Art. »Monotheismus und Polytheismus I. Religionsgeschichtlich«, *RGG*, 3. Aufl., IV, 1110-1113.

–, »Zum Verhältnis von Religionswissenschaft und Theologie«, in: K. Rudolph (Hg.), *Festschrift Walter Baetke*, Weimar 1966, 191-209.

Holt, J. C., »Assisting the Dead by Venerating the Living. Merit Transfer in the Early Buddhist Tradition«, *Numen* 1981, 1-28.

Honecker, M., »Erfahrung und Entscheidung. Zur Begründung einer theologischen Ethik«, *ZThK* 1978, 485-502.

Honneth, A., *Kampf um Anerkennung. Zur moralischen Grammatik sozialer Konflikte*, Frankfurt a. M. 1992.

Horkheimer, M./Th. W. Adorno, *Dialektik der Aufklärung. Philosophische Fragmente*, Frankfurt a. M. 1969.

Hornung, E., *Der Eine und die Vielen*, 2. Aufl., Darmstadt 1973.

Huang, Yi, *Der deutsche Einfluß auf die Entwicklung des chinesischen Bildungswesens von 1871-1918*, Frankfurt a. M./New York 1994.

Huber, W., »Konflikt und Versöhnung«, in: J. Assmann/D. Harth (Hg.), *Kultur und Konflikt*, Frankfurt a. M. 1990, 49-71.

Hughes, E. J., *Wilfred Cantwell Smith. A Theology for the World*, London 1986.

Huizinga, J., *Homo ludens. Versuche einer Bestimmung des Spielelementes der Kulturen*, Hamburg 1939.

Hummel, R., »Reizwort Synkretismus«, *Materialdienst EZW* 1986, 252-259.

Husserl, E., *Cartesianische Meditationen und Pariser Vorträge*, Haag 1950.

Ibn Ishak, M., *Das Leben des Propheten*, 3. Aufl., Stuttgart 1986.

Idinopulos, Th. A., Yonan, E. A. (Hg.), *The Sacred and ist Scholars. Comparative Methologies for the Study of Primary Religion Data*, Leiden/New York 1996.

Idowu, E. B., *African traditional religion. A definition*, London 1973.

Janowski, B., Art. »Sühne, AT und Judentum«, *EKL*, 3. Aufl., 4, Göttingen 1996, 552-554.

–, *Sühne als Heilsgeschehen. Studien zur Sühnetheologie der Priesterschaft und zur Wurzel KPR im Alten Orient und im Alten Testament*, Neukirchen-Vluyn 1982.

Jenner, H. A., *The Life of a South African Tribe*, 2 Bde., New York 1962 (Repr. 1912).

Jetter, W., *Symbol und Ritual. Anthropologische Elemente im Gottesdienst*, Göttingen 1978.

Jeyaraj, D., *Inkulturation in Tranquebar*, Erlangen 1996.

Joest, W., *Fundamentaltheologie. Theologische Grundlagen- und Methodenprobleme*, Stuttgart 1974.

Jüngel, E., »Extra Christum nulla salus – als Grundsatz natürlicher Theologie? Evangelische Erwägungen zur ›Anonymität‹ des Christenmenschen«, in: E. Klinger (Hg.), *Christentum innerhalb und außerhalb der Kirche*, Freiburg/Basel/Wien 1976, 122-138.

Junod, H. A., *The Life of a South African Tribe*, New York 1962 (Repr.1912), Bd. I u. II.

Kades, Th., *Die arabischen Bibelübersetzungen im 19. Jahrhundert*, Frankfurt/Berlin 1997.

Kähler, M., *Schriften zur Christologie und Mission*, München 1971.

Kamper, A. D./C. Wulf (Hg.), *Das Heilige. Seine Spur in der Moderne*, Frankfurt a. M. 1987.

Karrer, O., *Das Religiöse in der Menschheit und im Christentum*, Frankfurt a. M. 1934 (4. Aufl. 1949).

Keel, O. (Hg.), *Monotheismus im Alten Israel und seiner Umwelt*, Fribourg 1980.

Kerber, W. (Hg.), *Der Begriff der Religion*, München 1993.

– (Hg.), *Die Wahrheit der Religionen*, München 1994.

Kerényi, K., »Vom Wesen des Festes«, *Paid.* 1938, 59-65.

Kessler, R., »›Ich weiß, daß mein Erlöser lebt.‹ Sozialgeschichtlicher Hintergrund und theologische Bedeutung der Erlöser-Vorstellung in Hiob 19,25.« *ZThK* 1992, 139-158.

Khoury, A.-T., Art. »Toleranz«, *Islam Lexikon*, Bd. 3, Freiburg/Basel/Wien 1991, 718 ff.

–, *Der Koran Arabisch – Deutsch*, Bd. 1, Gütersloh 1990.

–, *Toleranz im Islam*, München/Mainz 1980.

–/L. Hagemann, *Christentum und Christus im Denken zeitgenössischer Muslime*, Altenberge 1986.

Kippenberg, H. G., *Die vorderasiatischen Erlösungsreligionen in ihrem Zusammenhang mit der antiken Stadtherrschaft. Heidelberger Max-Weber-Vorlesungen 1988*, Frankfurt a. M. 1991.

–, *Die Entdeckung der Religionsgeschichte. Religionswissenschaft und Moderne*, München 1997.

–, »Diskursive Religionswissenschaft. Gedanken zu einer Religionswissenschaft, die weder auf einer allgemein gültigen Definition von Religion noch auf einer Überlegenheit von Wissenschaft basiert«, in: B. Gladigow/H. G. Kippenberg (Hg.), *Neue Ansätze in der Religionswissenschaft*, München 1983, 9-28.

–, *Magie. Die sozialwissenschaftliche Kontroverse über das Verstehen fremden Denkens*, Frankfurt a. M. 1978.

Kirchgässer, A., *Die mächtigen Zeichen. Ursprünge, Formen und Gesetze des Kultes*, Basel/ Freiburg/Wien 1959.

Klappert, B., *Abraham eint und unterscheidet. Begründungen und Perspektiven eines nötigen Trialogs zwischen Juden, Christen und Muslimen* (Rhein Reden 1/1996), Köln 1996.

Klimkeit, H.-J., »Die Kenntnis apokrypher Evangelien in Zentral- und Ostasien«, in: A. v. Tongerloo/S. Giversen (Hg.), *Manichaica Selecta.* (FS Julien Ries/Manichaean Studies I), Lovanie 1991, 149-174.

– (Hg.), *Vergleichen und Verstehen in der Religionswisschenschaft. Vorträge der Jahrestagung der DVRG vom 4.–6. Oktober 1995 in Bonn*, Wiesbaden 1997.

Klinger, E. (Hg.), *Christentum innerhalb und außerhalb der Kirche*, Freiburg 1976.

Klostermaier, K., *Hinduismus*, Köln 1965.

Koepping, P., »Fest«, in: C. Wulf (Hg.), *Vom Menschen. Handbuch Historische Anthropologie*, Weinheim/Basel 1998, 1048-1065.

Köpf, U., »Wesen und Funktion religiöser Erfahrung. Überlegungen im Anschluß an Bernhard von Clairveaux«, *NZSTh* 1980, 150-165.

Kohler, W., *Die Lotuslehre und die modernen Religionen in Japan*, Zürich 1962.

–, »Theologie und Religion«, in: A. Feldtkeller (Hg.), *Unterwegs zum Verstehen der Religionen. Gesammelte Aufsätze*, Frankfurt a. M./New York 1998.

Krämer, H. P., *Die christliche Botschaft in einer nichtchristlichen Welt*, Zürich 1940.

Kraus, H. J., *Reich Gottes: Reich der Freiheit. Grundriß Systematischer Theologie*, Neukirchen-Vluyn 1975.

Kruse, H., *Islamische Völkerrechtslehre*, 2. Aufl., Bochum 1979.

Küng, H., *Christ sein*, 2. Aufl., München 1974, 102-108.

–, »Die Religionen als Frage an die Theologie des Kreuzes«, *EvTh* 1973, 401-423.

–, *Projekt Weltethos*, München 1990.

Küster, V., *Theologie im Kontext*, Nettetal 1995.

Kuschel, K.-J., *Streit um Abraham. Was Juden, Christen und Muslime trennt – und was sie eint*, München 1994.

Lähnemann, J. (Hg.), *Weltreligionen und Friedenserziehung. Wege zur Toleranz. Schwerpunkt: Christentum –Islam*, Referate und Ergebnisse des Nürnberger Forums 1988, Hamburg 1989.

Laing, R. D., *Phänomenologie der Erfahrung*, Frankfurt a. M. 1967.

Lanczkowski, G., *Einführung in die Religionswissenschaft*, Darmstadt 1980.

–, Art. »Heil und Erlösung I«, *TRE* 14, 605-609.

– (Hg.), *Selbstverständnis und Wesen der Religionswissenschaft*, Darmstadt 1974.

Lang, A., *The Making of Religion*, 3. ed. London 1909.

Lang, B. (Hg.), *Der einzige Gott. Die Geburt des biblischen Monotheismus*, München 1981.

Leach, E. R. (Hg.), *Dialectic in Practical Religion*, Cambridge 1968.

Leibniz, G. W., *Die Theodizee*, Übers. Von A. Buchenau, 2. Aufl., Hamburg 1968.

Lenz, R., »Das vergessene Ganze«, *EK* 1974, 431 f.

Leuba, J. L./H. Stirnimann (Hg.), *Freiheit in der Begegnung. Zwischenbilanz des ökumenischen Dialogs*, Stuttgart 1969.

Leuze, R., *Christentum und Islam*, Tübingen 1994.

–, *Die außerchristlichen Religionen bei Hegel*, Stuttgart 1975.

Lewis, B., *Die Assassinen. Zur Tradition des religiösen Mordes im radikalen Islam*, Berlin 1989.

Lienhard, G., *Divinity and Experience. The religion of the Dinka*, Oxford 1961.

Lohfink, N. (Hg.), *Gewalt und Gewaltlosigkeit im Alten Testament*, Freiburg/Basel/Wien 1983.

Löwner, G., *Die Entwicklungsarbeit der protestantischen Kirchen in Sri Lanka im Vergleich mit der Sarvodaya-Bewegung und dem Aufbruch buddhistischer Mönche in die Entwicklungsarbeit*, Erlangen 1999.

–, »Kontextuelle Theologie: Herausforderung für die Mission?«, *JK* 9/1991, 529-536.

Luhmann, N., *Funktion der Religion*, Frankfurt a. M. 1977.

–, »Institutionalisierte Religion gemäß funktionaler Soziologie«, *Conc(D)* 1974, 17-30.

Luig, U., »Wider die Stereotypen. Erwiderung auf den Beitrag von Sjaak van der Geest«, *ZM* 1993, 228-232.

Mair, L., *Magie im schwarzen Erdteil*, München 1969.

Mann, U. (Hg.), *Theologie und Religionswissenschaft. Der gegenwärtige Stand ihrer Forschungsergebnisse und Aufgaben im Hinblick auf ihr gegenseitiges Verhältnis*, Darmstadt 1973.

Marasiaghe, M. M. J., *Gods in Early Buddhism*, Colombo 1974.
Margalit, A., *Politik der Würde. Über Achtung und Verachtung*, Berlin 1997.
Margull, H.-J., »Verwundbarkeit. Bemerkungen zum Dialog«, *EvTh* 1974, 410-420.
–, *Zeugnis und Dialog. Ausgewählte Schriften*, Hamburg 1992.
–/St. Samartha (Hg.), *Dialog mit anderen Religionen*, Frankfurt a. M. 1972.
Marquard, O, »Lob des Plytheismus. Über Monomythie und Plolymythie«, in: ders., *Abschied vom Prinzipiellen*, Stuttgart 1991, 91-116.
Martin, G. M., *Fest und Alltag. Bausteine zu einer Theorie des Festes*, Stuttgart 1973.
Martin, M.-L., *Kirche ohne Weiße. Simon Kimbangu und seine Millionenkirche im Kongo*, Basel 1971.
–, *The Biblical Concept of Messianism and Messianism in Southern Africa*, Morija 1964.
Mbiti, J. S., *Afrikanische Religion und Weltanschauung*, Berlin 1974.
Mehlhausen, J. (Hg.), *Pluralismus und Identität*, Gütersloh 1995.
Mensching, G., *Buddhistische Geisterwelt. Vom historischen Buddha zum Lamaismus*, Wiesbaden o. J.
–, *Leben und Legende der Religionsstifter*, Darmstadt/Baden-Baden o. J.
–, *Toleranz und Wahrheit in der Religion*, (zuerst 1956), neu hg. v. U. Tworuschka, Weimar/Halle 1996.
Mercier, P., »The Fon of Dahomey«, in: D. Forde (Hg.), *African Worlds. Studies and the Cosmological Ideas and Social Values of African Peoples*, 4. ed., London/New York 1963, 210-234.
Merkel, F. R., *G. W. von Leibniz und die China-Mission. Eine Untersuchung über die Anfänge der protestantischen Missionsbewegung*, Leipzig 1920.
Meyer, A., *Der politische Auftrag des Islam*, Wuppertal 1994.
Michaels, A. (Hg.), *Klassiker der Religionwissenschaft. Von Friedrich Schleiermacher bis Mircea Eliade*, München 1997.
–, »Le rituel pour le rituel?«, *Unimagazin, Zeitschrift d. Universität Zürich* 1/98, 10-12.
–, »Religionen und der neurobiologische Primat der Angst«, in: F. Stolz (Hg.), *Homo naturaliter religiosus. Gehört Religion notwendig zum Mensch-Sein?*, Bern/Frankfurt a. M./New York 1997, 65-90.
Mieth, D., *Gotteserfahrung und Weltverantwortung. Über die christliche Spiritualität des Handelns*, Darmstadt 1984.
Miksch, J., *Mit Einwanderern leben. Positionen evangelischer Ausländerarbeit*, Frankfurt a. M. 1984.
Moenikes, A., »Zum Verhältnis zwischen Religionswissenschaft und Theologie«, *ZRGG* 1997, 193-207.
Moltmann, J., *Die ersten Freigelassenen der Schöpfung*, München 1971.
–, *Gott in der Schöpfung. Ökologische Schöpfungslehre*, München 1985.
–, *Kirche in der Kraft des Geistes. Ein Beitrag zur messianischen Ekklesiologie*, München 1975.
–, »Toleranz lernen. Der Pluralismus der Kulturen braucht den Dialog der Religionen«, *EK* 1998, 86-89.
Morgenstern, Ch., *Sämtliche Galgenlieder*, Zürich 1992.
Mühlmann, E. W., *Ethnogonie und Ethnogenese. Theoretisch-ideologische und ideologiekritische Studie: Studien zur Ethnogenese*, Düsseldorf 1985.
Müller, G./W. Zeller (Hg.), *Glaube, Geist, Geschichte*. (FS E. Benz), Leiden 1967.
Müller, H.-P., »Alttestamentliche Theologie und Religionswissenschaft«, in: ders., *Glauben, Denken und Hoffen. Alttestamentliche Botschaften in den Auseinandersetzungen unserer Zeit*, Münster 1998, 249-260.

Müller, K., »Inkulturation«, in: *Lexikon missionstheologischer Grundbegriffe*, Berlin 1987, 176-180.
Müller, K. E., *Das magische Universum der Identität. Elementarformen sozialen Verstehens*, Frankfurt a.M. 1987.
Müller, W., *Die heilige Stadt*, Stuttgart 1961.
Müller, W. K., »Matteo Riccis Beitrag zur Kenntnis der Religionen Chinas«, in: J. Triebel (Hg.), *Der Missionar als Forscher*, Gütersloh 1988, 130-154.
Müller-Römheld, W. (Hg.), *Im Zeichen des Heiligen Geistes: Bericht aus Canberra*, Frankfurt a.M. 1991.

Nadel, S., *Nupe Religion. Traditional Beliefs and the Influence of Islam in a West African Chiefdom*, 2. ed., London 1970.
Narada, M., *The Buddha and his teachings*, Colombo 1973.
Nasr, S. H., *Ideals and Realities of Islam*, London 1976.
Ndanyu, C. K., *The Conception of Covenant in African Traditional Religion and Customs with special Reference to the Asikuyu of Kenya*, unpubl. Diss. theol., Heidelberg 1987.
Neu, R., »Die Analogie von buddhistischem und christlichem Mönchtum. Eine sozialgeschichtliche und religionswissenschaftliche Untersuchung«, *ZRGG* 1990, 97-121.
Nishitani, K., *Was ist Religion?*, Frankfurt a.M. 1982.
Noth, A., »Möglichkeiten und Grenzen islamischer Toleranz«, *Saec.* 1978, 190-204.
Notz, K. J., *Der Buddhismus in Deutschland in seinen Selbstdarstellungen. Eine religionswissenschaftliche Untersuchung zur religiösen Akkulturationsproblematik*, Frankfurt a.M./Bern/New York 1984.
Nürnberger, K., *Glaube und Religion bei K. Barth: Analyse und Kritik der Verhältnisbestimmung zwischen dem christlichen Glauben und den anderen Religionen in §17 der ›Kirchlichen Dogmatik‹ Karl Barths*, Diss. theol., Marburg 1967.
–, »Systematisch-theologische Lösungsversuche zum Problem der anderen Religionen und ihre missionsmethodischen Konsequenzen«, *NZSTh* 1970, 13-43.

Ohlemacher, J./H. Schmidt (Hg.), *Grundlagen evangelischer Religionspädagogik*, Göttingen 1988.
Omari, C., *God and Worship in Traditional Vasu Society*, Makumira 1970.
Oosthuizen, C. G., *Post-Christianity in Africa. A Theological and Anthropological Study*, Stellenbosch 1967.
Otto, R., *Das Heilige. Über das Irrationale in der Idee des Göttlichen und sein Verhältnis zum Rationalen*, 17.-22. Aufl., Gotha 1929 (Zuerst erschienen 1917).
–, *Vishnu-Narayana. Texte zur indischen Gottesmystik*, Jena 1917.
–, *West-östliche Mystik. Vergleich und Unterscheidung zur Wesensdeutung*, Gotha 1926 (2. Aufl. 1929).

Pannenberg, W., »Erwägungen zu einer Theologie der Religionsgeschichte«, in: ders., *Grundfragen systematischer Theologie. Gesammelte Aufsätze*, Göttingen 1967, 252-295.
–, *Wissenschaftstheorie und Theologie*, Frankfurt a.M. 1977 (1. Aufl. 1973).
Panofsky, E., »Zum Problem der Beschreibung und Inhaltsdeutung von Werken der bildenden Kunst«, *Logos* 1932, 103-119.
Parrett, J., *Theologiegeschichte der Dritten Welt. Afrika*, München 1991.
Picht, G./E. Rudolph (Hg.), *Theologie – Was ist das?*, Stuttgart/Berlin 1977.
Platvoet, J. G., »Defining the Definer: Non-Verifiability / Non-Falsifiability as a Definiens in

an Operational Definition of Religion«, in: U. Bianchi (Hg.), *The Notion of Religion in Comparative Research*, Rome 1994, 701-711.
Pollack, D., »Was ist Religion? Probleme der Definition«, *ZfR 3* 1995, 163-190.
Portmann, A., »Homologie und Analogie. Ein Grundproblem der Lebensdeutung«, *ErJb* 1973, 619-649.
–, »Vom Urmenschenmythos zur Theorie der Menschwerdung«, *ErJb* 1969, 413-437.

Rad, G. von, *Theologie des Alten Testaments*, Bd. 1, 2. Aufl., München 1958.
Radcliffe-Brown, A. R., *Structure and Function in Primitive Society*, London 1952.
Radhakrishnan, S., *Gautama the Buddha*, Bombay 1949.
Ragg, L. u. L., *The Gospel of Barnabas*, Oxford 1907, Repr. Karachi 1972.
Rahula, W., *What the Buddha taught*, 2. ed., Bedford 1967.
Rappaport, Roy A., *Ecology, Meaning and Religion*, Berkley 1979.
Ratschow, C.-H., *Der angefochtene Glaube*, 5. Aufl., Gütersloh 1983.
–, *Der christliche Glaube un die Religionen*, Berlin 1967.
–, *Die Religionen*, Gütersloh 1979.
–, »Die Religionen und das Christentum«, in: ders. (Hg.), *Der christliche Glaube und die Religionen*, Berlin 1967, 88-128.
–, »Gott, der verborgene Richter«, in: *Gasteiner Gespräche der Luth. Bischofskonferenz*, Hg. von H. Schnell, Hamburg 1971, 100-137.
–, *Magie und Religion*, 2. Aufl., Gütersloh 1955.
Regamey, C., »Der Buddhismus in Indien«, in: F. König (Hg.), *Christus und die Religionen der Erde. Handbuch der Religionsgeschichte*, Bd. III, 2. Aufl., Freiburg 1956, 229-305.
Religionen, Religiosität und christlicher Glaube. Eine Studie, hg. i.A. des Vorstandes der Arnoldshainer Konferenz und der Kirchenleitung der VELKD von der Geschäftsstelle der Arnoldshainer Konferenz u. dem Luth. Kirchenamt Hannover, 3. Aufl., Gütersloh 1993.
Rendtorff, T., (Hg.), *Glaube und Toleranz. Das theologische Erbe der Aufklärung*, Gütersloh 1982.
Repp, M., *Aum Shinrikyò. Ein Kapitel krimineller Religionsgeschichte*, Marburg 1997.
–, *Die Transzendierung des Theismus in der Religionsphilosophie Paul Tillichs*, Frankfurt a.M./New York 1986.
Ricoeur, P., *Das Selbst als ein Anderer*, München 1996.
–, *Symbolik des Bösen. Phänomenologie der Schuld II*, München 1971.
Riesman, D., *Die einsame Masse*, Reinbek 1964.
Ringeling, H., »Aggression und Toleranz als Problem religiöser Gesinnung«, *ZEE* 1976, 300-311.
Risse, G. (Hg.), *Wege der Theologie: an der Schwelle zum 3. Jahrtausend* (FS H. Waldenfels), Paderborn 1996.
Ritschl, D., »Die Erfahrung der Wahrheit. Die Steuerung von Denken und Handeln durch implizite Axiome«, in: ders. (Hg.), *Konzepte. Ökumene, Medizin, Ethik. Gesammelte Aufsätze*, München 1986, 147-166.
–, *Zur Logik der Theologie. Kurze Darstellung der Zusammenhänge theologischer Grundgedanken*, 2. Aufl., München 1988.
Ritter, A. M., »Die Entstehung des neutestamentlichen Kanon«, in: A. u. J. Assmann (Hg.), *Kanon und Zensur. Archäologie der literarischen Kommunikation II*, München 1987, 93-99.
Ritter, W. H./R. Feldmeier u. a., *Der Allmächtige. Annäherungen an ein umstrittenes Götterprädikat*, Göttingen 1997.
Rosenkranz, G., »Wege und Grenzen des religionswissenschaftlichen Erkennens«, in: ders.,

Religionswissenschaft und Theologie. Aufsätze zur evangelischen Religionskunde, München 1964, 11-36.

Rosenzweig, F., *Der Stern der Erlösung*, Frankfurt a. M. 1988 (Erstausgabe 1921).

Roser, M., *Hexerei und Lebensritus. Zur Inkulturation des christlichen Glaubens unter den Gbaya der Zentralafrikanischen Republik,* unpubl. Diss. theol., Heidelberg 1999.

Rücker, H., *Afrikanische Theologie. Darstellung und Dialog*, Innsbruck/Wien 1985.

Rudolph, K., *Die Religionsgeschichte an der Leipziger Universität und die Entwicklung der Religionswissenschaft. Ein Beitrag zur Wissenschaftsgeschichte und zum Problem der Religionswissenschaft*, Berlin 1962.

Russek, L. M., *In den Gärten der Mütter*, Freiburg 1990.

Rust, A., »Der natürliche Kontext der religiösen Sprache«, in: F. Stolz (Hg.), *Homo naturaliter religiosus. Gehört Religion notwendig zum Mensch-Sein?*, Bern/Frankfurt a. M./New York 1997, 219-240.

Saeed, A., *Fear of Hell,* Delhi 1972.

Salibi, K., *Who Was Jesus? Conspiracy in Jerusalem*, London/New York 1992.

Samartha, S. J.(Hg.), *Faith in the Midst of Faiths. Reflections in Dialogue in Community*, Genf 1977.

Sauter, G., »Toleranz«, *EKL* Bd. 4, 309-312.

– (Hg.), *»Versöhnung« als Thema der Theologie*, Gütersloh 1997.

Schäfer, H. W., *Die presbyterianische Kirche in Guatemala. Historischer Protestantismus angesichts von Fundamentalismus und Gewaltherrschaft*, Frankfurt a. M./Bern/New York 1992.

Scharffenorth, G., *Den Glauben ins Leben ziehen. Studien zu Luthers Theologie*, München 1982.

Schedl, C., *Muhammad und Jesus. Die christologisch relevanten Texte des Koran*, Wien/Freiburg/Basel 1978.

Schimmel, A., »Der Prophet Muhammad als Zentrum des religiösen Lebens im Islam«, in: A. Falaturi/W. Strolz (Hg.), *Glauben an den einen Gott. Menschliche Gotteserfahrung im Christentum und Islam*, Freiburg 1976, 57-84.

Schleiermacher, F., *Der christliche Glaube*, 2 Bde., Berlin 1960.

–, *Kurze Darstellung des Theologischen Studiums zum Bedarf einleitender Vorlesungen*, Berlin 1910, hg. von H. Scholz, Darmstadt 1993.

–, *Über die Religion. Reden an die Gebildeten unter ihren Verächtern*, Berlin 1799; Neuauflage, 3. Aufl., Göttingen 1913, hg. von R. Otto.

Schlerath, B. (Hg.), *Zarathustra*, Darmstadt 1970.

Schlette, H. R, *Einführung in das Studium der Religionen*, Freiburg 1977.

Schlingloff, D., »König Asoka und das Wesen des ältesten Buddhismus«, *Saec.* 1985, 326-333.

Schlink, E., *Oekumenische Dogmatik. Grundzüge*, Göttingen 1983.

Schmidt, K., *Sprüche und Lieder* (Buddh. Handbibliothek 4), Konstanz 1954.

Schmidt, W., *Ursprung der Gottesidee. Eine historisch-kritische und positive Studie*, 12 Bände, Münster 1912-55.

Schmidt, W. H., *Alttestamentlicher Glaube*, 8. Aufl., Neukirchen 1996.

–, »Einsichten und Aufgaben alttestamentlicher Theologie und Hermeneutik«, *VuF* 1998, 60-75.

Schreiner, K./G. Besier, »Toleranz«, in: *Geschichtliche Grundbegriffe. Historisches Lexikon zur politisch-sozialen Sprache in Deutschland*, Bd. 6, 1990.

Schumann, H. W., *Buddhismus. Ein Leitfaden durch seine Lehren und Schulen*, 2. Aufl., Darmstadt 1973.

Schuon, F., *Understanding Islam*, 3. ed., London 1972.

Schwager, R., »Religionswissenschaft und Theologie. Wolfhart Pannenberg und René Girard«, *KuD* 1998, 172-192.

Schwarzwäller, K., *Die Wissenschaft von der Torheit. Evangelische Theologie im Schnittpunkt von christlichem Glauben und kritischer Vernunft*, Berlin 1976.

Shepherd, J., »Religion in einer multikulturellen Schule – Erfahrungen aus England«, in: J. Lähnemann (Hg.), *Kulturbegegnung in Schule und Studium. Türken –Deutsche. Muslime – Christen. Ein Symposion*, Hamburg 1983, 171-182.

Siefer, G., »Toleranz – eine gefährliche Tugend?«, in: Hamer, B. H. L.-W.(Hg.), *Damit wir einander nahe sind* (FS H. E. Hamer), Frankfurt a. M. 1998, 233-248.

Siller, H. P. (Hg.), *Suchbewegungen. Synkretismus – kulturelle Identität und kirchliches Bekenntnis*, Darmstadt 1991.

Smith, W. C., »Menschlicher Glaube. Das gemeinsame Zentrum aller religiösen Traditionen«, in: R. Bernhardt (Hg.), *Horizontüberschreitung. Die pluralistische Theologie der Religionen*, Gütersloh 1991, 156-174.

Söderblom, N., *Das Gebet. Eine religionsgeschichtliche und religionspsychologische Untersuchung*, 4. Aufl., München 1921.

–, *Der lebendige Gott im Zeugnis der Religionsgeschichte*, 2. Aufl., München 1966.

Sölle, D., *Die Hinreise. Zur religiösen Erfahrung. Texte und Überlegungen*, Stuttgart 1975, 2. Aufl. 1976.

Sparn, W., »›Religionsmengerei‹. Überlegungen zu einem theologischen Synkretismusbegriff«, in: Drehsen, V./W. Sparn (Hg.), *Im Schmelztiegel der Religionen. Konturen des modernen Synkretismus*, Gütersloh 1996, 255-284.

Stahmann, Ch., *Islamische Menschenrechtskonzepte. Islamische Menschenrechtskonzepte und das Problem sogenannter ›islamischer‹ Menschenrechtsverletzungen in Pakistan seit 1977*, unpubl. Diss. theol., Heidelberg 1995.

Stamm, J. J., *Erlösen und Vergeben im AT*, Bern 1940.

Stayt, H. A., *The Bavenda*, 2. ed., London 1968.

Stephenson, G. (Hg.), *Leben und Tod in den Religionen. Symbol und Wirklichkeit*, 2. Aufl., Darmstadt 1980.

Stieglecker, H., *Die Glaubenslehren des Islam*, Paderborn/München/Wien 1962.

Stietencron, H. von, »Der Begriff der Religion in der Religionswissenschaft«, in: W. Kerber (Hg.), *Der Begriff der Religion*, München 1993, 111-137.

–, »Gedanken zur Theologie«, in: ders. (Hg.), *Theologen und Theologie in verschiedenen Kulturkreisen*, Düsseldorf 1986, 9-24.

– (Hg.), *Theologen und Theologie in verschiedenen Kulturkreisen*, Düsseldorf 1986.

Stoebe, H.-J., »Gut und Böse in der Jahwistischen Quelle des Pentateuch«, *ZAW* 1953,188-204.

Stolz, F., *Grundzüge der Religionswissenschaft*, Göttingen 1988.

– (Hg.), *Homo naturaliter religiosus. Gehört Religion notwendig zum Mensch-Sein?*, Bern/Frankfurt a. M./New York 1997.

–, »Theologie und Religionswissenschaft – Das Eigene und das Fremde«, in: J. Ohlemacher/H. Schmidt (Hg.), *Grundlagen evangelischer Religionspädagogik*, Göttingen 1988, 163-182.

Strahm, D., *Vom Rand in die Mitte. Christologie aus der Sicht von Frauen in Asien, Afrika und Lateinamerika*, Luzern 1997.

Straten, R. van, *Einführung in die Ikonographie*, Berlin 1989.

Sundermeier, T., *Aus einer Quelle schöpfen wir. Von Afrikanern lernen*, Gütersloh 1992.

– (Hg.), *Christus, der schwarze Befreier. Aufsätze zum schwarzen Bewußtsein und zur schwarzen Theologie in Südafrika*, Erlangen 1981.

–, *Den Fremden verstehen. Eine praktische Hermeneutik*, Göttingen 1996.

–, *Die Mbanderu, Studien zu ihrer Geschichte und Kultur*, St. Augustin 1977.

–, »Implizite Axiome in der Religionsgeschichte: Primäre und sekundäre Religionserfahrung«, in: W. Huber/T. Petzold/T. Sundermeier (Hg.), *Implizite Axiome. Tiefenstrukturen des Denkens und Handelns,* München 1990, 79-82.

–, »Inkulturation und Synkretismus. Probleme einer Verhältnisbestimmung«, *EvTh* 1992, 192-209.

–, »Interreligiöser Dialog und die ›Stammesreligionen‹«, *NZSTh* 1981, 225-237.

–, *Nur gemeinsam können wir leben. Das Menschenbild schwarzafrikanischer Religionen*, 2. Aufl., Gütersloh 1990.

–, »Symbol und Wirklichkeit. Zum Verständnis afrikanischer Symbolik«, *ZM* 1975, 155-176.

–, »Synkretismus und Religionsgeschichte«, in: H. P. Siller (Hg.), *Suchbewegungen. Synkretismus – kulturelle Identität und kirchliches Bekenntnis*, Darmstadt 1991, 95-105.

–, »Todesriten als Lebenshilfe. Der Trauerprozeß in Afrika«, *WzM* 1977, 125-144.

–, »Unio Analogica. Zum Verständnis afrikanischer dynamistischer Denkformen«, *EMZ* 1973, 150-166, 181-192.

–, »Warum sollte, nein, muß der Theologiestudent auch Religionsgeschichte studieren?«, in: *Kirchlicher Dienst und Theologische Ausbildung* (FS H. Reiß), Bielefeld 1985, 35-42.

–, *Wir aber suchten Gemeinschaft. Kirchwerdung und Kirchentrennung in Südwestafrika*, Witten/Erlangen 1973.

–/V. Küster (Hg.), *Das schöne Evangelium. Christliche Kunst im balinesischen Kontext*, Nettetal 1991.

Sundkler, B. G. M., *Bantu Propheten in Südafrika,* Stuttgart 1964. (engl. *Prophets in South Africa*, 2. ed., London 1961.).

Takayanagi, S., »›Jesus(frage)‹ among Contemporary Thinkers in Japan«, in: *Wege der Theologie: an der Schwelle zum 3. Jahrtausend* (FS H. Waldenfels), Paderborn 1996, 717-724.

Takizawa, K., *Das Heil im Heute. Texte einer japanischen Theologie*, Göttingen 1987.

–, *Reflexionen über die universale Grundlage von Buddhismus und Christentum*, Frankfurt a. M./Bern/Cirencesto 1980.

Tambiah, S. J., *Buddhism and the Spirit Cults in North-East Thailand*, 2. ed., Cambridge 1975.

–, »The Ideology of Merit and the Social Correlaties of Buddhism in a Thai Village«, in: E. R. Leach (Hg.), *Dialectic in Practical Religion* (Cambridge Papers in Social Anthropology 5), Cambridge 1968, 41-121.

Taylor, C., *Multikulturalismus und die Politik der Anerkennung*, Frankfurt a. M. 1993.

Taylor, John W., *Du findest mich, wenn Du den Stein aufhebst. Christliche Präsenz im Leben Afrikas*, München 1965.

Tempels, T., *Bantu – Philosophie*, Heidelberg 1956.

Thomas, G., *Medien – Ritual – Religion: Theologische und Sozialwissenschaftliche Untersuchung zur religiösen Funktion des Fernsehens*, Frankfurt a. M. 1998.

Thomas, L.-V./R. Luneau, *La terre africaine et ses religions: traditions et changements*, Paris 1975.

Thomas, M. M., *Christus im neuen Indien. Reformhinduismus und Christentum*, Göttingen 1989.

–, *Man and the Universe of Faiths*, Madras 1975.

Tillich, P., *Der Mut zum Sein*, 3. Aufl., Stuttgart 1958.

–, *Systematische Theologie*, Bd. I u. III, Stuttgart 1956, 1966.

Tödt, H. E., »Das bewußte Engagement für die Menschenrechte. Einige Akzente zu Evian.« *LM* 1970, 445-446.

Triebel, J. (Hg.), *Der Missionar als Forscher. Beiträge christlicher Missionare zur Erforschung fremder Kulturen und Religionen*, Gütersloh 1988.
Trillhaas, W., *Dogmatik*, 2. Aufl., Berlin 1972.
–, *Religionsphilosophie*, Berlin/New York 1972.
Troeltsch, E., Art. »Erlösung II«, *RGG*, 2. Aufl., Bd. 2, 481-488.
–, *Die Absolutheit des Christentums und die Religionsgeschichte*, Tübingen/Leipzig 1902.
Turkson, P./F. Wijsen (Hg.), *Inculturation*, Kampen 1994.
Turner, V., »Frame, Flow and Reflection: Ritual and Drama as Public Liminality«, *Japanese Journal of Religious Studies* 1979, 465-499.
–, *The Forest of Symbols. Aspects of Ndembu Rituals*, New York 1967.
–, *Vom Ritual zum Theater. Der Ernst des menschlichen Spiels*, Frankfurt a.M. 1989 (engl. 1982).
Tworuschka, U., »Partner auf getrennten Wegen. Die Religionswissenschaft und die Theologie«, *LM* 1975, 191-193.
– (Hg.), *Heilige Stätten*, Darmstadt 1994.
–/D. Zillessen (Hg.), *Thema Weltreligionen. Ein Diskussions- und Arbeitsbuch für Religionspädagogen und Religionswissenschaftler*, München 1977.

Ueda, Sh., »Über den Sprachgebrauch Meister Eckharts: ›Gott muß …‹ – Ein Beispiel für die Gedankengänge der spekulativen Mystik«, in: *Glaube, Geist, Geschichte* (FS E. Benz), Leiden 1967, 266-277.
Ustorf, W., *Afrikanische Initiative. Das aktive Leiden des Simon Kimbangu*, Frankfurt a.M./New York 1975.
–, »Wie über ›Synkretismus‹ reden? Eine Anmerkung aus missionswissenschaftlicher Perspektive«, in: H. P. Siller (Hg.), *Suchbewegungen. Synkretismus – kulturelle Identität und kirchliches Bekenntnis*, Darmstadt 1991, 145-149.

van der Geest, S., »Ethnologen und Missionare – Brüder unter der Haut«, *ZM* 1993, 26-37.
van der Leeuw, G., *Phänomenologie der Religion*, 2. Aufl., Tübingen 1956.
Vedder, H., *Das alte Südwestafrika. Südwestafrikas Geschichte bis zum Tode Mahareros 1890. Nach den besten schriftlichen und mündlichen Quellen erzählt von H. Vedder*, Berlin 1934.
Visser't Hooft, W. A., *Kein anderer Name. Synkretismus oder christlicher Universalismus*, Basel 1965.

Waardenburg, J., »Grundsätzliches zur Religionsphänomenologie«, *NZSTh* 1972, 315-335.
–, »Muslimisches Interesse an anderen Religionen im soziopolitischen Kontext des 20. Jahrhunderts«, in: Ch. Elsas/H. G. Kippenberg, *Loyalitätskonflikte in der Religionsgeschichte* (FS C. Colpe), Würzburg 1990, 140-152.
–, *Religionen und Religion*, Berlin/New York 1986.
Wach, H. J., *Der Erlösungsgedanke und seine Deutung*, Leipzig 1922.
Wach, J., *Vergleichende Religionsforschung*, Stuttgart 1962.
Wagner, F., »Möglichkeiten und Grenzen des Synkretismusbegriffs für die Religionsforschung«, in: V. Drehsen/W. Sparn (Hg.), *Im Schmelztiegel der Religionen. Konturen des modernen Synkretismus*, Gütersloh 1996, 72-117.
Waldenfels, B., »Erfahrung des Fremden in Husserls Phänomenologie«, in: E. W. Orth (Hg.), *Profile der Phänomenologie. Zum 50. Todestag von Edmund Husserl*, Freiburg/München 1989, 39-62.

Waldenfels, H., *Absolutes Nichts. Zur Grundlegung des Dialogs zwischen Buddhismus und Christentum*, 3. Aufl., Freiburg 1980.

–, *Faszination des Buddhismus. Zum christlich-buddhistischen Dialog*, Mainz 1982.

Walls, A. F., »The Critical Significance of Mission Studies«, *Int. Bull. of Missionary Research* 1991, 146-155.

Walzer, M., *Über Toleranz. Von der Zivilisierung der Differenz*, Hamburg 1998.

Weber, M., *Gesammelte Aufsätze zur Religionssoziologie*, 2 Bde., Tübingen 1978.

–, *Wirtschaft und Gesellschaft. Grundriß der verstehenden Soziologie*, Tübingen 1956 (Studienausgabe 5. Aufl. 1976).

Weber, O., *Grundlagen der Dogmatik*, I/II, 2. Aufl., Neukirchen-Vluyn 1959.

Weippert, M., »Synkretismus und Monotheismus. Religionsinterne Konfliktbewältigung im alten Israel«, in: J. Assmann/D. Harth (Hg.), *Kultur und Konflikt*, Frankfurt a.M. 1990, 143-179.

Welbourn, F. W./Ogot, B. A., *A Place to Feel at Home. A study in two Independent Churches* , London 1966.

Welker, M., »›Einheit der Religionsgeschichte‹ und ›universales Selbstbewußtsein‹ -zur gegenwärtigen Suche nach Leitbegriffen im Dialog zwischen Theologie und Religionswissenschaft«, *EvTh* 1988, 3-18.

–, *Kirche im Pluralismus*, 2. Aufl., Gütersloh 2000.

–, »Missionarische Existenz heute.«, *Ev. Theol.* 1998, H. 6, 413-424.

Wertheimer, M., *Produktives Denken*, 2. Aufl., Frankfurt a.M. 1964.

Wessels, A., *En allen die geloven zijn Abrahams Geslacht*, Baarn 1989.

Westermann, C., »Die Zukunft der Religionen«, in: T. Sundermeier u. a. (Hg.), *Fides pro mundi vita. Missionstheologie heute* (FS H. W. Gensichen), Gütersloh 1980.

Wienecke, W. A., *Die Bedeutung der Zeit in Afrika in den traditionellen Religionen und in der missionarischen Verkündigung*, Frankfurt/New York 1992.

Wierlacher, A. (Hg.), *Kulturthema Fremdheit. Leitbegriffe und Problemfelder kulturwissenschaftlicher Fremdheitsforschung*, München 1993.

– (Hg.), *Kulturthema Toleranz. Zur Grundlegung einer interdisziplinären und interkulturellen Toleranzforschung*, München 1996.

–/Stötzel, G. (Hg.), *Blickwinkel. Kulturelle Optik und interkulturelle Gegenstandskonstitution*, München 1996.

Wilckens, U., *Die Missionsreden der Apostelgeschichte. Form- und traditionsgeschichtliche Untersuchungen*, 3. Aufl., Neukirchen-Vluyn 1974.

Wilson, M., *Good Company. A Study in Nyakyusa Age Villages*, 2. ed., Boston 1963.

–, *Religion and the Transformation of Society. A Study in Social Change in Africa*, Cambridge 1971.

Winternitz, M., *Der ältere Buddhismus* (Religionsgeschichtliches Lesebuch 11), Tübingen 1929.

Witthöft, Ch., *Aussagen der islamischen und christlichen Religionen zum Geld- und Kreditwesen. Vergleich im historischen Kontext und aktuelle Konsequenzen,* unpubl. Dipl. Arbeit, Universität Mannheim 1991.

Wolf, E., »Toleranz nach evangelischem Verständnis«, in: ders., *Peregrinatio II*, München 1965, 282-259.

Wrogemann, H., *Mission und Religion in der Systematischen Theologie der Gegenwart*, Göttingen 1997.

–, »Überlegungen zur trinitarischen Begründung der Mission«, *ZM* 1997, 151-165.

Yagi, S., *Die Frontstruktur als Brücke zum christlichen Denken*, München 1988.

Zanger, C. D., *Welt und Konversation. Die theologische Begründung der Mission bei Gottfried Wilhelm Leibniz*, Zürich 1973.

Zinser, H., »Religionsphänomenologie«, in: H. Cancik (Hg.), *Handbuch religionswissenschaftlicher Grundbegriffe*, Bd. 1, Stuttgart 1988, 306-309.

Stichwortregister

Altes Testament 16, 37, 53 f., 72, 96, 99, 146
Apostelgeschichte 199
Ashariten 141 f.
Aufklärung 81, 180, 187, 200, 202, 215

Befreiungstheologien 62 f.
Bestattung 49, 92, 94 f., 167, 169, 171
Böse, das 88, 112 f., 132-139, 141-145, 153, 155
Brahma 45, 47, 118 f., 121 ff., 127, 143 f.
Buddha 19, 45, 47, 116, 118-128, 130, 143-145, 167, 170 f., 188 f., 203
Buddhismus (Hinayana-, Mahayana-), buddhistisch 11, 27, 31, 45-47, 51, 58, 98, 115-132, 142, 144 f., 167, 169-172, 174, 184, 188 f., 201, 203, 206, 245

Christentum, christlich 12, 14, 17, 22, 42-44, 46, 52, 57-60, 62 f., 68 f., 71, 79-81, 89, 115, 117, 129 f., 132, 139, 145, 147-151, 153, 157 f., 164, 173-175, 177-180, 182, 184-188, 196, 199 f., 203-206, 209-211, 214 f., 217-219, 221, 228, 231, 233-235, 238, 240 f., 245 f.

Dalit 63, 190 f.
Dharma 118, 120-123, 125-128, 143
Dialog 37, 41, 50, 104, 118, 126, 129, 132, 188, 192, 203, 210, 219, 226, 230, 235 f., 241, 245, 247 f.
Dogmatik 17, 44, 61, 129, 131, 215, 218 f., 224, 228, 230, 241, 244, 246

Erfahrung (Gottes-, Religions-, Transzendenz-) 11, 13-23, 25 f., 31 f., 35 f., 42, 54, 68, 74, 77, 79, 82, 98-104, 113, 127, 133 f., 146, 167, 207 f., 231, 239, 243
Erlösung(-sreligion) 43-47, 50, 52 f., 54, 57, 60-62, 64, 114, 118-120, 128, 130, 142-145, 172, 188
Erwählung 110, 117, 186
Esoterik 10, 173, 245 f.
Ethik 13, 23, 27, 35, 47, 50-52, 56-60, 100, 166 f., 171, 182-192, 195, 200, 241
Evangelium 57-59, 149, 173, 176, 202, 221
Evangelien 58, 149, 151

Familie 13, 17, 20, 38, 53, 72, 92-94, 155, 177, 191 f.
Feste 48, 50, 75-82, 87 f., 91, 105 f., 124-126, 159, 166
Fremde, der / das 56, 72, 150, 177, 182, 184, 196, 207, 227
Fremdheit 21, 77, 182, 190, 193, 196, 205, 248
Fundamentalismus 63, 149, 151, 153 f., 156

Glaube 9, 14, 17, 36, 108 f., 114, 129, 138, 158, 178, 180, 202, 204, 210, 215 f., 221, 223, 226, 240 f., 244 f.
Gott 14-16, 18 f., 21, 31, 33-35, 38, 44, 50, 53-55, 57, 59, 62, 81, 85, 89, 98 f., 100 f., 105-118, 122 f., 125-127, 129-134, 136-143, 145-153, 157-159, 177, 203, 217 f., 220 f., 223, 230, 235, 239, 241, 243, 246
Götter 31 f., 72 f., 74, 82, 90 f., 96, 98, 104-106, 109-113, 116-120, 126 f., 136, 139, 142 f., 145, 172, 177, 186, 197, 202, 232

Heilige, das 15 f., 21, 68, 71, 74, 76, 80, 102, 113
Herero 48, 69 f., 73, 75-77, 92-95
Hermeneutik 72, 164, 195, 199, 207, 209-211, 216, 226
Hinduismus 11, 52, 111, 118, 121 f., 142, 166, 174, 179, 189-191, 245

Inkulturation 37, 57 f., 90, 135, 149, 162-165, 174-179, 185, 197, 202
Intoleranz 159, 180 f., 183-193
Islam, islamisch 11, 85, 133, 139-142, 146-155, 157-159, 174 f., 180, 185-188, 190, 192, 198, 200 f., 205 f., 220, 228, 245
Israel, israelitisch 52-56, 89, 99, 113, 117, 136, 157, 166 f., 182, 186, 196 f., 216

Jenseits, das 23, 25, 46, 50-53, 56-59, 63, 91, 94, 96, 119, 138, 142, 170-172
Johannesevangelium 57 f.
Judentum, jüdisch 43 f., 54, 59, 81, 117, 132, 139, 147 f., 173, 176, 186 f., 196

Ka'aba 38, 74, 150
Karma 46 f., 119, 121, 127, 144, 172, 178
Kirche 9, 12, 15, 17 f., 22, 38 f., 41, 56, 62 f., 65, 68, 74, 86, 92, 100, 105, 117, 149, 151, 154, 157, 166, 173, 175-178, 187, 199, 202-204, 210, 217-219, 226, 228, 244-246, 248
Koran 140 f., 146-153, 156, 158 f., 187, 206
Kultur 11-13, 26 f., 34 f., 37, 48, 50, 56, 59, 82, 90, 92, 99, 107, 150 f., 165, 174-177, 182, 185, 194 f., 197, 200, 215, 219, 224, 231, 233-235, 237, 247
Kunst 16, 150, 166, 177 f., 209

Leben 11, 13, 17-21, 23 f., 27, 30, 35, 39-42, 45-47, 50-52, 55 f., 58-60, 70 f., 73 f., 76, 80, 82, 84, 87 f., 91, 93-95,

100-103, 105, 110-114, 117, 119, 121, 132f., 134-137, 142-150, 152, 159, 165, 168-172, 182, 189, 203, 210, 220f., 235, 240f., 245f.
Leiden 39, 45, 51, 145, 170, 214

Mekka 38, 74, 79, 150
Mission 9, 17, 148, 174, 189, 198f., 201-203, 210, 214, 219, 221f., 233f., 236, 238, 240, 246
Missionsgeschichte 199, 201
Missionswissenschaft 9, 175, 219, 232, 236f., 243-248
Monotheismus 38, 41, 99, 110-113, 137, 139, 146, 150, 155, 184, 187
Muslimbruderschaft 148, 154f.
Mutaziliten 141f.
Mystik 15, 60, 64, 129, 157, 204

Neue Religiöse Bewegungen 10, 12, 166, 184
Neues Testament 55, 58, 75
Nirvana 46f., 120f., 123-125, 127f., 131, 144, 171

Offenbarung(-sreligion) 38, 112, 141f., 146, 148, 152-154, 175, 217-223, 241
Offenbarung des Johannes 57
Ökumene 38, 63, 216, 236
Opfer 22, 48f., 54f., 72, 79, 89f., 91f., 94-97, 114, 125, 171

Phänomenologie 20f., 27, 30, 33, 68, 73, 76, 84, 86, 100, 104f., 207f., 223, 229-231, 240
Polytheismus 99, 104, 109-112, 137, 147, 186
profan 17, 21, 36, 48, 53, 55, 69, 70f., 76, 79, 80, 84, 88, 102, 114, 215

Religion, primäre 9, 35-37, 40, 68, 86, 88, 91f., 99f., 103, 113-115, 133f., 136, 138, 142, 162, 165f., 169f., 172, 183, 185-187, 191-193, 195, 198, 239-242, 245f.
Religion, sekundäre 34, 36f., 40, 74, 79, 86, 132, 135f., 138, 164f., 167, 181, 184f., 187, 192, 198, 210, 239f.
Religionsgeschichte 9f., 36f., 40, 43f., 52, 99, 110, 113, 116f., 136, 165, 169, 173, 186, 198, 202, 205, 214, 216, 218f., 222f., 226f., 230, 238, 240f., 248
Religionswissenschaft 9-11, 17, 26, 30, 43, 48, 83f., 89, 100, 117, 131f., 162f., 173, 180f., 201, 205, 208f., 214-216, 218-232, 235-238, 240f., 243-248
Ritual 83-86, 88, 90, 108, 241
Ritus 22f., 27, 35, 38f., 42, 49, 78, 82-92, 95, 101, 117, 125, 168-170, 172, 182

Sakramente 60, 62
Schleier 155f
Schleier der maya 142
Shintoismus 11, 52
Shiva 142, 177f. 190
Spiel 77-79, 87f., 141, 194
Staat 11, 74, 150-154, 158, 187f.
Stammesgesellschaften 34, 39, 198
Studium 230, 243-245
Symbol 35f., 50, 68, 83f., 86, 89, 92, 94f., 100, 103f., 113, 150, 155, 158, 169, 241
Synkretismus 37, 99, 162-66, 172f., 176-179
Systemtheorie 40, 163f.

Theologie (Dialektische-; Praktische-; Systematische-) 9f., 12-14, 16f., 22, 31, 41-43, 50, 60-63, 80, 89, 104, 109-112, 117, 129, 130-132, 158, 163f., 173-175, 178, 180, 206, 209, 214-216, 218-220, 222-232, 235-238, 240f., 243, 245-248
Tod 17f., 24f., 39, 50f., 71, 76, 82, 87, 94-96, 109, 112, 114, 133f., 137, 140, 143, 145, 158, 167, 169f.
Toleranz 39, 159, 180f., 183-194, 197
Transzendenz 21, 25, 98, 101-104, 128, 139, 182, 223, 239, 242

Versöhnung(-sreligion) 22, 40, 44, 47, 49, 52, 54-57, 60
Verstehen 33, 36, 72, 164, 193-200, 204f., 207f., 216, 219, 227, 230, 236f., 246-248
Vishnu 142f., 177, 190
Volksreligion 37, 59, 126, 165f., 185, 239

Wahrheit (-sanspruch, -sfrage) 14, 36, 114, 127, 136f., 138, 140, 145, 180, 182, 184, 186, 188f., 192, 195, 198, 200f., 210, 218f., 228f., 231, 235f., 238, 241, 246
Wahrheiten, vier edle 121, 130

Zarathustra 136-139, 141, 184, 198
Zoroasmus 139, 198

Personenregister

'Abdu, M. 154
Adorno, Th. W. 81
Ahmed, M. D. 156
Ahn, G. 99, 137, 226
Albertz, R. 99, 186, 216
Althaus, P. 186, 220, 222, 224
Andresen, C. 44
Antes, P. 209
Asmus, G. 202
Assad, H. al- 152
Assmann, A. 148
Assmann, J. 33, 52, 56, 76, 80f., 88, 99f., 110, 112f., 148, 150, 166, 173, 182, 184, 196f., 232

Baaren, P. van 229
Balz, H. 236
Bammel, F. 44
Barth, H.-M. 230
Barth, K. 11, 13f., 16f., 61f., 129, 204, 215, 217-220, 223, 245
Baudy, G. J. 48
Baur, J. 35
Berglund, A.-I. 49, 101, 108
Berner, U. 163f., 181, 190
Bernhardt, R. 215, 226
Bertholet, A. 45, 47, 112, 137, 143f.
Besier, G. 180
Betz, O. 22
Beyer, U. 178
Beyerhaus, P. 176
Blumhardt, Chr. 237
Bonhoeffer, D. 11f.
Brandt, S. 90
Breit, H. 35
Breitenbach, C. 55
Brown, S. 69
Brück, M. von 132, 188, 206, 235
Brunner, H. 110-112
Bubner, R. 82
Buddhaghosa 122, 128
Bühlmann, W. 218
Buri, F. 129
Burkert, W. 26f., 89-91, 94, 97
Bürkle, H. 226, 241
Busia, K. A. 101

Calvin, J. 60f., 77, 117, 220
Cancik, H. 201, 229, 232
Chung, C. H. 179
Collet, G. 63
Colpe, C. 9, 30, 43, 86, 136, 163, 173, 186f., 205, 214, 219f., 226-230
Conze, E. 129
Cox, H. 81
Cragg, K. 209, 228, 235

Dalai Lama 189
Dallmann, H.-U. 40
Damen, F. 166
Danquah, J. B. 109, 134
Darsane, N. 177f.
De Silva, L. 121-123, 125f., 130, 170
Dehn, U. M. 47
Devasahayam, V. 63, 190
Dharmasiri, G. 126
Dickson, K. A. 50
Douglas, M. 84
Drehsen, V. 162, 164, 173
Drews, A. 31
Drijvers, H. J. W. 229
Driver, T. F. 85
Dupré, W. 32
Durkheim, E. 26, 34, 83
Düwel, K. 110

Ebach, J. 53, 117
Ebeling, G. 17, 44, 221f., 224
Edinopulos, D. H. A. 15
Eliade, M. 35, 79, 113, 214
Ellingworth, P. 50
Elsas, Ch. 9, 205, 226, 230
Elshahed, E. 151
Emilson, W. W. 206
Erasmus v. Rotterdam 61, 162
Ess, J. van 228
Evans-Pritchard, E. E. 103, 106, 135
Evers, H. D. 124
Ezeanya, S. N. 50

Faber, E. 204, 234
Faust, E. 56
Feldmeier, R. 131
Feldtkeller, A. 10, 155, 163, 174, 219, 239
Flasche, R. 100, 201, 229, 237
Forde, D. 101, 107
Frazer, G. 83
Freytag, W. 209, 236
Frick, H. 201
Fuß, M. 226

Gantke, W. 226, 230
Gardet, L. 140, 146f.
Gehl, G. 156
Geiger, M. u. W. 121-123
Gennep, A. van 87
Gensichen, H.-W. 9, 50, 174, 222f., 233, 237-239
Ghaddafi 152
Girard, R. 89
Gladigow, B. 26, 48, 99, 229
Glasenapp, H. von 120f., 131
Goethe, J. W. 100
Gölz, F. 32, 36, 83, 98, 201
Gombrich, R. F. 124-126
Gonda, J. 190
Goodenough, E. 26
Goppelt, L. 56
Greschat, H.-J. 227f.
Greverus, I.-M. 173
Grünschloß, A. 226
Gumbrecht, H. U. 150
Gundert, W. u. H. 202f., 237
Gutmann, B. 202, 204

Hacker, P. 181, 190f.
Hagemann, L. 205
Hahn, F. 55
Handke, P. 23, 25
Harjula, R. 113
Härle, W. 61, 131, 189
Harnack, A. von 214, 223, 225
Hartwich, W.-D. 41
Häselbarth, H. 91
Hasselmann, N. 61
Hauer, J. W. 236f.
Haug, W. 82
Hegel, F. W. 31, 35, 37, 199f., 214

Heiler, F. 23, 33, 44, 227
Heim, W. 42
Herder, G. 199-202, 204f.
Hermelink, J. 208
Herms, E. 22, 208, 224, 228
Herskovits, M. J. 107
Hesse, H. 202
Hick, J. 111
Himmelmann, M. 203
Hjelde, S. 214, 229
Hoffmann, E. L. 115
Hoffmann, M. 115
Hölderlin 82
Hole, G. 154
Holsten, W. 99, 216
Holt, J. 127
Honecker, M. 35
Honneth, A. 193
Horkheimer, M. 81
Hornung, E. 110
Huang, Yi 234
Huber, W. 52, 56
Hughes, E. J. 226
Huizinga, J. 77
Hummel, R. 176
Hussein, Saddam 152
Husserl, E. 207f.

Ibn Ishak, M. 146f.
Idinopulos, Th. A. 230
Idowu, E. B. 106
Ignatius v. Loyola 61
Iser, W. 33
Ittmann, J. 202

Janowski, B. 54, 55
Jetter, W. 103, 241
Jeyaraj, D. 202
Joest, W. 224
Jüngel, E. 218
Junod, H. A. 134, 202

Kades, Th. 146
Kähler, M 238
Kamper, A. D. 15
Kanzo, U. 202
Karrer, O. 218
Kerber, W. 26
Kerényi, K. 78, 82
Kessler, R. 53
Khoury, A.-T. 148, 180, 187, 205
Kippenberg, H. G. 26, 43, 48, 64, 205, 208, 229f.
Kirchgässer, A. 73, 89
Klappert, B. 31, 157
Klimkeit, H.-J. 46, 226, 230
Klinger, E. 218
Klostermaier, K. 111
Knitter, P. F. 111
Knox, R. 125
Koepping, P. 77
Kohler, W. 173, 204, 219
Köpf, U. 100
Krämer, H. P. 139
Kraus, H. J. 218
Kruse, H. 152
Kübler-Ross, E. 95
Küng, H. 44, 219
Kuschel, K.-J., 31, 186
Küster, V. 10, 166, 175, 178

Lähnemann, J. 180, 230
Lai, W. 132, 188, 206
Laing, R. D. 21
Lanczkowski, G. 43, 44, 52, 226
Lang, A. 98
Lang, B. 99
Leach, E. R. 124
Legge, J. 233
Leibniz, G. W. 145, 199, 233
Lenz, R. 18-21
Lessing, G. E. 31, 154
Leuba, J. L. 218
Leuze, R. 31, 157, 200, 228
Lewis, B. 152
Lienhard, G. 103
Lohfink, N. 89
Lorenz, K. 90
Löwner, G. 47
Luhmann, N. 40, 69
Luig, U. 234
Luneau, R. 108
Lukas 199
Luther, M. 16, 19, 59f., 131, 201, 220

Mair, L. 135
Mann, U. 215
Marasiaghe, M. M. J. 118
Margalit, A. 193
Margull, H.-J. 210, 236
Martin, G. M. 81
Martin, M.-L. 39, 166
Marx, K. 12, 26
Mbiti, J. S. 48, 75f.
Melanchthon 162
Mensching, G. 165, 180f., 189, 215
Mercier, P. 107
Merkel, F. R. 233
Meyer, A. 154f.
Michaels, A. 26, 86, 214
Mieth, D. 22
Moenikes, A. 230
Moltmann, J. 81, 192, 219
Morgenstern, Ch. 206
Morrison, R. 233
Mühlmann, E. W. 88
Müller, K. 176
Müller, K. E. 83
Müller, W. 72f.
Müller, W. K. 234

Nadel, S. 133
Narada, M. 119, 122
Nasr, S. H. 148
Ndanyu, C. K. 50
Neu, R. 58
Nishitani, K. 129
Nobili, R. de 233
Nörenberg, K.-D. 35
Noth, A. 187
Notz, K. J. 115
Nürnberger, K. 180, 215, 221
Nyamiti, C. H. 164

Ogot, B. A. 42
Ohlemacher, J. 227
Omari, C. 134
Oosthuizen, C. G. 166
Otto, R. 13, 15f., 21, 23, 30f., 98, 195, 204, 210f., 227, 232

Padberg, I. E. von 176
Panikkar, R. 177
Pannenberg, W. 37, 89, 131, 177, 222f., 236
Panofsky, E. 209
Pfeifer, K. L. 150
Picht, G. 222, 241
Platvoet, J. G. 26
Plutarch 137, 197
Pollack, D. 26
Portmann, A. 35, 83

Rad, G. von 46, 119, 144
Radcliffe-Brown, A. R. 83, 87
Ragg, L. u. L. 149
Rahula, W. 126
Rappaport, Roy A. 89

Raschid Rida, M. 154
Ratschow, C.-H. 32, 195, 204, 210, 220-222, 224
Regamey, C. 116, 120, 122, 128
Rendtorff, T. 180
Repp, M. 131, 173
Ricci, M. 233, 234
Ricoeur, P. 86, 104
Riesman, D. 100
Ringeling, H. 194
Ritschl, D. 167
Rosenkranz, G. 174, 214 f., 226
Roser, M. 135
Rücker, H. 50, 104
Rudolph, E. 222
Rudolph, K. 216, 227 f.
Rust, A. 27

Saeed, A. 141
Salibi, K. 149
Samartha, S. J. 32, 236
Sauter, G. 9, 180, 186
Schäfer, H. W. 63
Scharffenorth, G. 60
Schedl, C. 147
Schimmel, A. 147
Schleiermacher, F. 13, 15 f., 23, 30, 214, 230, 238, 240
Schlerath, B. 136
Schlette, H. R. 226
Schlingloff, D. 118
Schlink, E. 61
Schmidt, K. 170
Schmidt, W. 98 f., 108
Schmidt, W. H. 216
Schreiner, K. 180
Schumann, H. W. 128
Schuon, F. 150, 157
Schwarzwäller, K. 240
Shepherd, J. 230
Siefer, G. 187
Siller, H. P. 163-165, 173
Smith, W. C. 83, 226, 235
Söderblom, N. 33, 44, 116, 123, 127, 130, 227
Sölle, D. 17-19, 21
Sparn, W. 162, 164, 173
Stahmann, Ch. 158
Stamm, J. J. 53, 174, 182 f., 196
Stayt, H. A. 134
Stephenson, G. 95, 169
Stietencron, H. von 26, 228, 231 f., 238
Stirnimann, H. 218
Stoebe, H.-J. 133
Stolz, F. 19, 26 f., 32, 226 f., 229
Strahm, D. 179
Straten, R. van 209
Sundkler, B. G. M. 166

Takizawa, K. 129, 130, 204
Tambiah, S. J. 124, 167, 171
Taylor, C. 193
Taylor, J. W. 103
Tempels, T. 31, 55, 74, 205
Thomas, G. 84
Thomas, L.-V. 108
Thomas, M. M. 37, 177, 206
Tillich, P. 109, 131, 221 f., 224
Tödt, H. E. 61
Triebel, J. 202, 233 f.
Trillhaas, W. 224
Troeltsch, E. 31, 37, 43, 214, 223
Turkson, P. 176
Turner, V. 77 f., 84-87
Tworuschka, U. 180, 216, 222 f.

Ueda, Sh. 129
Ustorf, W. 39, 164

van der Geest, S. 234
van der Leeuw, G. 20, 33, 68, 73, 76, 84, 88, 100, 105, 208, 211, 223 f., 227, 240
Vedder, H. 76
Vielhauer, P. 44

Waardenburg, J. 30, 205, 227, 230
Wach, H. J. 13, 58, 100
Wach, J. 13, 100
Wagner, F. 162, 173
Waldenfels, B. 207
Waldenfels, H. 129, 206, 209
Walls, A. F. 233 f.
Walzer, M. 185
Warning, R. 82
Weber, M. 25, 30, 43, 59, 60, 64, 82, 117
Weber, O. 218
Weippert, M. 99
Welbourn, F. W. 42
Welker, M. 226, 246
Wertheimer, M. 194
Wessels, A. 157
Westermann, C. 239 f.
Westermann, D. 202
Wienecke, W. A. 75
Wierlacher, A. 180, 192 f., 248
Wijsen, F. 176
Wilhelm, R. 199, 202-204, 237
Wilson, M. 35, 49, 84
Winternitz, M. 120
Witthöft, Ch. 156
Wolf, E. 186
Wrogemann, H. 9, 17, 214, 219, 221 f., 240
Wulf, C. 15, 77

Yagi, S. 193
Yonan, E. A. 15, 230

Zanger, C. D. 199
Zeller, W. 74, 129
Ziegenbalg, B. 202, 233
Zinser, H. 30, 229 f.